SQL for Data Analysis

SQL로 시작하는 데이터 분석

| 표지 설명 |

표지에 그려진 동물은 녹색 까치(학명: *Cissa Chinensis*)입니다. 이 보석 빛깔 새는 주로 일반 녹색 까치common green magpie라고 불리며 까마귓과에 속합니다. 인도 북동부 저지대의 상록수 숲과 대나무 숲, 태국 중부, 말레이시아, 수마트라, 보르네오섬 북서부 등에서 발견되는데, 시끄럽게 지저귀며 무리를 지어 생활하는 편입니다. 녹색 까치는 야생에서 붉은 부리 및 눈 뒤로 이어진 검은 띠와 우아하게 대조를 이루는 옥색 깃털을 자랑하며, 끝이 하얀 꼬리와 불그스름한 날개를 갖고 있습니다.

녹색 까치는 매우 사교적이고 시끄러우며, 날카롭고 속이 빈 듯한 특유의 '쩍쩍' 소리로 지저귑니다. 또한 숲의 위쪽에서 나무에서 나무로 미끄러지듯 이동하며 나무, 큰 관목, 여러 가지 덩굴이 얽혀 있는 곳에 둥지를 틀기 때문에 발견하기가 무척 어렵습니다. 어린 새와 알, 작은 파충류, 포유류뿐만 아니라 다양한 무척추동물까지 먹는 육식성으로, 사냥꾼 까치hunting cissas로 불리기도 합니다.

녹색 까치는 색깔을 바꾸는 매혹적인 기술을 갖고 있습니다. 야생의 녹색 까치는 옥빛 녹색을 띠지만 사육되는 녹색 까치는 완전한 청록색으로 변하는 것으로 관찰됩니다. 녹색 까치는 빛이 굴절돼 파란색을 내는 특별한 깃털 구조와 먹이에 따라 노란색, 주황색, 빨간색을 띠는 카로티노이드carotenoid 색소를 조합해 녹색 빛을 냅니다. 카로티노이드는 강한 햇빛에 장시간 노출되면 파괴되기 때문에 녹색 까치는 주로 청록색으로 보입니다.

녹색 까치는 매우 넓은 지역에 분포하며, 개체 수가 조금씩 감소하는 듯하지만 아직 감소종vulnerable category으로 분류할 만큼 급격하게 줄어들고 있지는 않습니다. 현재 녹색 까치의 보전 상태는 최소 관심Least Concern 단계로 분류됩니다.

표지 그림은 캐런 몽고메리Karen Montgomery가 『English Cyclopedia』에 실린 흑백 판화를 바탕으로 그렸습니다.

SQL로 시작하는 데이터 분석

실무에 꼭 필요한 분석 기법 총정리! 실제 데이터셋으로 배우는 시계열, 코호트, 텍스트 분석

초판 1쇄 발행 2022년 8월 10일

지은이 캐시 타니무라 / **옮긴이** 박상근 / **펴낸이** 김태헌
펴낸곳 한빛미디어(주) / **주소** 서울시 서대문구 연희로2길 62 한빛미디어(주) IT출판부
전화 02-325-5544 / **팩스** 02-336-7124
등록 1999년 6월 24일 제25100-2017-000058호 / **ISBN** 979-11-6921-008-9 93000

총괄 전정아 / **책임편집** 서현 / **기획·편집** 최민이
디자인 표지 박정우 내지 박정화 / **전산편집** 도담북스
영업 김형진, 김진불, 조유미 / **마케팅** 박상용, 송경석, 한종진, 이행은, 고광일, 성화정 / **제작** 박성우, 김정우

이 책에 대한 의견이나 오탈자 및 잘못된 내용에 대한 수정 정보는 한빛미디어(주)의 홈페이지나 아래 이메일로 알려주십시오. 잘못된 책은 구입하신 서점에서 교환해드립니다. 책값은 뒤표지에 표시되어 있습니다.

한빛미디어 홈페이지 www.hanbit.co.kr / 이메일 ask@hanbit.co.kr

지금 하지 않으면 할 수 없는 일이 있습니다.
책으로 펴내고 싶은 아이디어나 원고를 메일(writer@hanbit.co.kr)로 보내주세요.
한빛미디어(주)는 여러분의 소중한 경험과 지식을 기다리고 있습니다.

SQL for
Data Analysis

SQL로 시작하는 데이터 분석

O'REILLY® 한빛미디어 Hanbit Media, Inc.

지은이 · 옮긴이 소개

지은이 **캐시 타니무라** Cathy Tanimura

20여 년간 금융 분야부터 B2B 소프트웨어, 소비자 서비스에 이르는 다양한 산업 분야에서 데이터를 분석했습니다. 대부분의 상용 및 오픈 소스 데이터베이스에서 SQL로 데이터를 분석한 경험이 있으며 여러 주요 기술 회사에서 데이터 팀과 데이터 인프라를 구축하고 관리했습니다. 또한 여러 콘퍼런스에서 데이터 문화 구축, 데이터 기반 제품 개발, 포괄적인 데이터 분석 등을 주제로 강연하고 있습니다.

옮긴이 **박상근** translator.skpark@gmail.com

KAIST 지식서비스공학대학원에서 박사학위를 받았으며, ACM CHI/CSCW 등 인간-컴퓨터 상호작용(HCI) 분야 최우수 국제 학회에 데이터 기반 서비스 디자인 논문을 다수 출판했습니다. 현재 삼성SDS CX(Customer eXperience) 팀에서 데이터 분석 업무를 담당하고 있습니다. 여러 기업의 CX 컨설팅 프로젝트에 참여하면서 다양한 사용자 데이터를 분석했으며, 기획자 및 디자이너와 협업해 사용자에게 보다 나은 서비스를 제공하기 위한 새로운 인사이트와 전략을 도출한 경험이 있습니다.

요즘 다양한 분야에서 많은 분이 SQL에 관심을 갖고 공부하곤 합니다. SQL 기본을 다루는 자료는 많지만, SQL에 익숙한 사람에게 도움이 될 만한 자료는 상대적으로 찾기 어렵습니다. 이 책을 보고 "아, 이 책이 SQL 숙련자를 위한 책이 될 수 있겠다"라는 생각이 들었습니다.

이 책은 SQL 기초부터 시계열 분석, 코호트 분석, 이상 탐지, 실험 분석과 관련해 쿼리를 어떻게 작성해야 하는지 알려줍니다. 쿼리 작성법뿐 아니라 필요한 기초 지식도 같이 알려준다는 점이 인상 깊습니다.

특히 실험 분석을 다루는 장은 많은 분의 어려움을 해소해줄 것입니다. 실험 결과를 구하는 과정을 차근차근 설명하고 있어서, 제가 데이터 분석을 시작할 때 이 책이 있었다면 많은 시간을 줄여줬을 것 같습니다.

SQL에 입문하려는 분과 SQL을 다뤄본 경험이 있는 분 모두에게 추천합니다.

변성윤
데이터 과학자 및 머신러닝 엔지니어

옮긴이의 말

학부생 시절, 처음 SQL 공부를 시작했을 때가 기억납니다. SQL 입문서의 쿼리를 하나하나 따라 입력하고 결과를 확인하면서 데이터 분석에 조금씩 흥미를 느끼기 시작했습니다. 하지만 SQL 문법을 잘 쓰는 것과 실제 데이터를 분석하고 인사이트를 도출하는 것은 완전히 다른 문제였습니다. 분석할 데이터를 어디서 구할지도, 무엇을 분석할지도 몰랐습니다. 대학원에 진학해 사용자 데이터를 수집하고 행동 패턴을 파악하기 위한 분석을 본격적으로 시작했지만 제대로 된 경험이 없다 보니 수많은 시행착오를 겪어야 했습니다. 기껏 분석한 내용이 틀린 적도 많았고, 아무런 인사이트를 도출할 수 없어 분석 결과가 버려지는 일도 부지기수였습니다. SQL 문법 공부를 막 끝마쳤을 때 적절한 수준의 데이터 분석을 실습해볼 기회가 있었다면 보다 시간을 아끼고 프로젝트에 더 크게 기여할 수 있었을 것이라는 아쉬움이 아직도 남아 있습니다.

지금은 예전에 비해 데이터 분석이 매우 대중화됐습니다. 데이터 분석 기법과 관련된 자료를 찾기도 쉽고, 정부에서 공개한 공공 데이터나 캐글에 공개된 데이터를 분석한 자료도 많습니다. 하지만 자료에 데이터 마이닝 알고리즘, 머신러닝, 수학, 통계와 관련된 내용이 뒤섞여 있어 데이터 분석에 첫걸음을 내딛는 사람이 참고하기에는 너무 어려운 경우가 많습니다.

이 책은 이제 막 SQL 문법을 공부한 사람이 데이터 분석을 실습하기에 적당한 기본 데이터 분석 기법을 다룹니다. 데이터 삽입, 수정, 삭제보다는 SELECT 문을 활용해 데이터를 원하는 대로 분석하는 데 집중합니다. 시계열 분석, 코호트 분석, 텍스트 분석, 이상 탐지를 비롯해 간단한 통계를 활용한 실험 분석 및 새로운 데이터 생성 방법까지, 실제 데이터 분석에 널리 쓰이는 기법을 입문자 눈높이에서 설명합니다. 실습 코드는 PostgreSQL을 가정하되 최대한 표준 SQL을 준수합니다. 필요시 MySQL 등 다른 데이터베이스에서는 어떤 함수를 사용하는지도 친절히 안내하므로, 어떤 데이터베이스를 사용하든 내용을 이해하고 실습하는 데 무리가 없습니다. 분석에 사용하는 데이터셋은 깃허브(*https://github.com/sql-for-data-analysis-kr/book*)에서 제공합니다. 대부분 미국의 공식 웹사이트에서 공개한 실제 데이터이므로, 이를 활용해 실전 데이터 분석을 경험할 수 있다는 점도 이 책의 큰 장점입니다.

분석을 통해 현재 데이터를 이해하는 일도 중요하지만 분석으로 이끌어낸 결과를 잘 활용하는 일도 매우 중요합니다. 이 책에서는 다양한 분석 기법을 설명하는 데서 한발 더 나아가 왜 이러한 분석이 필요한지, 분석 결과가 무엇을 의미하는지, 결과를 새로운 전략에 어떻게 활용할지도 알려줍니다. 나중에 여러분이 분석한 내용을 기획자나 디자이너와 공유하고, 이를 통해 도출한 인사이트가 기업의 수익을 증대하거나 사용자 경험을 향상하는 경험을 할 때 큰 보람을 느낄 겁니다. 그렇게 되기까지는 수많은 분석 경험이 필요할 테지만 이 책은 그 경험에 성공적인 첫걸음을 내딛도록 도와줍니다.

이 책을 번역하기까지 많은 분의 도움이 있었습니다. 먼저, 이 책을 번역할 기회를 주시고 번역서가 무사히 출간되도록 처음부터 끝까지 도움 주신 편집자 최민이 님께 깊이 감사드립니다. 제가 이 자리에 있기까지 데이터 기반의 사용자 이해 연구를 훌륭히 지도해주신 KAIST 이의진 교수님 그리고 함께 컨설팅 프로젝트를 수행하면서 제가 분석한 데이터를 활용해 최고의 고객 경험 개선을 위한 인사이트를 도출하시는 삼성SDS의 CX팀 동료들께도 감사를 표합니다. 마지막으로, 이 책을 번역하는 동안 제대로 챙겨주지 못했음에도 옆에서 큰 응원을 보내준 세영에게도 감사의 말을 전합니다.

2022년 8월

박상근

필자는 지난 20년간 SQL을 활용해 데이터를 다루며 수많은 시간을 보냈습니다. 대부분의 시간에는 고객을 상대로 하는 회사부터 B2B 회사까지 다양한 분야의 기술 회사에서 일했습니다. 그동안 데이터의 크기는 기하급수적으로 커졌으며 필자가 사용하는 기술들은 매우 빠르게 발전했습니다. 데이터베이스는 전보다 빨라졌고, 데이터의 의미를 표현하기 위한 보고 도구와 시각화 도구는 이전보다 더욱 강력해졌습니다. 그럼에도 불구하고 변함없는 한 가지 사실은 필자가 여전히 SQL을 주 무기로 사용하고 있다는 것입니다.

처음 SQL을 배웠을 때가 생각납니다. 필자는 스프레드시트를 사용하는 금융업에서 첫 커리어를 시작했고, 그 덕에 수식 작성과 단축키 사용에 능숙했습니다. 어느 날 호기심에 Ctrl 키와 Alt 키를 누른 채로 키보드의 모든 키를 하나씩 눌러봤습니다. 그리고는 동료들을 위한 단축키 명령어 목록을 만들었습니다. 반은 재미로, 반은 살아남기 위한 것이었습니다. 스프레드시트를 빠르게 다룰수록 자정 전에 일을 끝마치고 집에 가서 잠에 들 수 있었으니까요. 이렇게 스프레드시트를 마스터한 덕에 어느 스타트업으로 이직을 하게 되었고, 그곳에서 처음으로 데이터베이스와 SQL을 접했습니다.

처음 맡은 역할 중 하나는 스프레드시트에 있는 재고 데이터를 분석하는 것이었는데 몇몇 데이터셋은 수만 개의 행으로 이뤄져 있기도 했습니다(인터넷 초창기라 이 정도 양에 그친 것이 그나마 다행이네요). 그 당시 필자에게는 이것이 바로 빅 데이터나 마찬가지였습니다. 컴퓨터의 CPU가 VLOOKUP 함수로 마법 같은 일을 수행하는 동안 커피를 한잔하거나 점심을 먹으러 가곤 했습니다. 어느 날은 매니저가 휴가를 떠나면서 액세스^{Access}를 사용해 자기 노트북에 설치한 데이터 웨어하우스를 손봐달라고 부탁했습니다. 데이터를 업데이트해달라는 요청이었는데 SQL 쿼리를 실행하고, 그 결과로 생성된 CSV 파일을 데이터베이스에 로드하고, 스프레드시트 보고서를 업데이트하는 작업이었습니다. 데이터 로드를 처음으로 성공하고 나서 이 동작 원리를 이해하기 위해 갖은 수를 동원했고, SQL 쿼리 사용법을 알려달라며 엔지니어들을 성가시게 괴롭히기 시작했습니다.

이 일에 푹 빠진 탓에 계속해서 데이터에 몰입했습니다. 앞으로의 커리어가 어떻게 될지 모르겠다고 생각하면서도요. 데이터 조작이나 문제 해결, 동료들이 더 스마트하게 일하도록 돕거나 비즈니스 및 새로운 분야에 대해 배우는 일은 끝없이 재밌고 흥미진진했습니다.

필자가 처음 SQL을 사용할 때는 학습 자료가 많지 않았습니다. 기본 문법 책을 구해 밤새 읽고 따라 해보며 시행착오를 통해 배워나갔습니다. SQL을 공부하던 시절 야심 차게 작성한 (사실은 형편없었던) SQL로 운영용 데이터베이스에 직접 쿼리를 날리는 바람에 웹사이트를 마비시킨 적도 몇 번 있었습니다. 다행히도 스킬은 발전했고 몇 년에 걸쳐 기술적이고 논리적인 퍼즐과 같은 문제를 해결할 수 있도록 필요한 결과를 미리 생각하고 테이블에서 적절한 데이터를 반환받기 위해 쿼리를 작성하는 법을 배웠습니다. 그리고 다양한 곳에서 데이터를 받아오면서도 주요 운영용 데이터베이스가 다운되지 않도록 데이터 웨어하우스를 설계하고 구축하는 일도 맡게 됐습니다. 그 과정에서 SQL 쿼리를 작성하기 전에 데이터를 언제 어떻게 합쳐야 하며 언제 원본 그대로 남겨놔야 하는지 많이 배웠습니다.

당시 데이터를 다루던 다른 사람들과 노트를 공유하면서 서로가 비슷한 과정을 통해 데이터를 배웠다는 것이 명확히 보였습니다. 다행이었던 점은 기술을 공유할 수 있는 서로가 있었다는 사실입니다. SQL 관련 문서들은 대부분 기초적이고 기본적이거나(당연히 이것도 중요하긴 합니다만) 데이터베이스 개발자를 위한 것입니다. 분석을 주 업무로 하는 고급 SQL 사용자를 위한 자료는 거의 없습니다. 지식은 개인 간이나 작은 팀 내에서만 공유되면 결국 소멸되기 마련입니다. 이 책의 목적은 지식이 널리 퍼지도록, 실무자에게 자주 발생하는 문제를 해결하는 SQL 활용법에 대한 레퍼런스를 주는 동시에 여러분이 지금껏 보지 못한 기술을 이용해 새롭게 문제를 해결하도록 영감을 주는 것입니다.

감사의 말

집필을 맡겨준 앤디 콴Andy Kwan을 비롯한 오라일리 직원들의 노력 없이는 이 책이 나올 수 없었을 것입니다. 어밀리아 블레빈스Amelia Blevins와 시라 에번스Shira Evans는 집필 과정을 가이드하고 도움이 되는 피드백을 주었으며, 크리스틴 브라운Kristen Brown은 책을 제작까지 이끌어주었습니다. 아서 존슨Arthur Johnson은 원고의 품질과 명확성을 개선했으며 필자가 SQL 키워드를 더 깊이 고민하도록 이끌었습니다.

수년간의 SQL 여정에는 함께했던 동료들의 역할이 컸습니다. 그들의 지도와 팁, 공유해준 코드 그리고 분석 문제를 해결하기 위해 함께 브레인스토밍했던 시간에 감사한 마음입니다. 샤론 린Sharon Lin은 정규 표현식에 눈뜨게 해주었고, 엘리스 고든Elyse Gordon은 책 쓰기에 대한 조언을 아끼지 않았습니다. 데이브 호크Dave Hoch와 실험 분석에 관해 나누었던 대화는 이 책의 7장을 작성하는 데 영감을 주었습니다. The Star Chamber의 댄Dan, 짐Jim, 스투Stu는 오랜 세월 필자에게 큰 힘이 되어준 친구들입니다. 이외에도 그간 필자에게 어려운 질문을 던져준 동료들 모두에게 감사합니다(질문에 답하고 나면 곧이어 더 어려운 질문을 했죠).

남편 릭Rick, 아들 셰이Shea, 딸 릴리Lily와 피오나Fiona 그리고 어머니가 보내준 사랑과 응원에 고마움을 전합니다. 무엇보다도 이 책을 쓸 수 있도록 배려해주어 고맙습니다. 에이미Amy, 핼리Halle, 제시Jessi 그리고 Den of Slack은 몇 달에 걸친 집필 기간과 팬데믹 락다운 동안 필자가 마음을 다잡고, 또 웃을 수 있게 해주었습니다.

캐시 타니무라

CONTENTS

CHAPTER 1 SQL을 활용한 분석

CHAPTER 2 데이터 준비

CONTENTS

CHAPTER 3 시계열 분석

CHAPTER 4 코호트 분석

CONTENTS

CHAPTER 5 **텍스트 분석**

CONTENTS

CHAPTER 8 복잡한 데이터셋 생성

CHAPTER 9 결론

SQL을 활용한 분석

이 책을 읽는 분이라면 아마도 데이터 분석에 관심을 갖고 SQL을 어느 정도 사용하고 있을 겁니다. 물론 데이터 분석 경험은 있지만 SQL은 잘 모를 수 있고, 반대로 SQL은 사용해봤지만 데이터 분석에 관해서는 잘 모를 수도 있습니다. 어쩌면 둘 다 잘 모를 수도 있겠군요. 여러분이 어느 쪽에 해당할지 알 수 없으므로 이 장에서는 먼저 책에서 다루는 내용에 대한 기초를 다지고 앞으로 사용할 용어를 정리합니다. 우선 데이터 분석이란 무엇인지 논한 다음, SQL이 무엇이며 왜 널리 쓰이는지, 다른 분석 도구들과 어떤 차이가 있는지, 왜 데이터 분석에 활용하기 좋은지 등에 관해서도 이야기해봅니다. 현대의 데이터 분석은 여러 기반 기술과 함께 발전하고 있습니다. 따라서 여러분이 업무 중에 맞닥뜨릴 수 있는 여러 종류의 데이터베이스와 관련해 어떤 데이터베이스가 왜 사용되는지, 그리고 이 내용이 여러분이 작성하는 SQL과 무슨 상관이 있는지 설명하면서 이 장을 마무리합니다.

1.1 데이터 분석이란

데이터를 수집하고 저장하는 일은 인간의 기본적인 행동입니다. 곡물이 저장된 곳을 추적하고, 세금을 매기고, 인구를 조사하는 시스템은 수천 년 전부터 존재했으며 통계의 기원[1]은 수백 년 전으로 거슬러 올라갑니다. 데이터 분석과 관련된 통계적 공정 관리statistical process control, 운영 연

---

1 *https://oreil.ly/1W6Jf*

구Operations research, 인공두뇌학cybernetics 등의 분야는 20세기에 이르러 급성장했습니다. 사람들은 데이터 분석 분야를 비즈니스 인텔리전스(BI), 분석학, 데이터 과학, 의사 결정 과학 등 다양한 이름으로 부르며 관련 업무 종사자를 부르는 말도 제각각입니다. 데이터 분석은 마케터, 프로덕트 매니저, 비즈니스 분석가 등 여러 사람이 활용합니다. 이 책에서는 데이터 분석가data analyst와 데이터 과학자data scientist라는 용어를 'SQL을 사용해 데이터를 분석하는 사람'이라는 의미로 사용합니다. 보고서나 대시보드 작성을 위한 소프트웨어는 BI 도구라고 칭합니다.

현대적 의미의 데이터 분석은 컴퓨팅의 역사와 함께해왔습니다. 컴퓨팅과 관련된 연구적, 상업적 트렌드는 지금의 데이터 분석에 계속해서 영향을 미쳤으며, SQL을 다루는 절에서 다시 언급하겠지만 데이터 분석 기술이 발전하는 데는 여러 연구자와 주요 기업의 기여가 컸습니다. 데이터 분석은 전통적인 통계 기술과 컴퓨팅 성능의 조합이며 데이터 발견, 데이터 해석, 데이터 의미 전달을 포함합니다. 데이터 분석은 주로 더 나은 의사 결정을 목적으로 하며, 사람이 직접 분석을 수행하기도 하지만 갈수록 자동화된 분석이 증가하는 추세입니다.

분석은 단순히 적절한 방법론을 사용해 정확한 숫자를 만들어내는 일 이상을 의미합니다. 분석이란 호기심을 갖고 '왜' 그 숫자가 나왔는지 질문을 던지는 일입니다. 또한 다양한 패턴과 이례적인 현상들 그리고 비즈니스가 어떻게 움직이고 인간이 어떻게 행동하는지 이해하기 위한 단서를 찾고 해석하는 일입니다. 분석에는 연구 환경이나 온라인 실험에서 특정 가설을 증명하기 위해 수집한 데이터도, 기업의 상품 판매 데이터와 같이 비즈니스 결과로 생성된 데이터도, 웹 사이트나 모바일 앱의 사용자 인터랙션 이해를 목적으로 수집한 데이터도 사용합니다. 여러 가지 문제 해결부터 사용자 인터페이스 개선까지 다양한 목적으로 데이터를 분석하지만, 분석으로 원하는 답을 이끌어내기 전에 데이터의 형태나 크기를 맞추는 전처리 과정이 필요할 수 있습니다. 2장에서는 분석을 위한 데이터 준비 방법을 알아보며 8장에서는 데이터를 다루는 실무자가 반드시 알아야 하는 윤리와 프라이버시 문제를 다룹니다.

데이터 분석을 활용하지 않는 산업은 찾아보기 어렵습니다. 제조, 소매, 금융, 헬스케어, 교육, 정부 기관까지, 데이터 분석에 의해 많은 것이 변해왔습니다. 마이클 루이스Michael Lewis의 저서 『머니볼』(비즈니스맵, 2011)로 유명한 빌리 빈Billy Beane[2]이 오클랜드 애슬레틱스Oakland Athletics[3]의 구단장을 맡은 이후 스포츠 팀에서도 데이터 분석을 활용하기 시작했습니다. 데이터 분석은

---

2 옮긴이_ 메이저 리그 베이스볼(MLB) 선수 출신이자 메이저 리그 구단 오클랜드 애슬레틱스의 전 단장
3 옮긴이_ 메이저 리그 구단

마케팅, 영업, 유통, 제품 개발, 사용자 경험 설계, 지원 센터, 인적 관리 등 다양한 목적으로 사용됩니다. 기술, 응용, 컴퓨팅 성능, 이 세 가지가 함께 발전하면서 데이터 엔지니어링, 데이터 과학 등 데이터 분석 관련 분야도 크게 부흥하게 됐습니다.

데이터 분석은 의미상으로는 이미 발생한 일에 관한 히스토리 데이터^{historical data}를 분석하는 일이지만 과거 데이터로 미래를 꼭 예측할 수 있는 것은 아닙니다. 세계는 역동적으로 변화하며 그에 따라 조직도 역동적으로 변화하고 있습니다. 새로운 제품과 프로세스가 나타나고, 경쟁자들이 나타났다가 사라지기도 하고, 사회정치적 환경도 변화합니다. 한편으로는 데이터 분석에 회의적인 의견도 있지만 여러 조직에서 히스토리 데이터를 분석해 엄청난 가치를 창출해오고 있습니다. 히스토리 데이터를 분석하면 고객의 행동과 특성, 공급자, 프로세스를 이해할 수 있으며, 데이터가 가끔 틀릴 때도 있지만 대개는 적절한 견적을 내고 성과를 예측하는 데 유용하게 활용됩니다. 과거 데이터로 빈틈이나 약점, 또는 새로운 기회를 찾아낼 수도 있습니다. 조직은 운영을 최적화해 예산을 절약하고 여러 위험 요소를 줄이거나 고객에게 기쁨을 주는 새로운 제품을 출시하는 기회를 찾기도 합니다.

NOTE_ 대부분의 조직은 어떤 형태로든 데이터 분석을 하고 있지만 그렇지 않은 조직도 있습니다. 왜 아직 데이터 분석을 활용하지 않을까요? 한 가지 이유로 비용 대비 가치 비율^{cost-to-value}이 있습니다. 데이터를 수집하고, 처리하고, 분석하려면 경제적 투자와 노동이 어느 정도 필요합니다. 또한 조직이 이제 막 새로 생겨났을 수도 있고, 분석은 생각도 못 할 정도로 불안정한 상황에 처해 있을 수도 있습니다. 데이터 분석을 위한 프로세스를 제대로 갖추지 않으면 분석하기에 충분한 데이터를 생성하기 어렵습니다. 마지막으로, 윤리적인 문제가 있습니다. 특정 상황에서 특정 사람의 데이터를 수집하고 분석하는 일이 엄격히 통제되거나 금지되는 경우도 있습니다. 예를 들어, 아이들이나 헬스케어에 관한 데이터는 매우 민감한 데이터이므로 수집과 관련해 엄청나게 많은 규정이 존재합니다. 이렇게 민감한 데이터가 아니더라도 데이터를 다루는 조직은 고객의 프라이버시를 보호해야 하며 어떤 데이터를 수집하고 왜 그 데이터가 필요한지, 얼마나 오랫동안 저장할지에 면밀하게 신경 써야 합니다. 유럽 연합의 일반 개인정보 보호법^{General Data Protection Regulation}(GDPR)과 캘리포니아 소비자 개인정보 보호법^{California Consumer Privacy Act}(CCPA)은 기업이 고객 데이터를 다루는 방법을 완전히 바꿔놓았습니다. 이런 규정은 8장에서 자세히 다룹니다. 데이터 실무자는 업무상 발생할 수 있는 윤리적 문제를 항상 고려해야 합니다.

조직에 소속돼 데이터 분석 프로젝트에 참여할 때마다 담당자에게 '데이터 분석은 정해진 날에 딱 맞춰 마무리할 수 있는 일이 아니다'라고 미리 말하곤 합니다. 필자만의 삶을 살아가는 방법이죠. 데이터 기반의 사고방식을 갖추는 일이 짧은 과정이라면 그 결과를 수확하는 일은 긴 여정입니다. 알 수 없는 데이터는 그대로 내버려두고 너무 어려운 문제는 적절한 해결책이 나올 때까지 미뤄두더라도, 중요한 정보를 발견하면 전술적이고 전략적인 결정이 가능하도록 대시보드에 정리해야 합니다. 이 정보를 기반으로 분석이 필요한 새로운 문제가 나타나게 되며, 여기서 다시 중요한 정보를 발견하는 과정이 반복됩니다.

이제 막 시작하는 초보자도 데이터 분석을 활용할 수 있습니다. SQL과 같은 데이터 분석 기술을 배우면 됩니다. 데이터 분석을 통한 마케팅 최적화나 이상 거래 탐지 등의 문제 해결 방법은 기업에서도 이미 활용할 정도로 잘 알려져 있습니다. 다만 조직마다 특성이 다르고 데이터셋도 제각각이므로 잘 알려진 문제조차도 막상 분석하면 새로운 어려움이 생기곤 합니다. 데이터 결과를 잘 보여주는 것도 일종의 기술입니다. 조직에 도움이 되는 조언을 잘하기 위한 커뮤니케이션 기술을 갖추고 기관에서 신뢰할 만한 파트너가 되기까지는 많은 시간이 소요됩니다. 경험상 복잡하고 어려운 분석으로 나온 결과를 형편없이 설명하느니 간단한 분석으로 나온 결과를 설득력 있게 설명하는 편이 더 큰 영향력을 발휘합니다. 성공적인 데이터 분석을 위해서는 좋은 파트너십도 필요합니다. 데이터 분석을 통해 훌륭한 인사이트를 얻어내더라도 이를 실행할 사람이 없다면 별 의미가 없습니다. 모든 기술을 총동원한들 결국 사람과의 관계가 중요합니다.

1.2 SQL을 사용하는 이유

이 절에서는 SQL이 무엇이며 장점은 무엇이 있는지, 분석에 활용되는 다른 언어들과의 차이점은 무엇인지 그리고 왜 SQL이 분석 워크플로에 적합한지 알아봅니다.

1.2.1 SQL이란

SQL은 데이터베이스와 대화하기 위한 언어입니다. 'Structured Query Language'의 약자이며 'sequel'이라고 발음하거나 알파벳으로 읽어 'ess cue el'로 발음하기도 합니다. 이는 SQL을 둘러싼 수많은 논란 중 하나이지만 사실 대부분은 여러분이 어떻게 발음하든 문제없이 이해할 겁니다. SQL을 프로그래밍 언어로 볼 수 있는가에 대한 논쟁도 있습니다. SQL은 C나 파이썬 같은 범용 언어는 아닙니다. 데이터베이스와 테이블, 데이터가 없는 SQL은 그저 텍스트 파일에 불과하기 때문입니다. SQL은 웹사이트를 제작하는 기능은 할 수 없지만 데이터베이스에서 데이터를 다루는 데는 막강한 힘을 발휘합니다. 실용적인 관점에서, 가장 중요한 사실은 데이터 분석 업무에 SQL이 아주 유용하다는 점입니다.

IBM은 1960년대에 에드거 커드^{Edgar Codd}가 발명한 관계형 모델을 기반으로 SQL 데이터베이스를 처음 개발했습니다. 관계형 모델이란 관계를 이용해 데이터를 다룬다는 의미의 이론입니다. IBM은 첫 데이터베이스를 만들면서 관계형 모델 이론을 발전시키는 한편 오라클, 마이크로소프트 같은 회사와 마찬가지로 데이터베이스를 상업적으로 활용하려는 고민을 시작했습니다. 이후로 컴퓨터 이론 발전과 데이터베이스 상업화 사이에는 미묘한 관계가 유지되고 있습니다. SQL은 1986년에는 미국 국가표준 협회^{American National Standards Institute}(ANSI)에서, 1987년에는 국제 표준화 기구^{International Organization for Standardization}(ISO)에서 표준으로 제정됐습니다. 바로 이 표준에 기반해 많은 데이터베이스가 발전해왔지만, 데이터베이스마다 사용자의 편의를 위해 각기 다른 함수를 지원하기 시작하면서 SQL의 데이터베이스 간 호환성이 낮아졌습니다. 이로 인해 별도의 설정 없이 데이터베이스를 변경할 때 큰 비용이 소모됩니다.

SQL은 데이터베이스에 접근하고 데이터를 가져와서 처리하는 데 사용합니다. 데이터베이스에는 데이터베이스의 구성요소이자 다른 오브젝트를 포함하는 하나 이상의 **스키마**^{schema}가 있습니다. 데이터 분석에 주로 사용되는 스키마의 오브젝트는 테이블^{table}, 뷰^{view}, 함수^{function}입니다. 테이블에는 데이터를 저장하는 **필드**^{field}와 하나 이상의 **인덱스**^{index}가 있는데 이 인덱스는 데이터를 더 효율적으로 가져오도록 하는 특수한 데이터 구조입니다. 인덱스는 주로 데이터베이스 관리자가 지정합니다. 뷰는 테이블과 동일하게 참조할 수 있도록 저장된 쿼리입니다. 함수에서 자주 사용하는 계산이나 절차를 미리 저장해두고 필요할 때 쿼리에서 쉽게 호출해 사용합니다. 함수도 주로 데이터베이스 관리자가 생성합니다. 데이터베이스의 구성을 그림으로 나타내면 다음과 같습니다.

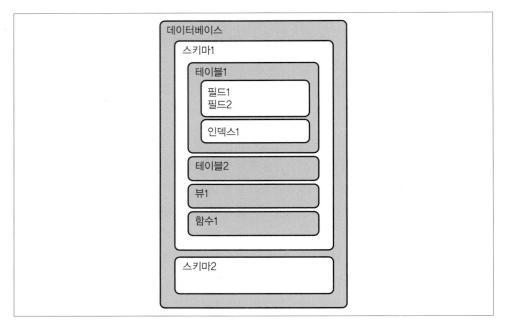

데이터베이스
 스키마1
  테이블1
   필드1
   필드2
   인덱스1
  테이블2
  뷰1
  함수1
 스키마2

그림 1-1 데이터베이스 구성과 오브젝트 개요

SQL에는 데이터베이스와 통신하기 위한 각기 용도가 다른 네 가지 서브 언어가 있으며, 이는 대부분의 데이터베이스에서 표준으로 지켜집니다. 데이터 분석 업무를 하는 사람이 이 서브 언어의 이름까지 알 필요는 없지만 데이터베이스 관리자나 데이터 엔지니어와의 소통을 위해서는 알아두는 편이 좋으니 간단히 설명하겠습니다. 명령어는 모두 유동적으로 연동되며 같은 SQL 문에서 함께 사용할 수도 있습니다.

DQL

DQL^{data query language}은 이 책에서 주로 다루는 SQL 서브 언어로, 데이터베이스에서 원하는 데이터를 가져오기 위한 '쿼리'를 작성하는 데 사용합니다. SQL 사용자들에게 익숙한 **SELECT**가 바로 DQL 명령어입니다(경험상 DQL이란 말은 잘 사용하지 않습니다). SQL 쿼리는 한 줄로 짧게 작성할 수도 있고 수십 줄로 길게 작성할 수도 있습니다. SQL 쿼리로 하나의 테이블(또는 뷰)에 접근할 수도 있고, **JOIN**을 사용해 여러 테이블에서 데이터를 가져와 조합할 수도 있으며, 같은 데이터베이스에 속한 여러 스키마에 쿼리를 수행할 수도 있습니다. 일반적으로 데이터베이스 간의 SQL 쿼리는 불가능하지만 특별한 네트워크 세팅이나 별도의 소프트웨어를 사용하면 다수의 소스, 심지어는 여러 종류의 데이터베이스에서 데이터를 받아올 수도 있습니다. 스크립트 언어와 달리 SQL 쿼리는 독립적으로 구성되므로 테이블을 제외하고 이전 단계에서 생성된 변수나 결과 데이터는 쿼리에서 사용할 수 없습니다.

DDL

DDL^data definition langauge은 데이터베이스에서 테이블, 뷰, 사용자 및 기타 오브젝트를 생성하고 수정하는 데 사용합니다. 단, 내용이 아니라 구조를 생성하거나 수정합니다. 주로 사용하는 세 가지 명령어는 **CREATE**, **ALTER**, **DROP**입니다. **CREATE**는 새 오브젝트를 생성할 때, **ALTER**는 테이블에 필드를 추가하는 등 오브젝트 구조를 바꿀 때 사용합니다. **DROP**은 전체 오브젝트와 구조를 삭제합니다. 데이터베이스 관리자나 데이터 엔지니어가 DDL을 활용한 업무에 관해 이야기하는 상황을 본 적이 있을 텐데 주로 파일이나 코드의 생성, 수정, 삭제에 관한 내용입니다. 데이터 분석 시 임시 테이블을 생성하는 데 DDL을 사용합니다.

DCL

DCL^data control language은 접근 제어에 사용합니다. 예를 들어, **GRANT**, **REVOKE**와 같이 권한을 주거나 취소할 때 사용하는 명령어가 있습니다. **GRANT**는 분석 업무 수행 시 여러분이 만든 테이블에 동료가 쿼리를 날릴 수 있도록 권한을 부여하는 데, 혹은 테이블이 다른 사람에게는 보이지만 여러분은 권한이 없어 볼 수 없을 때 관리자가 여러분에게 테이블 접근을 부여하는 데 사용할 수 있습니다.

DML

DML^data manipulation language은 데이터 자체를 다루는 데 사용합니다. **INSERT**, **UPDATE**, **DELETE** 명령어가 이에 해당합니다. **INSERT**는 새로운 레코드를 추가할 때 사용하며, 이는 추출^extract, 변환^transform, 로드^load의 ETL 단계 중 로드에 해당합니다. **UPDATE**는 필드의 값을 바꿀 때, **DELETE**는 행을 삭제할 때 사용합니다. 이러한 명령어는 임시 테이블이나 샌드박스 테이블을 다룰 때 혹은 여러분이 데이터베이스 소유자로서 직접 관리하는 테이블을 다룰 때 사용합니다.

이 네 가지 서브 언어는 대부분의 주요 데이터베이스에서 사용됩니다. 이 책에서는 주로 DQL 을 다루지만 8장에서는 DDL과 DML 명령어도 몇 가지 알아봅니다. 실습 데이터 생성 코드 및 예제 코드는 이 책의 소스가 저장된 깃허브[4]에 있습니다. SQL로 업무를 하는 사람들에게는 데이터베이스에서 동작하는 SQL 코드가 익숙할 테지만 다른 데이터베이스에서 작성된 SQL을 읽으면 마치 같은 나라에서 쓰는 말이지만 지역마다 조금씩 다른 방언을 듣는 것처럼 느껴질 수도 있습니다. 이렇듯 데이터베이스마다 조금씩 다른 SQL의 차이는 **방언**dialect이라고도 하며, 오라클 SQL, MSSQL 등 데이터베이스마다 고유의 방언이 있습니다.

데이터베이스마다 조금씩 차이가 있긴 하지만 SQL을 잘 안다면 null, 날짜date, 타임스탬프 timestamp 타입 등의 값 처리나 정수Integer 범위, 대소문자 등 세세한 부분만 잘 신경 쓴다면 다른 데이터베이스에서 작업하더라도 업무에 큰 지장이 없습니다.

이 책에서는 PostgreSQL로 예제 코드를 작성했으며 필요시 다른 데이터베이스에서 코드를 작성하는 방법을 추가했습니다. 예제 코드를 직접 따라 작성해보려면 여러분의 컴퓨터에 PostgreSQL[5]을 다운로드하기 바랍니다.

1.2.2 SQL의 장점

SQL은 뛰어난 연산 처리 능력을 갖춘, 널리 사용되고 필요에 따라 유연하게 사용 가능한 데이터 분석 도구입니다. 이처럼 데이터 분석에 SQL을 사용하는 이유는 다양합니다.

SQL을 사용하는 가장 큰 이유는 전 세계의 수많은 데이터가 이미 데이터베이스에 저장돼 있다는 점 때문입니다. 여러분이 속한 조직에서도 최소 하나의 데이터베이스를 사용하고 있을 겁니다. 데이터베이스에 데이터가 저장돼 있지 않은 상태라면, 데이터를 스프레드시트에 저장하기보다 데이터베이스에 로드하는 편이 저장 측면에서든 연산 측면에서든 더 낫습니다. 최근 몇 년 사이에 컴퓨팅 성능은 급성장했고 데이터 웨어하우스data warehouse와 **데이터 인프라스트럭처** data infrastructure는 이러한 컴퓨팅 성능을 최대한 활용하도록 발전해왔습니다. 최신 클라우드 데이터베이스에서는 속도 향상을 위해 대용량 데이터를 메모리에 로드해 쿼리를 실행하기도 합니다. 이제 쿼리 결과를 기다리느라 몇 분 혹은 몇 시간씩 기다리는 일은 사라지고 분석가가 빠

---

4 *https://github.com/sql-for-data-analysis-kr/book*

5 *https://www.postgresql.org/download*

른 처리를 위해 더 복잡한 쿼리를 작성하는 일만 남게 될 겁니다.

데이터베이스와 인터랙션하고 데이터를 불러오는 작업에서는 사실상 SQL이 표준입니다. 스프레드시트부터 BI 도구 및 시각화 도구 등 수많은 유명 소프트웨어뿐만 아니라 (다음 절에서 다룰) 파이썬이나 R 같은 코딩 언어에서도 데이터베이스와 연동하기 위해서는 SQL을 사용합니다. 사용 가능한 연산 자원의 한계로 인해 데이터베이스에서 한 번에 최대한 많은 데이터를 조작하고 집계aggregation하면 성능이 저하되기도 합니다. 8장에서는 다른 도구에서 사용하기 위한 복잡한 데이터를 구성하는 방법을 상세히 다룹니다.

기본 SQL 문법만 사용해도 수많은 조합의 쿼리를 작성할 수 있습니다. 몇 가지 SQL 문법만 사용해 수많은 종류의 분석을 해낼 수 있으며, 원하는 결과가 나오는지 쉽게 확인하고 필요시 계속해서 수정할 수 있습니다. SQL은 완전한 형태의 프로그래밍 언어는 아니지만 데이터 변환, 문제 해결을 위한 복잡한 연산 수행 등 많은 것을 해냅니다.

끝으로, SQL은 배우기가 상대적으로 쉽습니다. 몇 가지 문법만 알면 됩니다. 기본 키워드와 구조를 빠르게 학습하고 다양한 데이터셋을 다루면서 경험을 쌓아나가면 됩니다. 세상에 수많은 종류의 데이터셋이 존재하고 데이터로 매우 다양한 문제를 해결할 수 있다는 점을 고려하면 SQL을 활용하는 방법은 무궁무진합니다. 많은 대학에서 SQL을 가르치고 많은 사람이 업무에 SQL을 활용합니다. 사전 지식이 없는 직원도 배워서 바로 활용할 정도로 SQL은 다른 언어에 비해 배우기 쉽습니다. 따라서 데이터 분석을 위해 관계형 데이터베이스에 데이터를 저장하는 것은 합리적인 선택입니다.

1.2.3 SQL vs. R, 파이썬

데이터 분석에 SQL이 널리 쓰이긴 하지만 다른 선택지가 없지는 않습니다. R과 파이썬도 다른 언어들에 비해 데이터 분석에 많이 사용됩니다. R은 통계 및 그래프를 위한 언어이며 파이썬은 데이터를 다루는 데 강점이 있는 범용 프로그래밍 언어입니다. R과 파이썬은 오픈 소스이고 개인 노트북에 설치해 사용할 수 있으며, 데이터 처리 및 분석 업무를 위한 다양한 패키지와 플러그인을 개발하는 커뮤니티가 활발하게 운영되고 있습니다. 이 책에서는 R과 파이썬 중 무엇을 선택하면 좋을지는 이야기하지 않지만, 온라인상에 이 둘의 장단점에 대한 다양한 의견이 있으니 필요에 따라 적절하게 판단합시다. 여기서는 R과 파이썬을 SQL 대안으로서의 코딩 언어 정도로 생각하고 SQL과의 차이를 비교해봅니다.

SQL과 다른 코딩 언어의 첫 번째 차이점은 코드가 실행되는 장소와 그에 따라 요구되는 컴퓨팅 성능입니다. SQL은 데이터베이스 서버에서 실행되면서 모든 컴퓨팅 자원의 이점을 활용합니다. 이와 달리 R과 파이썬은 데이터 분석 시 주로 로컬에서 실행되므로 컴퓨팅 자원이 해당 로컬의 성능에 한정적입니다. 물론 예외 상황으로 데이터베이스를 노트북에서 실행할 수도 있고, R이나 파이썬을 자원이 더 많은 서버에서 실행할 수도 있습니다. 아주 간단한 분석이 아닌 이상 대용량 데이터로 분석을 수행할 때는 자원이 더 많은 데이터베이스 서버에서 실행하는 편이 좋습니다. 데이터베이스에서 계속해서 새로운 데이터를 받아오고 정기적으로 보고서나 대시보드를 업데이트해야 한다면 SQL이 좋은 선택이 됩니다.

두 번째 차이점은 데이터가 저장되고 구성되는 방식입니다. 관계형 데이터베이스는 데이터를 테이블에 행과 열로 구분해 저장하므로 SQL로 쿼리를 작성할 때는 모든 데이터가 이 구조에 맞게 저장돼 있다고 가정합니다. 반면에 R과 파이썬은 변수, 리스트List, 딕셔너리Dictionary 등 다양한 방법으로 데이터를 저장합니다. 이는 데이터 저장에 대한 유연함을 제공하지만 한편으로는 사용자가 사용법을 학습하는 데 더 많은 어려움을 겪게 됩니다. R은 데이터베이스의 테이블과 비슷하게 행과 열의 구조로 데이터를 저장하는 데이터프레임Dataframe을 사용해 분석을 수행합니다. 파이썬에서는 판다스pandas 패키지를 사용해 이러한 데이터프레임을 사용할 수 있습니다. 이렇듯 테이블 구조는 데이터 분석에 유용하게 쓰입니다.

또 다른 주요 차이점은 반복looping의 유무입니다. 반복은 특정 조건을 만족할 때까지 지정된 명령을 계속해서 되풀이하는 것을 의미합니다. SQL 집계 함수는 반복을 위한 코드가 따로 없어도 내부적으로 데이터셋을 반복합니다. 이 책의 뒷부분에서는 SQL에서 필드를 명시적으로 반복하는 기능이 없어 데이터 피벗pivot/언피벗unpivot 수행 시 SQL 문이 얼마나 길어지는지 알아봅니다. 더 자세한 내용은 이 책의 범위를 벗어납니다만, 이러한 한계로 인해 오라클의 PL/SQL, 마이크로소프트 SQL 서버의 T-SQL과 같이 기존 SQL의 기능을 확장해 반복 기능을 구현한 데이터베이스 기업도 있습니다.

SQL 사용 시 단점도 존재합니다. R이나 파이썬은 파일에서 데이터를 읽어와 로컬에 저장하거나 서버나 웹사이트에 저장된 파일에 쉽게 접근할 수 있어 일회성 프로젝트에서도 사용하기 편리하지만, SQL은 데이터가 데이터베이스에 저장돼 있어야 합니다.[6] 데이터베이스를 서버가 아닌 노트북에도 설치할 수 있지만, 이 경우 오버헤드overhead를 일으킬 수 있는 별도의 레이어

---

6 몇몇 새로운 기술은 비관계형 데이터베이스에 저장된 데이터에 SQL 쿼리를 보내도록 합니다.

layer가 생깁니다. R의 dbplyr나 파이썬의 SQLAlchemy 같은 패키지를 사용하면 R이나 파이썬에서도 데이터베이스에 접속해 SQL 쿼리를 실행하고 그 결과를 활용할 수 있습니다. 이런 면에서 R과 파이썬은 SQL을 보완합니다.

R과 파이썬은 고수준의 통계 함수를 내장built-in하고 있거나 패키지로 제공합니다. SQL도 평균이나 표준편차를 계산하는 함수를 제공하긴 하지만 실험 결과 분석(7장에서 다룹니다)에서 사용되는 p-값p-value 및 통계적 유의성statistical significance 등을 계산할 수는 없습니다. 고수준의 통계 및 머신러닝은 SQL이 아닌 다른 코딩 언어에서 더 잘 지원합니다.

다음은 데이터 분석에 SQL, R, 파이썬 중 어느 것을 사용할지 결정할 때 고려할 사항입니다.

- 데이터가 어디에 저장돼 있는가?(데이터베이스, 파일, 웹사이트)
- 데이터 용량은 어느 정도인가?
- 데이터를 어디에 사용할 것인가?(보고서 작성, 데이터 시각화, 통계 분석)
- 데이터가 새로운 값으로 변경되거나 최신화될 필요가 있는가?(업데이트 주기)
- 팀 혹은 조직에서 어떤 도구를 사용하며, 그 규정을 따르는 것이 얼마나 중요한가?

데이터 분석 또는 데이터 과학에서 어떤 언어와 도구가 가장 좋은지에 관한 논쟁은 끝이 없습니다. 다양한 언어와 도구가 존재하므로 분석을 수행하는 방법도 여러 가지입니다. 프로그래밍 언어가 진화하고 그 인기도 계속해서 바뀌는 가운데, 이 많은 언어와 도구 중에서 원하는 것을 선택할 수 있는 시대를 산다는 것은 큰 행운입니다. SQL은 오랫동안 사용돼왔고 앞으로도 계속해서 사랑받을 겁니다. 제일 중요한 것은 여러분이 업무에 가장 적합한 도구를 찾아 사용하는 일입니다. 여러분이 어떤 분석 기술을 갖고 있든 이 책은 여러분이 데이터 분석에서 SQL을 최대한으로 활용하도록 도울 겁니다.

1.2.4 데이터 분석 워크플로에서의 SQL

지금까지 SQL이 무엇이고 장점은 무엇인지, 다른 언어와는 어떻게 다른지 알아봤습니다. 이제 데이터 분석 중 어느 과정에서 SQL을 사용하는지 이야기해봅시다. 분석 업무는 항상 질문을 던지는 데서 시작합니다. 예를 들어, '신규 고객이 얼마나 유입됐는가?', '판매 추이가 어떠한가?', '왜 어떤 고객은 한번 서비스를 이용한 후 다시 돌아오지 않는 반면, 어떤 고객은 지속해서 서비스를 사용하는가?' 등의 질문이 생기고 나면 데이터가 어디에서 나오고 어디에 저장되는지, 분석 계획은 무엇이며 결과를 어떻게 발표할지 생각해야 합니다. [그림 1-2]는 이러한 과정의 각 단계를 보여줍니다. 이 책에서는 쿼리 및 분석 단계를 주로 살펴보며 나머지 단계는 이를 설명하면서 간략하게 다룹니다.

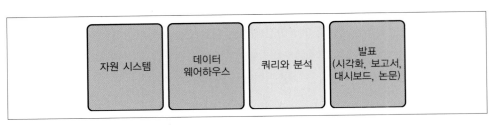

그림 1-2 데이터 분석 과정

첫 번째 단계로 **자원 시스템**source system에서 데이터가 생성됩니다. 자원 시스템은 필요한 데이터를 만들고 처리하는 사람 혹은 컴퓨터를 의미합니다. 의사가 문진할 때 환자의 상태를 차트에 기록하는 것과 같이 사람이 직접 입력한 값도 데이터가 될 수 있습니다. 데이터베이스에 기록되는 구매 이력, 이벤트-스트리밍 시스템에 기록되는 웹사이트 클릭 로그, 마케팅 관리 도구에 기록되는 이메일 열람 정보와 같이 컴퓨터에서 자동으로 생성된 값도 데이터가 될 수 있습니다. 자원 시스템은 다양한 타입과 형식format의 데이터를 생성할 수 있으며, 데이터 타입에 따른 분석에 관해서는 2장에서 자세히 다룹니다.

두 번째는 분석을 위해 데이터를 데이터베이스로 옮기는 단계입니다. 여러 조직의 데이터를 하나의 중앙 저장소에 통합한 데이터베이스를 **데이터 웨어하우스**data warehouse라고 하며, 쿼리를 보낼 수 있는 모든 종류의 데이터 저장 시스템은 **데이터 스토어**data store라고 합니다. 이외에 다른 용어로는 데이터 웨어하우스의 서브셋 또는 좁은 의미의 데이터 웨어하우스를 의미하는 **데이터 마트**data mart, 파일 저장 시스템에 데이터를 저장하거나 데이터 웨어하우스에서 주로 사용하는 형태로 변환되지 않은 채로 데이터를 저장한 데이터베이스를 의미하는 **데이터 레이크**data lake가 있습니다. 데이터 웨어하우스는 규모가 작고 단순할 수도 있고, 반대로 규모가 크고 유지 비용이 많이 들 수도 있습니다. 이 책 예제에서 다루는 데이터는 여러분의 노트북에 설치된 데이터베이스에서도 충분히 실행할 수 있습니다. 중요한 것은 여러분이 분석하고자 하는 데이터를 한 곳에 모으는 일입니다.

데이터베이스에 데이터가 저장됐으면 다음 단계는 쿼리와 분석입니다. 이 단계에서는 SQL로 **탐색**exploring, **프로파일링**profiling, **정제**cleaning, **셰이핑**shaping, **분석**analyzing을 수행합니다. [그림 1-3] 은 이 과정의 일반적인 흐름을 나타냅니다. 각 과정은 다음과 같습니다.

- **탐색**: 데이터와 관련된 주제는 무엇인지, 데이터가 어디에서 생성됐는지, 저장된 데이터베이스 테이블은 무엇인지 등을 자세히 알아가는 과정
- **프로파일링**: 데이터셋에서 고유한 값은 무엇이며 값의 분포는 어떠한지 등을 확인하는 과정
- **정제**: 틀리거나 불완전한 데이터를 수정하고 카테고리를 추가하거나 결측값 등을 다루는 과정
- **셰이핑**: 데이터를 분석 목적에 따라 행과 열로 저장하는 과정
- **분석**: 트렌드를 파악하고 결론을 내린 후 인사이트를 찾아내기 위해 데이터를 검토하는 과정

이 과정이 순서대로 진행될 것 같지만 실제로는 셰이핑이나 분석 단계에서 데이터 정제가 필요함을 깨닫게 되는 등 순서에 상관없이 각 단계를 오가는 경우가 많습니다.

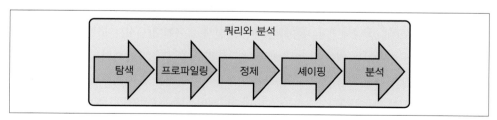

그림 1-3 분석 워크플로 내 쿼리와 분석 단계의 내부 절차

전체 워크플로 내 마지막 단계는 데이터를 최종 결과물 형태로 가공해 발표하는 일입니다. 사업가는 여러분에게 SQL 코드 파일을 기대하지 않습니다. 여러분이 그래프, 차트 등을 동원해 분석한 결과로부터 도출한 인사이트를 잘 정리해 보여주기를 기대합니다. 커뮤니케이션은 다른 사람과 분석 결과를 공유할 방법이자 분석 결과에 임팩트를 줄 중요한 키입니다. 간혹 SQL로 가능한 범위를 넘어 더 정교한 통계적 방법이나 머신러닝 알고리즘을 사용해야 할 때가 있습니다. 다행히도 대부분의 보고서와 시각화 도구는 SQL 커넥터를 제공합니다. 통계 소프트웨어나 머신러닝에 사용되는 프로그래밍 언어도 SQL 커넥터를 포함하므로 테이블에서 데이터를 가져와 추가 분석을 수행할 수 있습니다.

분석 워크플로는 여러 단계를 거치면서 많은 도구와 기술을 요구합니다. SQL 쿼리 및 분석은 많은 분석의 심장부이자 이 책에서 중심적으로 다룰 내용입니다. 2장에서는 자원 시스템의 종류와 여기에서 생성되는 데이터의 타입을 알아봅니다. 이번 장은 분석을 수행할 때 사용할 데이터베이스의 타입을 설명하며 마무리하겠습니다.

1.3 데이터베이스 타입과 활용법

SQL은 데이터베이스에서 사용하는 언어입니다. 데이터베이스 타입에는 오픈 소스와 상용 데이터베이스, 행 기반row-store과 열 기반column-store 등 여러 가지가 있습니다. 온프레미스on-premise 데이터베이스와 클라우드cloud 데이터베이스 그리고 클라우드 업체의 인프라스트럭처에서 데이터베이스 소프트웨어를 실행하는 하이브리드hybrid 데이터베이스가 있습니다. 데이터베이스는 아니지만 SQL로 쿼리를 보낼 수 있는 데이터 스토어도 있습니다.

데이터베이스는 타입마다 특성이 다르며 데이터 분석 시 각기 다른 장단점이 있습니다. 여러분은 분석 워크플로 내 각 단계에서 사용하는 다양한 분석 도구에 관해서는 잘 알더라도 여러분이 속한 조직에서 사용하는 데이터베이스에 관해서는 잘 모를 수도 있습니다. 사용하는 데이터베이스에 관해 잘 안다면 해당 데이터베이스에서 제공하는 특별한 SQL 함수를 사용하는 등 좀 더 효율적인 분석이 가능합니다. 다른 타입의 데이터베이스도 능숙하게 다루게 된다면 새로운 데이터 웨어하우스에서 프로젝트를 수행하거나 프로젝트를 이관할 때 도움이 될 겁니다. 여러 가지 타입의 데이터베이스를 노트북에 설치하거나 클라우드 웨어하우스에서 인스턴스를 생성해 간단한 개인 프로젝트를 진행해보기 바랍니다.

데이터베이스와 데이터 스토어는 다이내믹한 기술 발전을 거쳐왔으며, 21세기 이후 몇 가지 트렌드가 오늘날 데이터 실무자들을 흥분시킬 만한 기술 변화를 이끌어냈습니다. 첫 번째 트렌드는 인터넷, 모바일 기기, 사물인터넷Internet of Things의 발전에 따라 엄청나게 증가한 데이터 양입니다. 2020년 IDC[7]에서 발표한 바에 따르면[8] 2025년에는 전 세계에 저장되는 데이터 양이 175제타바이트zettabyte에 이를 것이라고 합니다. 이는 상상조차 할 수 없을 정도로 많은 양이며 분석을 위해 데이터베이스에 저장할 수도 없는 양입니다. 오늘날 기업에서 테라바이트 혹은 페타바이트 수준의 데이터를 다루기는 어려운 일이 아닙니다만 90년대 이전까지는 이 정도 규모의 데이터를 처리하기가 불가능했습니다. 두 번째 트렌드는 클라우드의 등장에 따른 데이터 저장 및 연산 비용 감소입니다. 클라우드에서는 대규모 데이터를 수집하고 저장하기가 더 쉽고 저렴합니다. 컴퓨터 메모리 가격이 내린 덕분에 대용량 데이터를 메모리에 로드해 디스크 읽기/쓰기 없이 매우 빠르게 연산을 수행하고 그 결과를 반환할 수 있게 됐습니다. 세 번째 트렌드는 워크로드workload를 여러 머신에 나눠서 수행하는 분산 컴퓨팅입니다. 분산 컴퓨팅을 통해 대용량 가변 컴퓨팅 기술을 활용한 복잡한 데이터 작업을 수행할 수 있습니다.

데이터베이스와 데이터 스토어는 이러한 기술 트렌드를 다양하게 활용해 특정 유형의 작업을 최적화합니다. 데이터 분석 업무에 적합한 두 가지 데이터베이스 카테고리는 행 기반 방식과 열 기반 방식입니다. 이 절에서는 이 두 가지 방식의 데이터베이스를 소개하고 둘의 유사점과 차이점을 설명합니다. 마지막으로, 여러분이 주로 사용하게 될 데이터베이스 이외에 몇 가지 데이터 인프라스트럭처 유형까지 소개하며 마무리합니다.

1.3.1 행 기반 데이터베이스

트랜잭션 데이터베이스라고도 불리는 **행 기반**row-store 데이터베이스는 INSERT, UPDATE, DELETE와 같은 트랜잭션을 효율적으로 처리하기 위해 설계됐습니다. 널리 알려진 오픈 소스 행 기반 데이터베이스로는 MySQL과 Postgres가 있으며 상용 데이터베이스로는 마이크로소프트 SQL 서버, 오라클, 테라데이타Teradata가 널리 쓰입니다. 이 데이터베이스들이 분석에 최적화돼 있지는 않지만, 행 기반 데이터베이스는 오랫동안 데이터 웨어하우스를 구축하는 유일한 방법이었습니다. 행 기반 데이터베이스를 분석에 활용하려면 섬세한 튜닝과 스키마 설계가

---

7 옮긴이_ International Data Corporation의 약자로, 미국의 IT, 통신 기술 분야 시장조사 및 컨설팅 업체입니다.
8 *https://oreil.ly/oEWDD*

필요합니다. 행 기반 데이터베이스가 인기 있는 이유에는 데이터베이스 관리자들에게 이미 익숙하다는 점과 오픈 소스를 활용하면 비용이 들지 않는다는 점이 있습니다. 기관에서는 데이터 인프라스트럭처 구축 시 운영 데이터베이스를 행 기반 데이터베이스로 복제하는 경우가 많습니다. 이러한 이유로 데이터 분석가와 데이터 과학자는 데이터 분석을 행 기반 데이터베이스에서 하는 경향이 있습니다.

테이블은 행과 열로 이뤄져 있지만 행 기반 데이터베이스에서는 데이터가 행 순서대로 저장됩니다. 쿼리는 하드디스크에서 필요한 데이터를 검색하는데, 하드디스크는 크기가 고정된 블록block으로 이뤄져 있습니다. 하드디스크 스캐닝은 시간과 자원을 소모하므로 쿼리 결과를 가져올 때 스캐닝이 필요한 디스크의 양을 최소화해야 합니다. 행 기반 데이터베이스는 이러한 문제를 행 순서대로 데이터를 저장하는 방식으로 해결합니다. [그림 1-4]는 행 단위row-wise 데이터 저장의 예입니다. 쿼리가 실행되면 전체 행을 읽어 메모리에 로드합니다. 이 방법은 행 단위 업데이트를 할 때는 빠르지만 단 몇 개의 열만 계산해야 할 때는 불필요하게 느리다는 단점이 있습니다.

id	sku	type	color	size	price
1	123	tshirt	black	S	19.99
2	124	shorts	green	M	24.99

그림 1-4 행 단위 저장 방식(각 행이 디스크에 함께 저장됨)

테이블 내 열 개수를 줄이기 위해 행 기반 데이터베이스는 **제3정규형**Third normal form으로 모델링되는 경우가 많습니다. 제3정규형은 각 정보를 한 번씩만 탐색해 중복을 피하고 일관성을 확보하는 데이터베이스 설계 접근법입니다. 이는 트랜잭션 처리에는 효율적이지만 단 몇 개의 열로만 이뤄진 수많은 테이블을 만들게 됩니다. 이렇게 여러 테이블로 쪼개어 저장된 데이터를 분석하려면 JOIN 연산이 많이 필요하며, 개발자가 아닌 사람에게는 테이블이 서로 어떻게 연관되고 데이터들이 어떻게 저장돼 있는지 이해하기가 어렵습니다. 따라서 데이터를 분석할 때는 주로 비정규화denormalization를 수행하거나 데이터를 한곳에 모으게 됩니다.

테이블에는 기본적으로 고유한 값을 나타내는 **기본키**primary key가 있어 같은 테이블에 동일한 값을 갖는 레코드가 더 생성되는 일을 방지합니다. 테이블에는 보통 자동증가auto-incrementing 값이 저장되는 id 열이 있으며, 여기에는 새 레코드가 생성될 때마다 마지막에 생성된 레코드의 다음 숫자 값이 자동으로 저장되거나 기본키 생성자에 의해 만들어진 알파벳 값이 저장됩니다. 여러 개의 열을 조합해 단 하나의 값을 갖는 행을 생성할 수도 있습니다. 이러한 열 조합을 **복합키**composite key 또는 **비즈니스키**business key라고 합니다. 예를 들어, 사람 데이터가 저장된 테이블에서 first_name, last_name, birthdate 열을 조합해 한 사람을 가리키는 고유한 값을 만듭니다. person_id나 social_security_id도 고유 식별자unique identifier로 사용될 수 있습니다.

인덱스를 사용하면 테이블에서 특정 레코드를 더 빠르게 찾거나 해당 열에 대한 JOIN을 더 빠르게 수행할 수 있습니다. 인덱스는 적용된 필드의 값과 해당 값이 저장된 행을 가리키는 포인터를 저장하며, 전체 테이블보다 크기가 작아 더 빠르게 읽을 수 있습니다. 주로 기본키가 인덱스인 경우가 많지만 다른 필드나 필드 그룹도 인덱스가 될 수 있습니다. 행 기반 데이터베이스를 사용할 때 테이블에서 어떤 필드가 인덱스를 갖고 있는지 미리 알면 분석에 유용합니다. 인덱스를 추가하면 JOIN을 더 빠르게 수행할 수 있으므로 분석 쿼리 실행이 오래 걸린다면 인덱싱을 고려해봐도 좋습니다. 단, 인덱스가 만능은 아닙니다. 인덱스는 INSERT로 데이터를 삽입할 때마다 새로운 값을 생성해야 하므로 저장 공간을 더 많이 차지하며 데이터 로딩도 느려집니다. 데이터베이스 관리자는 분석에 유용하다고 해서 모든 필드를 인덱싱하면 안 됩니다. 보고서 작성뿐 아니라 분석을 위한 인덱싱 최적화에도 신경 써야 합니다. 탐색적이고 복합적인 쿼리를 작성하기 위해 복잡한 JOIN 패턴을 사용하게 될 수도 있지만, 문제를 해결할 새로운 방법을 찾았을 때는 기존의 복잡한 접근 방식을 과감하게 포기할 수 있어야 합니다.

스타 스키마[9] 모델링은 행 기반 데이터베이스를 분석에 사용하기 더 편리하도록 만들 목적으로 개발됐습니다. 스타 스키마의 기본에 대해 알고싶다면 『데이터 웨어하우스 툴킷(3판)』(비제이퍼블릭, 2015)을 참고하기 바랍니다. 해당 책은 데이터를 팩트fact 테이블과 차원dimension 테이블로 모델링하는 기법을 소개합니다. 팩트 테이블은 거래 내역과 같은 이벤트를 표현하며 차원 테이블은 고객 이름이나 상품 유형과 같은 기술어descriptor를 포함합니다. 데이터가 항상 팩트와 차원 중 한 카테고리에 딱 맞지는 않으므로 이를 위해 차원 스스로가 또 다시 차원을 갖는 스노우플레이크Snowflake 스키마(혹은 눈송이 스키마[10])라는 확장 버전이 있습니다.

---

9 *https://ko.wikipedia.org/wiki/스타_스키마*
10 *https://ko.wikipedia.org/wiki/눈송이_스키마*

1.3.2 열 기반 데이터베이스

열 기반column-store 데이터베이스는 행 기반 데이터베이스만큼이나 오래됐지만 21세기 초에 들어서야 인기를 끌기 시작했습니다. 열 기반 데이터베이스는 행의 값 대신 열의 값을 저장하는 방식으로, 여러 행에 저장된 값을 가져와야 하지만 모든 열을 가져올 필요는 없을 때 쿼리를 최적화하기 위해 설계됐습니다. 잘 알려진 열 기반 데이터베이스로는 아마존 레드시프트Amazon Redshift, 스노우플레이크Snowflake, 버티카Vertica가 있습니다.

열 기반 데이터베이스는 압축 기술을 사용해 대용량 데이터를 저장할 때 효율적입니다. 결측 값이나 계속 반복되는 값들은 그 값 대신에 아주 작은 값으로 따로 표시됩니다. 예를 들어, 'United Kingdom'이 수만 번 반복된다면 열 기반 데이터베이스는 이를 아주 작은 값으로 대체해 저장합니다. 또한, 열 기반 데이터베이스는 값이 반복된다는 점을 이용해서 데이터를 압축하기도 합니다. 그러면 'United Kingdom'이 백 번 반복될 경우 반복되는 값 백 개를 모두 저장할 때보다 저장 공간이 훨씬 절약됩니다.

열 기반 데이터베이스에는 기본키가 꼭 필요하지 않으며 인덱스도 없습니다. 앞서 언급한 압축 기술이 있으므로 반복되는 값도 문제가 되지 않습니다. 데이터가 여러 테이블에 분산돼 있지 않으므로 JOIN이 필요하지 않고, 데이터가 한곳에 모여 있어 스키마도 분석 쿼리에 잘 맞춰집니다. 단, 기본키가 없어 중복된 값들이 있을 수 있으므로 데이터가 어디에서 왔는지 이해하고 데이터 품질을 잘 확인해야 합니다.

한 행도 여러 열로 분산돼 저장되므로 대부분의 열 기반 데이터베이스에서 UPDATE와 DELETE 연산 시 많은 비용이 듭니다. 따라서 매우 큰 테이블은 UPDATE와 DELETE를 사용할 수 없도록 쓰기 전용write-only으로 사용되기도 하므로, 데이터가 어떻게 생성됐는지 잘 알아보고 꼭 필요한 레코드를 미리 파악하는 편이 좋습니다. 데이터를 읽을 때는 압축을 해제해야 할 때도 있어 읽기 속도가 느려질 수도 있습니다.

데이터 분석을 빠르게 하려면 열 기반 데이터베이스가 더 나은 선택입니다. 열 기반 데이터베이스에서도 SQL 표준 및 데이터베이스의 확장 SQL을 사용하며, 여러 면에서 열 기반과 행 기반 데이터베이스의 쿼리 사이에는 차이가 없습니다. 데이터베이스에 할당된 저장 공간과 연산 처리 성능만큼이나 데이터의 크기도 관건입니다. 필자는 열 기반 데이터베이스에서 수백만, 수십억 레코드에 대한 집계 연산이 단 몇 초 만에 수행되는 모습도 본 적이 있습니다. 실로 엄청난 생산성입니다.

일부 압축 기술은 정렬에 기반합니다. 따라서 테이블에서 어떤 필드가 정렬돼 있는지 파악하고 이를 잘 이용해 쿼리를 작성하면 쿼리 성능이 향상됩니다. 단, 대용량 테이블에 JOIN을 사용하면 느려지니 주의합시다.

결론적으로 이 책에서 다루는 분석을 수행하는 데는 데이터베이스 타입이 중요하지 않습니다. 다른 일도 모두 마찬가지겠지만 데이터 크기와 업무의 복잡성을 잘 고려해 적절한 도구를 사용하면 의미 있는 분석을 수행할 수 있습니다.

1.3.3 데이터 인프라스트럭처 유형

데이터를 데이터베이스에만 저장할 수 있는 건 아닙니다. 데이터를 분석하고 활용하기 위한 다양한 데이터 저장 방법이 생겨나고 있습니다. 데이터 레이크 같은 파일 저장 시스템은 데이터 웨어하우스 대신 데이터를 저장하는 대표적인 대안입니다. NoSQL 데이터베이스와 검색 기반 데이터 저장 시스템은 지연 시간이 낮아서 로그 파일을 빠르게 검색합니다. 이러한 여러 유형의 데이터 인프라스트럭처는 데이터 분석 과정에서 일어나는 일과는 관련이 적지만, 많은 조직에서 데이터 인프라스트럭처를 다루므로 간단하게 언급하고 넘어가겠습니다. 한 가지 재미있는 점은 이러한 새로운 유형의 인프라스트럭처가 처음에는 SQL 데이터베이스의 한계를 극복하기 위해 등장했음에도, 결국 많은 인프라스트럭처에서 데이터베이스에 쿼리를 수행하기 위해 SQL 인터페이스를 구현했다는 사실입니다.

하둡Hadoop (혹은 HDFSHadoop Distributed File System)이라는 오픈 소스 파일 시스템은 데이터 저장 및 컴퓨팅 성능 활용에 들어가는 비용이 예전보다 많이 저렴해졌다는 점을 잘 활용합니다. 파일은 블록으로 쪼개지고 하둡은 이를 클러스터의 노드 혹은 컴퓨터에 저장된 파일 시스템으로 분배합니다. 연산을 수행하기 위한 코드는 각 노드로 전달돼 병렬로 수행됩니다. 하둡의 큰 특징은 대용량 데이터를 저비용으로 저장한다는 점입니다. 엄청난 양의 비정형 데이터unstructured data를 소유한 인터넷 기업들은 전통적인 데이터베이스에 비해 비용을 절약하고 저장 공간의 한계를 극복할 방안으로 하둡을 찾게 됐습니다. 하둡의 초기 버전은 두 가지 단점이 있었습니다. 첫 번째는 SQL과 호환되지 않아 데이터를 가져와서 처리하려면 전문적인 코딩 스킬이 필요하다는 점이었고, 두 번째는 실행 시간이 매우 길다는 점이었습니다. 하지만 하둡은 계속해서 진화했으며 SQL처럼 데이터에 접근할 수 있고 빠르게 쿼리를 실행하는 다양한 도구도 개발됐습니다.

최근 몇 년간 SQL 쿼리 기술뿐 아니라 저렴한 데이터 저장 비용과 인메모리 데이터 프로세싱만큼 빠른 수행 속도를 갖춘 상용 및 오픈 소스 제품이 등장하기 시작했습니다. 심지어 몇몇 제품에서는 한 번의 쿼리로 여러 소스에서 데이터를 받아오는 기능을 제공하기도 합니다. 이는 대용량 데이터를 다루는 사람에게는 아주 신나는 소식이자 우리가 SQL을 계속해서 사용해야 하는 이유입니다.

NoSQL은 비관계형 데이터 모델링을 위한 기술입니다. 지연 속도가 매우 낮은 저장 및 검색에 최적화돼 있어 많은 온라인 애플리케이션에서 유용하게 사용됩니다. NoSQL의 종류로는 키-값key-value 쌍 저장소, 노드-엣지node-edge 형식으로 데이터를 저장하는 그래프 데이터베이스 저장소, 문서 저장소document store가 있습니다. 이러한 데이터 저장의 예로는 카산드라Cassandra, 카우치베이스Couchbase, 다이나모DB DynamoDB, Memcached, Giraph, Neo4j 등이 있습니다. 초기에는 NoSQL이 SQL을 대체하겠다고 호기롭게 등장했지만 최근에는 NoSQL이 'Not only SQL'의 약자라고 불리는 상황이 돼버렸습니다. NoSQL은 한 번에 많은 레코드에 쿼리를 수행하는 작업에는 최적화돼 있지 않으므로, 데이터를 분석하려면 NoSQL에서 키-값 형태로 저장된 데이터를 먼저 불러와서 전통적인 SQL 데이터 웨어하우스에 저장해야 합니다. 그래프 데이터베이스는 네트워크 분석 등의 애플리케이션을 내장하므로, 특수한 쿼리 언어를 사용해 분석 업무를 직접 수행할 수 있습니다. 언젠가는 SQL로 그래프 데이터베이스의 데이터를 분석할 날도 올 것이라 생각합니다.

검색 기반 데이터 스토어로 일래스틱서치Elasticsearch와 스플렁크Splunk가 있습니다. 일래스틱서치와 스플렁크는 주로 로그 데이터와 같이 머신에서 생성된 데이터를 분석하는 데 사용됩니다. 검색 기반 데이터 스토어에서는 SQL이 아닌 다른 쿼리 언어를 사용하기도 하지만 SQL을 안다면 이해하기 어렵지 않습니다. SQL의 인기에 힘입어 일래스틱서치를 비롯한 몇몇 데이터 스토어에서는 SQL 쿼리 인터페이스를 지원하기도 합니다. 검색 기반 데이터 스토어는 본래 목적인 데이터 검색에는 유용하지만 이 책에서 다루는 분석 업무에는 적합하지 않습니다. 옛날부터 필자가 사람들에게 설명할 때 쓰던 비유를 사용하자면, 검색 기반 데이터 스토어는 사막에서 바늘구멍 찾기에는 유용해도 사막 자체를 조사하는 데는 적합하지 않습니다.

데이터베이스 타입이나 데이터 저장 기술과 상관없이 분명한 데이터 분석 트렌드가 하나 있습니다. 데이터는 커지고 분석 방법은 복잡해졌지만 SQL이 여전히 데이터 접근을 위한 표준 도구로 자리 잡고 있다는 사실입니다. 사용자가 매우 많으며, 배우기도 쉽고, 분석에 유용하다는 장점은 데이터 분석 관련 기술이 SQL을 수용하며 발전할 수밖에 없는 이유입니다.

1.4 결론

데이터 분석은 기업을 비롯한 여러 조직에서 다양하게 활용되는 흥미로운 분야입니다. SQL은 데이터베이스에 저장된 데이터를 다루는 데 많은 강점이 있습니다. 쿼리 수행과 데이터 분석은 전체 분석 워크플로의 일부일 뿐이며 데이터 과학자는 다양한 유형의 데이터 스토어를 분석에 사용합니다. 지금까지 분석, SQL, 데이터 스토어의 기초에 관해 이야기했으니 이제 SQL을 사용한 분석을 깊이 다뤄봅시다.

2장에서는 데이터 타입 소개부터 데이터 프로파일링, 정제, 셰이핑 등 데이터 준비 과정을 살펴봅니다. 3장부터 7장까지는 시계열 분석, 코호트 분석, 텍스트 분석, 이상 탐지, 실험 분석 등 데이터 분석 활용에 관해 알아봅니다. 8장에서는 다른 도구로 추가 분석을 수행하기 위해 복잡한 데이터셋을 생성하는 방법을 다룹니다. 마지막 9장에서는 새로운 인사이트를 이끌어내기 위해 이 책에서 배운 분석 방법들을 어떻게 활용할지 생각해보고 여러분의 데이터 분석 여정에 도움이 될 만한 참고 자료를 소개합니다.

CHAPTER 2

데이터 준비

데이터 준비 단계가 분석에서 아주 중요한 부분을 차지한다는 데는 의심할 여지가 없습니다. 데이터 과학자가 데이터 준비에 시간을 얼마나 많이 할애하는지 정확하게 알 수는 없지만, 2014년 뉴욕 타임스의 보고에 따르면 데이터 과학자는 전체 시간의 50~80%를 데이터를 정제하거나 랭글링wrangling[1]하는 데 사용합니다.[2] 한편 2016년 크라우드플라워CrowdFlower에서 수행한 설문에서는 데이터 과학자들이 전체 시간의 60%를 분석과 모델링을 위한 데이터 정제 및 체계화에 사용한다고 응답했습니다.[3] 데이터 준비는 매우 일반적인 작업이므로 데이터 먼징data munging[4], 데이터 랭글링 등으로 부르기도 합니다. 이 모든 준비 작업이 그저 생각 없이 이뤄지는 단순 작업일까요? 아니면 분석 프로세스에 중요한 업무일까요?

데이터 사전, 즉 각 필드에 대한 설명, 데이터 수집 방법, 데이터 간의 관계 등이 깔끔하게 정리된 문서나 저장소 등이 있으면 데이터 준비가 훨씬 수월합니다. 아쉽게도 이렇게 잘 정리된 데이터 사전이 준비된 경우는 흔치 않습니다. 문서화가 중요하다는 건 알지만 다른 작업에 비해 우선순위가 낮아 뒤로 밀려나기도 하고, 새로운 필드나 테이블이 추가되거나 데이터 수집 방법이 변경되더라도 문서가 업데이트되지 않는 경우가 많습니다.

---

1 옮긴이_ 원본 데이터를 보다 분석하기 쉬운 형태로 가공하는 과정을 의미합니다.
2 _https://oreil.ly/HX1c0_
3 _https://oreil.ly/5h28Y_
4 데이터 먼징의 'Mung'은 'Mash Until No Good'의 약자입니다.

데이터 프로파일링을 활용하면 데이터 사전에 추가할 만한 다양한 내용을 찾을 수 있습니다. 여러분의 조직에서 이미 데이터 사전을 관리하고 있다면 데이터 프로파일링으로 새로 찾은 내용을 추가하고, 그렇지 않다면 이번 기회에 새로 만들어보는 것도 좋습니다. 팀뿐 아니라 미래의 나에게 주는 최고의 선물이 될 겁니다. 최신화된 데이터 사전이 있다면 이를 기반으로 데이터 프로파일링을 빠르게 수행할 수 있습니다. 데이터 사전을 통해 데이터를 정확히 이해하고 적절히 활용해 더 좋은 분석 결과를 이끌어내기 바랍니다.

데이터 사전이 이미 준비돼 있더라도 분석을 위한 데이터 준비 과정을 생략할 수는 없습니다. 이 장에서는 데이터 타입, SQL 쿼리 구조 같은 기본 개념부터 데이터 내용과 품질을 확인하는 과정인 데이터 프로파일링, 데이터를 행과 열의 형태로 반환하기 위한 데이터 셰이핑까지 살펴봅니다. 마지막으로, 데이터 품질 문제를 해결하기 위한 데이터 정제에 사용하는 유용한 도구도 알아봅니다.

2.1 데이터 타입

데이터는 분석의 기본 단위입니다. 모든 데이터는 데이터베이스 **데이터 타입**data type을 가지면서 하나 이상의 데이터 카테고리에 속합니다. 데이터 분석가로서 효율적으로 일하려면 다양한 형태의 데이터를 이해해야 합니다. 이 절에서는 분석에 자주 사용하는 데이터베이스 데이터 타입을 먼저 살펴보고, 데이터의 출처, 품질, 활용 방안 등을 이해하는 데 도움이 될 다양한 데이터의 개념적 분류를 알아봅니다.

2.1.1 데이터베이스 데이터 타입

데이터베이스 테이블에서 모든 필드에는 데이터 타입이 있습니다. 대부분의 데이터베이스 제조사는 데이터베이스에서 지원하는 데이터 타입에 관한 문서를 잘 제공하므로 필요할 때 참고하면 좋습니다. 데이터 타입을 전문가 수준으로 알아야만 분석을 잘할 수 있는 건 아닙니다. 데이터 타입을 잘 이해해야 하는 분석에 관해서는 이 책 뒷부분에서 따로 다루므로 이 절에서는 기본만 간단히 짚고 넘어가겠습니다. 주요 데이터 타입은 문자열string, 숫자numeric, 논리logical, 날짜/시간datetime입니다(표 2-1). 여기서는 Postgres에서 사용하는 데이터 타입을 기준으로 설명하며, 다른 데이터베이스에서 사용하는 데이터 타입도 크게 다르지 않습니다.

표 2-1 일반 데이터베이스 데이터 타입 개요

타입	이름	설명
문자열	CHAR / VARCHAR	문자열 데이터를 저장합니다. VARCHAR는 지정된 범위(예: 최대 256자) 내에서 가변 길이 값을 저장하며 CHAR는 항상 고정 길이 값을 저장합니다.
	TEXT / BLOB	VARCHAR의 범위를 넘어서는 긴 문자열 데이터를 저장합니다. 설문 응답 등의 텍스트를 저장합니다.
숫자	INT / SMALLINT / BIGINT	정수 데이터를 저장합니다. 어떤 데이터베이스는 SMALLINT, BIGINT 타입을 지원하기도 합니다.
	FLOAT / DOUBLE / DECIMAL	실수 데이터를 저장하며 정수부와 소수부의 길이를 직접 지정하기도 합니다.
논리	BOOLEAN	TRUE와 FALSE 값을 저장합니다.
날짜/시간	DATETIME / TIMESTAMP	날짜 및 시간 데이터를 저장합니다. 주로 YYYY-MM-DD hh:mi:ss 형태이며 YYYY는 네 자릿수 연도, MM은 두 자릿수 월, DD는 두 자릿수 일을 의미하고, hh는 두 자릿수 시간(24시간 기준으로 0과 23 사이), mi는 두 자릿수 분, ss는 두 자릿수 초를 의미합니다. 어떤 데이터베이스는 표준 시간대 표기 없이 TIMESTAMP 값만 저장하기도 합니다.
	TIME	시간 데이터를 저장합니다.

문자열은 가장 다양하게 쓰이는 데이터 타입입니다. 글자, 숫자, 특수문자, 심지어 눈에 보이지 않는 탭이나 개행 문자까지도 저장합니다. 문자열 필드는 저장할 문자열의 길이를 고정 길이 또는 가변 길이로 지정합니다. 예를 들어, 미국의 주state 이름을 저장한다고 할 때 VARCHAR 타입 필드에는 이름 전체를 저장할 수 있지만 CHAR 타입 필드에는 축약어 두 글자만 저장하도록 지정할 수 있습니다. 아주 긴 문자열을 저장하기 위한 데이터베이스에서는 TEXT, CLOBCharacter Large Object, 이미지 등도 저장하는 BLOBBinary Large Object 타입의 필드도 제공하지만 공간을 많이 차지해 자주 사용되지는 않습니다. 데이터가 로드될 때 문자열 크기가 정의된 데이터 타입에 비해 너무 크면 지정된 크기를 넘는 부분이 잘리거나 아예 로드되지 않을 수도 있습니다. SQL 은 여러 가지 문자열 함수를 지원하므로 문자열 타입의 값을 다양한 분석에 활용할 수 있습니다.

숫자 데이터 타입은 음수, 양수 상관없이 모든 숫자를 저장합니다. 이 타입의 필드에 저장된 값에는 여러 가지 수리 함수와 수리 연산자를 사용할 수 있습니다. 숫자 데이터 타입에는 FLOAT, DOUBLE, DECIMAL (소수점 위치 표시), INT가 있습니다. INT 타입은 DECIMAL 타입보다 메모리를 적게 사용해 더 많이 사용됩니다. Postgres를 비롯한 몇몇 데이터베이스에서는 정수 나늦셈의 결과로 실숫값이 아닌 정숫값을 반환합니다. 나눗셈 결과로 정확한 실숫값을 반환받고 싶다면 실숫값을 정숫값으로 나누거나 정숫값을 실숫값으로 나눠야 합니다. 숫자 데이터 타입 변환 방법은 2.5.2절 '타입 변환과 캐스팅'에서 다룹니다.

논리 데이터 타입은 BOOLEAN 타입으로, TRUE 또는 FALSE 값을 저장합니다. 이 데이터 타입을 적절히 사용하면 정보를 효율적으로 저장할 수 있습니다. 예를 들어, 두 필드를 비교하는 연산자는 BOOLEAN 값을 반환합니다. BOOLEAN 타입은 데이터에서 특정 속성의 존재 여부를 표현하는 플래그flag로 자주 사용됩니다. 예를 들어, 이메일 데이터가 저장된 테이블에 BOOLEAN 타입의 has_opened 필드를 생성해 이메일 열람 여부를 저장할 수 있습니다.

날짜/시간 데이터 타입으로 DATE, TIMESTAMP, TIME이 있습니다. 날짜 및 시간 데이터를 저장할 때는 이 데이터베이스 타입에 최대한 맞춰서 저장해야 SQL의 유용한 날짜 및 시간 관련 함수를 사용할 수 있습니다. TIMESTAMP, DATE 타입의 데이터는 데이터베이스에서 자주 사용되며, 특히 시계열 분석(3장), 코호트 분석(4장) 등에서 매우 중요하게 다뤄집니다. 날짜 및 시간 데이터의 형식, 변환, 계산에 관해서는 3장에서 알아봅니다.

이 밖에도 몇몇 데이터베이스에서는 JSON 타입, 지리geographical 타입 등 다양한 데이터 타입을 지원합니다. 이 책에서는 이런 데이터 타입까지 상세히 설명하지는 않습니다만, 다양한 데이터 타입이 지원된다는 점은 새롭게 등장하는 데이터 분석 스킬에 SQL이 유연하게 대응하고 있다는 좋은 신호입니다.

데이터는 데이터베이스에서 정의한 타입 외에도 다양한 관점으로 분류됩니다. 데이터를 어떻게 분류하는지에 따라 저장 및 분석 방법이 달라집니다. 이어서 다양한 데이터 분류를 살펴봅시다.

2.1.2 정형 데이터와 반정형 데이터

데이터는 **정형**structured, **비정형**unstructured, **반정형**semi-structured 데이터로 분류됩니다. 정형 데이터는 각 속성이 열에 저장되고 개체entity의 인스턴스가 행에 저장되며, 대부분의 데이터베이스는 정형 데이터를 다루기 위해 설계됐습니다. 데이터 모델이 먼저 만들어지고, 그 데이터 모델에 맞게 데이터가 추가됩니다. 예를 들어, 주소 테이블에는 시, 구, 도로명, 우편 번호 필드가 있을 수 있습니다. 각 행은 특정 고객의 주소를 저장합니다. 각 필드는 지정된 데이터 타입에 맞는 데이터만 저장할 수 있어, 정형 데이터가 테이블에 저장될 때는 데이터의 각 필드가 지정된 데이터 타입과 일치하는지 확인하는 과정을 거칩니다. 이렇게 정형화된 데이터는 SQL로 쿼리하기가 용이합니다.

비정형 데이터는 정형 데이터와 반대로 미리 지정된 구조, 데이터 모델, 데이터 타입이 없습니다. 데이터베이스 데이터를 제외한 '이외의 모든 데이터'라고 볼 수 있습니다. 문서, 이메일, 웹 페이지 등이 비정형 데이터에 해당합니다. 사진, 이미지, 비디오, 오디오 파일 또한 비정형 데이터에 해당합니다. 이런 데이터들은 기존의 데이터 타입에 딱 들어맞지 않으므로 관계형 데이터베이스에서 효율적으로 저장하기 어려우며 SQL로 쿼리를 수행하기에도 적합하지 않습니다. 따라서 주로 관계형 데이터베이스가 아닌 다른 타입의 데이터베이스에 저장됩니다. 관계형 데이터베이스가 아니므로 데이터 타입 유효성 체크 과정 없이 데이터를 빠르게 로드할 수 있지만, 대신 데이터 품질이 보장되지 않는다는 단점이 있습니다. 하지만 1장에서 언급했듯 기술은 계속해서 진화하며 비정형 데이터를 위한 SQL 쿼리 도구들도 개발되고 있습니다.

반정형 데이터는 정형 데이터와 비정형 데이터의 중간 개념입니다. 비정형 데이터 중에서도 우리가 사용할 수 있을 만큼 나름의 구조를 갖춘 데이터도 많은데, 이런 데이터를 반정형 데이터라고 부르기도 합니다. 예를 들어, 이메일은 발신자 주소, 수신자 주소, 제목, 본문, 전송 시간과 같이 정해진 데이터 구조가 있어 데이터 모델의 각 필드에 맞춰 값을 저장할 수 있습니다. 또한 파일에서 메타데이터를 추출해 저장하고 분석할 수도 있습니다. 음악 오디오 파일에는 아티스트, 곡 이름, 장르, 재생 시간 등의 메타데이터가 포함됩니다. 반정형 데이터에서 이렇게 정형화된 부분에는 SQL로 쿼리를 수행하거나, 파싱을 하거나 정형 데이터를 추출할 수 있습니다. 5장 '텍스트 분석'에서 이와 관련한 분석에 대해 다룹니다.

2.1.3 정량 데이터와 정성 데이터

정량 데이터quantitative data는 사람, 물건, 이벤트 등을 특정 수치로 정량화한 데이터를 의미합니다. 정량 데이터에는 고객 정보, 제품 유형, 기기 설정 정보나 가격, 양, 방문 기간과 같은 숫자 타입 정보를 저장할 수 있습니다. 이런 데이터에는 개수, 합계, 평균 등의 산술 함수를 사용할 수 있습니다. 정량 데이터는 주로 로그 데이터와 같이 머신에서 자동으로 생성되는 경우가 많지만 그렇지 않은 경우도 있습니다. 의사가 진료 기록부에 기록한 환자의 키, 몸무게, 혈압 등도 정량 데이터이며, 교사가 스프레드시트에 입력한 학생들의 퀴즈 점수도 정량 데이터입니다.

정성 데이터qualitative data는 주로 텍스트 형태로 적힌 의견, 느낌, 서술과 같이 명확한 수치로 측정할 수 없는 데이터를 의미합니다. 온도, 습도는 정량 데이터이지만 '뜨겁고 습함' 같은 기술어는 정성 데이터입니다. 고객이 제품에 지불한 가격은 정량 데이터이지만 고객이 그 제품을 좋아하는지 혹은 싫어하는지는 정성 데이터입니다. 설문조사 피드백, 고객 문의 내용, 소셜 미디어에 작성한 글은 정성 데이터입니다. 이런 데이터를 다루는 방법은 매우 다양하며 데이터 분석에서는 주로 정성 데이터를 수치화해 분석합니다. 한 가지 방법은 정성 데이터에서 특정 키워드나 어구를 추출해 그 개수를 세는 것입니다(자세한 방법은 5장 '텍스트 분석'에서 알아봅니다). 다른 방법으로는 언어 구조와 사용 빈도를 기반으로 단어의 의미를 해석하는 감성 분석sentiment analysis이 있습니다. 감성 분석으로 텍스트의 긍정 혹은 부정 수준을 수치화하고, 개수를 세거나 평균을 계산해서 원하는 인사이트를 이끌어냅니다. 파이썬 등으로 자연어 처리natural language processing 기술을 활용하면 보다 수준 높은 분석이 가능합니다.

2.1.4 퍼스트, 세컨드, 서드 파티 데이터

퍼스트 파티 데이터first-party data는 기관에서 직접 수집한 데이터입니다. 서버 로그, 고객 정보, 거래 데이터와 같이 기관에서 개발 및 관리하는 시스템에서 생성된 데이터를 말합니다. 이런 시스템은 기관 내부에서 만들어진 것이므로 해당 시스템을 개발한 사람을 찾거나 데이터 생성 방법을 알아보기가 어렵지 않습니다. 그러므로 데이터 분석가는 데이터 생성 및 저장 과정에서 버그가 발생해 데이터 품질이 낮아진 경우, 이 과정에 직접 참여해 버그를 수정하고 데이터 품질을 높일 수도 있습니다.

세컨드 파티 데이터second-party data는 특정 기관에 서비스를 제공하는 업체에서 수집하는 데이터입니다. 주로 CRM, 이메일, 마케팅 자동화 도구, 전자 상거래 소프트웨어, 웹/모바일 인터랙션 트래커 등 SaaSSoftware as a Service 형태로 제공되는 상품이 이에 해당합니다. 이 데이터들도 결국 특정 기관의 직원이나 고객들의 데이터이므로, 데이터 자체는 퍼스트 파티 데이터와 비슷합니다. 하지만 데이터를 생성하고 저장하는 코드와 데이터 모델은 기관 내부가 아니라 서비스를 제공하는 외부 업체에서 관리하므로, 기관에 소속된 데이터 분석가들이 외부 업체의 데이터 생성 및 저장에까지 직접 관여하기는 어렵습니다. 따라서 기관에서는 세컨드 파티 데이터를 별도의 데이터 웨어하우스에 저장하는 추세입니다. 세컨드 파티 데이터를 데이터 웨어하우스에 저장하기 위해서는 직접 코드를 개발하거나, 혹은 ETL 커넥터나 SaaS 업체가 제공하는 데이터 통합 도구 등을 사용할 수도 있습니다.

TIP 많은 SaaS 업체에서 보고 도구reporting tool를 제공하는데 왜 굳이 데이터를 데이터 웨어하우스로 옮겨와야 할까요? 고객 서비스 부서에서는 기본으로 제공되는 보고 도구만 사용해도 고객의 문제를 해결하는 데 걸리는 시간이나 헬프데스크 소프트웨어를 통한 고객 응대 생산성 등을 파악하는 데 충분하다고 생각할 수 있습니다. 하지만 고객 서비스 부서와 관련된 상품 판매 및 취소 등의 인터랙션 데이터를 비롯해, 보고 도구에서 확인할 수 없는 데이터는 고객 관계 모델 구성을 위한 중요한 요소이므로 데이터 스토어에 통합해 저장하는 편이 좋습니다.

특정 데이터 소스에서 생성된 데이터를 별도로 저장하면 좋은지 판단하는 데 참고할 만한 법칙이 있습니다. '이 데이터를 다른 시스템의 데이터와 함께 사용해 유용한 가치를 만들어낼 수 있는가?'라는 질문에 대한 답이 '그렇다'이면 저장하는 편이 좋습니다. 혹은 '그렇지 않다'이면 다른 좋은 가치를 찾을 때까지 기다리는 편이 좋습니다.

서드 파티 데이터third-party data는 업체에 금액을 지불하고 구매하는 데이터 혹은 정부에서 무료로 공개한 데이터와 같이 어디선가 무료로 얻는 데이터를 말합니다. 조직 내부에서 수집하는 데이터가 아니므로 데이터 팀이 데이터 생성 및 수집 과정에 참여해 데이터 형식, 수집 주기, 품질 등을 조정할 수 없습니다. 이런 데이터는 보통 퍼스트 파티 데이터나 세컨드 파티 데이터보다 세밀도가 떨어집니다. 예를 들어, 대부분의 서드 파티 데이터 소스에는 사용자 레벨의 상세 데이터가 포함돼 있지 않으므로, 우편 번호, 시 등을 기준으로 기관에서 수집하는 퍼스트 파티 데이터와 병합해 필요한 데이터만 가져와서 사용합니다. 서드 파티 데이터 중에서도 귀하고 유용한 정보가 저장된 데이터가 있긴 하지만, 소비 패턴, 인구 통계, 시장 동향 등의 정보는 매우 비싸거나 구하기가 어렵습니다.

2.1.5 희소 데이터

희소 데이터sparse data란 빈 값이나 중요하지 않은 정보가 많이 포함돼 크기에 비해 의미 있는 정보가 적은 데이터셋을 말합니다. 희소 데이터에는 특정 열에 포함된 값이 실제 값보다는 null로 채워진 경우가 많습니다. 여기서 null은 0과는 다른 값으로, 데이터가 '없음'을 의미합니다 (자세한 내용은 2.5절 '준비: 데이터 정제'에서 설명합니다). 희소 데이터는 소프트웨어 오류로 인해 생기거나, 상품 카탈로그의 맨 뒤에 나와 있는 상품 구매와 같이 매우 드물게 발생하는 이벤트를 저장할 때 생기기도 합니다. 혹은 특정 기능이나 서비스의 출시 초기에 테스터나 베타 고객들이 접속할 때 생기기도 합니다. 행 기반 데이터베이스를 사용해 값이 없는 필드까지 모두 저장하면서 메모리 공간을 낭비하는 대신, JSON을 사용하면 필요 없는 값은 저장하지 않고 의미 있는 값만 저장할 수 있습니다.

희소 데이터는 분석을 수행할 때 문제가 될 수 있습니다. 매우 드물게 발생하는 이벤트가 많이 포함돼 있으면 데이터에서 의미 있는 트렌드 변화를 찾아내기 힘들고, 필드 간 상관관계를 정확하게 파악하기도 어렵습니다. 희소 데이터 여부는 2.3절 '프로파일링: 분포'에서 다룰 프로파일링을 통해 확인합니다. 희소 데이터 문제를 해결하려면 자주 발생하지 않는 이벤트를 더 자주 발생하는 다른 카테고리와 하나로 묶어서 저장하거나, 희소 데이터를 삭제하거나 희소 데이터가 많이 발생한 시간 구간의 데이터를 분석에서 제외합니다. 혹은 희소 데이터가 포함된 데이터의 기술 통계를 분석한 다음, 해당 데이터에서 추세를 분석하는 일이 의미 없다는 것을 이해관계자에게 설명할 수도 있습니다.

희소 데이터 외에도 여러 타입의 데이터가 있고 각 데이터를 확인하는 방법도 다양하지만 서로 크게 다르진 않습니다. 이렇게 다양한 데이터를 다루는 데 익숙해지면 SQL을 잘 작성할 수 있을 뿐 아니라 데이터 타입에 맞는 분석법을 찾는 데도 도움이 됩니다. 하지만 분석하려는 데이터가 어떤 타입인지 미리 알기 어려운 경우도 많습니다. 이것이 바로 데이터 프로파일링이 중요한 이유입니다. 다음 절에서는 SQL 쿼리 구조를 간단히 설명한 다음 첫 번째 코드 예제와 함께 데이터 프로파일링을 알아봅니다.

2.2 SQL 쿼리 구조

SQL 쿼리는 절clause과 문법syntax으로 구성되며, 절과 문법을 무궁무진한 방법으로 조합해 원하는 분석을 수행합니다. 이 책에서는 여러분이 SQL에 관해 어느 정도 배경지식이 있다고 가정하지만 기본 내용을 다시 한번 간단히 훑어본 다음 코드 예제로 넘어갑시다.

SELECT 절은 쿼리를 통해 어떤 열을 가져올지 결정합니다. **SELECT** 절에서 하나의 표현식 expression은 하나의 열을 가져오며 각 표현식은 콤마(,)로 구분됩니다. 표현식은 테이블의 필드, sum 등의 집계 함수, **CASE** 문을 활용한 다양한 계산, 타입 변환, 그 외에 이 책에서 다루게 될 여러 가지 함수가 됩니다.

FROM 절은 **SELECT** 절에서 언급한 표현식을 어느 테이블에서 가져올지 결정합니다. 여기서 '테이블'이란 데이터베이스의 테이블, 뷰(테이블처럼 사용할 수 있도록 저장된 쿼리), 또는 서브쿼리가 됩니다. 서브쿼리는 그 자체로도 쿼리 역할을 하며, 괄호로 둘러싸 표기합니다. 서브쿼리의 수행 결과는 외부쿼리에서 테이블과 같이 사용할 수 있습니다. 여러 테이블을 참조하려면 FROM 절에서 JOIN을 사용합니다. 단, JOIN을 사용할 때는 orders.customer_id = customers.customer_id와 같이, 각 테이블의 어떤 필드를 기준으로 JOIN을 수행할지 조건을 명시해야 합니다. JOIN 조건은 여러 필드를 포함할 수 있으며, 각 테이블의 지정한 필드 값이 동일하거나 혹은 동일하지 않다는 기준을 적용할 수도 있습니다. 그뿐 아니라 해당 필드 값의 범위를 지정해 JOIN을 수행할 수도 있습니다. 이 책에서는 다양한 JOIN 조건을 사용하는 분석 예제를 살펴봅니다.

- INNER JOIN은 두 테이블에서 서로 상응하는 모든 레코드를 가져옵니다.
- LEFT JOIN은 첫 번째 테이블의 레코드를 모두 가져오고, 두 번째 테이블에서는 첫 번째 테이블과 상응하는 레코드만 가져옵니다.
- RIGHT JOIN은 두 번째 테이블의 레코드를 모두 가져오고, 첫 번째 테이블에서는 두 번째 테이블과 상응하는 레코드만 가져옵니다.
- FULL OUTER JOIN은 두 테이블에서 조건에 맞는 레코드를 모두 가져옵니다.
- 카티션^{Cartesian} JOIN은 명시된 조건으로 첫 번째 테이블의 각 레코드가 두 번째 테이블의 여러 레코드와 일치하는 경우에 발생합니다. 카티션 JOIN은 의도적으로 시계열 분석에서 날짜 데이터를 채워 넣는 등 특수한 목적이 있을 때가 아니면 사용해선 안 됩니다.

마지막으로, FROM 절에서는 별칭^{alias}을 사용해 테이블을 다른 절에서 한 글자 이상의 짧은 이름으로도 참조하게 할 수 있습니다. 별칭을 사용하면 쿼리를 작성할 때 긴 테이블 이름을 반복해서 작성할 필요가 없으며 쿼리를 읽기도 쉬워집니다.

> **TIP** 하나의 쿼리에서 LEFT JOIN과 RIGHT JOIN을 모두 사용할 수 있긴 하지만, 두 JOIN 중 하나만 사용하는 편이 쿼리가 동작하는 로직을 추적하기에 훨씬 용이합니다. 실무에서는 일반적으로 RIGHT JOIN보다 LEFT JOIN을 더 많이 사용합니다.

WHERE 절은 SELECT 절을 통해 가져올 결과 데이터에서 필요한 행만 가져오거나 불필요한 행을 제거하기 위한 조건을 설정합니다. WHERE 절이 필요하지 않다면 사용하지 않아도 됩니다.

GROUP BY 절은 주로 SELECT 절에서 특정 필드를 그룹화하고 그룹별 집계를 수행하기 위해 사용합니다. 사용법을 쉽게 기억하려면 집계를 수행할 필드와 집계에 사용되지 않는 필드가 최소한 하나씩 있어야 함을 기억하면 됩니다. 대부분의 데이터베이스에서 GROUP BY 절로 그룹화할 필드를 명시하는 방법은 두 가지입니다. 필드 이름을 직접 사용하는 방법과 1, 2, 3 등의 숫자를 사용해 필드 위치를 지정하는 방법입니다. 단, SQL 서버와 같이 필드 이름만 사용해야 하는 데이터베이스도 있습니다. 필드 이름을 직접 사용하기를 선호하는 사람도 많지만, 필자는 필드 위치를 사용하는 방법을 선호합니다. 특히 GROUP BY 절의 필드가 복잡한 표현식을 포함할 때 또는 똑같은 필드 이름을 계속 작성해야 하는 경우에는 필드 위치를 사용하곤 합니다. 이 책에서는 필자의 방식대로, 주로 필드 위치를 사용해 쿼리를 작성합니다.

데이터베이스를 죽이지 않는 방법: LIMIT과 샘플링

데이터베이스 테이블에 수백만, 수십억에 달하는 엄청난 수의 레코드가 저장돼 있을 수도 있습니다. 이 모든 레코드를 읽어야 하는 쿼리를 수행한다면 오류가 발생하거나 아예 데이터베이스가 죽어버릴 수도 있습니다. 이를 방지하려면 프로파일링을 수행하거나, 쿼리를 테스트할 때 LIMIT 절 또는 샘플링을 사용해 쿼리로 반환받을 레코드의 수를 제한하는 편이 좋습니다. LIMIT 절과 샘플링은 앞으로 두고두고 사용하게 될 테니 잘 기억해둡시다.

LIMIT 절은 쿼리의 끝에서 제한할 레코드 수를 양의 정수로 명시해 사용합니다.

```
SELECT column_a, column_b
FROM table
LIMIT 1000
;
```

서브쿼리에서 사용한 LIMIT 절은 해당 서브쿼리의 결과에만 적용되며, 서브쿼리에서 반환된 결과는 서브쿼리를 감싸고 있는 외부쿼리에서 사용됩니다.

```
SELECT...
FROM
(
    SELECT column_a, column_b, sum(sales) as total_sales
    FROM table
    GROUP BY 1,2
    LIMIT 1000
) a
;
```

SQL 서버는 **LIMIT** 절을 지원하지 않으므로 비슷한 기능을 하는 **top**을 사용해야 합니다.

```
SELECT top 1000
column_a, column_b
FROM table
;
```

샘플링을 하려면 랜덤 분포를 이루는 ID 필드에 특정 함수를 사용합니다. 예를 들어, mod 함수는 정수의 나눗셈 결과에서 몫이 아닌 나머지 값을 반환합니다. ID 필드가 정수라면 mod 함수를 사용해 마지막 한 자리, 두 자리 또는 세 자리 이상의 숫자로 결과를 필터링할 수 있습니다.

```
WHERE mod(integer_order_id,100) = 6
```

위 코드는 mod 함수를 사용해 `integer_order_id` 필드의 값을 100으로 나눈 나머지가 6인 결과를 모두 반환합니다. 이 방법은 전체 데이터의 1%만 샘플링합니다. 필드에 저장된 값이 숫자뿐 아니라 알파벳일 수도 있다면 right 함수를 사용해서 `integer_order_id` 필드에서 주어진 숫자만큼의 마지막 글자(오른쪽 글자)를 반환받아 필터링할 수 있습니다.

```
WHERE right(alphanum_order_id,1) = 'B'
```

위 코드는 `integer_order_id` 필드의 마지막 한 글자가 B인 결과를 모두 반환합니다. 해당 필드에서 모든 알파벳과 숫자가 비슷한 빈도로 사용됐다는 전제하에 전체 결과의 약 3%를 샘플링하게 됩니다.[5]

LIMIT이나 샘플링으로 결과 개수를 제한하면 결과를 더 빠르게 확인할 수는 있지만 이렇게 얻은 데이터가 모든 데이터를 대표하지는 않습니다. 따라서, 샘플링을 할 때는 전체 데이터를 봐야만 알 수 있는 특이한 결과를 놓칠 수도 있다는 사실을 명심해야 합니다. 신뢰할 수 없는 데이터 분석 결과를 만들어내지 않도록 최종 분석 단계에서는 쿼리에서 **LIMIT** 절이나 샘플링을 지우고 수행하기 바랍니다.

---

5 옮긴이_ 알파벳은 A부터 Z까지 26개이며, 숫자는 0부터 9까지 총 10개이므로 경우의 수는 총 36개입니다. ID 필드의 마지막 한 글자를 가져오면 36가지 경우 중 하나가 되므로, 모든 알파벳 및 숫자의 발생 빈도가 동일하다는 가정하에 약 3%를 샘플링하게 됩니다.

지금까지 기본 SQL 쿼리 구조를 간단히 알아봤습니다(8장에서는 여기서 설명한 절에 더해 일반적으로는 덜 쓰이지만 이 책에서 사용하는 몇 가지 절을 살펴봅니다). 이제 기초를 다졌으니 분석에서 매우 중요한 데이터 프로파일링으로 들어갑시다.

2.3 프로파일링: 데이터 분포

필자가 데이터셋을 다룰 때 제일 먼저 하는 일은 프로파일링입니다. 데이터 스키마와 테이블을 통해 데이터가 어떻게 저장돼 있는지 파악합니다. 고객, 주문, 방문 등 테이블 이름을 보고 저장된 데이터가 무엇인지 예측해보고, 테이블의 열 이름을 참고해서 테이블 간의 연관 관계에 대한 멘탈 모델을 수립합니다. 예를 들어, order_detail 테이블과 order 테이블이 order_id로 연결돼 있고, order 테이블은 customer_id를 통해 customer 테이블과 연결돼 있을 수 있습니다. 만약 데이터 사전이 준비돼 있다면 그 내용을 살펴보면서 각 테이블의 샘플 데이터를 검토해봅니다.

테이블은 주로 조직의 운영과 관련된 데이터를 저장하므로, 테이블만 봐도 해당 조직이 전자상거래, 마케팅, 상품 인터랙션 등 어떤 도메인을 담당하는지 이해할 수 있습니다. 또한, 데이터가 어떻게 생성됐는지 안다면 분석이 더 수월합니다. 프로파일링을 통해 데이터가 어떻게 생성됐는지, 데이터 소스에 관해 어떠한 점을 더 파악해야 하는지, 데이터 생성 및 수집과 관련해 조직 내외 책임자가 누구인지 등에 대한 단서를 찾을 수 있습니다. 심지어 여러분이 데이터를 직접 수집했다 하더라도 데이터 분석 이전에 프로파일링을 수행하는 편이 좋습니다.

또 다른 체크 포인트로, 데이터 히스토리 관리 방법을 확인해야 합니다. 잘 구성된 데이터 웨어하우스는 데이터 필드 값 변경에 대해 데일리 스냅샷daily snapshot[6]을 저장하겠지만, 운영 데이터베이스에서 바로 복사된 데이터셋은 고객 주소나 주문 상태 등의 변경 전 데이터는 저장하고 있지 않을 가능성이 높습니다.

데이터 프로파일링은 존 튜키John Tukey의 **탐색적 데이터 분석**exploratory data analysis(EDA) 개념과 관련됩니다. 존 튜키는 그의 저서[7]에서 데이터를 분석하기 위한 다양한 데이터 요약 및 시각화

---

6 옮긴이_ 사진을 찍듯이 저장된 특정 시점의 데이터, 또는 필요시 해당 시점의 데이터를 그대로 복원할 수 있도록 데이터를 저장하는 기능을 의미합니다.

7 『Exploratory Data Analysis』(Addison Wesley, 1977)

기법을 서술했습니다. 데이터 분포를 파악하는 데 사용하는 줄기 잎 그림stem-and-leaf plot, 상자 그림box plot, 히스토그램histogram 등이 바로 이 책에서 처음 제안한 것들입니다.

2.3.1 히스토그램과 빈도

데이터셋이나 데이터셋에 포함된 특정 필드에 관해 알아보는 데는 필드별로 각 값의 출현 빈도를 확인하는 방법이 가장 좋습니다. 빈도 확인은 특정 값이 나올 수 있는지 또는 예상치 못한 값이 있는지, 있다면 어떻게 그런 값이 들어갈 수 있는지 등을 알아볼 때 유용합니다. 문자열, 숫자, 날짜, 논리 등 어느 데이터 타입에든 사용할 수 있으며, 희소 데이터를 찾는 데도 유용합니다.

쿼리는 간단합니다. 프로파일링하려는 필드를 GROUP BY 절로 지정하고, count(*)를 사용해 필드 내에서 각 값의 개수를 알아냅니다. 예를 들어, 가상의 fruit_inventory 테이블에서 fruit의 타입별 값의 빈도수를 확인하는 방법은 다음과 같습니다.

```
SELECT fruit, count(*) as quantity
FROM fruit_inventory
GROUP BY 1
;
```

TIP count 함수를 사용할 때는 데이터셋에 중복되는 레코드가 있는지 잘 알아봐야 합니다. 전체 레코드 수를 알고 싶다면 count(*)를 사용해도 좋지만, 중복되지 않는 고유한 필드의 수를 세고 싶다면 count distinct를 사용해야 합니다.

빈도 그림frequency plot은 데이터셋에 존재하는 값의 빈도를 시각화하는 방법입니다. 주로 프로파일링 대상 필드의 값을 X축으로, 각 값의 빈도수를 Y축으로 표현합니다. [그림 2-1]은 앞에서 예로 든 fruit 필드에 대한 빈도 그림입니다. 빈도 그림 그래프는 값 이름이 길어도 상관없도록 필드의 값을 Y축으로 하고 각 값의 빈도수를 X축으로 해 가로로 길게 표현할 수도 있습니다. 이 예제에서 필드 값은 순서가 없는 카테고리 타입 데이터입니다.

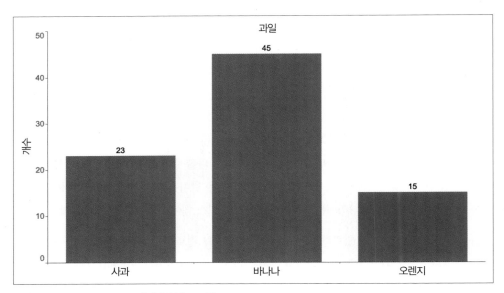

그림 2-1 fruit_inventory 테이블의 빈도 그림

히스토그램은 숫자 타입 값의 분포를 시각화하는 방법입니다. 통계 지식이 있다면 그래프가 친숙할 겁니다. 기본적인 예로, 고객 그룹별 나이 분포를 나타내봅시다. customer 테이블에 고객 이름, 나이, 가입 날짜 등의 속성이 저장돼 있다고 가정합니다. 나이에 대한 히스토그램을 그리기 위해 숫자 타입 필드인 age에 GROUP BY 절을 사용하고 customer_id의 개수를 세어봅시다.

```
SELECT age, count(customer_id) as customers
FROM customers
GROUP BY 1
;
```

가상의 데이터가 있다고 가정하고 고객 나이 분포를 그래프로 나타내보면 [그림 2-2]와 같습니다.

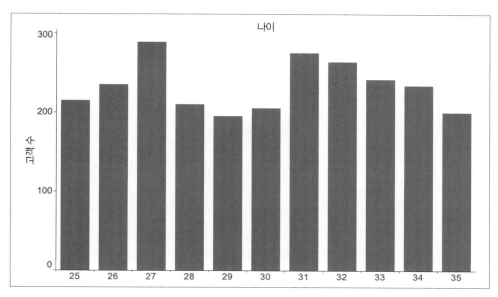

그림 2-2 customer 테이블의 고객 나이 분포

다음으로 살펴볼 집계는 필자가 자주 사용하는 기법이자 면접에서 빈도수 다음으로 즐겨 묻는 주제입니다. 예를 들어, 지원자에게 날짜, 고객 식별자(customer_id), 주문 식별자(order_id) 등의 속성을 가진 가상의 orders 테이블을 알려주고 주문 개수별 고객 수 분포를 확인하는 쿼리를 작성해달라고 요청합니다. 이 문제는 간단하지 않으므로 제대로 답변하려면 서브쿼리를 활용한 중급 수준의 집계 스킬이 필요합니다. 다음 예시와 같이 우선 서브쿼리에서 count를 사용해 각 customer_id에 대한 주문 수를 파악해야 합니다. 그리고 이 서브쿼리에서 나온 주문 수 orders를 카테고리로 삼고 count를 사용해 주문 개수별 고객의 수를 셉니다.

```
SELECT orders, count(*) as num_customers
FROM
(
    SELECT customer_id, count(order_id) as orders
    FROM orders
    GROUP BY 1
) a
GROUP BY 1
;
```

이러한 프로파일링 방법은 데이터에서 특정 개체나 속성이 몇 개씩 나타나는지 확인할 때 사용합니다. 앞서 소개한 예제들에서는 count만 사용해 히스토그램을 그렸지만 sum, avg, min, max 등의 기본 집계 함수도 있습니다. 예를 들어, sum을 사용해 고객별 주문 총합을 확인하고, avg로 고객별 평균 주문 수를 보고, min으로 고객별 첫 주문, max로 마지막 주문을 확인할 수 있습니다.

2.3.2 구간화

구간화binning는 연속값continuous value을 프로파일링할 때 유용한 방법입니다. 값마다 레코드 수를 세는 대신 값의 범위를 기준으로 먼저 그룹화합니다. 이렇게 그룹으로 나눈 것을 구간bin 또는 버킷bucket이라고 하며, 이제 해당 그룹별로 그 범위에 해당하는 레코드 개수를 세면 됩니다. 구간의 크기는 분석 목적에 따라, 모두 비슷하게 맞추거나 각 범위에 들어갈 레코드 수가 비슷해지도록 다르게 설정하는 등 유연하게 정하면 됩니다. 구간화는 CASE 문, 반올림, 로그 등을 사용해 간단히 수행합니다.

조건 로직을 원하는 대로 설정하려면 CASE 문을 사용합니다. CASE 문은 데이터 프로파일링뿐 아니라 데이터 정제, 텍스트 분석 등 이 책에서 다루는 여러 가지 분석에서 계속 사용하니 잘 알아둡시다. 기본 구조는 다음과 같습니다.

```
case when condition1 then return_value_1
     when condition2 then return_value_2
     ...
     else return_value_default
     end
```

WHEN에서는 '같다', '다르다' 등의 논리 조건식을 명시하며, THEN에서는 해당 조건을 만족해 TRUE가 될 때 반환할 상수, 표현식, 테이블의 필드를 명시합니다. CASE 문에서 조건식을 여러 개 사용할 수 있지만 처음 조건식이 TRUE가 되는 순간 THEN의 결괏값을 반환하고 바로 종료됩니다. ELSE는 WHEN에서 명시한 여러 조건 중 만족하는 것이 없을 때 반환할 기본값을 의미하며, 여기도 마찬가지로 상수, 표현식, 테이블의 필드가 올 수 있습니다. ELSE는 필요할 때만 사용하면 됩니다. ELSE가 없다면 조건을 만족하지 않는 경우 null을 반환합니다. CASE 문도 서브쿼리와 같이 다른 CASE 문 안에 내장돼 사용될 수 있습니다.

TIP 하나의 CASE 문에서 THEN의 모든 반환값은 데이터 타입이 같아야 하며(문자열, 숫자, 논리 등), 그렇지 않으면 오류가 발생합니다. 만약 이 문제로 오류가 발생하면 반환값의 데이터 타입을 문자열 등의 일반 데이터 타입으로 캐스팅해 해결합니다.

CASE 문으로 구간의 수, 각 구간의 범위 등을 쉽게 조절하고 구간 이름까지도 지정할 수 있습니다. 데이터에서 매우 작거나 매우 큰 값으로 인해 그래프의 꼬리 한쪽이 길게 늘어진 모양이 나올 때, 모든 값의 개수를 확인하기보다 구간화를 활용하는 편이 좋습니다. 구간의 범위 선정은 사업적으로도 의미가 있습니다. 예를 들어, B2B^{business-to-business} 기업은 매출액이나 임직원 수를 기준으로 고객을 대기업과 중소기업으로 구분합니다. 기업 규모별로 구매 패턴이 다르기 때문입니다. 예제에서는 기업의 주문량에 따라 운송비 할인율을 다르게 적용하는 상황을 가정합시다. 주문량을 기준으로 기업을 나누고 주문량 구간별 기업 수를 파악합니다. 다음과 같이 CASE 문을 사용해 주문량을 의미하는 order_amount 필드를 세 구간으로 구분합니다.

```
SELECT
case when order_amount <= 100 then 'up to 100'
    when order_amount <= 500 then '100 - 500'
    else '500+' end as amount_bin
,case when order_amount <= 100 then 'small'
    when order_amount <= 500 then 'medium'
    else 'large' end as amount_category
,count(customer_id) as customers
FROM orders
GROUP BY 1,2
;
```

이와 같이 각 구간의 범위를 직접 지정하면 좋은 경우도 있지만, 일반적으로는 모두 균일한 크기로 설정하는 편이 적절합니다. 균일한 범위의 구간을 설정하려면 반올림, 로그, N분위수 등을 사용합니다. 이때 반올림이 유용합니다. 소수점 자리에서 반올림을 하면 값의 정확도는 조금 떨어지지만 가장 가까운 정숫값이 됩니다. 반올림을 위한 round 함수는 다음과 같이 사용합니다.

```
round(값, 소수점 자리)
```

십의 자리, 백의 자리 등에서 반올림하려면 round 함수에서 반올림할 소수점 자리를 음수로 설정합니다. [표 2-2]는 round 함수의 매개변수 값 −3부터 2까지의 반올림 결과를 나타냅니다.

표 2-2 소수점 자릿수에 따른 123,456,789의 반올림 결과

소수점 자리	형식	결과
2	round(123456.789,2)	123456.79
1	round(123456.789,1)	123456.8
0	round(123456.789,0)	123457
−1	round(123456.789,-1)	123460
−2	round(123456.789,-2)	123500
−3	round(123456.789,-3)	123000

```
SELECT round(sales,-1) as bin
,count(customer_id) as customers
FROM table
GROUP BY 1
;
```

구간 범위 설정에 로그를 사용하기도 합니다. 로그는 특히 데이터셋에서 가장 작은 값과 큰 값들의 차이가 매우 큰 경우에 유용합니다. 가계 자산 분포, 인터넷 속성에 따른 웹사이트 방문자 분포, 지진 규모 분포 등이 그 예입니다. 로그를 사용하면 구간마다 크기가 균일하지 않고 점점 증가합니다. 로그 식을 상기해보면, 로그는 다음과 같이 10을 log 안의 수로 만들기 위한 지숫값을 의미합니다.

$$\log(수) = 거듭제곱수$$

대부분의 데이터베이스에서 위 식과 같이 10을 로그의 기본 밑base 값으로 사용하지만 다른 수로도 설정할 수 있습니다. [표 2-3]은 10의 제곱수별 로그 값입니다.

표 2-3 10의 제곱수별 로그 값

형식	결과
log(1)	0
log(10)	1
log(100)	2
log(1000)	3
log(10000)	4

log 함수는 인자[argument]의 로그 값을 반환하며, 인자에는 상숫값이나 필드를 지정합니다.

```
SELECT log(sales) as bin
,count(customer_id) as customers
FROM table
GROUP BY 1
;
```

log 함수의 인자로 10의 배수가 아닌 다른 숫자를 사용할 수도 있지만, 0 이하의 값을 사용하면 데이터베이스에 따라 null을 반환하거나 오류가 발생합니다.

2.3.3 N분위수

중앙값[median] 또는 중간값의 의미는 여러분도 잘 알리라 생각합니다. 이 값은 다른 말로 50번째 백분위수[percentile] 값이라고도 합니다. 데이터셋의 절반이 중앙값보다 크고 나머지 절반은 중앙값보다 작다는 의미입니다. 사분위수를 구하려면 25번째 백분위수와 75번째 백분위수 값을 사용합니다. 제1사분위 값은 25번째 백분위수 값보다 작고, 나머지 사분위 값은 25번째 백분위수 값보다 큽니다. 마찬가지로 제3사분위 값은 75번째 백분위수 값보다 작고, 나머지 사분위 값은 75번째 백분위수 값보다 큽니다. 십분위수[decile]는 데이터셋을 10개 부분으로 나눕니다. 이 백분위수 개념을 활용해 27번째 백분위수, 50.5번째 백분위수 등과 같이 **N분위수**[n-tile]를 계산합니다.

> ### 윈도우 함수
>
> N분위수 함수는 윈도우 함수 또는 분석 함수라고 부르는 SQL 함수 중 하나입니다. 다른 SQL 함수가 데이터의 현재 행에 연산을 수행하는 데 반해 윈도우 함수는 여러 행에 걸친 계산을 수행합니다. 윈도우 함수는 함수 이름과 OVER 절로 구성되며 일반적인 형식은 다음과 같습니다. OVER 절은 연산을 수행하고 정렬할 필드를 선택합니다.
>
> ---
> ```
> function(필드명) over (partition by 필드명 order by 필드명)
> ```
> ---
>
> 윈도우 함수로 일반 집계 함수(count, sum, avg, min, max)뿐 아니라 rank, first_value, ntile 등도 사용할 수 있습니다. PARTITION BY 절은 필요하지 않다면 생략해도 됩니다. 생략하면 함수는 전체 테이블에 연산을 수행하지만, PARTITION BY 절에 하나 이상의 필드를 명시하면 함수는 해당 필드에만 연산을 수행합니다. 예를 들어, 고객별로 구분해 특정 연산을 수행하고 싶다면 PARTITION BY 절에 customer_id 필드를 명시합니다. 여기서, 고객별로 구분된 레코드는 ORDER BY 절에 명시된 필드를 기준으로 정렬됩니다. rank 함수를 사용해 고객의 순위를 정하고 싶다면 ORDER BY 절에 어떤 필드를 기준으로 순위를 정할지(주문 개수 등) 명시해야 합니다. MySQL 8.0.2 이전 버전을 제외한 대부분의 데이터베이스는 윈도우 함수를 지원합니다. 앞으로 이 유용한 함수들을 계속 사용해보면서 동작 원리와 정확한 사용법을 자세히 알아봅시다.

median 함수는 대부분의 데이터베이스에서 지원되지만, 만약 지원되지 않는다면 ntile 함수를 사용하면 됩니다. median 함수와 ntile 함수는 윈도우 함수로서, 여러 행에 걸쳐 연산을 수행한 다음 그 결과로 하나의 값을 반환합니다. ntile 함수는 나누고 싶은 구간의 개수를 인자로 받아 데이터를 나누며, 필요시 PARTITION BY 절과 ORDER BY 절도 사용합니다.

```
ntile(num_bins) over (partition by... order by...)
```

예를 들어, 12개의 거래 데이터가 있고 주문 금액(order_amounts)이 각각 $19.99, $9.99, $59.99, $11.99, $23.49, $55.98, $12.99, $99.99, $14.99, $34.99, $4.99, $89.99라고 가정합시다. 이 데이터를 10개 구간으로 나누는 N분위수 계산을 수행하고, order_amounts 필드를 기준으로 정렬한 다음, 1에서 10까지의 구간 중 각 주문 금액에 해당하는 구간을 표시하면 다음과 같습니다.

```
order_amount ntile
------------ -----
4.99         1
9.99         1
11.99        2
12.99        2
14.99        3
19.99        4
23.49        5
34.99        6
55.98        7
59.99        8
89.99        9
99.99        10
```

이 방법을 활용하면 다음 코드와 같이 서브쿼리에서 ntile 함수로 각 행의 N분위수 값을 계산하고, 외부쿼리에서 min 함수와 max 함수를 사용해 구간별 범위를 확인할 수도 있습니다.

```sql
SELECT ntile
,min(order_amount) as lower_bound
,max(order_amount) as upper_bound
,count(order_id) as orders
FROM
(
    SELECT customer_id, order_id, order_amount
    ,ntile(10) over (order by order_amount) as ntile
    FROM orders
) a
GROUP BY 1
;
```

이와 관련된 함수로 percent_rank 함수가 있습니다. percent_rank 함수는 각 데이터의 백분위수 값을 반환합니다. 인자 없이 괄호만 사용하며, 필요시 PARTITION BY 절과 ORDER BY 절도 같이 사용합니다.

```sql
percent_rank() over (partition by... order by...)
```

구간화에는 `ntile` 함수가 더 적합하지만 `percent_rank` 함수를 사용하면 데이터의 연속 분포를 확인하거나, 그 결과 자체로 보고서를 작성하거나, 추후 다른 분석에 사용할 수도 있습니다. `ntile`과 `percent_rank` 함수는 계산을 위해 모든 행을 정렬해야 하므로 큰 데이터셋에서 사용하기에는 연산 비용이 많이 듭니다. 따라서 테이블에서 필요한 데이터만 필터링해 사용하는 편이 좋습니다. 어떤 데이터베이스는 빠르게 연산을 수행하고 정확도 높은 결과를 반환하는 유사 함수를 지원하는데, 이는 값이 100% 정확하지 않아도 될 때 유용합니다. N분위수 사용에 관해서는 6.3.2절 '백분위수와 표준편차 활용'에서 더 알아봅니다.

데이터 분포를 확인하고자 할 때 모든 상황에 딱 들어맞는 만능 함수는 없습니다. 대신 여러분에게는 데이터를 이해하고 다른 사람에게 잘 설명할 수 있도록 최신 기술을 선택할 자유가 있습니다. 단, 데이터 과학자는 민감한 데이터의 결과를 다른 사람과 공유할 때 윤리적 문제가 발생하지 않도록 조심해야 합니다.

2.4 프로파일링: 데이터 품질

정확한 분석 결과를 얻으려면 데이터 품질이 아주 중요합니다. 당연한 말 같지만 필자가 지난 수년간 데이터를 다루는 업무를 해오며 가장 뼈저리게 느낀 사실입니다. 분석을 하다 보면 쿼리를 작성하는 일이나 데이터를 정확히 시각화하는 일 같은 데이터 처리에 집중하곤 하는데, 막상 결과를 보고받는 이해관계자는 그런 노력보다는 당장 눈에 보이는 보고서의 데이터 오류를 지적하기 마련입니다. 데이터 품질 확보는 가장 어려우면서도 까다로운 분석 과정입니다. '쓰레기를 넣으면 쓰레기가 나온다garbage in, garbage out'라는 말로도 부족할 정도입니다. 물론, 품질 좋은 데이터를 사용하더라도 가설을 잘못 세우면 쓰레기 결과가 나오게 됩니다.

가능하다면 데이터를 실제 검증 자료ground truth와 비교해보는 편이 좋습니다. 운영 데이터베이스에서 데이터를 복사해와서 분석을 수행한다면 모든 행이 제대로 복사됐는지 검증하는 과정이 필요합니다. 한 달 동안의 달러 가치와 상품 판매 개수를 안다면, 데이터베이스에 쿼리를 수행해 판매액의 총합(sum)과 판매 레코드 개수(count)가 알고 있는 사실과 일치하는지 확인해봅니다. 쿼리 결과가 예상과 다르다면 취소된 주문이나 테스트 데이터를 제외하고 정확한 데이터를 필터링했는지, null이나 이상값은 어떻게 처리했는지, 테이블에 JOIN 조건을 제대로 사용했는지 확인합니다.

프로파일링은 잘못된 데이터로 인해 틀린 분석 결과 및 결론이 나오지 않도록 데이터 품질 문제를 초기에 확인하는 방법입니다. 프로파일링으로 null, 검토해야 할 카테고리 분류, 처리가 필요한 값이 여러 개인 필드, 일반적이지 않은 날짜/시간 형식을 찾아냅니다. 또한, 데이터 수집이 끊기거나 문제가 생겼을 때 이로 인해 발생한 데이터 양상의 변화도 발견할 수 있습니다. 데이터가 완벽하게 준비되는 경우는 거의 없습니다. 만약 완벽히 준비된 것 같다면 데이터에 아직 발견하지 못한 문제가 없는지 살펴봐야 합니다.

2.4.1 중복 탐지

중복이란 같은 정보를 가진 행이 2개 이상 존재함을 의미합니다. 데이터 중복이 발생하는 이유는 다양합니다. 데이터를 수동으로 삽입하다가 실수할 수도 있고, 데이터 삽입 코드가 두 번 실행되는 경우도 있습니다. 데이터 처리 단계에서 코드가 여러 번 실행되는 일이 생기기도 합니다. 이러한 실수는 다대다$^{many-to-many}$ JOIN을 사용할 때 흔히 일어나는데, 이때 발생하는 데이터 중복은 분석에 큰 문제를 일으킬 수 있습니다. 필자가 데이터 분석 업무를 시작한 초기에 한번은 프로덕트 매니저가 데이터 보고서에 적힌 판매량이 실제 판매량보다 두 배가량 많다고 지적한 적이 있습니다. 정말 부끄러웠고 신뢰를 잃었을 거라고 생각했습니다. 데이터를 다시 분석하고 중간에 문제가 생기진 않았는지 공들여 검토해야 했으며, 이를 계기로 중복을 꼼꼼히 확인하는 습관을 들이게 됐습니다.

다행히도 데이터에서 이런 중복 문제를 쉽게 찾아내는 방법이 있습니다. 다음과 같이 간단하게 샘플로 몇 개의 열을 선택해 정렬한 후 중복 데이터가 있는지 눈으로 확인합니다.

```
SELECT column_a, column_b, column_c...
FROM table
ORDER BY 1,2,3...
;
```

이러한 방법으로 처음 보는 데이터셋을 확인할 때, 데이터 처리 과정에서 중복이 발생했다고 의심될 때, 카티션 JOIN을 사용했을 때 중복 데이터가 있는지 확인합니다. 대신 샘플 데이터로 확인하는 경우에는 전체 데이터를 봐야만 알 수 있는 일부 중복은 놓치게 됩니다. 그렇다고 전체 데이터를 눈으로 모두 훑어볼 수는 없는 노릇입니다. 열별로 행 개수를 세어보면서 전체 데이터에 대해서도 빠르게 중복을 찾으려면 SELECT와 count 함수를 사용합니다(2.3.1절 '히스토그램과 빈도'에서 설명한 방법과 유사합니다).

```sql
SELECT count(*)
FROM
(
    SELECT column_a, column_b, column_c...
    , count(*) as records
    FROM...
    GROUP BY 1,2,3...
) a
WHERE records > 1
;
```

이 방법으로 어느 열에서 중복이 발생했는지 찾습니다. 위 쿼리가 0을 반환하면 중복이 없다는 의미입니다. 다음 코드는 중복 레코드의 개수를 확인합니다.

```sql
SELECT records, count(*)
FROM
(
    SELECT column_a, column_b, column_c..., count(*) as records
    FROM...
    GROUP BY 1,2,3...
) a
WHERE records > 1
GROUP BY 1
;
```

> **NOTE_** 서브쿼리를 사용하지 않고 메인 쿼리 하나로 위와 같이 동작하는 코드를 작성하려면 HAVING 절을 사용합니다. HAVING 절은 GROUP BY 절과 집계 연산이 수행된 이후에 적용되므로 집계 값을 기준으로 데이터를 필터링할 때 사용할 수 있습니다.
>
> ```sql
> SELECT column_a, column_b, column_c..., count(*) as records
> FROM...
> GROUP BY 1,2,3...
> HAVING count(*) > 1
> ;
> ```

어떤 레코드에서 중복이 발생했는지 자세히 알아보려면 다음과 같이 모든 필드의 값을 출력합니다.

```
SELECT *
FROM
(
    SELECT column_a, column_b, column_c..., count(*) as records
    FROM...
    GROUP BY 1,2,3...
) a
WHERE records > 1
;
```

중복을 찾아내는 일과 중복을 처리하는 일은 다릅니다. 왜 중복이 발생하는지 찾아냈다면 가능한 한 그 원인을 제거해야 합니다. 데이터 처리 과정을 어떻게 개선해야 중복을 방지할 수 있을까요? ETL 과정에서 오류가 발생한다면? 일대다one-to-many 관계의 JOIN을 수행하는 데 문제가 발생했다면? 다음 절에서 SQL을 활용해 이러한 중복 데이터를 처리하는 방법을 알아봅시다.

2.4.2 중복 제거

중복 데이터가 무조건 나쁘지는 않습니다. 거래 이력이 있는 고객 모두에게 다음 주문 시 사용 가능한 쿠폰을 보낸다고 가정합시다. 먼저, 다음과 같이 customer 테이블과 transaction 테이블에 JOIN을 수행해 거래 이력이 있는 고객 리스트만 가져옵니다.

```
SELECT a.customer_id, a.customer_name, a.customer_email
FROM customers a
JOIN transactions b on a.customer_id = b.customer_id
;
```

이 쿼리는 거래 내역이 있는 고객의 정보가 담긴 행을 반환하는데, 두 번 이상 거래한 고객이 있다면 해당 고객의 정보는 두 번 이상 중복해 나옵니다. 이때 중복 데이터가 생성된 이유는 데이터 품질에 문제가 있어서가 아니라, 주의를 기울이지 않아서입니다. SQL 작성 시 이런 실수를 방지하는 여러 방법이 있습니다. 한 가지는 DISTINCT 키워드를 사용하는 겁니다.

```sql
SELECT distinct a.customer_id, a.customer_name, a.customer_email
FROM customers a
JOIN transactions b on a.customer_id = b.customer_id
;
```

GROUP BY 절을 사용하는 방법도 있습니다. GROUP BY 절은 주로 그룹별 집계에 사용하지만 DISTINCT와 같은 원리로 중복을 제거하는 데도 사용합니다. 필자는 동료가 집계 함수를 사용하지 않으면서도 GROUP BY 절을 사용해 중복을 제거하는 걸 처음 봤을 때, 그런 방법으로도 중복을 확인한다는 사실을 처음 알았습니다. 이 방법은 DISTINCT 키워드를 사용하는 방법보다 직관적이지는 않지만 똑같은 결과를 반환합니다.

```sql
SELECT a.customer_id, a.customer_name, a.customer_email
FROM customers a
JOIN transactions b on a.customer_id = b.customer_id
GROUP BY 1,2,3
;
```

개체별로 집계 함수를 수행해 개체별 집계 결과를 한 행씩 반환받아 중복을 제거하는 방법도 있습니다. 기술적으로 중복을 제거하는 것은 아니지만 효과는 비슷합니다. 예를 들어, 거래 이력이 많은 고객이 있더라도 고객 한 명당 거래 내역을 하나씩만 가져옵니다. 많은 거래 이력 중 첫 번째 거래 데이터를 가져오려면 min, 가장 최근의 거래 데이터를 가져오려면 max를 사용합니다.

```sql
SELECT customer_id
,min(transaction_date) as first_transaction_date
,max(transaction_date) as last_transaction_date
,count(*) as total_orders
FROM table
GROUP BY customer_id
;
```

중복 데이터가 있거나, 앞의 예시와 같이 엄밀히 중복 데이터는 아니지만 한 개체가 동일한 레코드를 여러 개 반환하는 경우에는 분석 시 부정확한 쿼리 결과가 나올 수 있습니다. 쿼리를 수행했을 때 고객 수 또는 전체 판매 수가 예상보다 몇 배씩 크다면 데이터 중복을 의심해봅시다.

지금까지 데이터 중복 문제를 방지하는 몇 가지 방법을 알아봤습니다. 다음 절에서는 데이터 표준화, 결측값 처리 등 데이터 분석 시 자주 발생하는 문제를 해결하는 방법을 알아봅니다.

2.5 준비: 데이터 정제

앞 절에서는 프로파일링을 통해 데이터 처리가 필요한 부분을 찾아내는 방법을 살펴봤습니다. 이 절에서는 CASE 변환, null 처리, 데이터 타입 변환 등의 데이터 처리 방법을 알아봅니다.

2.5.1 CASE 변환

CASE 문은 데이터 정제, 보강enrichment, 요약 등 다양한 목적으로 사용합니다. 데이터를 별도로 처리하지 않아도 그 자체로 분석에 충분한 경우도 있지만, 필요에 따라 데이터를 표준화하거나 몇 개의 카테고리로 그룹화하면 더 유용한 분석을 수행할 수도 있습니다. CASE 문의 구조는 2.3.2절 '구간화'에서 살펴봤습니다.

표준화되지 않은 값은 여러 이유로 생깁니다. 데이터를 수집할 때 각기 다른 선택지를 제공하는 여러 시스템을 이용했거나, 시스템에서 제공하는 선택지가 중간에 변경됐거나, 선택지가 여러 가지 언어로 제공됐을 수도 있습니다. 혹은 고객이 값을 선택지에서 고르지 않고 직접 입력했을 수도 있습니다.

예를 들어, 어떤 필드에 사람의 성별이 저장돼 있다고 가정합시다. 여성을 표시하는 방법에는 `'F'`, `'female'`, `'femme'` 등 여러 값이 있습니다. 이 값을 다음과 같이 표준화합시다.

```
CASE when gender = 'F' then 'Female'
     when gender = 'female' then 'Female'
     when gender = 'femme' then 'Female'
     else gender
     end as gender_cleaned
```

CASE 문은 카테고리를 추가하거나 원본 데이터raw data에 없는 값을 생성하는 데이터 보강에도 사용됩니다. 예를 들어봅시다. 많은 기업에서 고객의 충성도를 모니터링하기 위해 '순 추천고 객 지수'라는 NPSNet Promoter Score 설문을 사용합니다. NPS 설문은 응답자에게 해당 기업 또는 제품을 다른 사람에게 얼마나 추천하고 싶은지에 따라 0에서 10점까지의 점수를 묻습니다. 0 에서 6점을 준 고객을 비판자detractor, 7점과 8점을 준 고객을 중립자passive, 9점과 10점을 준 고 객을 추천자promoter로 분류합니다. 이때, 전체 응답자 중 추천자의 비율에서 비판자의 비율을 뺀 값이 최종 NPS 지수입니다. 일반적으로, 설문 결과 데이터에 텍스트 형식의 의견을 포함하 기도 하고 응답자의 정보를 저장하기도 합니다. 먼저, NPS 설문 데이터에서 점수를 기준으로 각 응답을 비판자, 중립자, 추천자로 구분해봅시다.

```sql
SELECT response_id
,likelihood
,case when likelihood <= 6 then 'Detractor'
     when likelihood <= 8 then 'Passive'
     else 'Promoter'
     end as response_type
FROM nps_responses
;
```

코드에서 입력된 응답 데이터 값은 정수인데 CASE 문으로 새로 생성한 데이터 카테고리는 문 자열로, 두 타입이 다릅니다. 이 경우에는 정숫값을 확인하고 그에 맞는 문자열 값을 반환하므 로, IN 연산자를 사용해 카테고리로 묶을 여러 값을 직접 나열합니다. IN 연산자는 카테고리 구분을 위해 크기 비교 연산자를 사용하는 대신에 각 카테고리에 해당하는 값을 나열하는 데 사용합니다. 입력값이 연속값이 아니거나 크기 비교 연산자를 사용하기 힘든 경우에 유용합니다.

```sql
case when likelihood in (0,1,2,3,4,5,6) then 'Detractor'
     when likelihood in (7,8) then 'Passive'
     when likelihood in (9,10) then 'Promoter'
     end as response_type
```

CASE 문을 사용할 때 동시에 여러 열에 조건을 걸려면 AND/OR 로직을 사용합니다. CASE 문 안에 CASE 문을 중첩해 사용할 때는 AND/OR 로직을 주의해서 사용해야 합니다.

```
case when likelihood <= 6
        and country = 'US'
        and high_value = true
        then 'US high value detractor'
    when likelihood >= 9
        and (country in ('CA','JP')
            or high_value = true
            )
        then 'some other label'
    ... end
```

룩업 테이블을 활용한 데이터 정제

해당 필드에 어떤 데이터가 있는지 알 때, 데이터의 분산이 크지 않으며 값이 변경될 일이 없다고 확신한다면 데이터 정제나 보강에 CASE 문을 사용할 수 있습니다. 하지만 필드에 저장된 데이터의 분산이 크고 값이 자주 바뀔 수 있는 경우에는 룩업lookup 테이블을 사용하는 편이 낫습니다. 룩업 테이블은 데이터베이스 내에 키–값 쌍으로 정의합니다. 별도의 코드를 주기적으로 실행해 키–값 쌍에 새로운 값을 추가할 수 있으며, 쿼리를 수행할 때 룩업 테이블에 별도의 JOIN을 수행해 정제된 데이터를 가져올 수도 있습니다. 정제된 데이터는 여러분의 코드와 별개로 값을 계속 유지하므로 데이터가 변경될 걱정 없이 사용하면 됩니다. 한 가지 예로 미국 각 주의 전체 이름과 축약어를 매핑한 룩업 테이블이 있습니다. 필자는 주로 CASE 문을 사용해 분석을 시작하지만, CASE 문이 너무 길어지거나 데이터 정제를 반복 수행해야 하는 상황이 되면 룩업 테이블을 생성해 사용합니다.

데이터가 정제 가능한지 확인해보는 일은 그만한 가치가 있습니다. 필자는 처음에 간단히 5줄짜리 CASE 문을 작성했다가 나중에는 이 CASE 문이 10줄이 되고, 결국엔 100줄이 넘어버리면서 더는 코드를 유지보수하기 힘들어진 적이 있습니다. 그 경험 덕분에 데이터 정제를 반복하는 일이 생기지 않게 데이터 엔지니어를 설득해 카테고리를 처음부터 제대로 생성하도록 데이터 트래킹 코드를 수정할 수 있었습니다.

CASE 문으로 특정 값의 유무를 나타내는 플래그를 표시할 수도 있습니다. 프로파일링 과정에서는 이 방법으로 특정 속성의 존재를 확인합니다. 플래그는 통계 분석을 위한 데이터를 준비할 때도 유용합니다. 플래그는 0과 1 같은 더미 변수를 사용해 특정 값의 유무를 표시합니다. 예를 들어, 다음 코드는 CASE 문을 사용해 gender 필드에서 is_female 플래그를, NPS 설문 응답 점수를 의미하는 likelihood 필드에서는 is_promoter 플래그를 생성합니다.

```
SELECT customer_id
,case when gender = 'F' then 1 else 0 end as is_female
,case when likelihood in (9,10) then 1 else 0 end as is_promoter
FROM ...
;
```

한 고객이 여러 상품을 주문했다면 데이터셋에는 고객 ID 하나에 구매 상품 여러 개가 저장됩니다. 이렇게 한 개체당 여러 행을 갖는 데이터셋을 다룰 때, 집계 함수 안에서 **CASE** 문을 사용해 데이터 값을 0 또는 1의 플래그로 변환하면 속성의 유무를 나타내게 됩니다. 2.1.1절 '데이터베이스 데이터 타입'에서 설명했듯 논리 데이터 타입은 특정 속성의 유무를 나타내는 플래그로 자주 사용됩니다. 이때 1은 **TRUE**이고 0은 **FALSE**를 의미합니다. 이를 활용해 **CASE** 문을 만들어봅시다. 고객이 구매한 과일을 의미하는 `fruit` 필드에 `'apple'`이 하나라도 있으면 1을 반환하도록 합니다. `max` 집계 함수를 사용해 고객의 사과 구매 여부를 확인해봅시다. 고객이 사과를 하나라도 구매한 적이 있다면 플래그는 1이 되고, 그렇지 않다면 0이 됩니다.

```
SELECT customer_id
,max(case when fruit = 'apple' then 1
          else 0
          end) as bought_apples
,max(case when fruit = 'orange' then 1
          else 0
          end) as bought_oranges
FROM ...
GROUP BY 1
;
```

1로 레이블링하기 위한 임계값^{threshold} 또는 양을 설정하는 등 더 복잡한 조건을 사용할 수도 있습니다.

```
SELECT customer_id
,max(case when fruit = 'apple' and quantity > 5 then 1
          else 0
          end) as loves_apples
,max(case when fruit = 'orange' and quantity > 5 then 1
          else 0
          end) as loves_oranges
FROM ...
```

```
GROUP BY 1
;
```

지금까지 살펴봤듯 CASE 문은 데이터 정제와 보강, 플래그 등의 더미 변수 생성에도 사용될 정도로 아주 강력합니다. 이어서 CASE 문과 관련한 null 값 처리 등의 특별한 함수를 알아봅니다.

2.5.2 타입 변환과 캐스팅

이 장의 초반부에서도 언급했듯 데이터베이스의 모든 필드에는 데이터 타입이 정의돼 있습니다. 데이터가 테이블에 추가될 때 정의된 필드와 맞지 않으면 오류가 발생합니다. 문자열 데이터는 정수 타입 필드에 추가될 수 없고, 논리 타입 데이터는 날짜 필드에 추가될 수 없습니다. 대부분의 경우 문자열 데이터에 문자열 함수를 사용하고 날짜 데이터에 날짜 함수를 사용하는 등 타입을 잘 맞춰 사용할 수 있지만, 필드의 데이터 타입을 강제로 다른 타입으로 변환해야 하는 경우도 있습니다. 이때 **타입 변환**type conversion과 캐스팅이 필요합니다.

타입 변환 함수는 특정 타입의 데이터를 다른 데이터 타입으로 변환합니다. 한 가지 방법은 cast 함수를 사용하는 방법으로, 함수 형식은 cast(데이터 타입)과 같습니다. 두 번째 방법은 더블 콜론(::)을 사용하는 방법으로, input :: 데이터 타입과 같이 사용합니다. 두 가지 모두 동일한 기능을 합니다. 예를 들어, 다음 두 코드는 정수 1234를 문자열로 변환합니다.

```
cast(1234 as varchar)
```

```
1234::varchar
```

CASE 문으로 숫자 값을 카테고리화할 때, 카테고리를 보다 명확히 표시하려면 문자열 타입으로 변환합니다. 다음 코드를 봅시다. 3 이하의 값은 정숫값을 그대로 반환하고 4 이상의 값은 '4+'라는 문자열을 반환합니다. 이때 반환값의 데이터 타입이 일치하지 않아 오류가 발생합니다.

```
case when order_items <= 3 then order_items
    else '4+'
    end
```

오류를 해결하려면 다음과 같이 정수를 VARCHAR 타입으로 캐스팅합니다.

```
case when order_items <= 3 then order_items::varchar
    else '4+'
    end
```

숫자 타입으로 저장돼야 하는 값이 문자열로 저장됐을 때, 숫자 타입으로 타입을 변경하면 해당 값을 집계하고 수리 함수를 사용할 수 있습니다. 예를 들어, 데이터셋에 가격 값이 달러 문자열($)과 함께 표기돼 정수 타입이 아닌 VARCHAR 타입으로 저장돼 있다고 가정합시다. 먼저 replace 함수를 사용해 $ 문자를 제거합니다(replace 함수는 5장 '텍스트 분석'에서 더 자세히 살펴봅니다).

```
SELECT replace('$19.99','$','');

replace
-------
19.99
```

$ 문자를 제거했지만 아직 결괏값의 타입은 VARCHAR이므로 집계 함수를 사용하면 오류가 발생합니다. FLOAT 타입으로 변경하려면 다음 두 코드 중 하나를 사용합니다.

```
SELECT replace('$19.99','$','')::float;
```

```
SELECT cast(replace('$19.99','$','')) as float);
```

DATE, DATETIME, TIMESTAMP 등은 특수한 형식의 데이터 타입이므로 타입 변환 시 원하는 타입으로 변환하는 방법을 잘 알아야 합니다. 여기서는 몇 가지 예시만 본 뒤 3장에서 자세히 살펴봅니다. 거래와 관련된 데이터는 주로 TIMESTAMP 값과 함께 데이터베이스에 저장됩니다. 거래 내역을 날짜별로 요약해 정리하고 싶을 때 다음과 같이 TIMESTAMP 타입을 DATE 타입으로 캐스팅하면 결과 행의 수도 줄이면서 원하는 대로 요약된 결과를 얻게 됩니다.

```
SELECT tx_timestamp::date, count(transactions) as num_transactions
FROM ...
GROUP BY 1
;
```

마찬가지로, TIMESTAMP 타입의 인자를 사용하는 SQL 함수를 사용해야 할 때는 DATE 타입의 데이터를 TIMESTAMP 타입으로 캐스팅합니다. 가끔은 연도, 월, 일 데이터가 각 필드로 구분돼 따로 저장된 경우도 있고, 혹은 특정 문자열로 구분된 상태로 하나의 문자열로 저장된 경우도 있습니다. 이 경우에는 날짜 형식에 맞춰 재조합을 해야 합니다. 연결 연산자 더블 파이프(‖)를 사용하거나, 혹은 concat 함수를 사용해 값을 이어 붙인 다음 DATE 타입으로 변환합니다. 두 방법 모두 같은 값을 반환합니다.

```
(year ‖ ',' ‖ month‖ '-' ‖ day)::date
```

다음 코드도 위 코드와 동일한 결과를 반환합니다.

```
cast(concat(year, '-', month, '-', day) as date)
```

date 함수를 사용해 문자열 데이터를 DATE 타입으로 변환하는 방법도 있습니다. concat 함수로 날짜 형식의 문자열 타입 데이터를 만든 다음, date 함수를 사용해 이를 DATE 타입으로 변환해봅시다.

```
date(concat(year, '-', month, '-', day))
```

to_데이터 타입 함수는 변환할 값과 변환하고 싶은 형식의 문자열을 인자로 받아서 값을 원하는 형태로 변환합니다. 함수 목록과 각각의 사용 목적은 [표 2-4]와 같습니다.

표 2-4 to_데이터 타입 함수

함수	사용 목적
to_char	데이터 타입을 문자열 타입으로 변환
to_number	데이터 타입을 숫자 타입으로 변환
to_date	데이터 타입을 Date 타입으로 변환(날짜 부분 명시)
to_timestamp	데이터 타입을 TIMESTAMP 타입으로 변환(날짜와 시간 부분 명시)

데이터 타입을 데이터베이스에서 자동으로 변환하는 경우도 있습니다. 이를 **자동 타입 변환**type coercion이라고 합니다. INT, FLOAT 타입은 별도의 타입 변환 없이도 수리 함수나 집계 함수에

서 함께 사용할 수 있으며, **CHAR** 타입과 **VARCHAR** 타입을 함께 사용하더라도 자동 타입 변환이 되므로 문제가 되지 않을 수 있습니다. 어떤 데이터베이스에서는 논리 타입의 **FALSE**는 0으로, **TRUE**는 1로 자동으로 변환하기도 합니다. 자동 타입 변환이 안 된다면 명시적으로 타입을 변환해야 합니다. 어떤 데이터베이스는 **DATE** 타입과 **TIMESTAMP** 타입 값을 같이 사용하면 자동 타입 변환을 지원하지 않아 오류를 발생시킵니다. 자동 타입 변환이 이뤄지는지 혹은 명시적으로 타입을 변환해야 하는지 확인하려면 데이터베이스 문서를 잘 읽어보거나 간단한 테스트 쿼리를 수행해봅시다. 간혹 창의력을 발휘해 타입 변환에 문제가 생기지 않도록 쿼리를 잘 짜야 하는 경우도 있지만, 대부분은 원하는 대로 데이터 타입을 변환하는 방법을 쉽게 찾을 수 있습니다.

2.5.3 null 값 다루기

필자가 처음 데이터를 다루기 시작했을 때 null은 가장 적응하기 어려운 개념이었습니다. null은 일상생활에서 흔히 생각할 수 있는 양적 개념이 아니었습니다. 데이터베이스에서 특별한 의미를 지닌 값으로, 관계형 데이터베이스를 만든 에드거 커드가 데이터베이스에서의 결측값을 표현하기 위해 도입한 개념입니다. 누가 필자에게 낙하산을 몇 개 갖고 있냐고 묻는다면 '0개'라고 대답할 겁니다. 하지만 누군가 그 질문을 하기 전까진 필자가 가진 낙하산의 수는 null입니다.

null은 해당 필드에 아무 데이터도 수집되지 않았거나 해당 필드에서 필요 없는 값을 의미합니다. 테이블에 새로운 열을 추가할 때 값을 따로 명시하지 않으면 해당 열의 모든 행에는 자동으로 null이 채워집니다. 비슷한 원리로, **OUTER JOIN**을 수행할 때 두 번째 테이블에서 매칭되는 레코드가 없는 경우에는 null이 채워지게 됩니다.

데이터베이스마다 null을 처리하는 방법이 다르므로 집계 함수를 사용할 때나 그룹화를 수행할 때 문제가 생길 수 있습니다. 예를 들어, 값이 5, 10, 15, 20, null인 레코드 5개가 있다고 가정합시다. 총합은 50이지만 null을 전체 데이터 개수로 취급하는지에 따라 평균이 10이 될 수도 있고 12.5가 될 수도 있습니다. 사실 null이 존재하는 데이터로 합계나 평균을 내는 것이 맞는지조차 알 수 없습니다. 대부분의 데이터베이스 함수는 null이 입력되면 null을 반환하며, null을 사용해 '같다', '다르다' 등의 논리 연산을 수행해도 null을 반환합니다. null을 잘 신경 쓰지 않으면 온갖 예상치 못한 황당한 쿼리 결과가 나오게 됩니다.

테이블을 정의할 때 null 값의 허용 여부를 결정하거나, 필드가 null로 채워지지 않도록 기본값을 지정할 수 있습니다. 이 말은 데이터가 없더라도 0 등의 기본값으로 채울 수 있으므로 필드의 결측값이 무조건 null이라고 생각해서는 안 된다는 의미입니다. 한번은 데이터베이스에 날짜 데이터의 기본값을 '1970-01-01'로 설정해놓은 데이터 엔지니어와 긴 논쟁을 벌인 적이 있습니다. 필자는 null이 기본값이 돼야 한다고 주장했습니다. 아직 정확한 날짜를 알 수 없거나 해당 행에서는 필요 없는 값이라는 의미를 명확히 하기 위해서입니다. 하지만 엔지니어는 필요시 CASE 문을 사용해 날짜 기준으로 필터링하거나 다시 null로 수정해서 분석하면 된다고 주장했습니다. 결국 한 직원이 기본값으로 설정된 '1970-01-01'이 무슨 의미인지 정확히 이해하지 못한 채 고객을 엉망으로 클러스터링하고 분석하는 일이 발생하면서 논쟁은 필자의 승리로 끝났습니다.

null 때문에 분석을 수행하기가 번거로워지거나, null 존재 자체가 적절하지 않은 경우도 있습니다. 이런 상황에서 null을 명확하게 처리하지 않고 분석을 수행하면 결과를 보고받는 사람이 바로 납득하기 어려운 결과가 나오기도 합니다. 보고를 받는 사람은 우리가 null을 어떻게 처리했고 null이 데이터 품질에 어떤 영향을 끼쳤는지 알 필요가 없지만, 우리는 null을 적절하게 처리하고 정확한 결과를 보고할 의무가 있습니다.

빈 문자열

null의 콘셉트와 비슷하면서도 미묘하게 다른 값으로 '빈 문자열'이 있습니다. 아무 값이 없는 상태이지만 그렇다고 필드 값이 null인 것도 아닙니다. 빈 문자열을 사용하는 이유는 '값이 없거나 아직 알 수 없음'을 의미하는 null과는 달리 '필드에 빈 값이 채워져 있음'을 명시하기 위함입니다. 예를 들어, 데이터베이스에 사람 이름을 저장하기 위해 `name_suffix` 필드를 만들어 `'Jr.'`와 같은 값을 저장한다고 가정합시다. `name_suffix`가 없는 사람은 여기에 null보다는 빈 문자열을 넣는 편이 적절합니다. null 대신 빈 문자열을 기본값으로 사용할 수도 있고, 필드에 NOT NULL 제약이 설정돼 있어 null이 아닌 값을 넣어야 할 때도 빈 문자열을 사용합니다. 쿼리에서는 다음과 같이 따옴표를 이용해 빈 문자열을 표시합니다.

```
WHERE my_field = '' or my_field <> 'apple'
```

값의 빈도를 알아보기 위해 프로파일링할 때는 데이터가 null을 포함하는지, 빈 문자열을 포함하는지, 혹은 둘 다 포함하는지 잘 확인해야 합니다.

null을 처리하려면 CASE 문을 사용하거나 coalesce, nullif 함수를 사용합니다. CASE 문은 앞서 살펴봤듯 조건을 확인하고 그에 해당하는 값을 반환합니다. 이를 null을 확인하고 다른 값으로 대체하는 데도 사용할 수 있습니다.

```
case when num_orders is null then 0 else num_orders end
```

```
case when address is null then 'Unknown' else address end
```

```
case when column_a is null then column_b else column_a end
```

coalesce 함수는 더 간편합니다. 인자를 두 개 이상 받아서 그중 null이 아닌 첫 번째 값을 반환합니다.

```
coalesce(num_orders,0)
```

```
coalesce(address,'Unknown')
```

```
coalesce(column_a,column_b)
```

```
coalesce(column_a,column_b,column_c)
```

NOTE_ 어떤 데이터베이스는 coalesce 함수와 비슷한 기능을 하지만 인자를 두 개만 받는 nvl 함수를 지원합니다.

nullif 함수는 두 숫자를 비교해서 서로 같지 않으면 첫 번째 숫자를 반환하고, 같으면 null을 반환합니다. 다음 코드를 실행하면 어떤 값이 반환되는지 알아봅시다.

```
nullif(6,7)
```

두 숫자가 같지 않으므로 첫 번째 숫자인 6을 반환합니다. 반대로 다음 코드는 두 숫자가 같으므로 null을 반환합니다.

```
nullif(6,6)
```

위의 `nullif` 함수를 사용한 코드는 다음 CASE 문과 동일하게 동작합니다.

```
case when 6 = 7 then 6
when 6 = 6 then null
end
```

`nullif` 함수는 새로운 행이 데이터베이스에 추가될 때, 특정 필드의 기본값이 무엇인지 알고 있으며 이 값을 null로 바꾸고 싶을 때 유용합니다. 예를 들어, 앞서 언급한 기본 날짜 설정 논쟁을 해결하려면 다음과 같이 `nullif` 함수를 사용해 '1970-01-01'을 null로 변환합니다.

```
nullif(date,'1970-01-01')
```

> **WARNING_** WHERE 절을 사용해 데이터를 필터링할 때 null이 문제의 소지가 될 수 있습니다. 필터링한 결과가 null인 경우만을 다룰 때는 다음처럼 간단히 해결됩니다.
>
> ```
> WHERE my_field is null
> ```
>
> 하지만 `my_field` 필드가 null 값뿐 아니라 과일 이름 값을 저장한다고 해봅시다. 저장된 값이 'apple'이 아닌 행을 반환받고 싶다면 다음 쿼리를 수행할 겁니다.
>
> ```
> WHERE my_field <> 'apple'
> ```
>
> 하지만 어떤 데이터베이스에서는 `my_field` 필드에 'apple'뿐 아니라 null 값이 저장된 행까지 필터링되기도 합니다. 이 문제를 해결하려면 SQL을 작성할 때 OR 연산자를 사용해 'apple'와 null을 둘 다 필터링하도록 명시적으로 조건을 설정해야 합니다.
>
> ```
> WHERE my_field <> 'apple' or my_field is null
> ```

null은 데이터를 다룰 때 신경 써야 할 중요한 요소입니다. null이 발생한 이유와 상관없이 프로파일링 과정에서 null 유무를 잘 파악하고 적절하게 데이터를 정제해야 합니다. 이 절에서는 SQL을 활용해 null 유무를 확인하는 여러 방법과, null 값을 다른 값으로 대체하는 유용한 함수를 알아봤습니다. 다음 절에서는 null이 발생하는 원인이자 다양한 의미로 해석되는 결측 데이터를 알아봅니다.

2.5.4 결측 데이터

데이터에 빈 값이 있다면 이를 어떻게 처리할지 결정해야 합니다. 빈 값이 생기는 이유는 다양합니다. 예를 들어, 전자 상거래 서비스의 결제 페이지에서 결제에 필요한 정보 이외에 '저희 서비스를 어떻게 알게 되셨습니까?'와 같이 결제와 상관없는 추가 질문을 한다면 고객은 이에 대한 응답은 하지 않고 결제를 마치거나 심지어는 결제 페이지에서 이탈할 수도 있습니다. 이때 고객이 추가 질문에 응답하지 않고 결제를 마치는 경우 응답 데이터에 빈 값이 생기게 됩니다. 혹은 필수 응답 질문이지만 코드의 버그나 인적 오류^{human error}로 인해서 응답이 기록되지 않아 결측값이 발생하기도 합니다. 예를 들어, 건강 검진 문진표를 작성하다가 두 번째 장을 실수로 넘겨버려서 그 장에 있던 질문에 대한 응답이 하나도 기록되지 않는 경우가 있습니다. 데이터 수집 방법이 중간에 변경되는 경우에도 결측값이 발생할 수 있습니다. 사용자의 모바일 앱 인터랙션 추적 시스템을 예로 들어봅시다. 사용자의 탭, 스크롤 인터랙션 정보를 저장하기 위해 새로운 필드를 중간에 추가하면 이전의 탭, 스크롤 인터랙션 정보는 null로 채워지게 됩니다. 이외에도 테이블이 다른 테이블의 값을 참조하는 상황에서, 참조하려는 행 또는 테이블이 삭제되거나 데이터 웨어하우스에 로드되지 않으면 연결된 데이터를 찾을 수 없어 결측값이 발생합니다. 이 경우에는 데이터가 불완전해 분석에 사용하기 적절하지 않습니다. 마지막으로, 데이터가 존재하긴 하지만 그 세밀도가 분석하고자 하는 수준에 맞지 않게 저장된 경우에도 결측값이 발생할 수 있습니다. 예를 들어, 구독형 서비스에서 고객이 연간 구독료를 한 번에 지불하고 매월 서비스를 이용한다고 가정할 때, 월간 수익이 얼마인지 분석하고자 하면 아무도 구독료를 지불하지 않은 달에는 결측값이 발생합니다.

히스토그램이나 빈도 분석을 통한 데이터 프로파일링뿐만 아니라, 두 테이블의 값을 비교하는 방법으로 결측 데이터를 찾아낼 수도 있습니다. 예를 들어, 거래 내역이 저장된 `transactions` 테이블에 고객 ID가 있다면, 해당 고객의 정보는 당연히 `customer` 테이블에 저장돼 있다고 기대하기 마련입니다. 다음 코드를 수행해 확인해봅시다. 두 테이블에 `LEFT JOIN`과 `WHERE` 조건을 사용해 `customer` 테이블에 정보가 저장돼 있지 않은 고객의 ID를 찾습니다.

```
SELECT distinct a.customer_id
FROM transactions a
LEFT JOIN customers b on a.customer_id = b.customer_id
WHERE b.customer_id is null
;
```

결측 데이터는 존재 자체로도 의미를 지닐 수 있으므로, 무조건 결측 데이터가 없도록 만들거나 다른 값으로 채워서는 안 됩니다. 결측 데이터를 통해 근본적인 시스템 설계 문제 또는 데이터 수집 과정 내의 문제를 찾아내기도 합니다.

결측값이 포함된 레코드를 데이터셋에서 제거하는 대신, 배경지식을 기반으로 결측값을 다른 값으로 채워 넣는 방법을 결측값 **대체**imputation라고 부르기도 합니다. 이때, 데이터셋의 결측값을 해당 필드에 존재하는 값의 평균이나 중앙값, 또는 바로 이전에 저장된 값 등으로 대체합니다. 이렇게 결측값을 다른 값으로 대체하면 앞으로 수행할 데이터 분석의 결과도 계속 달라질 수 있으므로, 결측값이 무엇이며 어떤 값으로 대체했는지를 문서화해야 합니다. 대체된 값이 포함된 데이터를 학습 데이터에 민감한 머신러닝 등에 활용할 때는 제대로 학습이 되지 않을 수 있으니 주의가 필요합니다.

결측값을 상숫값으로 채우는 방법은 흔히 쓰이는 결측 데이터 대체법입니다. 어떤 레코드의 결측값에 어떤 상숫값이 들어가야 하는지를 이미 안다면 해당 상숫값으로 일단 채워두는 편이 좋습니다. 예를 들어, 'xyz'라는 물건의 가격이 저장되는 price 필드에 소프트웨어 버그로 인해 결측값이 발생하더라도, 그 가격이 무조건 20달러임을 이미 안다면 20을 채워 넣으면 됩니다. 다음 쿼리는 CASE 문을 사용해 결측값을 채워 넣습니다.

```
case when price is null and item_name = 'xyz' then 20
                                    else price
                                    end as price
```

혹은 다른 필드에 수리 함수나 CASE 문을 사용해 생성한 값으로 결측값을 채워 넣기도 합니다. 예를 들어, 순수 판매액을 의미하는 net_sales 필드의 몇몇 행에서 결측값이 발생했지만 정가를 의미하는 gross_sales 필드와 할인 금액을 의미하는 discount 필드에는 제대로 값이 채워져 있다고 가정합시다. 이 경우에는 net_sales를 gross_sales에서 discount를 뺀 값으로 채워 넣습니다.

```
SELECT gross_sales - discount as net_sales...
```

또 다른 방법으로는 다른 행의 값을 이용해 결측값을 채워 넣습니다. 이전 행의 값을 가져와서 채우는 방법을 **앞으로 채우기**fill forward라고 하며, 다음 행의 값을 가져와서 채우는 방법을 **뒤로 채우기**fill backward라고 합니다. 이 방법은 lag, lead 윈도우 함수를 사용하면 간단합니다. 거래 데이터가 저장된 테이블에서 product_price 필드에는 할인되지 않은 가격으로 고객이 지불한 금액이 저장돼 있다고 가정합시다. 간혹 이 필드에 결측값이 발생하더라도, 해당 제품 product의 마지막 거래가 저장된 행의 product_price 값으로 결측값을 추측합니다. 동일한 제품은 가격이 같다는 가정하에 PARTITION BY 절을 사용해 동일한 제품끼리 묶은 다음, ORDER BY 절을 사용해 최근 거래 순으로 정렬하고 lag 함수를 사용하면 결측값이 최근에 거래된 값으로 대체됩니다.

```
lag(product_price) over (partition by product order by order_date)
```

product_price 결측값을 그다음 거래 데이터로 채워 넣으려면 lead 함수를 사용합니다. 혹은 avg 함수를 사용해서 해당 제품의 평균 가격을 구해 결측값을 채워 넣을 수도 있습니다. 이처럼 결측값을 이전 값, 다음 값, 평균값으로 대체할 때는 그 값들이 크게 튀지 않는 일반적인 범위 내에 있다는 가정하에 어떤 방법이 가장 적합한지 잘 판단해야 합니다. 결측 데이터를 처리하고 나면 대체된 값이 합당한지, 대체할 수 없는 값으로 대체된 것은 아닌지 확인하는 편이 좋습니다.

결측값을 아주 정확한 값으로 대체할 필요까지는 없다면 데이터셋에 별도의 행을 추가해 결측값 대신 사용합니다. 예를 들어, 구독 서비스 이용 고객 정보가 담긴 customer_subscriptions 테이블에서 subscription_date 필드에는 구독 날짜가, annual_mount 필드에는 연간 구독료가 저장돼 있다고 가정합시다. 다음 코드는 연간 반복 수익annual recurring revenue(ARR)을 월간 반복 수익monthly recurring revenue(MRR)으로 변환하기 위해 연간 구독료를 12로 나눕니다.

```
SELECT customer_id
,subscription_date
,annual_amount
,annual_amount / 12 as month_1
```

```
,annual_amount / 12 as month_2
...
,annual_amount / 12 as month_12
FROM customer_subscriptions
;
```

이 작업은 다소 지루한 반복 작업이며, 코드를 다음처럼 수정하더라도 구독 기간이 1년이 아니라 2년, 3년, 심지어 5년인 고객이 있다면 더 많은 반복 작업이 필요해집니다.

```
SELECT customer_id
,subscription_date
,annual_amount
,annual_amount / 12 as '2020-01'
,annual_amount / 12 as '2020-02'
...
,annual_amount / 12 as '2020-12'
FROM customer_subscriptions
;
```

만약 구독을 바로 갱신하지 않고 시간이 지난 뒤에 구독료를 지불한 고객이 있다면 위 코드처럼 날짜 기준으로 하드코딩하는 방법을 사용할 수 없습니다. CASE 문을 추가로 조합해 사용할 수도 있지만 이 또한 엄청난 반복 작업이며, 난해한 로직으로 인해 오류가 발생할 가능성이 높습니다. 대신 날짜 차원 테이블과 JOIN을 수행하면 이 문제가 깔끔하게 해결됩니다.

날짜 차원date dimension 테이블은 날짜가 행으로 하나씩 저장된 정적 테이블을 의미하며, 요일, 월, 해당 월의 마지막 날짜, 회계 연도fiscal year와 같은 날짜 관련 속성을 포함할 수 있습니다. 날짜는 분석에 사용할 수 있을 정도로 과거부터 미래까지 충분한 기간을 설정합니다. 1년은 365일 혹은 366일이므로 날짜 차원 테이블이 100년의 기간을 포함한다고 하더라도 그리 많은 공간을 차지하지는 않습니다. [그림 2-3]은 날짜 차원 테이블의 예입니다. 이 책의 깃허브에서는 SQL 함수로 날짜 차원 테이블을 생성하는 샘플 코드를 제공합니다.

date	day_of_month	day_of_year	day_of_week	day_name	week	month_number	month_name	quarter_number	quarter_name	year	decade
2000-01-01	1	1	6	Saturday	1999-12-27	1	January	1	Q1	2000	2000
2000-01-02	2	2	0	Sunday	1999-12-27	1	January	1	Q1	2000	2000
2000-01-03	3	3	1	Monday	2000-01-03	1	January	1	Q1	2000	2000
2000-01-04	4	4	2	Tuesday	2000-01-03	1	January	1	Q1	2000	2000
2000-01-05	5	5	3	Wednesday	2000-01-03	1	January	1	Q1	2000	2000
2000-01-06	6	6	4	Thursday	2000-01-03	1	January	1	Q1	2000	2000
2000-01-07	7	7	5	Friday	2000-01-03	1	January	1	Q1	2000	2000
2000-01-08	8	8	6	Saturday	2000-01-03	1	January	1	Q1	2000	2000
2000-01-09	9	9	0	Sunday	2000-01-03	1	January	1	Q1	2000	2000
2000-01-10	10	10	1	Monday	2000-01-10	1	January	1	Q1	2000	2000
2000-01-11	11	11	2	Tuesday	2000-01-10	1	January	1	Q1	2000	2000
2000-01-12	12	12	3	Wednesday	2000-01-10	1	January	1	Q1	2000	2000
2000-01-13	13	13	4	Thursday	2000-01-10	1	January	1	Q1	2000	2000
2000-01-14	14	14	5	Friday	2000-01-10	1	January	1	Q1	2000	2000
2000-01-15	15	15	6	Saturday	2000-01-10	1	January	1	Q1	2000	2000
2000-01-16	16	16	0	Sunday	2000-01-10	1	January	1	Q1	2000	2000
2000-01-17	17	17	1	Monday	2000-01-17	1	January	1	Q1	2000	2000
2000-01-18	18	18	2	Tuesday	2000-01-17	1	January	1	Q1	2000	2000
2000-01-19	19	19	3	Wednesday	2000-01-17	1	January	1	Q1	2000	2000
2000-01-20	20	20	4	Thursday	2000-01-17	1	January	1	Q1	2000	2000
2000-01-21	21	21	5	Friday	2000-01-17	1	January	1	Q1	2000	2000
2000-01-22	22	22	6	Saturday	2000-01-17	1	January	1	Q1	2000	2000
2000-01-23	23	23	0	Sunday	2000-01-17	1	January	1	Q1	2000	2000
2000-01-24	24	24	1	Monday	2000-01-24	1	January	1	Q1	2000	2000
2000-01-25	25	25	2	Tuesday	2000-01-24	1	January	1	Q1	2000	2000
2000-01-26	26	26	3	Wednesday	2000-01-24	1	January	1	Q1	2000	2000

그림 2-3 날짜 차원 테이블과 날짜 속성

Postgres 데이터베이스에서 날짜 차원 테이블을 생성하려면 특정 범위의 시리즈 값을 생성하는 generate_series 함수를 다음과 같이 사용합니다.

```
generate_series(start, stop, step interval)
```

start로 생성하고 싶은 날짜 리스트의 처음 날짜, stop으로 마지막 날짜, step interval로 날짜 리스트의 구간 크기를 사용합니다. step interval로 어떤 값이든 사용할 수 있지만, 날짜 차원 테이블을 만들 때는 하루 단위를 사용하면 좋습니다.

```
SELECT *
FROM generate_series('2000-01-01'::timestamp,'2030-12-31', '1 day')
```

generate_series 함수로 날짜 차원 테이블을 생성하려면 최소 하나의 인자는 TIMESTAMP 타입이어야 하므로, 문자열 '2000-01-01'의 값을 TIMESTAMP 타입으로 변환해 인자로 사용했습니다. 이 함수로 생성한 날짜 차원 테이블을 활용하면 모든 날짜별로 고객의 주문 내역을 확인하는 쿼리를 작성할 수 있습니다. 이 방법은 날짜별 주문 고객 수를 세거나 고객이 구매하지 않은 날을 분석할 때도 유용합니다.

```
SELECT a.generate_series as order_date, b.customer_id, b.items
FROM
(
    SELECT *
    FROM generate_series('2020-01-01'::timestamp,'2020-12-31','1 day')
) a
LEFT JOIN
(
    SELECT customer_id, order_date, count(item_id) as items
    FROM orders
    GROUP BY 1,2
) b on a.generate_series = b.order_date
;
```

앞서 언급한 구독 서비스 예시로 돌아갑시다. 다음 코드는 날짜 차원 테이블과 JOIN을 수행해 각 고객의 구독 시작 날짜를 의미하는 subscription_date부터 11개월 후까지의 열두 달에 대한 날짜를 가져와 레코드를 생성합니다.

```
SELECT a.date
,b.customer_id
,b.subscription_date
,b.annual_amount / 12 as monthly_subscription
FROM date_dim a
JOIN customer_subscriptions b on a.date between b.subscription_date
and b.subscription_date + interval '11 months'
;
```

날짜 데이터에 결측값이 발생하면 근본적인 원인을 파악하고 해결하는 일이 중요합니다. 지금까지 결측 데이터를 찾고 적절한 값으로 대체하는 다양한 방법을 알아봤습니다. CASE 문을 사용해 기본값을 설정할 수도 있고, 해당 행의 다른 필드 값을 가져와 적절하게 조합해서 결측값을 채워 넣을 수도 있으며, 해당 열에서 가장 적합한 값을 가져와 대체할 수도 있습니다.

이 절에서 학습한 데이터 정제는 데이터 준비 과정에서 중요한 부분입니다. 데이터를 정제해야 하는 이유는 다양합니다. 데이터 정제는 원본 데이터에 결측값이나 일관적이지 않은 데이터가 있는 경우 등에 낮은 데이터 품질을 개선하거나 분석을 더 쉽게 수행하고 더 의미 있는 결과를 이끌어내는 데 필요합니다. SQL의 유연성을 활용해 다양한 방법으로 데이터 정제를 수행합시다.

2.6 준비: 데이터 셰이핑

데이터 셰이핑data shaping은 데이터가 열과 행에 저장되는 형태shape를 조정하는 일을 의미합니다. 데이터베이스의 각 테이블은 나름의 형태를 갖추고 있습니다. 쿼리의 결과도 테이블과 마찬가지로 나름의 형태가 있습니다. 데이터 셰이핑이 다소 추상적인 개념으로 느껴지겠지만, 어느 정도 충분한 양의 데이터를 다루게 될 때면 그 가치를 깨닫게 될 겁니다. 데이터 셰이핑은 잘 배우고 연습하면 충분히 익숙해질 수 있는 데이터 준비 기법입니다.

데이터 셰이핑에서 중요한 개념 중 하나는 필요한 데이터 **세밀도**granularity를 파악하는 일입니다. 바위의 크기가 거대한 바위부터 모래알 크기까지, 심지어는 미세한 먼지 크기까지 다양하듯 데이터 세밀도도 매우 다양합니다. 예를 들어, 국가 인구를 바위에 비유한다면 도시 인구는 돌멩이, 가구의 구성원 수는 모래알입니다. 개인의 생일과 죽음 또는 다른 도시나 국가로의 이동 등은 더 작고 세밀한 수준의 데이터입니다.

데이터 평탄화data flattening는 데이터 셰이핑에서 중요한 개념으로, 특정 개체에 대한 데이터를 나타내는 행의 수를 줄이는 일을 의미합니다. 여러 테이블에 JOIN을 사용해 하나의 데이터셋으로 평탄화하거나, 집계를 사용해 데이터를 요약하는 방식으로 평탄화하기도 합니다.

이 절에서는 먼저 데이터 형태를 선택할 때 고려해야 할 여러 가지 요소를 알아봅니다. 그리고 피벗, 언피벗 개념과 이를 활용한 몇 가지 사례를 보고, 분석을 위한 데이터 셰이핑 방법을 예시와 함께 살펴봅니다. 복잡한 데이터셋을 생성하기 위한 SQL 작성법은 8장에서 더 자세히 알아봅니다.

2.6.1 분석 결과 활용

데이터 셰이핑 방법을 결정하려면 먼저 SQL로 분석한 결과를 어느 도구에서 활용할지 알아야 합니다. SQL로 분석 결과 데이터셋을 출력할 때는 원하는 세밀도를 만족하는 한 최소한의 행으로 구성된 형태가 좋습니다. 데이터 크기가 줄어들면 데이터베이스에서 다른 도구로 데이터를 옮기는 데 드는 시간도 절약되고, 도구를 사용할 때 별도로 데이터를 처리하는 일의 양도 줄어듭니다. 결과 데이터셋을 활용하는 도구에는 보고서를 작성하거나 대시보드를 만드는 BI 도구, 경영진이 쉽게 검토할 수 있는 스프레드시트, R과 같은 통계 도구, 파이썬을 사용한 머신러닝 모델, 시각화를 위한 다양한 도구 등이 있습니다.

보고서 작성과 대시보드 생성을 위해 데이터를 BI 도구에 가져올 때, 그 데이터가 어떻게 사용될지 미리 이해하는 일이 중요합니다. 데이터셋은 분석가가 아닌 일반 사용자도 살펴볼 수 있을 정도로 꼼꼼하게 준비돼 있어야 합니다. 데이터 크기가 작으면서도 이해하기 쉽게끔 집계돼 있어야 하며, 대시보드를 실행하는 데 시간이 오래 걸리지 않도록 데이터를 빠르게 로드할 수 있어야 합니다. 도구가 어떻게 동작하는지, 작은 데이터셋으로 원하는 분석이 잘 수행되는지, 큰 데이터셋에서도 집계가 잘 수행되도록 설계돼 있는지 등을 미리 파악하면 좋습니다. 모든 경우에 적합한 한 가지 정답은 없습니다. 다만 데이터가 어떻게 사용될지 미리 알고 그에 맞게 데이터를 적절히 셰이핑하면 됩니다.

데이터셋을 시각화하기에 가장 좋은 형태는, 데이터를 상용 소프트웨어로 생성했든 R, 파이썬, 자바스크립트 같은 프로그래밍 언어로 생성했든 상관없이 데이터가 더 작고, 보기 좋게 집계돼 있으며, 핵심적인 내용만 저장된 형태입니다. 데이터 셰이핑을 위해서는 일반 사용자가 결과 데이터셋을 원하는 대로 필터링해 보게끔 적절한 집계 수준과 데이터 범위 등 여러 요소를 고려해야 합니다. 예를 들어, 사용자가 '모든' 범위의 데이터셋뿐만 아니라 특정 필드의 값을 기준으로 특정 범위의 데이터를 함께 확인하고 싶을 수도 있습니다. 이때 UNION을 사용하면 두 쿼리(하나는 모든 범위 쿼리, 다른 하나는 특정 범위 쿼리)를 결합해 데이터를 확인할 수 있습니다.

통계나 머신러닝을 위한 데이터를 생성할 때는 원하는 핵심 개체의 특성, 집계 수준, 속성, 특징을 미리 파악해야 합니다. 예를 들어, 사용하려는 머신러닝 모델에 따라 결과 데이터셋을 고객별로 거래 관련 속성을 포함한 하나의 레코드의 형태로 출력할지, 혹은 반대로 거래별로 고객 관련 속성을 포함한 하나의 레코드의 형태로 출력할지 결정해야 합니다. 일반적으로는 해들리 위컴[8]이 제안한 깔끔한 데이터tidy data 개념을 따르면 좋습니다. 깔끔한 데이터에는 다음과 같은 특징이 있습니다.

1 변수는 열을 구성한다.

2 관측값은 행을 구성한다.

3 행과 열이 교차하는 셀을 값이라고 한다.

---

8 Hadley Wickham, "Tidy Data," Journal of Statistical Software 59, no. 10 (2014): 1-23
https://doi.org/10.18637/jss.v059.i10

다음 절에서는 SQL을 활용해 데이터베이스에 저장된 데이터 구조를 피벗된 구조 또는 언피벗된 구조로 변환하는 방법을 알아봅니다.

2.6.2 CASE 문을 활용한 피벗

피벗 테이블pivot table은 특정 속성의 값을 행으로 배열하고 다른 속성의 값을 열로 배열해 데이터를 요약한 표를 말합니다. 행과 열이 교차되는 각 셀에 sum, count, avg 등의 통계치를 사용해 데이터를 원하는 대로 요약합니다. 피벗 테이블을 사용하면 데이터를 이해하기 쉬운 형태로 쉽게 변환할 수 있어 경영진에게 보여줄 보고서를 만들 때 유용합니다. 마이크로소프트 엑셀에서 피벗 테이블을 드래그-앤-드롭 인터페이스로 데이터를 요약하기 쉽게 구현한 덕분에 일반인들도 피벗 테이블을 많이 사용하고 있습니다.

SQL에서 피벗 테이블(또는 피벗된 쿼리 결과)을 생성하려면 CASE 문에서 하나 이상의 집계 함수를 사용합니다. 앞서 다양한 CASE 문 사용법을 소개했는데, 여기서 설명할 데이터 형태 재구조화도 CASE 문의 주요 용례입니다. 예를 들어, orders 테이블에 고객의 구매 데이터가 하나씩 행으로 저장돼 있다고 가정하고, 이 데이터를 평탄화하기 위해 customer_id를 기준으로 그룹화를 수행하고 고객별 주문 총합을 구해봅시다.

```
SELECT customer_id
,sum(order_amount) as total_amount
FROM orders
GROUP BY 1
;

customer_id total_amount
----------- ------------
123         59.99
234         120.55
345         87.99
...         ...
```

특정 속성의 값을 기준으로 여러 개의 새로운 열로 추가할 수도 있습니다. 예를 들어, orders 테이블에서 product 필드는 고객이 구매한 상품을 의미하고 order_date 필드는 구매 날짜를 의미한다고 가정합시다. 다음 코드는 order_date 기준으로 GROUP BY 절을 수행하고, CASE 문에서 product별 order_amount 합계를 계산해 구매 날짜와 상품 유형별 총 판매액을 요약합니다.

```
SELECT order_date
,sum(case when product = 'shirt' then order_amount
else 0
end) as shirts_amount
,sum(case when product = 'shoes' then order_amount
else 0
end) as shoes_amount
,sum(case when product = 'hat' then order_amount
else 0
end) as hats_amount
FROM orders
GROUP BY 1
;


order_date shirts_amount shoes_amount hats_amount
---------- ------------- ------------ -----------
2020-05-01 5268.56       1211.65      562.25
2020-05-02 5533.84       522.25       325.62
2020-05-03 5986.85       1088.62      858.35
...        ...           ...          ...
```

sum 집계 함수를 사용할 때, 위 코드와 같이 else 0을 사용하면 결과 데이터에 null이 삽입되는 일을 방지할 수 있습니다. 집계를 위해 count나 count distinct를 사용하는 경우에는 위와 같이 ELSE 문을 사용할 때 주의해야 합니다. count 함수는 행 개수를 셀때, 해당 필드의 값이 null이면 개수에 포함하지 않지만, 0이면 값이 존재한다고 판단해 개수에 포함해버립니다.

이처럼 간단히 CASE 문을 활용해 피벗 테이블을 생성하면 행 개수는 많지만 열 개수는 적은 데이터 웨어하우스 테이블이 만들어집니다. 테이블에 열을 추가하는 작업에는 많은 연산이 필요하므로, 새로운 정보를 추가할 때 열 대신 행을 추가하면 희소 데이터를 더 효율적으로 저장할 수 있습니다.

고객의 속성을 저장하는 경우를 예로 들어봅시다. 다양한 속성 하나하나를 모두 필드로 구성해 저장하기보다 attribute_name, attribute_value 필드를 만들어 각 고객이 속성 이름과 속성 값으로 구성된 레코드를 여러 개 갖도록 저장하는 편이 더 효율적입니다. 열 개수를 줄이는 대신 행 개수가 많이 늘어나겠지만, 이렇게 저장해놓으면 나중에 피벗을 활용할 때 고객 레코드를 원하는 속성에 맞게 재조립할 수 있습니다. 이러한 설계는 비어 있는 속성이 많은 데이터 (해당 속성의 값을 특정 고객만 갖는 데이터)를 저장하는 데 효율적입니다.

이처럼, 피벗 테이블을 생성할 때 피벗 대상 속성이 많지 않을 경우 집계 함수와 **CASE** 문을 함께 사용하면 좋습니다. SQL이 아닌 다른 프로그래밍 언어를 사용해왔다면 이것이 반복을 통해 한 줄씩 실행하면서 피벗 테이블을 만드는 것처럼 보일 수 있습니다. 이렇게 프로그래밍하는 경우는 열별로 원하는 계산을 자유롭게 적용하기에는 좋지만 어렵고 지루한 작업이기도 합니다. 새로운 데이터가 끊임없이 추가되거나 값이 계속 변한다면 피벗 테이블을 실시간으로 반영하기 위해 SQL 코드를 계속 업데이트해야 합니다. 이때는 **CASE** 문을 활용한 피벗 대신 적절한 BI 도구나 통계 언어 등을 사용해 분석을 수행하는 편이 바람직합니다.

2.6.3 UNION 문을 활용한 언피벗

깔끔한 데이터를 만들기 위해 피벗과는 반대로 열로 저장된 데이터를 행으로 변환해야 하는 경우도 있습니다. 이 연산을 **언피벗**unpivot이라고 합니다. 언피벗이 필요한 데이터는 피벗 테이블 형태로 저장돼 있을 겁니다. 예를 들어, [그림 2-4]는 1980년부터 2010년까지 10년 주기로 북미 국가의 인구 변화를 저장한 데이터입니다.

Country	year_1980	year_1990	year_2000	year_2010
Canada	24,593	27,791	31,100	34,207
Mexico	68,347	84,634	99,775	114,061
United States	227,225	249,623	282,162	309,326

그림 2-4 연도별 국가 인구 통계(천 단위)[9]

UNION 연산을 사용해 이 데이터를 행으로 변환해봅시다. **UNION**은 여러 쿼리 결과를 조합해 하나의 데이터셋으로 만듭니다. 형식은 **UNION**과 **UNION ALL**로 두 가지이며, 사용할 때 각 쿼리의 열 개수가 통합하려는 쿼리의 열 개수와 동일해야 합니다. 서로 상응하는 열은 데이터 타입이 동일하거나 호환 가능해야 합니다(정수와 실수 사이는 자동 타입 변환이 가능하지만 정수와 문자열 사이는 그렇지 않습니다). 최종 결과 데이터의 열 이름은 첫 번째 쿼리의 열 이름을 따릅니다. 그러므로 나머지 쿼리에서 사용한 필드의 별칭은 최종 결과 데이터에는 적용되지 않

9 US Census Bureau, "International Data Base (IDB)," last updated December 2020
https://www.census.gov/data-tools/demo/idb.

으며 쿼리를 쉽게 이해하는 용도로만 사용됩니다. 다음 코드는 UNION 연산을 사용해 데이터를 각 나라의 연도별 인구 수를 나타내는 행으로 변환합니다.

```sql
SELECT country
,'1980' as year
,year_1980 as population
FROM country_populations
    UNION ALL
SELECT country
,'1990' as year
,year_1990 as population
FROM country_populations
    UNION ALL
SELECT country
,'2000' as year
,year_2000 as population
FROM country_populations
    UNION ALL
SELECT country
,'2010' as year
,year_2010 as population
FROM country_populations
;

country       year population
------------- ---- ----------
Canada        1980 24593
Mexico        1980 68347
United States 1980 227225
...           ...  ...
```

이 코드는 각 연도의 인구 수를 계산하기 위해 연도 값을 문자열로 직접 명시하는 하드코드 방식을 사용합니다. 목적에 따라 어떤 데이터 타입의 값으로든 하드코딩할 수 있지만, 하드코딩할 때는 아래와 같이 데이터 타입을 명시적으로 캐스팅하는 편이 좋습니다.

```sql
'2020-01-01'::date as date_of_interest
```

UNION과 UNION ALL의 차이점은 무엇일까요? 둘 다 위 예시와 같이 데이터를 추가하거나 행으로 쌓는 데 사용할 수 있지만 약간의 차이가 있습니다. UNION ALL은 중복 값을 포함해 모든 레코드를 결과 데이터로 가져오고, UNION은 중복 값을 삭제합니다. UNION ALL은 중복 값을 따로 확인할 필요가 없어 연산이 더 빠르며 모든 레코드가 결과 데이터에 포함됨을 보장합니다. 필자는 주로 UNION ALL을 사용하며, UNION은 중복 데이터를 확인해야 할 때만 사용합니다.

UNION은 출처가 서로 다른 데이터를 가져와 합칠 때도 사용합니다 예를 들어, populations 테이블에는 연도별 국가 인구 통계 데이터가 저장돼 있고 gdp 테이블에는 연도별 국가 GDP^{gross domestic product} 데이터가 저장돼 있다고 가정합시다. 다음 코드는 JOIN을 사용해 양쪽 테이블에 모두 존재하는 국가의 인구 통계와 GDP를 합칩니다.

```
SELECT a.country, a.population, b.gdp
FROM populations a
JOIN gdp b on a.country = b.country
;
```

다음 코드는 UNION ALL을 사용해 두 테이블 전체를 그대로 위아래로 쌓아 합칩니다.

```
SELECT country, 'population' as metric, population as metric_value
FROM populations
    UNION ALL
SELECT country, 'gdp' as metric, gdp as metric_value
FROM gdp
;
```

분석에 어떤 형태의 데이터가 필요한지를 고려해 두 방법 중 원하는 쪽을 사용하면 됩니다. UNION을 사용한 방법은 특정 개체(예제에서는 country)에 대한 속성이 여러 테이블에 분산 돼 있을 때 유용하며, FULL OUTER JOIN의 대안으로도 사용할 수 있습니다.

2.6.4 피벗과 언피벗 함수

피벗과 언피벗이 널리 쓰이면서 몇몇 데이터베이스 제조사에서는 단 몇 줄 만에 이 기능을 하는 함수를 지원하기 시작했습니다. 마이크로소프트 SQL 서버와 스노우플레이크가 제공하는 pivot 함수는 변형된 형태의 WHERE 절처럼 동작합니다. pivot 함수 사용법은 다음 코드와 같습니다. label_column의 각 값이 열로 구성된 결과 데이터를 생성하려면 aggregation에 sum, avg 등의 집계 함수를 사용하고, value_column에는 집계될 필드를 지정합니다.

```
SELECT...
FROM...
    pivot(aggregation(value_column)
        for label_column in (label_1, label_2, ...))
;
```

2.6.2절 'CASE 문을 활용한 피벗'에서 살펴본 피벗을 다시 작성하면 다음과 같습니다.

```
SELECT *
FROM orders
    pivot(sum(order_amount) for product in ('shirt','shoes'))
GROUP BY order_date
;
```

앞서 본 쿼리보다는 간편해 보이지만, 이 방법도 생성하고자 하는 열을 코드에 직접 명시해야 합니다. 따라서 필드가 새로 추가되거나 변경되는 경우 pivot 함수를 사용하면 유연하게 대응하기 어렵습니다. Postgres 데이터베이스는 이 문제를 해결하기 위해 tablefunc 모듈에서 crosstab 함수를 제공합니다.

마이크로소프트 SQL 서버와 스노우플레이크는 WHERE 절처럼 사용하는 unpivot 함수를 제공합니다. 다음 코드와 같이 행을 열로 변환합니다.

```
SELECT...
FROM...
    unpivot(value_column for label_column in (label_1, label_2, ...))
;
```

예를 들어, 다음 코드는 앞서 소개한 country_populations 데이터의 형태를 바꿉니다.

```
SELECT *
FROM country_populations
    unpivot(population for year in (year_1980, year_1990, year_2000, year_2010))
;
```

이 쿼리는 **UNION**이나 **UNION ALL**을 사용할 때보다 간편하지만, **pivot** 함수를 사용할 때와 마찬가지로 열 이름을 직접 명시해야 합니다.

Postgres는 배열 타입 데이터를 언피벗할 때 사용하는 **unnest** 배열 함수를 제공합니다. 배열은 여러 요소의 집합이며 Postgres에서는 요소를 대괄호([])로 표시합니다. **unnest** 배열 함수는 **SELECT** 절에서 사용하며 다음과 같은 형식을 따릅니다.

```
unnest(array[element_1, element_2, ...])
```

다음 쿼리는 앞서 **UNION ALL** 절을 여러 번 사용해 연도 및 국가별 인구 통계 데이터를 구했던 쿼리와 동일하게 동작합니다.

```
SELECT
country
,unnest(array['1980', '1990', '2000', '2010']) as year
,unnest(array[year_1980, year_1990, year_2000, year_2010]) as pop
FROM country_populations
;

country year pop
------- ---- -----
Canada  1980 24593
Canada  1990 27791
Canada  2000 31100
...     ...  ...
```

데이터셋은 형식과 형태가 매우 다양해 항상 원하는 형식으로 받을 수는 없습니다. 하지만 지금까지 살펴봤듯 CASE 문, UNION, 데이터베이스에서 제공하는 함수 등을 동원해 다양한 방법으로 피벗과 언피벗을 수행하면 데이터 형태를 원하는 대로 바꿀 수 있습니다. 그 방법을 이해한다면 수준 높은 분석을 수행하고 결과 보고도 잘 해낼 수 있을 겁니다.

2.7 결론

데이터 준비가 단순히 '분석 전에 수행하는 과정'이라고 가볍게 생각할 수 있겠지만, 사실은 데이터를 이해하는 데 필수이면서도 시간이 많이 소요되는 작업입니다. 분석할 데이터의 타입을 이해하는 일은 매우 중요하므로 충분한 시간을 들여야 하며, 데이터셋을 명확히 이해하고 데이터 품질을 검토하는 데이터 프로파일링 또한 중요합니다. 필자는 분석 프로젝트를 진행할 때 계속해서 프로파일링을 수행하며 쿼리 결과가 맞는지 확인합니다. 데이터 품질이 낮으면 항상 어디선가 문제가 생기기 마련이니 지금까지 배운 데이터 정제와 보강법을 잘 활용하고, 데이터 형태를 원하는 대로 가공하는 방법도 반드시 숙지합시다. 책 전체에 걸쳐 다양한 분석을 수행하는 동안 이 장에서 배운 데이터 준비 방법을 반복해서 익히게 될 겁니다. 다음 장에서는 시계열 분석 방법을 알아봅니다.

CHAPTER 3

시계열 분석

지금까지 SQL, 데이터베이스, 데이터 준비의 주요 단계를 알아봤으니 이제 SQL을 활용해 특정 타입의 데이터를 분석해볼 차례입니다. 이 세상에는 셀 수 없이 많은 데이터셋이 존재하며 분석 방법도 무궁무진합니다. 이번 장부터는 여러분의 분석 능력과 SQL 활용 능력을 향상하는 데 도움이 될 만한 다양한 유형의 분석을 살펴봅니다. 분석에 활용할 기법은 대부분 2장에서 다룬 내용입니다. 먼저, 매우 중요하면서도 잘 알려진 시계열 데이터 분석을 알아봅시다.

시계열 분석은 SQL로 수행 가능한 다양한 분석 중 하나입니다. **시계열**time series은 시간 순으로 재정렬된 데이터의 배열을 의미하며, 데이터는 주로 일정한 시간 간격을 두고 저장돼 있습니다. 우리는 일상에서도 일일 최고 기온, 일일 S&P 500 장 마감 지수, 스마트 워치에 기록된 일일 걸음 수 등 시계열 데이터를 쉽게 찾아볼 수 있습니다. 시계열 분석은 통계, 공학뿐 아니라 일기 예보, 업무 기획 등 다양한 학계 및 산업계에서 쓰입니다. 시계열 분석을 통해 시간에 따른 데이터 변화를 이해하고 정량화합니다.

예측은 시계열 분석의 주요 목표 중 하나입니다. 시간은 앞으로 흐르므로 과거의 값으로 미래의 값을 예측하는데, 시장 상황과 대중 트렌드, 제품 도입 시기 등이 수없이 바뀌는 등 여러 변화가 발생하므로 미래를 정확하게 예측하기는 어렵습니다. 하지만 히스토리 데이터를 분석해 인사이트를 얻거나 계획을 수립하기 위한 좋은 근거를 마련할 수는 있습니다. 지금 이 글을 쓰는 순간에도 전 세계는 지난 100년간 유례없었고 가장 오래 지속되는 코로나19 팬데믹 위기에 처해 있습니다. 이런 위기를 처음 겪는 기업도 많겠지만 사실 이전에도 닷컴 버블이나 2001년 9.11 테러, 2007~2008년 글로벌 금융 위기 등 다양한 위기가 있었습니다. 이와 같은 다양한 컨텍스트를 고려해 여러 가지 분석 기법을 적절히 활용하면 인사이트를 얻을 수 있습니다.

3.1 날짜 및 시간 데이터 조작

날짜 및 시간 데이터는 데이터 출처에 따라 다양한 형식으로 저장돼 있습니다. 원본 데이터 형식을 필요에 따라 원하는 형태로 변환하거나 계산해 새로운 데이터를 생성할 수 있습니다. 예를 들어, 데이터셋에서 거래 시간이 **TIMESTAMP** 타입으로 저장돼 있고, 이를 이용해 월 판매 트렌드를 분석하는 경우가 있습니다. 일반적인 분석이라면 단순히 특정 이벤트 이후로 며칠 혹은 몇 개월이 지났는지를 계산할 테지만, 시계열 분석에서는 시간에 따른 트렌드를 분석하는 것이 주목적입니다. SQL은 날짜 및 시간을 다루는 강력한 함수를 제공하며, 분석에 필요한 데이터를 원하는 결과 데이터 형식으로 변환할 수도 있습니다.

이 절에서는 시간대를 변경하고 **DATE** 및 **DATETIME** 형식을 다루는 방법, 인터벌interval 개념을 사용한 날짜 계산과 시간 조작 방법을 알아봅니다. 인터벌이란 월, 일, 시, 분 등의 단위로 시간의 폭을 나타내는 데이터 타입입니다. 인터벌 타입 데이터는 데이터베이스 테이블에 저장할 수는 있지만 실제로 저장하는 일은 드뭅니다. 날짜 및 시간 함수를 알아보면서 인터벌도 함께 살펴봅니다. 끝으로는 **JOIN**을 수행할 때나 출처가 다른 여러 데이터들을 조합할 때 고려해야 할 몇 가지 주의사항을 살펴봅니다.

3.1.1 시간대 변환

데이터셋의 표준 시간대standard time zone를 잘 이해한다면 데이터를 잘못 해석하거나 분석 과정에서 실수가 발생하는 일을 미연에 방지할 수 있습니다. 시간대는 지구를 세로로 나눠 같은 시간대가 적용되는 지역을 구분합니다. 서로 다른 시간대라도 낮 시간과 밤 시간의 양이 비슷하도록 구분되는데, 예를 들어 여러분이 어디에 있든 태양은 오후 12시에 머리 위에 위치합니다. 시간대는 세로로 그어진 경도선 대신 그 근방의 국경선에 따라 구분됩니다. 옆 시간대와는 보통 한 시간 정도 차이가 나지만 경우에 따라 30분이나 45분씩 차이가 나기도 하므로 시간대는 총 30개 이상 존재합니다. 적도에서 떨어진 많은 국가들이 일광 절약 시간제daylight saving time를 채택하는데, 예외적으로 미국과 호주같이 큰 국가는 일부 지역에만 적용하기도 합니다. 각 시간대는 표준 축약어로도 표시합니다. 예를 들어, 태평양 표준시를 의미하는 PST^{Pacific Standard} ^{Time}, 태평양 일광 절약 시간을 의미하는 PDT^{Pacific Daylight Time}가 있습니다.

많은 데이터베이스에서, 1972년부터 표준시로 사용되던 **그리니치 평균시**^{Greenwich Mean} ^{Time}(GMT) 대신 세계 표준시인 **협정 세계시**^{Coordinated Universal Time}(UTC)를 기본 시간대로 채택해 이벤트를 기록할 때 기준으로 삼습니다. 오래된 데이터베이스에서는 여전히 그리니치 평균시를 사용하기도 합니다. UTC는 일광 절약 시간제 개념이 없으므로 1년 내내 일정하게 유지되는데, 이 특징은 분석에 매우 유용합니다. 한번은 프로덕트 매니저가 얼굴이 하얗게 질린 채로 찾아와 이번 일요일에 판매량이 여느 일요일의 판매량보다 현저히 떨어졌다며 이유를 찾아달라고 요청했습니다. 수시간 동안 쿼리를 작성하며 원인을 파악한 결과, 데이터가 태평양 시간^{Pacific Time}(PT)을 기준으로 저장된다는 사실을 발견했습니다. 일요일 아침에 일광 절약 시간제가 시작돼 데이터베이스 시간이 1시간 앞당겨지면서 그날은 하루가 24시간이 아닌 23시간이 돼버린 탓에 하루 총 판매량이 잘못 집계된 것이었습니다. 약 6개월 뒤 일광 절약 시간제가 끝나는 날이 되자 잃어버렸던 1시간을 되찾아 하루가 25시간인 날이 생겼고, 그날은 데이터상으로 판매량이 평소보다 높은 날이 됐습니다.

> **NOTE_** 데이터베이스의 타임스탬프가 시간대 정보를 저장하지 않는 경우도 많습니다. 이때는 담당자와 이야기해 타임스탬프가 어떤 시간대를 기준으로 저장되는지 확인해야 합니다. UTC가 가장 일반적으로 사용되긴 하지만 늘 그렇지는 않으므로 항상 확인이 필요합니다.

UTC를 사용하면 데이터에 로그 또는 이벤트가 발생한 로컬 시간을 바로 확인할 수 없다는 단점이 있습니다. 어떤 모바일 앱이 평일과 주말 중, 혹은 낮과 밤 중 언제 더 많이 사용되는지 등을 분석할 때, 모든 사용자가 동일한 시간대 내 지역에 산다면 전혀 문제가 되지 않습니다. 하지만 사용자가 전 세계에 흩어져 있다면 데이터베이스에 저장된 UTC 시간을 각 사용자의 로컬 시간에 맞게 변환해 분석해야 합니다.

모든 로컬 시간대는 UTC 오프셋 값이 있습니다. 예를 들어, PDT는 UTC−7시간이고 PST는 UTC−8시간입니다. 데이터베이스에서 타임스탬프는 `YYYY-MM-DD hh:mi:ss`(연-월-일 시:분:초) 형식으로 저장됩니다. 시간대 정보가 저장된 타임스탬프는 양수 또는 음수의 숫자로 표현되는 UTC 오프셋 정보를 포함합니다. 타임스탬프의 시간대를 다른 시간대로 변환하려면 간단히 `at time zone` 키워드와 시간대 축약어를 함께 사용합니다. 예를 들어, UTC(오프셋 값이 0)로 저장된 타임스탬프를 PST로 변환하는 코드는 다음과 같습니다.

```
SELECT '2020-09-01 00:00:00 -0' at time zone 'pst';

timezone
-------------------
2020-08-31 16:00:00
```

변환하고 싶은 시간대의 이름으로는 'pst'와 같은 문자열 상수를 사용할 수도 있고, 데이터베이스 필드를 사용해 상황에 따라 동적으로 시간대를 변경할 수도 있습니다. 어떤 데이터베이스는 시간대 변환을 위한 convert_timezone 함수나 convert_tz 함수를 지원하기도 합니다. 함수는 첫 번째 인자로 결과에 적용할 시간대를, 두 번째 인자로는 변환할 대상이 되는 시간대를 넘기면 해당 시간대로 변환된 시간을 반환합니다.

```
SELECT convert_timezone('pst','2020-09-01 00:00:00 -0');

timezone
-------------------
2020-08-31 16:00:00
```

데이터베이스의 문서를 잘 확인하고 해당 데이터베이스에서 사용하는 정확한 시간대 이름을 인자로 넘겨야 합니다. 많은 데이터베이스에서 시간대 이름과 축약어 목록을 시스템 테이블로 제공합니다. [표 3-1]은 주요 데이터베이스에서 사용하는 시스템 테이블 이름을 나타냅니다. SELECT * FROM 시스템 테이블 형식으로 쿼리를 실행하면 됩니다. 표준 시간대 축약어와 UTC 오프셋 정보는 위키백과에서도 제공합니다.[1]

표 3-1 주요 데이터베이스의 시간대 정보 시스템 테이블

데이터베이스	시스템 테이블
Postgres	pg_timezone_names
MySQL	mysql.time_zone_names
SQL Server	sys.time_zone_info
Redshift	pg_timezone_names

----

[1] *https://oreil.ly/im0wi*

요약하면, 시간대는 타임스탬프를 다루는 데 필수 요소이며, 데이터가 저장된 시간대를 원하는 대로 변환하려면 시간대 변환 함수를 활용합니다. 다음 절에서는 SQL로 날짜와 타임스탬프를 다루는 방법을 알아봅니다.

3.1.2 날짜 및 타임스탬프 형식 변환

날짜 및 시간 데이터는 시계열 분석에 중요한 요소입니다. 데이터베이스에서는 날짜와 시간이 매우 다양한 방식으로 표현되므로 시계열 분석에서 날짜 형식 변환은 피할 수 없는 숙명과 같습니다. 이 절에서는 SQL을 활용해 데이터 타입 변경하기, 날짜 또는 타임스탬프 값에서 필요한 값만 추출하기, 특정 값에서 날짜 및 타임스탬프 값 생성하기 등 일반적으로 많이 사용하는 타입 변환을 알아봅니다. 먼저, 현재 날짜와 시간 데이터를 반환하는 간단한 함수를 살펴봅시다.

데이터를 분석할 때, 현재 날짜나 시간을 가져오는 일은 아주 흔합니다. 예를 들어, 데이터셋에 타임스탬프 값을 넣거나 여러 목적으로 날짜를 계산할 때 현재 날짜 또는 시간을 사용합니다. 현재 날짜와 시간은 데이터베이스가 동작하는 서버의 '시스템 시간'을 기준으로 결정되며 SQL로 손쉽게 알아낼 수 있습니다. 사용 방법은 데이터베이스마다 조금씩 다릅니다.

몇몇 데이터베이스에서 제공하는 괄호 없는 current_date 함수는 현재 날짜를 반환합니다.

```
SELECT current_date;
```

이외에도 현재 날짜 또는 시간을 반환하는 함수는 다음처럼 다양합니다. 여러분이 사용하는 데이터베이스의 문서를 참고해 여러 함수를 실행해보고 원하는 값을 반환하는지 혹은 오류가 발생하는지 테스트해봅시다. 괄호를 사용하는 함수에는 인자를 넣지 않아도 되지만 빈 괄호라도 있어야 한다는 점을 주의하기 바랍니다.

- current_timestamp
- localtimestamp
- get_date()
- now()

다음과 같이 타임스탬프의 시간 부분만 반환하는 함수도 있습니다. 단, 데이터베이스마다 조금씩 차이가 있으니 사용하려는 데이터베이스의 문서를 참고해 직접 실행하면서 어떤 함수가 어떤 결과를 반환하는지 확인해보기 바랍니다.

- current_time
- localtime
- timeofday()

SQL에는 날짜 및 시간 형식을 변환해주는 다양한 함수가 있습니다. 타임스탬프의 정밀도를 줄이려면 date_trunc 함수를 사용합니다. 첫 번째 인자로 문자열 타입의 시간 단위를 넘기고, 두 번째 인자로 문자열 타입의 타임스탬프를 넘기면 명시된 시간 단위 이하의 값이 절삭된 타임스탬프가 반환됩니다.

```
date_trunc(text, timestamp)

SELECT date_trunc('month','2020-10-04 12:33:35'::timestamp);

date_trunc
-------------------
2020-10-01 00:00:00
```

[표 3-2]는 표준 시간 단위 인자 리스트입니다. 인자는 마이크로초microsecond부터 천 년millennium 단위까지 다양하게 제공되므로 원하는 수준에 맞게 사용하면 됩니다. MySQL과 같이 date_trunc 함수를 지원하지 않는 데이터베이스에서는 date_format 함수로 비슷한 작업을 수행합니다.

```
SELECT date_format('2020-10-04 12:33:35','%Y-%m-01') as date_trunc;

date_trunc
-------------------
2020-10-01 00:00:00
```

표 3-2 표준 시간 단위 인자

시간 단위	시간 단위 인자
마이크로초	microsecond
밀리초	millisecond
초	second
분	minute
시	hour
일	day
주	week
월	month
분기	quarter
연	year
10년	decade
100년	century
1000년	millennium

날짜 또는 타임스탬프 값을 그대로 사용하기보다 특정 단위 값만 추출해 사용하고 싶은 경우도 있습니다. 예를 들어, 매출을 월별, 요일별, 시간별로 비교 분석할 때는 날짜 또는 타임스탬프 값에서 월, 요일, 시간 값을 추출할 필요가 있습니다. SQL은 날짜 또는 타임스탬프에서 원하는 부분만 반환하는 함수를 제공합니다. 시간 값 반환이 필요한 경우를 제외하면 **DATE** 타입과 **TIMESTAMP** 타입은 서로 변환 가능합니다.

date_part 함수는 첫 번째 인자로 시간 단위 텍스트 값, 두 번째 인자로 날짜 또는 타임스탬프 값을 사용합니다. 반환값은 **FLOAT** 타입이며, 필요에 따라 정수로 캐스팅할 수도 있습니다.

```
SELECT date_part('day',current_timestamp);
SELECT date_part('month',current_timestamp);
SELECT date_part('hour',current_timestamp);
```

위와 비슷한 함수로 extract가 있습니다. 마찬가지로 첫 번째 인자로 시간 단위 텍스트 값, 두 번째 인자로 날짜 또는 타임스탬프 값을 사용하고 **FLOAT** 타입 데이터를 반환합니다.

```
SELECT extract('day' from current_timestamp);

 extract
---------
    27.0
```

```
SELECT extract('month' from current_timestamp);

 extract
---------
     5.0
```

```
SELECT extract('hour' from current_timestamp);

 extract
---------
    14.0
```

date_part 함수와 extract 함수는 인터벌과 함께 사용할 수도 있습니다. 다만 두 인자의 단위를 동일하게 맞춰야 합니다. 다음 코드는 두 번째 인자의 인터벌 값을 첫 번째 인자 단위로 카운트해 30을 반환합니다.

```
SELECT date_part('day',interval '30 days');

 date_part
---------
      30.0
```

```
SELECT extract('day' from interval '30 days');

 extract
---------
    30.0
```

다음 코드처럼 월month 인터벌 값을 일day 기준으로 추출하려고 하면 단위가 맞지 않아 0.0이 반환되니 주의합시다.

```
SELECT extract('day' from interval '3 months');

extract
---------
0.0
```

> **NOTE_** 전체 날짜 단위 리스트는 데이터베이스 문서나 온라인 검색으로 찾아볼 수 있습니다. 가장 자주 사용되는 단위로는 `'day'`, `'month'`, `'year'`, `'second'`, `'minute'`, `'hour'`가 있습니다.

다음과 같이 to_char 함수를 사용하면 첫 번째 인자에서 두 번째 인자에 해당하는 부분의 이름을 가져옵니다.

```
SELECT to_char(current_timestamp,'Day');

to_char
-------------------
Monday
```

```
SELECT to_char(current_timestamp,'Month');

to_char
-------------------
December
```

TIP 유닉스 시간[2]으로 저장된 값을 타임스탬프로 변환하려면 to_timestamp 함수를 사용합니다.

날짜 데이터를 만들기 위해 다양한 출처에서 값을 불러와 조합해야 하는 경우가 있습니다. 연, 월, 일 값이 각기 다른 열에 저장돼 있는 경우가 그 예입니다. 혹은 텍스트를 읽어서 해당 값을 날짜 타입으로 변환해야 하는 경우도 있으며, 이에 관해서는 5장에서 자세히 다룹니다.

별도의 날짜와 시간을 합쳐서 타임스탬프를 만들 때, 두 데이터를 이어 붙이려면 간단히 더하기표(+)를 사용합니다.

---

2 UTC 기준 1970년 1월 1일 0시 0분 0초부터 현재까지의 시간을 초 단위로 나타낸 시간 표시법입니다.

```
SELECT date '2020-09-01' + time '03:00:00' as timestamp;

timestamp
-------------------
2020-09-01 03:00:00
```

날짜 데이터를 생성하는 함수는 make_date, makedate, date_from_parts, datefromparts 등이 있습니다. 데이터베이스마다 이름이 조금씩 다르지만 기능은 동일합니다. 연, 월, 일 값을 인자로 넘기면 이에 해당하는 날짜 데이터를 반환합니다. 인자로 상수를 사용할 수도 있고 참조할 필드 이름을 사용할 수도 있는데, 둘 중 무엇을 사용하든 값은 반드시 정수여야 합니다.

```
SELECT make_date(2020,09,01);

make_date
----------
2020-09-01
```

또 다른 방법으로는, 다음 코드와 같이 값들을 이어 붙이고 그 결과를 DATE 타입으로 캐스팅하거나 to_date 함수를 사용합니다.

```
SELECT to_date(concat(2020,'-',09,'-',01), 'yyyy-mm-dd');

to_date
----------
2020-09-01
```

```
SELECT cast(concat(2020,'-',09,'-',01) as date);

concat
----------
2020-09-01
```

SQL은 날짜 및 타임스탬프 형식 지정과 변환, 시스템 날짜와 시간 출력을 위한 다양한 함수를 제공합니다. 다음 절에서는 지금까지 배운 내용을 활용한 날짜 계산 방법을 알아봅니다.

3.1.3 날짜 계산

이 절에서는 SQL을 활용해 날짜 데이터로 다양한 수리 연산을 해봅니다. 엄밀히 말해 날짜가 숫자는 아니지만, 오늘부터 4주가 지나면 무슨 요일인지 계산할 수 있듯 개념적으로는 수리 연산과 비슷합니다. 날짜 계산은 분석 업무에 아주 유용합니다. 예를 들어, 고객의 나이 또는 회원 유지 기간, 두 이벤트 사이 날짜 간격, 특정 기간 내 이벤트 발생 횟수 등을 계산할 때 날짜 계산이 필요합니다.

날짜 계산은 '날짜 간 계산'과 '인터벌 계산'이라는 두 가지 타입이 있습니다. 날짜와 시간을 정수와 완전히 동일하게 취급할 수는 없으므로 인터벌 개념을 활용합니다. 100의 1/10은 10이고, 1년의 1/10은 36.5일입니다. 100의 절반은 50이고, 하루의 절반은 12시간입니다. 인터벌을 사용하면 시간 단위를 보다 부드럽게 처리할 수 있습니다. 인터벌은 '연−월 인터벌'과 '일−시간 인터벌'이라는 두 가지 타입이 있습니다. 먼저 정숫값을 반환하는 간단한 연산을 몇 가지 알아본 뒤 인터벌을 반환하는 함수를 알아봅시다.

우선 두 날짜 사이에 며칠의 간격이 있는지 계산해봅시다. 방법은 여러 가지입니다. 첫 번째 방법은 수리 연산으로 빼기표(−)를 사용합니다.

```
SELECT date('2020-06-30') - date('2020-05-31') as days;

days
----
30
```

위 코드는 두 날짜 간 며칠이 차이 나는지 계산해 반환합니다. 이때 31이 아니라 30이 반환된다는 점에 주의합시다. 두 날짜 간 차이를 계산할 때는 기준이 되는 두 날짜 중 하나의 날짜만 포함합니다. 다음 코드처럼 두 날짜의 순서를 바꾸면 −30이 출력됩니다.

```
SELECT date('2020-05-31') - date('2020-06-30') as days;

days
----
-30
```

datediff 함수로도 두 날짜 사이의 인터벌을 계산할 수 있습니다. 이 함수는 Postgres에서는 지원되지 않지만 마이크로소프트 SQL 서버, 레드시프트, 스노우플레이크 등 기타 유명 데이터베이스에서 지원됩니다. 사용법은 간단하며, 두 날짜 간의 일day 차이보다는 다양한 단위의 인터벌을 계산할 때 특히 유용합니다. datediff 함수는 다음과 같이 총 3개 인자를 사용합니다. 각각 반환받으려는 시간 단위, 시작 타임스탬프 또는 날짜, 끝 타임스탬프 또는 날짜입니다.

```
datediff(interval_name, start_timestamp, end_timestamp)
```

datediff 함수를 사용해봅시다. 다음 코드는 두 날짜 간에 며칠이 차이 나는지 계산합니다.

```
SELECT datediff('day',date('2020-05-31'),date('2020-06-30')) as days;

days
----
30
```

두 날짜 간에 몇 달이 차이 나는지도 계산해봅시다. 이때 일수는 30일, 31일 등 달마다 다르지만 데이터베이스에서 자동으로 감안해 계산하므로 문제없습니다.

```
SELECT datediff('month'
               ,date('2020-01-01')
               ,date('2020-06-30')
               ) as months;

months
------
5
```

Postgres에서는 age 함수를 사용해 두 날짜 간 인터벌을 계산할 수도 있습니다.

```
SELECT age(date('2020-06-30'),date('2020-01-01'));

age
--------------
5 mons 29 days
```

위 코드에서 date_part 함수를 추가로 사용하면 age 함수에서 계산된 결과에서 월 단위 인터벌 값만 가져옵니다.

```
SELECT date_part('month',age('2020-06-30','2020-01-01')) as months;

months
------
5.0
```

이처럼 빼기 연산으로 두 날짜 간 인터벌을 계산하는 작업은 분석 업무에 아주 유용합니다. 한편 더하기 연산은 빼기 연산과 동일하게 동작하지 않습니다. 날짜와 날짜를 더할 수는 없으며,[3] 날짜에 더하기 연산을 수행하려면 인터벌이나 특별한 함수를 사용해야 합니다.

예를 들어, 인터벌 '7 days'를 사용해 특정 날짜에 7일을 더해봅시다.

```
SELECT date('2020-06-01') + interval '7 days' as new_date;

new_date
-------------------
2020-06-08 00:00:00
```

몇몇 데이터베이스에서는 다음 코드처럼 인터벌 문법을 사용하지 않고 숫자만 입력해도 자동으로 인터벌로 변환하지만, 인터벌을 명시하면 코드가 이해하기 쉬워지고 다른 데이터베이스에서도 잘 동작합니다.

```
SELECT date('2020-06-01') + 7 as new_date;

new_date
-------------------
2020-06-08 00:00:00
```

이러한 암묵적 인터벌 변환은 날짜에서 인터벌을 빼는 연산에서도 동일하게 허용됩니다. 다만 일이 아닌 연, 월, 시 등 다른 단위를 기준으로 더하거나 빼기 연산을 하고 싶다면 인터벌 단위를 명시적으로 표기해야 합니다. 많은 데이터베이스에서 명시적으로 날짜 계산을 할 수 있도록

---

3 옮긴이_ 2020년 06월 30일에 2020년 1월 1일을 더한다는 개념은 존재하지 않습니다.

date_add 함수 또는 dateadd 함수를 지원합니다.

```
SELECT date_add('month',1,'2020-06-01') as new_date;

new_date
----------
2020-07-01
```

TIP 여러분이 사용하는 데이터베이스의 문서를 참고해 쿼리를 실행해보며 문법과 함수가 원하는 대로 동작하는지 확인해봅시다.

지금까지 배운 연산을 WHERE 절 조건식에 응용해봅시다. 예를 들어, 세 달 전까지 발생한 이벤트 레코드만 필터링하려면 다음과 같은 조건식을 사용합니다.

```
WHERE event_date < current_date - interval '3 months'
```

JOIN 조건으로 필터링할 수도 있지만, JOIN 조건에 날짜 간 '같다', '다르다' 같은 비교 조건이 아닌 '크다', '작다' 등의 계산식이 들어가게 되면 데이터베이스의 연산 수행이 느려집니다.

이 절에서는 날짜/타임스탬프 간 인터벌 계산 방법과, 날짜에 인터벌 더하기/빼기 연산을 수행하는 다양한 방법을 알아봤습니다. 이러한 날짜 계산은 SQL을 활용한 분석에 자주 사용됩니다. 다음 절에서는 시간 계산을 알아봅니다. 시간 계산은 날짜 계산 방법과 매우 비슷합니다.

3.1.4 시간 계산

시간 계산은 날짜 계산보다 덜 사용되지만 유용한 경우도 많습니다. 예를 들어, 고객 센터에서 상담원이 전화 상담에 소요하는 시간이 얼마인지 또는 문의 이메일에 응답하는 데 걸리는 시간은 얼마인지 알아보는 데 사용되기도 합니다. 일 단위 인터벌로는 충분한 정보를 알 수 없을 때 혹은 두 이벤트 간의 인터벌이 하루보다 짧을 때 시간 계산을 수행합니다. 시간 계산은 날짜 계산과 유사한 방식으로 인터벌을 활용합니다. 예를 들어, 다음 코드는 시간에 시간 단위 인터벌을 더합니다.

```sql
SELECT time '05:00' + interval '3 hours' as new_time;
```

```
new_time
--------
08:00:00
```

빼기 연산도 가능합니다.

```sql
SELECT time '05:00' - interval '3 hours' as new_time;
```

```
new_time
--------
02:00:00
```

시간에서 시간을 빼는 연산도 가능하며, 이때는 시간 차이의 인터벌이 반환됩니다.

```sql
SELECT time '05:00' - time '03:00' as time_diff;
```

```
time_diff
---------
02:00:00
```

시간은 날짜와 달리 곱하기 연산도 가능합니다.

```sql
SELECT time '05:00' * 2 as time_multiplied;
```

```
time_multiplied
---------------
10:00:00
```

인터벌도 곱할 수 있으며, 결과로 시간 값이 반환됩니다.

```sql
SELECT interval '1 second' * 2000 as interval_multiplied;
```

```
interval_multiplied
-------------------
00:33:20
```

```
SELECT interval '1 day' * 45 as interval_multiplied;

interval_multiplied
-------------------
45 days
```

여기서는 SQL 쿼리에서 상숫값을 사용했지만, 필요에 따라 상숫값 대신 데이터베이스 필드 이름이나 계산식을 사용해 동적으로 시간 계산 결과를 생성하기도 합니다. 다음으로는 각기 다른 출처에서 생성된 데이터셋을 조합해 날짜 계산을 할 때 주의할 사항을 알아봅니다.

3.1.5 서로 다른 출처의 날짜 합치기

각기 다른 출처에서 가져온 날짜를 조합하는 경우는 다소 특수합니다. 시스템마다 날짜와 시간을 다른 형식으로 저장할 수 있고, 사용하는 시간대가 다를 수도 있으며, 심지어는 서버의 내부 시간 오류로 인해 시간이 조금 느리거나 빠를 수도 있습니다. 같은 시스템에서 가져와 생성한 테이블인데도 서로 다른 형식의 타임스탬프를 사용하는 경우도 있습니다. 날짜와 타임스탬프의 형식을 맞추고 표준화하는 작업은 다음 분석 단계로 넘어가기 전에 반드시 거쳐야 하는 중요한 과정입니다.

SQL을 활용해 각기 다른 형식으로 저장된 날짜와 타임스탬프를 표준화할 수 있습니다. 날짜 데이터에 JOIN을 수행하거나 UNION으로 날짜 필드를 통합하려면 각 테이블에 저장된 날짜 또는 타임스탬프가 같은 형식으로 통일돼 있어야 합니다(형식을 맞추는 방법은 3.1.2절 '날짜 및 타임스탬프 형식 변환'에서 살펴봤습니다). 각기 다른 출처에서 가져온 날짜 데이터를 조합할 때는 시간대를 맞춰야 합니다. 예를 들어, 내부 데이터베이스는 UTC 시간을 사용하고 다른 서드 파티에서 가져온 데이터는 그 지역의 로컬 시간대를 사용한다면, 데이터베이스 제조사의 문서를 참고해 서드 파티 데이터를 UTC 기준으로 변경하는 편이 좋습니다. 필자는 SaaS^Software as a Service에서 가져온 데이터에 여러 지역 시간대의 데이터가 뒤죽박죽으로 섞여 있어 당황스러웠던 경험이 있습니다. 필요시 시간대를 참고할 수 있도록 별도의 필드를 추가해 시간대 정보를 따로 저장하는 방법도 있습니다.

각기 다른 출처에서 가져온 데이터를 다룰 때, 타임스탬프의 시간이 제대로 동기화돼 있는지 주의해야 합니다. 사용자의 노트북이나 스마트폰의 데이터, 서버에 저장된 데이터처럼 데이터의 출처가 다른 경우가 있습니다. 이 경우, 사용자의 기기에 저장된 타임스탬프를 서버로 전송하는 경우에 시간 동기화 문제가 발생할 수 있습니다. 한번은 스마트폰에서 사용자의 액션을 기록한 시간과 서버에서 기록한 시간 사이에 몇 분씩 차이가 발생해 실험 결과가 잘못 계산된 적이 있습니다. 사용자의 타임스탬프 시간이 서버의 시간보다 몇 분 빨라서 일부 이벤트 데이터가 분석에 포함되지 않았던 것입니다. 이런 문제를 해결하는 방법은 간단합니다. 우선 서버의 타임스탬프와 사용자의 타임스탬프 값이 다른 데이터를 찾습니다. 만약 두 타임스탬프의 시간 차이가 특정 값보다 크다면 데이터를 삭제하고, 특정 값보다 작다면 데이터를 버리지 않고 보정해 남겨둘 수 있습니다. 이때 BETWEEN 절과 앞 절에서 설명한 날짜 계산을 활용합니다.

모바일 앱의 데이터를 다룰 때, 모바일에서의 특정 액션 로그 데이터가 스마트폰 시간으로 기록되는지 혹은 서버의 데이터베이스에 도착한 시간으로 기록되는지 잘 파악해야 합니다. 시간 차이는 무시해도 될 정도로 작기도 하고, 하루 이상이 되기도 합니다. 이렇게 차이가 나는 원인은 모바일 앱이 오프라인 모드로도 동작하는지 여부, 인터넷 신호가 약할 때 데이터를 서버로 전송하는 방법 등 다양합니다. 모바일 앱의 데이터가 며칠이 지난 후에야 서버로 전송되는 경우도 있고, 제때 전송됐지만 서버에 늦게 도착하는 경우도 있습니다. 게다가 날짜와 타임스탬프 값이 전송 도중에 달라지는 일도 발생하므로 먼 과거나 미래의 값이 존재하지 않는지 잘 살펴야 합니다.

지금까지 형식 변환, 시간대 변경, 날짜 계산, 출처가 서로 다른 데이터 다루기 등을 살펴보면서 다양한 날짜, 시간, 타임스탬프 데이터를 다루는 방법을 알아봤습니다. 이제 본격적으로 시계열 분석을 알아볼 차례입니다. 먼저 시계열 분석을 위한 데이터셋을 알아봅니다.

3.2 데이터셋: 소매업 매출

이 절 예제에서는 Census.gov 웹사이트[4]에서 제공하는 '월간 소매업 거래 보고서Monthly Retail Trade Report[5]'의 '소매업 및 외식업 매출Retail and Food Services Sales' 데이터셋을 사용합니다. 이 보고서의 데이터는 미국 소비자의 소비 패턴 트렌드를 파악하기 위한 경제 지표로 사용됩니

---

4 https://Census.gov
5 https://www.census.gov/retail/index.html#mrts

다. GDP^{gross domestic product}는 분기마다 발표되지만 이 소매업 데이터는 매월 발표되므로 다음 GDP를 예측하는 데 사용되기도 합니다. 이러한 이유로 비즈니스 업계에서는 이 데이터의 최신 수치에 항상 주목합니다.

데이터셋은 1992년부터 최근까지의 데이터를 포함하며, 소매업 세부 업종별 매출뿐만 아니라 전체 소매업 전체 매출까지 조사돼 있습니다. 이 데이터셋에는 조정되지 않은 원본 데이터와 시계열을 반영해 조정된 데이터가 포함됩니다. 이 장에서는 계절성^{seasonality}**6**을 분석하는 것이 목적이므로 조정되지 않은 데이터만 사용합니다. 매출 단위는 백만 달러입니다. 원본 데이터셋은 엑셀 파일로 저장돼 있으며, 연도별 데이터가 각각의 시트로 구분되고 각 시트에서는 월별 데이터가 열로 구분됩니다. 이 책의 깃허브에서 데이터베이스에 로드하기 쉽도록 가공한 데이터 및 Postgres 데이터베이스에 `retail_sales` 테이블을 생성하고 데이터를 로드하기 위한 코드를 제공합니다. 이를 참고해 예제 코드를 실습하기 위한 테이블을 미리 준비하기 바랍니다. [그림 3-1]은 `retail_sales` 테이블의 샘플입니다.

*	sales_month	naics_code	kind_of_business	reason_for_null	sales
1	2020-01-01	441	Motor vehicle and parts dealers	(null)	93268
2	2020-01-01	4411	Automobile dealers	(null)	80728
3	2020-01-01	4411, 4412	Automobile and other motor vehicle dealers	(null)	85823
4	2020-01-01	44111	New car dealers	(null)	71757
5	2020-01-01	44112	Used car dealers	(null)	8971
6	2020-01-01	4413	Automotive parts, acc., and tire stores	(null)	7445
7	2020-01-01	442	Furniture and home furnishings stores	(null)	9257
8	2020-01-01	442, 443	Furniture, home furn, electronics, and appliance stores	(null)	16993
9	2020-01-01	4421	Furniture stores	(null)	4904
10	2020-01-01	4422	Home furnishings stores	(null)	4353
11	2020-01-01	44221	Floor covering stores	Supressed	(null)
12	2020-01-01	442299	All other home furnishings stores	(null)	2408
13	2020-01-01	443	Electronics and appliance stores	(null)	7736
14	2020-01-01	443141	Household appliance stores	(null)	1197
15	2020-01-01	443142	Electronics stores	(null)	6539
16	2020-01-01	444	Building mat. and garden equip. and supplies dealers	(null)	27887
17	2020-01-01	4441	Building mat. and supplies dealers	(null)	24555
18	2020-01-01	44412	Paint and wallpaper stores	(null)	903
19	2020-01-01	44413	Hardware stores	(null)	1902
20	2020-01-01	445	Food and beverage stores	(null)	63590
21	2020-01-01	4451	Grocery stores	(null)	57667
22	2020-01-01	44511	Supermarkets and other grocery (except convenience) stores	(null)	55178
23	2020-01-01	4453	Beer, wine, and liquor stores	(null)	4388
24	2020-01-01	446	Health and personal care stores	(null)	30047
25	2020-01-01	44611	Pharmacies and drug stores	(null)	25209

그림 3-1 미국 소매업 데이터셋 미리보기

---

6 시간에 따라 규칙적으로 일어나는 변동 현상을 말합니다.

3.3 데이터 트렌드 분석

시계열 데이터에서 데이터의 트렌드를 분석해보고 싶은 경우가 있습니다. 여기서 트렌드란 데이터가 움직이는 방향을 의미합니다. 값은 시간에 따라 증가하기도 하고 감소하기도 합니다. 또한 변화의 기울기가 더 평평해지기도 하고 덜 평평해지기도 하며, 오르락내리락 불규칙적으로 움직일 수도 있습니다. 따라서 트렌드를 파악하는 일은 쉽지 않습니다. 이 절에서는 그래프를 이용한 간단한 트렌드 분석, 각 요소가 전체에서 차지하는 비율을 이용한 요소별 트렌드 비교 분석, 시간 윈도우 기반의 트렌드 분석 등 여러 가지 시계열 분석 기법을 알아봅니다.

3.3.1 간단한 트렌드

트렌드 분석은 데이터 프로파일링 수단일 수도 있고, 트렌드 파악 자체가 목적일 수도 있습니다. 트렌드 분석에서 결과 데이터는 날짜 또는 타임스탬프와 이에 해당하는 수치값으로 이뤄져 있습니다. 시계열 데이터로 그래프를 그릴 때 날짜 또는 타임스탬프는 X축에 놓이며, 수치값은 Y축에 놓입니다. 예를 들어, 다음 코드와 같이 미국 전체 소매업과 외식업의 매출 트렌드를 검토해봅시다.

```
SELECT sales_month
,sales
FROM retail_sales
WHERE kind_of_business = 'Retail and food services sales, total'
ORDER BY 1
;

sales_month sales
----------- ------
1992-01-01  146376
1992-02-01  147079
1992-03-01  159336
...         ...
```

위 데이터를 그래프로 그리면 [그림 3-2]와 같습니다.

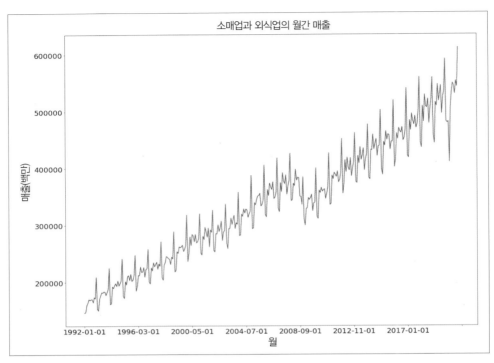

그림 3-2 소매업과 외식업의 월간 매출 트렌드

이 데이터에는 눈에 띄는 패턴이 있지만 약간의 노이즈도 보입니다. 데이터를 변형해 연도 단위로 집계하면 노이즈를 제거해 패턴을 더 명확히 파악할 수 있습니다. 우선 date_part 함수를 사용해 sales_month 필드에서 연도 값만 가져오고 sum 함수를 이용해 같은 연도에 속하는 sales 필드의 합을 구합니다. 그 결과에서 WHERE 절을 사용해 kind_of_business 필드의 값이 'Retail and food services sales, total'인 데이터만 필터링합니다.

```
SELECT date_part('year',sales_month) as sales_year
,sum(sales) as sales
FROM retail_sales
WHERE kind_of_business = 'Retail and food services sales, total'
GROUP BY 1
ORDER BY 1
;

sales_year sales
---------- -------
```

1992	2014102
1993	2153095
1994	2330235
...	...

이 데이터를 그래프로 나타내면 [그림 3-3]과 같습니다. 예상대로 시간이 흐를수록 매출이 증가하는 추세를 보입니다. 매출이 연도별로 합산되면서 월별 물가 변동에 영향을 받지 않아 더 부드러운 시계열 그래프가 완성됐습니다. 2009년에 소매업 및 외식업 매출이 떨어진 이유는 세계 금융 위기 때문입니다. 2010년부터는 매년 매출이 성장하며, 2020년에 이르러서는 코로나19로 인해 2019년과 비슷한 수준으로 유지됩니다.

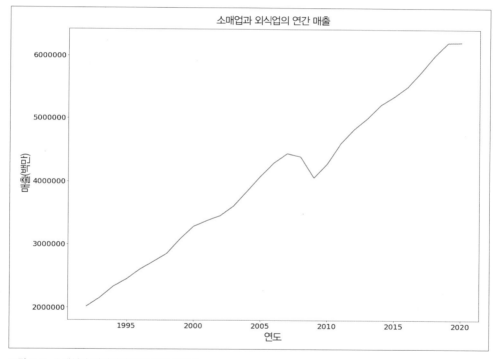

그림 3-3 소매업과 외식업의 연간 매출 트렌드

주간, 월간, 연간 등 각기 다른 단위를 사용해 시계열 데이터로 그래프를 그려보면 트렌드를 이해하기에 아주 좋습니다. 이 단계는 분석 목적에 따라 간단하게 데이터를 프로파일링하는 수단이 되기도 하고, 그 자체로 최종 분석 결과물이 되기도 합니다. 이제 SQL을 활용한 요소별 트렌드 비교 분석을 알아봅시다.

3.3.2 요소 비교

데이터셋이 한 요소에 대한 시계열이 아니라 같은 시간 범위 내 여러 요소를 포함하는 경우가 많습니다. 각 요소의 트렌드를 비교해보면 재미있는 패턴이 보이기도 합니다. 소매업 매출 데이터셋에는 전체 매출뿐 아니라 세부 업종별 매출 데이터도 있습니다. 여가 활동과 관련된 서점업(Book stores), 스포츠 용품업(Sporting goods stores), 취미/장난감/게임업(Hobby, toy, and game stores)의 연간 매출 트렌드를 비교해봅시다. 3.3.1절 예제에서 사용한 쿼리의 SELECT 문에 업종명이 저장된 kind_of_business 필드를 추가하고, GROUP BY 절을 사용해 연간 매출과 세부 업종을 기준으로 그룹화합니다.

```
SELECT date_part('year',sales_month) as sales_year
,kind_of_business
,sum(sales) as sales
FROM retail_sales
WHERE kind_of_business in ('Book stores'
,'Sporting goods stores','Hobby, toy, and game stores')
GROUP BY 1,2
ORDER BY 1,2
;

sales_year kind_of_business             sales
---------- -------------------------    -----
1992       Book stores                  8327
1992       Hobby, toy, and game stores  11251
1992       Sporting goods stores        15583
...        ...                          ...
```

결과를 그래프로 나타내면 [그림 3-4]와 같습니다. 먼저 스포츠 용품업의 매출을 봅시다. 시계열이 시작하는 1992년에는 매출이 세 업종 중 가장 높았고, 최근까지도 가장 빠르게 성장했습니다. 매출 규모도 다른 업종에 비해 상당히 크며, 2017년에 감소하기 시작했다가 2020년에 다시 크게 올랐습니다. 한편 취미/장난감/게임업은 상대적으로 평평한 추세를 보이며, 2000년 대 중반에 살짝 내려갔다가 2020년 직전에 잠깐 감소한 후 다시 오름세를 보입니다. 마지막으로, 서점업의 매출은 2000년대 중반까지 오름세를 보이다 이후에는 계속 감소합니다. 세 업종 은 모두 온라인 시장의 성장에 크게 영향을 받았지만 그 시기와 규모는 조금씩 다릅니다.

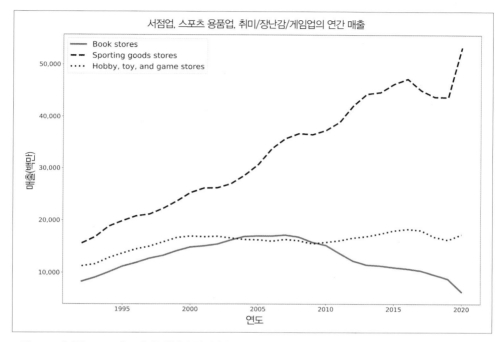

그림 3-4 서점업, 스포츠 용품업, 취미/장난감/게임업의 연간 매출 트렌드

간단한 트렌드뿐 아니라 시간에 따른 여러 데이터의 차이를 분석하려는 경우도 있습니다. 몇 가지 예제를 살펴보면서 여성 의류업 매출과 남성 의류업 매출을 분석해봅시다. 업종 이름에는 `'Men's clothing stores'`, `'Women's clothing stores'`와 같이 아포스트로피 문자(`'`) 가 포함돼 있습니다. 이 문자는 문자열의 시작과 끝을 표기하는 데도 사용하므로 아포스트로 피를 하나 더 사용해 이스케이프 처리해야 합니다(`'Men''s clothing stores'`, `'Women''s clothing stores'`). 그래야 데이터베이스가 업종 이름에 포함된 아포스트로피가 문자열의 끝을 의미하는 것이 아니라 문자열의 일부임을 알 수 있습니다. 데이터 로딩 과정에서 해당 아 포스트로피를 미리 제거할 수도 있었지만, 이런 상황은 여러분이 실제로 분석 업무를 수행하면

서 종종 맞닥뜨리게 되므로 여기서는 실습을 위해 남겨뒀습니다. 우선 다음 코드를 실행해 업종별 월간 트렌드를 확인해봅시다.

```
SELECT sales_month
,kind_of_business
,sales
FROM retail_sales
WHERE kind_of_business in ('Men''s clothing stores'
,'Women''s clothing stores')
ORDER BY 1,2
;

sales_month kind_of_business        sales
----------- ----------------------- -----
1992-01-01  Men's clothing stores   701
1992-01-01  Women's clothing stores 1873
1992-02-01  Men's clothing stores   658
1992-02-01  Women's clothing stores 1991
...         ...                     ...
```

결과를 그래프로 나타내면 [그림 3-5]와 같습니다. 여성 의류업 매출이 남성 의류업 매출보다 훨씬 크며, 두 업종의 트렌드는 뚜렷한 계절성을 보입니다. 계절성에 관해서는 3.5절 '계절성 분석'에서 자세히 알아봅니다. 2020년에는 코로나19로 인한 폐업과 쇼핑 감소로 두 업종 모두 매출이 크게 하락했습니다.

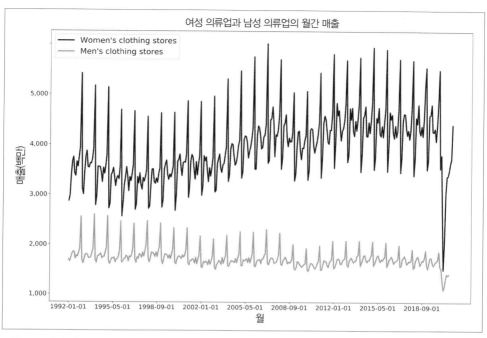

그림 3-5 여성 의류업과 남성 의류업의 월간 매출 트렌드

월간 데이터는 흥미로운 패턴을 보이지만 노이즈가 심하니 연별로 다시 집계해봅시다. 앞서 소매업 전체 연간 매출과 여가 관련 업종 연간 매출을 분석할 때 사용한 것과 동일한 형식의 쿼리를 WHERE 조건만 바꿔서 다시 한번 사용합니다.

```sql
SELECT date_part('year',sales_month) as sales_year
,kind_of_business
,sum(sales) as sales
FROM retail_sales
WHERE kind_of_business in ('Men''s clothing stores'
,'Women''s clothing stores')
GROUP BY 1,2
ORDER BY 1,2
;

sales_year kind_of_business          sales
---------- ------------------------- -----
1992       Men's clothing stores     10179
1992       Women's clothing stores   31815
```

1993	Men's clothing stores	9962
1993	Women's clothing store	32350
...	...	...

여성 의류업 매출과 남성 의류업 매출 간 차이가 매년 비슷한 수준으로 유지될까요? [그림 3-6]을 보면 매출 차이는 매년 동일하지 않으며, 2000년대 중반까지 점점 커집니다. 2008~2009년 세계 금융 위기 때는 여성 의류업 매출이 잠시 감소했고, 2020년에는 코로나19로 인해 두 매출 모두 크게 감소했습니다.

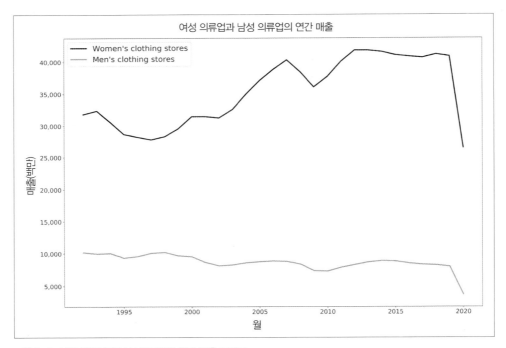

그림 3-6 여성 의류업과 남성 의류업의 연간 매출 트렌드

하지만 그래프로 파악한 결과에만 의존할 수는 없습니다. 차이를 보다 정확히 알아보기 위해 두 업종 간 매출 차이, 비율, 비율 차이를 계산해봅시다. 우선 업종은 열, 연도는 행으로 데이터를 정리합니다. 다음 코드와 같이 **CASE** 문과 집계 함수를 사용해 피벗을 수행합니다.

```
SELECT date_part('year',sales_month) as sales_year
,sum(case when kind_of_business = 'Women''s clothing stores'
        then sales
        end) as womens_sales
,sum(case when kind_of_business = 'Men''s clothing stores'
        then sales
        end) as mens_sales
FROM retail_sales
WHERE kind_of_business in ('Men''s clothing stores'
,'Women''s clothing stores')
GROUP BY 1
ORDER BY 1
;


sales_year womens_sales mens_sales
---------- ------------ ----------
1992       31815        10179
1993       32350        9962
1994       30585        10032
...        ...          ...
```

위와 같이 여성 의류업과 남성 의류업의 연간 매출을 보기 좋게 정리해놓으면 연간 매출 차이, 비율, 비율 차이 등을 비교하기가 용이합니다. 두 값의 차이는 '-' 연산자를 활용해 하나의 값에서 다른 값을 빼서 계산합니다. 분석 목적에 따라 남성 의류업 매출에서 여성 의류업 매출을 뺄 수도 있고, 그 반대가 될 수도 있습니다. 여기서는 두 가지 모두 계산해봅시다. 계산 결과는 각각 양수와 음수로, 부호는 다르지만 절대값은 동일합니다. 2020년 데이터는 null을 포함하므로 여기서는 **WHERE** 절에 날짜 조건을 사용해 2020년 이전의 데이터만 사용합니다.[7]

```
SELECT sales_year
,womens_sales - mens_sales as womens_minus_mens
,mens_sales - womens_sales as mens_minus_womens
FROM
(
    SELECT date_part('year',sales_month) as sales_year
    ,sum(case when kind_of_business = 'Women''s clothing stores'
            then sales
```

----

7 남성 의류업의 2020년 10월, 11월 데이터가 제대로 수집되지 않아 null이 많이 포함돼 있습니다. 2020년 코로나로 인한 폐업으로 데이터 수집이 매우 어려워졌기 때문입니다.

```
            end) as womens_sales
    ,sum(case when kind_of_business = 'Men''s clothing stores'
            then sales
            end) as mens_sales
    FROM retail_sales
    WHERE kind_of_business in ('Men''s clothing stores'
    ,'Women''s clothing stores')
    and sales_month <= '2019-12-01'
    GROUP BY 1
) a
ORDER BY 1
;


sales_year womens_minus_mens mens_minus_womens
---------- ----------------- -----------------
1992       21636             -21636
1993       22388             -22388
1994       20553             -20553
...        ...               ...
```

집계 함수끼리도 더하거나 뺄 수 있으므로 위 코드처럼 굳이 서브쿼리를 사용할 필요는 없습니다. 서브쿼리를 사용하면 코드를 이해하기가 더 쉬울 때도 있지만 코드가 더 길어진다는 단점이 있습니다. SQL 쿼리가 얼마나 길고 복잡한지를 고려해, 굳이 서브쿼리에서 어렵게 계산을 수행하고 싶은 것이 아니라면 그냥 메인 쿼리에서 계산을 수행하는 편이 좋습니다. 다음 코드는 서브쿼리 없이, 여성 의류업 매출에서 남성 의류업 매출을 뺀 값을 구합니다.

```
SELECT date_part('year',sales_month) as sales_year
,sum(case when kind_of_business = 'Women''s clothing stores'
        then sales end)
-
sum(case when kind_of_business = 'Men''s clothing stores'
        then sales end)
as womens_minus_mens
FROM retail_sales
WHERE kind_of_business in ('Men''s clothing stores'
,'Women''s clothing stores')
and sales_month <= '2019-12-01'
GROUP BY 1
ORDER BY 1
;
```

```
sales_year womens_minus_mens
---------- -----------------
1992       21636
1993       22388
1994       20553
...        ...
```

[그림 3-7]은 여성 의류업과 남성 의류업의 연간 매출 차이를 나타냅니다. 연간 매출 차이는 1992년과 1997년 사이에 감소하고, 2007년에 잠시 줄어든 것을 제외하면 2011년까지 계속해서 증가하다가 2019년부터 거의 평평해집니다.

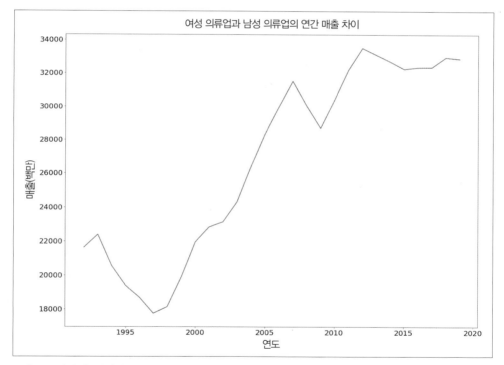

그림 3-7 여성 의류업과 남성 의류업의 연간 매출 차이

이번에는 두 업종의 비율을 알아봅시다. 다음 코드는 남성 의류업 매출을 분모로, 여성 의류업 매출을 분자로 해 비율을 구합니다.

```
SELECT sales_year
,womens_sales / mens_sales as womens_times_of_mens
FROM
(
    SELECT date_part('year',sales_month) as sales_year
    ,sum(case when kind_of_business = 'Women''s clothing stores'
            then sales
            end) as womens_sales
    ,sum(case when kind_of_business = 'Men''s clothing stores'
            then sales
            end) as mens_sales
    FROM retail_sales
    WHERE kind_of_business in ('Men''s clothing stores'
    ,'Women''s clothing stores')
    and sales_month <= '2019-12-01'
    GROUP BY 1
) a
ORDER BY 1
;

sales_year womens_times_of_mens
---------- --------------------
1992       3.1255526083112290
1993       3.2473398915880345
1994       3.0487440191387560
...        ...
```

TIP SQL로 나눗셈 연산을 하면 소수점이 길게 늘어진 숫자를 반환하게 됩니다. 분석 결과를 정리할 때는 값을 반올림해 정리하는 편이 좋습니다. 필요한 소수점 자릿수를 미리 정해 적절한 수준의 정확도만 확보하면 됩니다.

[그림 3-8]은 두 업종의 비율을 나타냅니다. 두 업종의 매출 차이와 추세는 비슷하지만, 2009년에는 매출 차이가 감소했던 것과 달리 비율은 오히려 증가합니다.

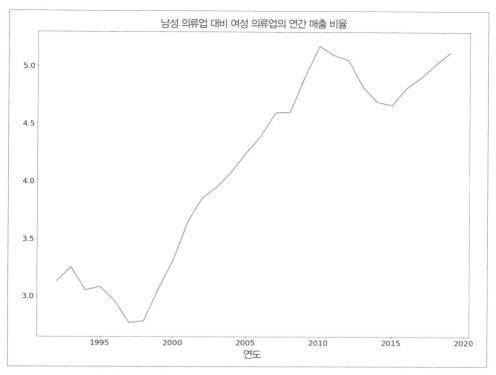

그림 3-8 남성 의류업 대비 여성 의류업의 연간 매출 비율

다음으로, 두 업종의 비율 차이를 계산합니다.

```sql
SELECT sales_year
,(womens_sales / mens_sales - 1) * 100 as womens_pct_of_mens
FROM
(
    SELECT date_part('year',sales_month) as sales_year
    ,sum(case when kind_of_business = 'Women''s clothing stores'
            then sales
            end) as womens_sales
    ,sum(case when kind_of_business = 'Men''s clothing stores'
            then sales
            end) as mens_sales
    FROM retail_sales
    WHERE kind_of_business in ('Men''s clothing stores'
    ,'Women''s clothing stores')
    and sales_month <= '2019-12-01'
```

```
    GROUP BY 1
) a
ORDER BY 1
;

sales_year womens_pct_of_mens
---------- --------------------
1992       212.5552608311229000
1993       224.7339891588034500
1994       204.8744019138756000
...        ...
```

이전 예제에서는 비율을 사용했고 여기서는 비율 차이를 사용했으므로 단위가 다르지만 그래프의 모양은 동일합니다. 어떤 단위를 사용할지는 분석 결과를 보고받는 사람이 누구인지, 여러분이 일하는 곳에서 어느 단위를 주로 사용하는지 등을 고려해 결정하면 됩니다. 다음 문장들은 모두 동일한 분석 결과를 설명합니다.

- 2009년, 여성 의류업 매출은 남성 의류업 매출보다 287억만큼 크다.
- 2009년, 여성 의류업 매출은 남성 의류업 매출의 4.9배다.
- 2009년, 여성 의류업 매출은 남성 의류업 매출의 390%만큼 크다.

여러분이 분석 결과를 통해 전달하려는 목적에 따라 적절한 문장을 골라 보고에 사용하면 됩니다.

지금까지 여러 가지 변형을 활용해 데이터를 시간에 따라 비교 분석했습니다. 다음 절에서는 전체 대비 비율 계산 방법을 활용한 시계열 분석을 알아봅니다.

3.3.3 전체 대비 비율 계산

다양한 속성을 가진 시계열 데이터를 다룰 때, 각 속성이 전체에서 차지하는 양이 얼마나 되는지, 그리고 그 양이 시간에 따라 어떻게 바뀌는지 알아보면 전체를 이해하는 데 도움이 됩니다. 전체 대비 비율을 계산할 때, 전체 총합이 얼마인지 모르더라도 직접 전체 총합을 계산해 전체 대비 각 행 값의 비율을 계산할 수 있습니다. 이때 self-JOIN 또는 2장에서 잠시 언급한 윈도우 함수(테이블에서 여러 행을 참조하는 특별한 SQL 함수)로 계산합니다.

우선 self-JOIN을 자세히 알아봅시다. self-JOIN은 동일한 테이블에 JOIN을 수행함을 의미합니다. 쿼리에서 테이블의 각 인스턴스가 서로 다른 별칭을 갖고 있으면 데이터베이스는 하나의 테이블이라도 서로 다른 테이블로 인식합니다. 예를 들어, 다음 코드에서는 남성 의류업 매출과 여성 의류업 매출의 비율을 구할 때, retail_sales 테이블에 별칭 a를 붙이고, 또 별칭 b를 붙인 다음, 두 테이블 a와 b의 sales_month 필드를 연결해 JOIN을 수행합니다. 그리고 SELECT 문으로 a의 sales_month, kind_of_business, sales 값을 선택합니다. 그리고 sum 함수로 b의 sales 합계를 구한 다음 total_sales로 이름을 붙입니다. 여기서 두 테이블의 sales_month 필드로 JOIN을 수행하면, a의 각 행마다 b의 행이 연결돼 중복된 두 개의 행이 생성되는 카티션 JOIN이 수행됩니다. 이어서 a.sales_month, a.kind_of_business, a.sales를 기준으로 그룹화하고 b.sales에 sum 함수를 사용해 월별 업종 매출과 전체 매출 데이터를 가져옵니다. 이제 외부쿼리에서 sales를 total_sales로 나누면 월간 전체 매출 대비 업종별 매출 비율을 얻게 됩니다.

```
SELECT sales_month
,kind_of_business
,sales * 100 / total_sales as pct_total_sales
FROM
(
    SELECT a.sales_month, a.kind_of_business, a.sales
    ,sum(b.sales) as total_sales
    FROM retail_sales a
    JOIN retail_sales b on a.sales_month = b.sales_month
    and b.kind_of_business in ('Men''s clothing stores'
    ,'Women''s clothing stores')
    WHERE a.kind_of_business in ('Men''s clothing stores'
    ,'Women''s clothing stores')
    GROUP BY 1,2,3
) aa
ORDER BY 1,2
;


sales_month kind_of_business          pct_total_sales
----------- ------------------------- -------------------
1992-01-01  Men's clothing stores     27.2338772338772339
1992-01-01  Women's clothing stores   72.7661227661227661
1992-02-01  Men's clothing stores     24.8395620989052473
1992-02-01  Women's clothing stores   75.1604379010947527
...         ...                       ...
```

서브쿼리를 사용하지 않아도 동일한 결과를 얻을 수 있지만 위 코드에서는 가독성을 높이고자 서브쿼리를 사용했습니다. 월간 전체 매출 대비 업종별 매출 비율을 계산하는 다른 방법은 sales_month에 PARTITION BY 절을 활용해 월별로 묶고, sum 윈도우 함수로 월별 매출의 합을 구하는 방법입니다. PARTITION BY 절로 함수가 계산해야 하는 테이블의 섹션을 구분합니다. 여기서 sum 윈도우 함수의 계산 순서는 중요하지 않으므로 PARTITION BY 절에서 ORDER BY 절은 사용하지 않습니다. 또한 윈도우 함수가 여러 행의 값을 합산하는 계산을 수행하긴 하지만 그 행을 그룹화해 결과를 보여줄 것은 아니므로 GROUP BY 절도 필요하지 않습니다.

```
SELECT sales_month, kind_of_business, sales
,sum(sales) over (partition by sales_month) as total_sales
,sales * 100 / sum(sales) over (partition by sales_month) as pct_total
FROM retail_sales
WHERE kind_of_business in ('Men''s clothing stores'
,'Women''s clothing stores')
ORDER BY 1,2
;

sales_month kind_of_business       sales total_sales pct_total
----------- ---------------------- ----- ----------- ---------
1992-01-01  Men's clothing stores   701  2574        27.233877
1992-01-01  Women's clothing stores 1873 2574        72.766122
1992-02-01  Men's clothing stores   658  2649        24.839562
1992-02-01  Women's clothing stores 1991 2649        75.160437
...         ...                      ...  ...  ...
```

결과를 그래프로 그려보면 [그림 3-9]와 같습니다. 그래프는 몇 가지 재미있는 트렌드를 보여줍니다. 첫 번째로, 여성 의류업 매출 비율이 1990년대 후반부터 조금씩 증가합니다. 두 번째로, 남성 의류업 매출 비율이 12월과 1월에 크게 오르는 계절성이 뚜렷하게 나타납니다. 2000년부터 2010년까지 여름과 겨울에 각각 계절성 피크가 보이지만 2010년대 후반에는 계절성 패턴이 거의 없어집니다. 계절성 분석은 이 장 후반부에서 더 자세히 알아봅니다.

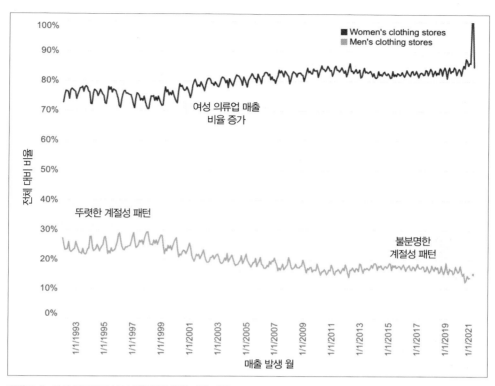

그림 3-9 여성 의류업과 남성 의류업의 월간 매출 비율

이번에는 업종별 연 매출 대비 월간 매출 비율을 알아봅니다. 여기서도 마찬가지로 self-JOIN 혹은 윈도우 함수를 사용합니다. 우선, self-JOIN을 사용한 방법은 다음과 같습니다.

```sql
SELECT sales_month
,kind_of_business
,sales * 100 / yearly_sales as pct_yearly
FROM
(
    SELECT a.sales_month, a.kind_of_business, a.sales
    ,sum(b.sales) as yearly_sales
    FROM retail_sales a
    JOIN retail_sales b on
    date_part('year',a.sales_month) = date_part('year',b.sales_month)
    and a.kind_of_business = b.kind_of_business
    and b.kind_of_business in ('Men''s clothing stores'
    ,'Women''s clothing stores')
```

```
    WHERE a.kind_of_business in ('Men''s clothing stores'
    ,'Women''s clothing stores')
    GROUP BY 1,2,3
    ) aa
ORDER BY 1,2
;
```

```
sales_month kind_of_business       pct_yearly
----------- --------------------   ------------------
1992-01-01  Men's clothing stores   6.8867275763827488
1992-01-01  Women's clothing stores 5.8871601445858872
1992-02-01  Men's clothing stores   6.4642892229099126
1992-02-01  Women's clothing stores 6.2580543768662581
...         ...                     ...
```

혹은 다음과 같이 윈도우 함수를 사용합니다.

```
SELECT sales_month, kind_of_business, sales
,sum(sales) over (partition by date_part('year',sales_month)
                            ,kind_of_business
                            ) as yearly_sales
,sales * 100 /
 sum(sales) over (partition by date_part('year',sales_month)
                            ,kind_of_business
                            ) as pct_yearly
FROM retail_sales
WHERE kind_of_business in ('Men''s clothing stores'
 ,'Women''s clothing stores')
ORDER BY 1,2
;
```

```
sales_month kind_of_business       sales yearly_sales pct_yearly
----------- --------------------   ----- ------------ ----------------
1992-01-01  Men's clothing stores   701  10179        6.8867275763827488
1992-02-01  Women's clothing stores 1873 31815        5.8871601445858872
1992-03-01  Men's clothing stores   658  10179        6.4642892229099126
1992-03-01  Women's clothing stores 1991 31815        6.2580543768662581
...         ...                     ...  ...          ...
```

[그림 3-10]은 전체 결과 중 2019년의 데이터만 가져와 보여줍니다. 두 업종의 시계열 데이터는 전체적으로 비슷한 추세를 보이지만, 1월에는 남성 의류업 매출 비율이 여성 의류업 매출 비율보다 큽니다. 남성 의류업 매출 비율은 7월경 여름에 줄어들고, 여성 의류업 매출 비율은 7월부터 8월까지 줄어들지 않고 유지됩니다.

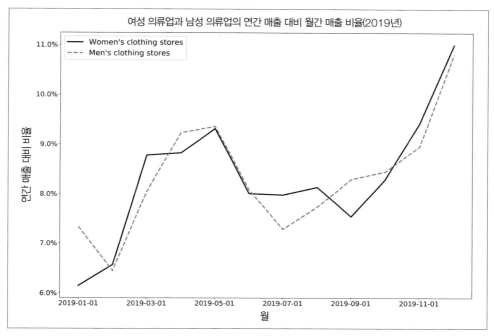

그림 3-10 여성 의류업과 남성 의류업의 연간 매출 대비 월간 매출 비율(2019년)

지금까지 SQL을 활용해 전체 대비 비율을 계산하는 등 여러 분석법을 살펴봤습니다. 이제 시간에 따른 비율 변화 계산을 위한 인덱싱을 알아봅시다.

3.3.4 인덱싱으로 시계열 데이터 변화 이해하기

시계열 데이터에서는 값이 시간에 따라 계속 변동하는 일이 흔합니다. 예를 들어, 엔지니어가 코드를 최적화하면 웹 페이지 응답 속도가 빨라지고 상품이 인기를 얻으면 매출이 오르게 됩니다. 데이터 인덱싱은 시계열에서 베이스 구간(시작 지점)을 기준으로 데이터의 변화량을 이해하는 방법으로, 기업 운영뿐 아니라 경제 분야에서도 널리 사용됩니다. 유명한 인덱싱 지표로 CPI^Consumer Price Index가 있습니다. CPI는 일반 소비자가 구매하는 상품의 가격 변화를 나타내는 소비자 물가 지수로, 인플레이션^inflation을 측정하는 데 사용되기도 하고, 이를 기반으로 연봉이 조정되기도 하는 등 여러 분야에서 사용됩니다. CPI는 여러 데이터와 가중치를 활용한 복잡한 통계식으로 계산하지만 기본 전제는 간단합니다. 베이스 구간을 선택하고, 이를 기준으로 다음 구간마다 비율 변화를 계산합니다.

SQL로 시계열 데이터를 인덱싱하려면 집계 함수와 윈도우 함수를 조합하거나 self-JOIN을 사용합니다. 예를 들어, 데이터셋의 시작 연도인 1992년을 기준으로 여성 의류업 매출을 인덱싱해봅시다. 우선, 앞선 예제에서처럼 서브쿼리에서 매출 연도 sales_year별로 sum 집계 함수를 사용해 sales의 합계를 구합니다. 외부쿼리에서 ORDER BY 절을 사용해 연도별로 정렬한 다음, PARTITON BY 절로 구분된 각 섹션별로 first_value 윈도우 함수를 사용해 첫 행의 sales 값을 가져오면 1992년의 sales 값을 가져오게 됩니다. 이를 베이스 구간으로 삼기 위해 index_sales로 이름 붙입니다. 여기서는 PARTITION BY 절로 따로 섹션을 나눌 필요 없이, 서브쿼리에서 반환된 전체 데이터셋에서의 첫 행의 sales 값을 반환받아 index_sales로 사용하므로 PARTITION BY 키워드를 생략합니다.

```
SELECT sales_year, sales
,first_value(sales) over (order by sales_year) as index_sales
FROM
(
    SELECT date_part('year',sales_month) as sales_year
    ,sum(sales) as sales
    FROM retail_sales
    WHERE kind_of_business = 'Women''s clothing stores'
    GROUP BY 1
) a
;

sales_year sales index_sales
---------- ----- -----------
```

```
1992        31815 31815
1993        32350 31815
1994        30585 31815
...         ...   ...
```

샘플 데이터를 보면 1992년의 값이 인덱스로 정확하게 설정됐습니다. 이 베이스 구간을 기준으로 한 비율 변화를 알아봅시다.

```sql
SELECT sales_year, sales
,(sales / first_value(sales) over (order by sales_year) - 1) * 100
as pct_from_index
FROM
(
    SELECT date_part('year',sales_month) as sales_year
    ,sum(sales) as sales
    FROM retail_sales
    WHERE kind_of_business = 'Women''s clothing stores'
    GROUP BY 1
) a
;

sales_year sales pct_from_index
---------- ----- --------------
1992       31815 0
1993       32350 1.681596731101
1994       30585 -3.86610089580
...        ...   ...
```

비율은 양수가 될 수도 있고 음수가 될 수도 있는데, 이 데이터에서도 그런지 확인해봅시다. 이번에는 `first_value` 대신 `last_value` 윈도우 함수를 사용합니다. 일반적으로 현재 값을 기준으로 과거 값을 분석하기보다는 과거 값을 기준으로 현재까지의 변화를 보고 싶어 하므로 인덱싱에서 마지막 값을 사용하는 일은 흔치 않지만, 이런 방법도 있다고 알아두면 좋습니다. 처음 값을 인덱스로 삼으려면 ASC를, 마지막 값을 인덱스로 삼으려면 DESC를 설정합니다.

```sql
first_value(sales) over (order by sales_year desc)
```

윈도우 함수는 매우 유연합니다. 인덱싱에는 윈도우 함수 말고도 self-JOIN을 사용할 수 있지만 대신 코드가 더 복잡하고 길어집니다.

```
SELECT sales_year, sales
,(sales / index_sales - 1) * 100 as pct_from_index
FROM
(
    SELECT date_part('year',aa.sales_month) as sales_year
    ,bb.index_sales
    ,sum(aa.sales) as sales
    FROM retail_sales aa
    JOIN
    (
        SELECT first_year, sum(a.sales) as index_sales
        FROM retail_sales a
        JOIN
        (
            SELECT min(date_part('year',sales_month)) as first_year
            FROM retail_sales
            WHERE kind_of_business = 'Women''s clothing stores'
        ) b on date_part('year',a.sales_month) = b.first_year
        WHERE a.kind_of_business = 'Women''s clothing stores'
        GROUP BY 1
    ) bb on 1 = 1
    WHERE aa.kind_of_business = 'Women''s clothing stores'
    GROUP BY 1,2
) aaa
ORDER BY 1
;

sales_year sales pct_from_index
---------- ----- --------------
1992       31815 0
1993       32350 1.681596731101
1994       30585 -3.86610089580
...        ...   ...
```

서브쿼리의 테이블 bb와 그 외부의 테이블 aa를 JOIN 할 때 on 1 = 1을 사용했습니다. 이는 일반적인 사용 방법은 아닙니다. 모든 행에서 index_sales 값을 표기하고 싶은데, 만약 다른 값을 기준으로 JOIN을 수행하면 해당 조건에 맞지 않는 행들은 제거돼버립니다. 그렇다고 JOIN 절에 아무 표현식도 명시하지 않으면 데이터베이스는 오류를 일으킵니다. 결국 무조건 TRUE를 반환하는 표현식을 명시해 의도적으로 카티션 JOIN이 수행되도록 데이터베이스를 속이는 방법을 사용했습니다. 여기서는 1 = 1을 사용했지만 2 = 2, 'apples' = 'apples'처럼 항상 TRUE를 반환하는 표현식이면 어느 것이든 좋습니다.

> **WARNING_** sales / index_sales와 같은 나눗셈 연산에서 분모에 0 값이 오지 않도록 주의합시다. '0으로 나누기'처럼 불가능한 연산을 시도하면 데이터베이스는 오류를 발생시킵니다. 분모가 될 필드에 0 값이 있을 리가 없다고 생각하더라도, 실무에서는 **CASE** 문을 활용해 필드에 0이 오면 대신 넣을 기본값을 주어 오류를 예방하는 편이 좋습니다. 다만 이 절의 예제 데이터에는 분모에 0이 되는 값이 없으므로, 코드를 이해하는 데 방해가 되지 않도록 0으로 나누기 예방 코드를 따로 추가하지는 않았습니다.

마지막으로, 1992년 매출 기준으로 인덱싱된 남성 의류업 매출과 여성 의류업 매출 변화를 그래프로 나타내면 [그림 3-11]과 같습니다. 데이터는 다음 SQL 코드를 활용했습니다.

```
SELECT sales_year, kind_of_business, sales
,(sales / first_value(sales) over (partition by kind_of_business
                                   order by sales_year)
 - 1) * 100 as pct_from_index
FROM
(
    SELECT date_part('year',sales_month) as sales_year
    ,kind_of_business
    ,sum(sales) as sales
    FROM retail_sales
    WHERE kind_of_business in ('Men''s clothing stores'
     ,'Women''s clothing stores')
    and sales_month <= '2019-12-31'
    GROUP BY 1,2
) a
ORDER BY 1,2
;

sales_year kind_of_business         sales pct_from_index
---------- ----------------------   ----- --------------
1992       Men's clothing stores    10179 0.000000000000
1992       Women's clothing stores  31815 0.000000000000
1993       Men's clothing stores    9962  -2.13184006287
1993       Women's clothing stores  32350 1.681596731101
...        ...                      ...   ...
```

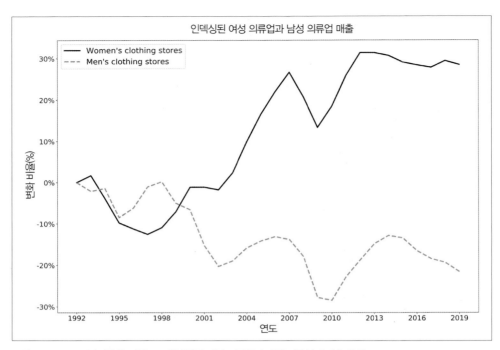

그림 3-11 1992년 매출을 기준으로 인덱싱된 여성 의류업과 남성 의류업의 매출 변화

남성 의류업 매출은 1992년에 최고점을 찍고 떨어지기 시작합니다. 1998년에 잠깐 제자리로 돌아오지만 그 뒤로는 계속 감소하는 추세를 보입니다. 상품의 가격은 시간이 지날수록 오르는 경향이 있는데, 특이하게도 남성 의류업 매출 데이터는 이러한 감소세를 보입니다. 여성 의류업 매출은 1992년부터 감소세를 보이다가 2003년에 원점으로 회복됩니다. 그 이후로는 2000년대 후반을 제외하고 계속 증가하는 추세를 보입니다. 이러한 결과를 해석하는 관점은 여러 가지인데, 남성이 여성보다 패션에 관심을 덜 가져 의류 소비를 점점 줄이기 때문일 수 있습니다. 혹은 국제 공급망 비용 감소로 남성 의류의 가격이 보다 저렴해졌거나, 남성이 남성 의류업 대신 스포츠 용품업이나 온라인 소매업 등 다른 소매업에 돈을 소비하기 시작했기 때문일 수도 있습니다.

시계열 데이터 인덱싱은 많은 인사이트를 주는 아주 강력한 분석 기법이며, SQL은 이 분석을 수행하기에 적절한 도구입니다. 다음 절에서는 노이즈가 있는 시계열에서 패턴을 찾기 위한 시간 윈도우 롤링 방법을 알아봅니다.

3.4 시간 윈도우 롤링

시계열 데이터에는 흔히 노이즈가 있어, 의미 있는 패턴을 찾는 데 방해가 됩니다. 앞 절에서는 월간, 연간 데이터 집계 등 데이터에서 노이즈를 제거해 결과 데이터를 부드럽고 이해하기 쉽게 만드는 방법을 배웠습니다. 이 절에서는 또 다른 노이즈 제거 방법으로, 여러 구간을 설정해 트렌드를 분석하는 **시간 윈도우 롤링**rolling time window을 알아봅니다. 시간 윈도우 롤링은 이동 계산moving calculation이라고도 합니다. 이동 계산 중에서도 이동 평균moving average이 가장 흔히 쓰이지만 SQL을 활용하면 평균이 아니라 어떤 집계 함수든 적용할 수 있습니다. 시간 윈도우 롤링은 주가 분석, 거시경제 트렌드, 시청률 조사 등 다양한 분석에 두루 사용됩니다. 몇몇 시간 윈도우 롤링 방법은 last twelve months(LTM), trailing twelve months(TTM), year-to-date(YTD) 등 축약어가 있을 정도로 널리 쓰입니다.

[그림 3-12]는 10월까지의 누적 계산 및 시간 윈도우 롤링 예시입니다.

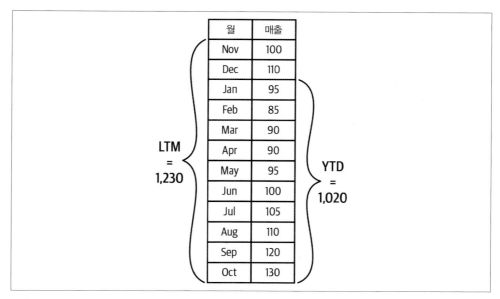

월	매출
Nov	100
Dec	110
Jan	95
Feb	85
Mar	90
Apr	90
May	95
Jun	100
Jul	105
Aug	110
Sep	120
Oct	130

LTM = 1,230

YTD = 1,020

그림 3-12 LTM, YTD 매출 합계 롤링 예시

시계열 롤링 계산에는 몇 가지 중요한 요소가 있습니다. 첫 번째 요소는 윈도우 사이즈입니다. 윈도우 사이즈는 계산에 포함할 시간 구간의 개수를 의미하며, 사이즈가 크면 더 많은 시간 구

간을 포함하게 되므로 노이즈를 부드럽게 하는 효과가 있습니다. 다만 민감도가 낮아져 짧은 구간의 변동을 파악하는 일이 중요한 데이터에 사용하기엔 좋지 않습니다. 반대로, 윈도우 사이즈가 작으면 짧은 주기의 변화에 더 민감하게 대응할 수 있지만 노이즈에 약하다는 단점이 있습니다.

두 번째는 사용할 집계 함수입니다. 앞서 언급했듯 이동 평균 기법이 가장 널리 쓰입니다. SQL을 활용하면 이동 합계, 이동 개수, 이동 최소, 이동 최대 등도 계산할 수 있습니다. 이동 개수는 활성 사용자 지표 등에 유용하며, 이동 최소와 이동 최대는 데이터의 극단값을 미리 확인해 분석 계획을 세우는 데 활용됩니다.

세 번째는 윈도우 안에 포함된 데이터의 분할 또는 그룹화입니다. 경우에 따라 연 단위로 매번 윈도우를 설정해야 하거나, 사용자 그룹 또는 데이터 값에 따라 다른 이동 계산을 사용해야 하기도 합니다. 4장에서 사용자 그룹 코호트 분석을 자세히 다루면서 시간에 따른 인구통계별 재방문 및 소비 차이 등을 알아봅니다. 분할은 윈도우 함수와 `PARTITION BY` 절 혹은 그룹화를 통해 수행합니다.

세 가지 요소를 잘 기억하면서, 미국 소매업 매출 데이터셋을 분석하기 위한 SQL 코드와 이동 계산을 본격적으로 알아봅시다.

활성 사용자 측정하기: DAU, WAU, MAU

많은 기업과 B2B SaaS 애플리케이션은 활성 사용자 크기를 측정하는 지표로 DAU[daily active users](일간 활성 사용자), WAU[weekly active users](주간 활성 사용자), 월간 활성 사용자 MAU[monthly active users](월간 활성 사용자) 등을 사용합니다. 이 지표들은 윈도우 롤링 기법을 사용하므로 일 단위로 계산할 수도 있습니다. 누군가 이 중 어느 것이 가장 좋은 지표냐고 물을 때마다 필자의 대답은 항상 같습니다. "상황에 따라 다릅니다."

DAU는 서버에 얼마나 많은 부하가 발생할지 측정하는 등 회사의 용량 계획[capacity planning]을 세우는 데 활용됩니다. 서버에 따라 DAU뿐 아니라 시간당 최고 접속자 수 또는 분 단위 동시 접속자 수 등 더 자세한 데이터가 필요하기도 합니다.

MAU는 애플리케이션이나 서버의 상대적 규모를 측정하는 데 자주 사용됩니다. 노이즈에 강하며, 일 단위로 봐야만 알 수 있는 내용보다는 보다 거시적인 관점에서 규칙적인 사용 패턴(예를 들어, 여름에는 냉방용품 주문량이 높고 겨울에는 난방용품 주문량이 높다는 분석 결과 등)

을 찾는 데 유용합니다. MAU는 애플리케이션 사용을 그만두는 이탈 사용자를 찾아내는 데는 적합하지 않습니다. MAU에는 주로 30일 단위 윈도우가 자주 사용되므로 29일만 사용하고 이탈한 사용자는 집계되지 않을 수 있기 때문입니다.

7일 단위로 계산되는 WAU는 DAU와 MAU의 적절한 중간 정도에 위치합니다. WAU는 DAU보다 하루 단위의 변화에는 둔감하지만, MAU보다는 짧은 기간의 변화에 더 민감해 문제 발생 시 팀에게 더 빨리 알려줄 수 있습니다. 다만 공휴일과 같은 작은 이벤트에도 크게 영향을 크게 받을 수 있어, 짧은 기간의 변화에 민감하다는 점이 오히려 단점으로 지적되기도 합니다.

3.4.1 시간 윈도우 롤링 계산

지금까지 시간 윈도우 롤링이 무엇이고, 어떻게 사용하며, 사용 시 고려해야 할 요소가 무엇인지 알아봤습니다. 이제 미국 소매업 매출 데이터셋을 활용해 시간 윈도우 롤링을 직접 계산해봅시다. 먼저 데이터셋의 모든 시간 윈도우 구간에 레코드가 제대로 저장돼 있을 때 사용하는 간단한 계산을 알아본 뒤, 이어서 몇몇 시간 윈도우 구간에 데이터가 빠져 있을 때 사용하는 방법도 알아봅니다.

시간 윈도우 롤링을 계산하는 방법은 크게 두 가지입니다. 하나는 self-JOIN을 사용하는 방법으로 어떤 데이터베이스에서든 사용할 수 있으며, 다른 하나는 윈도우 함수를 사용하는 방법인데 일부 데이터베이스에서는 지원되지 않습니다. 데이터에 날짜가 제대로 포함돼 있고, 데이터 수도 윈도우 크기만큼 준비돼 평균 등의 집계를 하는 데 문제가 없다면 어느 방법을 사용하든 동일한 결과가 생성됩니다.

예제 데이터가 월 단위로 집계돼 있으므로 12개월을 한 윈도우 구간으로 설정해 1년 매출 단위로 롤링해봅시다. 그리고 12개월 기준으로 이동 평균의 매출을 계산합니다. 우선 쿼리를 어떻게 작성할지 생각해봅시다. 다음 쿼리에서 별칭 a 테이블은 닻anchor 역할을 수행해 윈도우의 기준이 되는 날짜(월)를 가져옵니다. 데이터에서 시작 날짜는 2019년 12월입니다. 테이블 별칭 b에서는 이동 평균을 계산할 월 매출 12개를 가져옵니다. 여기서는 의도적으로 카티션 JOIN을 수행하기 위해 b.sales_month between a.sales_month - interval '11 months' and a.sales_month 표현식을 사용합니다.

```
SELECT a.sales_month
,a.sales
,b.sales_month as rolling_sales_month
,b.sales as rolling_sales
FROM retail_sales a
JOIN retail_sales b on a.kind_of_business = b.kind_of_business
 and b.sales_month between a.sales_month - interval '11 months'
 and a.sales_month
 and b.kind_of_business = 'Women''s clothing stores'
WHERE a.kind_of_business = 'Women''s clothing stores'
and a.sales_month = '2019-12-01'
;

sales_month sales rolling_sales_month rolling_sales
----------- ----- ------------------- -------------
2019-12-01  4496  2019-01-01          2511
2019-12-01  4496  2019-02-01          2680
2019-12-01  4496  2019-03-01          3585
2019-12-01  4496  2019-04-01          3604
2019-12-01  4496  2019-05-01          3807
2019-12-01  4496  2019-06-01          3272
2019-12-01  4496  2019-07-01          3261
2019-12-01  4496  2019-08-01          3325
2019-12-01  4496  2019-09-01          3080
2019-12-01  4496  2019-10-01          3390
2019-12-01  4496  2019-11-01          3850
2019-12-01  4496  2019-12-01          4496
```

a 테이블의 sales_month와 sales는 12개월로 구성된 윈도우의 모든 행에서 반복 사용됐습니다.

> **WARNING_** BETWEEN 절을 사용할 때는 명시된 두 날짜도 함께 포함돼 반환된다는 점에 주의합시다. 종종 위 코드에서 interval '11 months'가 아니라 interval '12 months'를 사용하는 실수를 합니다. 헷갈린다면 쿼리 결과를 잘 살펴보고 윈도우별 구간 개수가 원하는 수만큼인지 확인합시다.

다음 단계는 집계입니다. 여기서는 avg 집계 함수를 사용해 평균을 구합니다. b 테이블에 레코드의 개수(records_count)를 반환한 이유는 각 행이 12개 레코드의 평균을 계산한 것이 맞는지 확인하기 위함입니다. 이처럼 추가로 열을 생성해 한 윈도우에서 계산되는 레코드 개수를 확인하면 데이터 품질을 확인하는 데 유용합니다.

예제 데이터셋에 저장된 데이터는 1992년부터 시작하므로, 1992년 1월에서 11월까지는 윈도우 크기인 12개보다 더 적은 개월 수의 데이터로 평균을 계산합니다. 그러므로, 1993년 이전 데이터는 제거하도록 a 테이블의 sales_month 값에 조건을 걸어 12개월치 데이터의 평균만을 구해봅시다.

```
SELECT a.sales_month
,a.sales
,avg(b.sales) as moving_avg
,count(b.sales) as records_count
FROM retail_sales a
JOIN retail_sales b on a.kind_of_business = b.kind_of_business
 and b.sales_month between a.sales_month - interval '11 months'
 and a.sales_month
 and b.kind_of_business = 'Women''s clothing stores'
WHERE a.kind_of_business = 'Women''s clothing stores'
and a.sales_month >= '1993-01-01'
GROUP BY 1,2
ORDER BY 1
;

sales_month sales moving_avg records_count
----------- ----- ---------- -------------
1993-01-01  2123  2672.08    12
1993-02-01  2005  2673.25    12
1993-03-01  2442  2676.50    12
...         ...   ...        ...
```

결과 데이터를 그래프로 나타내면 [그림 3-13]과 같습니다. 월간 트렌드는 노이즈가 있어 패턴을 파악하기 어렵지만, 이동 평균으로 구한 트렌드를 보면 2003년부터 2007년까지 증가하다가 2011년까지 잠시 감소하는 변화가 눈에 띕니다. 매출은 2020년 초반에 급락했다가 2020년 후반에 다시 회복되지만, 12개월 기준의 이동 평균 트렌드로 보면 매출이 다시 회복된 것을 빠르게 반영하지 못하는 것으로 나타납니다.

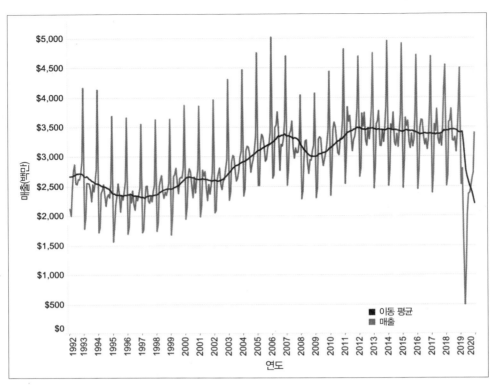

그림 3-13 여성 의류업의 월간 매출과 12개월 이동 평균 매출

> **TIP** kind_of_business = 'Women''s clothing stores' 필터링을 각 테이블에 모두 적용할 필요는 없습니다. 어차피 쿼리가 INNER JOIN을 수행하므로 둘 중 한 테이블에서만 필터링하더라도 같은 결과를 반환합니다. 하지만 두 테이블 모두에 필터링을 적용하면 INNER JOIN을 더 빠르게 수행할 수 있으며, 특히 테이블의 크기가 큰 경우에 효과가 좋습니다.

이번에는 윈도우 함수를 사용해 시간 윈도우 롤링을 계산해봅시다. 이때 Frame 절이라는 윈도우 함수 옵션을 사용해 각 윈도우에서 어떤 레코드를 포함할지 세밀하게 지정합니다. 기본적으로는 윈도우에 해당하는 모든 레코드가 포함되는데, 대부분 그대로 사용해도 충분하지만 이동 계산을 위해서는 더 세밀한 범위 조정이 필요합니다. Frame 절 문법은 처음에는 어렵게 느껴지더라도 알고 보면 간단합니다. 형식은 다음과 같습니다.

```
{ RANGE ¦ ROWS ¦ GROUPS } BETWEEN frame_start AND frame_end
```

중괄호에 들어 있는 세 가지 옵션(RANGE, ROWS, GROUPS) 중 하나를 선택해 사용합니다. 이 옵션으로 현재 행으로부터 어떤 레코드를 가져올지 결정합니다. 윈도우 함수에 명시된 ORDER BY 절에 맞춰 해당 옵션에 맞는 레코드를 가져오는데, 기본적으로 오름차순(ASC)으로 정렬돼 있지만 필요에 따라 내림차순(DESC)으로 바꿀 수 있습니다. ROWS 옵션은 가져올 행의 정확한 개수를 지정할 때, RANGE 옵션은 현재 행을 기준으로 지정된 범위 내에 있는 레코드를 가져올 때, GROUPS 옵션은 ORDER BY 절로 인해 정렬된 값에 중복된 레코드가 있을 때 각 중복 그룹을 가져올 때 사용합니다.

frame_start와 frame_end는 다음 값 중 하나로 지정합니다.

- UNBOUNDED PRECEDING
- offset PRECEDING
- CURRENT ROW
- offset FOLLOWING
- UNBOUNDED FOLLOWING

PRECEDING은 ORDER BY 절로 정렬된 값을 기준으로 현재 행보다 위의 행을 의미합니다. CURRENT ROW는 현재 행을 의미하며, FOLLOWING은 ORDER BY 절로 정렬된 값을 기준으로 현재 행보다 아래의 행을 가리킵니다. UNBOUNDED 키워드는 PRECEDING과 함께 쓰이면서 해당 윈도우에서 현재 행을 기준으로 위에 있는 모든 레코드를 가리키거나, 반대로 FOLLOWING과 함께 쓰이면서 아래에 있는 모든 레코드를 가리키는 데 사용합니다. offset은 가져오려는 행의 숫자를 의미하는데, 여기서는 정숫값 혹은 정숫값을 의미하는 필드나 표현식을 명시합니다. Frame 절에서 frame_exclusion 옵션도 사용할 수 있지만, 여기서 다룰 만한 내용은 아니므로 넘어갑니다. [그림 3-14]는 각 윈도우 Frame 절의 사용 예시입니다.

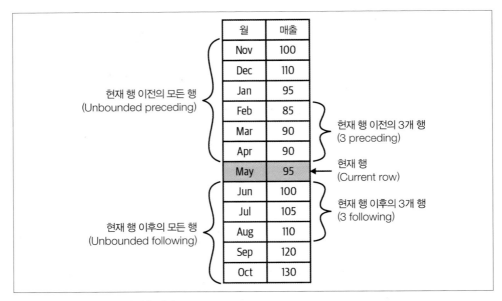

그림 3-14 윈도우 Frame 절 사용 예시

윈도우 함수에는 PARTITION BY 절과 윈도우 Frame 절 등 계산 수행을 위한 여러 옵션이 있습니다. 이를 활용하면 복잡한 계산도 상대적으로 간단한 문법으로 수행할 수 있습니다. 이제 소매업 매출 예제로 돌아와, 앞서 self-JOIN으로 계산했던 이동 평균을 윈도우 함수를 사용해 더 짧은 코드로 계산해봅시다.

```
SELECT sales_month
,avg(sales) over (order by sales_month
                rows between 11 preceding and current row
                ) as moving_avg
,count(sales) over (order by sales_month
                rows between 11 preceding and current row
                ) as records_count
FROM retail_sales
WHERE kind_of_business = 'Women''s clothing stores'
;

sales_month moving_avg records_count
----------- ---------- -------------
1992-01-01  1873.00    1
1992-02-01  1932.00    2
```

```
1992-03-01    2089.00    3
...           ...        ...
1993-01-01    2672.08    12
1993-02-01    2673.25    12
1993-03-01    2676.50    12
...           ...        ...
```

이 쿼리에서는 윈도우를 매출이 발생한 순서로 정렬하기 위해 sales_month 기준으로 오름차순 정렬합니다. 우리는 매출 레코드가 월별 하나씩 존재한다는 사실을 알고 있으므로, Frame 절에서 rows between 11 preceding and current row를 사용해 11개월 이전부터 지금까지의 매출 값을 가져와 평균과 개수를 계산합니다. 이 쿼리는 11개월 이전의 데이터가 존재하지 않는 달의 윈도우 평균까지 모두 계산하므로, 이 레코드들을 제거하려면 해당 쿼리를 서브쿼리로 사용하고 외부쿼리에서 11개월 이전의 데이터가 존재하지 않는 월을 제거합니다.

TIP 많은 기업이 여러 목적으로 과거 시간부터 이동 평균을 계산하는 방법을 사용합니다. SQL 윈도우 함수는 미래 시간 방향으로 이동 평균을 구해 미래를 예측하는 등 꼭 시계열 분석이 아니더라도 다양한 목적으로 응용됩니다.

시간 윈도우 롤링을 계산할 수 있을 정도로 충분한 기간의 데이터셋이 있으면 self-JOIN 혹은 윈도우 함수를 사용해 이동 평균을 비롯한 이동 집계 계산을 수행할 수 있습니다. 데이터베이스 타입과 데이터셋 크기에 따라 두 방법은 성능 차이가 있으며, 아쉽게도 어떤 방법이 더 나은 성능을 보일지 예측하기는 어렵습니다. 두 가지 모두 사용해보면서 어떤 쿼리가 더 오래 걸리는지 확인해보고 더 빠른 방법을 사용해도 좋습니다. 지금까지 시간 윈도우 롤링 계산 방법을 알아봤으니, 이어서 희소 데이터에서의 시간 윈도우 롤링을 알아봅시다.

3.4.2 희소 데이터와 시간 윈도우 롤링

실제로 데이터를 다루다 보면 모든 시간 구간에 레코드가 제대로 채워져 있지 않은 데이터를 다루게 되기도 합니다. 측정하려는 값에 규칙적인 패턴이 있을 수도 있고 그렇지 않을 수도 있습니다. 예를 들어, 고객이 물건을 구매하려고 웹사이트에 비정기적으로 접속하는 경우나, 특정 상품의 재고가 불규칙적으로 들어오고 나가는 경우가 있습니다. 바로 이때 희소 데이터가 발생하게 됩니다.

앞서 self-JOIN과 JOIN 절에서의 날짜 인터벌을 사용해 시간 윈도우 롤링을 계산하는 방법을 알아봤습니다. 이 방법으로 12개월 시간 윈도우에 포함되는 모든 레코드를 가져올 수 있다고 생각할 텐데, 틀린 생각은 아닙니다. 다만 문제는 특정 날짜에 데이터가 없을 수도 있다는 점입니다. 예를 들어, 2019년 12월부터 신발 가게의 각 신발 모델마다 12개월 시간 윈도우 롤링으로 매출을 계산한다고 가정합시다. 어떤 신발은 12월 전에 이미 재고가 바닥이 나버려 12월에는 매출 값이 저장되지 않았습니다. self-JOIN이나 윈도우 함수로 12월에 팔린 모든 모델의 매출에 대해 롤링 계산을 할 수도 있지만, 재고가 없어 팔지 못한 모델의 매출 데이터는 결과 데이터에 포함되지 않습니다. 2장에서 본 날짜 차원 테이블을 이용해 이 문제를 해결해봅시다.

2장에서 소개한 날짜 차원 테이블은 특정 구간 내 모든 날짜별로 값이 저장된 행이 있는 정적 테이블입니다. 이러한 테이블을 사용해 특정 날짜에 해당하는 값이 없더라도 모든 날짜에 대한 결과 데이터를 반환하도록 해봅시다. retail_sales 데이터는 모든 월에 대한 행 값을 가지므로, 서브쿼리로 1월과 7월의 sales_month 값만 가져와 희소 데이터를 시뮬레이션합니다. 윈도우 롤링 계산을 수행하기 전에, 날짜 차원 테이블 date_dim에 JOIN을 수행한 결과를 확인해보며 어떻게 희소 데이터를 처리할 수 있을지 생각해봅시다.

```
SELECT a.date, b.sales_month, b.sales
FROM date_dim a
JOIN
(
    SELECT sales_month, sales
    FROM retail_sales
    WHERE kind_of_business = 'Women''s clothing stores'
      and date_part('month',sales_month) in (1,7)
) b on b.sales_month between a.date - interval '11 months' and a.date
WHERE a.date = a.first_day_of_month
 and a.date between '1993-01-01' and '2020-12-01'
ORDER BY 1,2
;

date       sales_month sales
---------- ----------- -----
1993-01-01 1992-07-01  2373
1993-01-01 1993-01-01  2123
1993-02-01 1992-07-01  2373
1993-02-01 1993-01-01  2123
1993-03-01 1992-07-01  2373
...        ...         ...
```

쿼리 결과를 보면 date에 1월과 7월 데이터뿐 아니라 서브쿼리에서 아예 반환조차 하지 않았던 2월, 3월 등 다른 월 데이터도 출력됐습니다. 날짜 차원 테이블 date_dim에 모든 월에 대한 레코드가 포함돼 있고 여기에 JOIN을 수행했으므로 가능한 결과입니다. a.date = a.first_day_of_month 조건을 설정해 월별 모든 날짜에 해당하는 28~31개의 행 대신 단 하나의 값만 출력하도록 설정했습니다. 이 쿼리는 b.sales_month between a.date - interval '11 months' 조건을 사용한 self-JOIN이라는 점에서 3.4.1절에서 사용했던 쿼리와 매우 유사합니다. 이 쿼리가 어떤 값을 반환하는지 확인했으니, 이어서 avg 집계 함수를 사용해 이동 평균을 구해봅시다.

```
SELECT a.date
,avg(b.sales) as moving_avg
,count(b.sales) as records
FROM date_dim a
JOIN
(
    SELECT sales_month, sales
    FROM retail_sales
    WHERE kind_of_business = 'Women''s clothing stores'
     and date_part('month',sales_month) in (1,7)
) b on b.sales_month between a.date - interval '11 months' and a.date
WHERE a.date = a.first_day_of_month
 and a.date between '1993-01-01' and '2020-12-01'
GROUP BY 1
ORDER BY 1
;

date       moving_avg records
---------- ---------- -------
1993-01-01 2248.00    2
1993-02-01 2248.00    2
1993-03-01 2248.00    2
1993-04-01 2248.00    2
1993-05-01 2248.00    2
1993-06-01 2248.00    2
1993-07-01 2331.00    2
...        ...        ...
```

결과 데이터에 모든 월에 대한 값이 존재하긴 하지만, 이동 평균은 실제 매출 값이 저장된 1월과 7월이 될 때까지는 계속 동일한 값으로 유지됩니다. 결국 이동 평균이 1월과 7월의 매출로만 계산됐음을 알 수 있습니다. 실제 데이터를 다루다 보면 다양한 패턴으로 값이 비어 있는 희소 데이터를 보게 됩니다. 여기서는 날짜 차원 테이블을 사용할 때 각 월의 실제 매출 값을 확인하기 위해 CASE 문과 집계를 활용해봅시다. 다음 코드를 위 코드의 외부쿼리 SELECT 문에 추가하면 1월과 7월의 매출만 존재하고 나머지 월의 매출은 null로 표시됩니다.

```
,max(case when a.date = b.sales_month then b.sales end)
 as sales_in_month
```

여기서 CASE 문의 조건은 원본 레코드의 값이 무엇인지에 따라 바꿔 설정하면 됩니다. 데이터베이스에서 날짜 차원 테이블을 사용할 수 없다면, 서브쿼리의 SELECT 문에서 날짜에 DISTINCT 키워드를 사용하고 앞 예제처럼 원하는 테이블에 JOIN을 수행합니다.

```
SELECT a.sales_month, avg(b.sales) as moving_avg
FROM
(
    SELECT distinct sales_month
    FROM retail_sales
    WHERE sales_month between '1993-01-01' and '2020-12-01'
) a
JOIN retail_sales b on b.sales_month between
 a.sales_month - interval '11 months' and a.sales_month
 and b.kind_of_business = 'Women''s clothing stores'
GROUP BY 1
ORDER BY 1
;

sales_month moving_avg
----------- ----------
1993-01-01  2672.08
1993-02-01  2673.25
1993-03-01  2676.50
...         ...
```

우리는 retail_sales 테이블이 모든 날짜(월)에 대한 데이터를 포함한다는 사실을 이미 알기 때문에, DISTINCT 키워드를 사용해 이 테이블 자체를 날짜 차원 테이블처럼 사용했습니다.

이렇듯 테이블이 필요한 날짜 데이터를 포함한다면, 어떤 값을 저장하든 상관없이 날짜 차원 테이블처럼 활용할 수 있습니다.

지금까지 SQL에서 카티션 JOIN을 활용해 희소 데이터의 시간 윈도우 롤링을 계산하는 방법을 알아봤습니다. 다음으로, 분석에서 자주 사용되는 누적값 계산을 알아봅시다.

3.4.3 누적값 계산

지난 예제에서 윈도우 크기를 12개월로 설정했듯, 이동 평균 등의 윈도우 롤링 계산 시 윈도우 크기를 고정된 값으로 설정하는 것이 일반적입니다. 이동 계산 외에도 YTD$^{year-to-date}$, QTD$^{quarter-to-date}$, MTD$^{month-to-date}$ 등의 '누적값'을 활용해 시계열을 분석하는 방법도 있습니다. 누적값은 크기가 고정된 윈도우를 사용하되 시작 포인트부터 점점 윈도우 크기를 늘려가며 계산을 수행합니다.

누적값 계산에는 윈도우 함수를 사용하면 가장 간단합니다. 다음 예제 코드는 sum 집계 함수를 사용해 총 매출 YTD를 계산합니다(그 외에도 월 평균 YTD를 구하려면 avg 집계 함수를, 월 최대 YTD를 구하려면 max 집계 함수를 사용하면 됩니다). PARTITION BY 절로 윈도우를 설정하는데, 예제에서는 sales_month의 연도를 기준으로 설정합니다. 시계열 분석에서는 주로 ORDER BY 절을 사용해 날짜 필드를 기준으로 정렬합니다. 분석하려는 테이블에 데이터가 날짜 순으로 저장돼 있지 않을 때 ORDER BY 절을 생략하면 잘못된 결과가 나올 수 있습니다. 그러므로 데이터가 이미 정렬돼 있을 것 같더라도 ORDER BY 절을 사용해 명시적으로 정렬하는 편이 좋습니다.

```
SELECT sales_month, sales
,sum(sales) over (partition by date_part('year',sales_month)
                  order by sales_month
                  ) as sales_ytd
FROM retail_sales
WHERE kind_of_business = 'Women''s clothing stores'
;

sales_month sales sales_ytd
----------- ----- ---------
1992-01-01  1873  1873
1992-02-01  1991  3864
```

```
1992-03-01   2403    6267
...           ...     ...
1992-12-01   4416    31815
1993-01-01   2123    2123
1993-02-01   2005    4128
...           ...     ...
```

쿼리는 sales_month에서 월 매출 sales와 총 매출 sales_ytd를 반환합니다. 1992년 1월부터 12월까지는 1년간의 누적값을 구하고, 1993년 1월에 윈도우가 재설정돼 누적값을 처음부터 구하기 시작합니다. 2016년부터 2020년까지의 데이터를 그래프로 나타내면 [그림 3-15]와 같습니다. 처음 4년간은 매년 비슷한 패턴을 보이다가 2020년에는 코로나로 인해 큰 차이가 발생합니다.

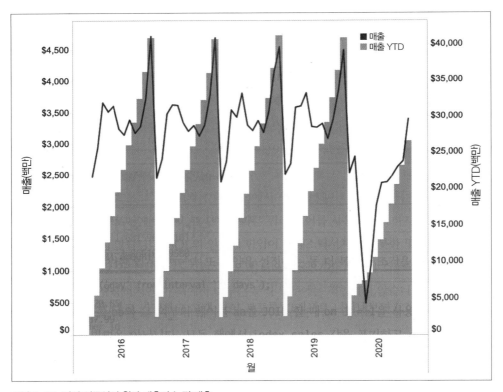

그림 3-15 여성 의류업의 월간 매출과 누적 매출

self-JOIN으로 카티션 JOIN을 수행하면 윈도우 함수를 사용하지 않고도 위와 동일한 결과를 생성합니다. 다음 예제에서는 같은 연도끼리만 집계하기 위해 두 테이블의 sales_month 필드에서 연도를 기준으로 JOIN을 수행해 매년 윈도우를 재설정합니다. 또한, JOIN 조건을 추가해 b 테이블의 sales_month가 a 테이블의 sales_month보다 작거나 같은 날짜의 결과만 반환하도록 합니다. 1992년 1월에는 b 테이블의 오직 1992년의 1월의 행만 조건을 만족하고, 1992년 2월에는 b 테이블의 1992년 1월과 2월이 조건을 만족하며, 1992년 3월에는 b 테이블의 1992년 1월, 2월, 3월이 조건을 만족합니다.

```
SELECT a.sales_month, a.sales
,sum(b.sales) as sales_ytd
FROM retail_sales a
JOIN retail_sales b on
 date_part('year',a.sales_month) = date_part('year',b.sales_month)
 and b.sales_month <= a.sales_month
 and b.kind_of_business = 'Women''s clothing stores'
WHERE a.kind_of_business = 'Women''s clothing stores'
GROUP BY 1,2
;

sales_month sales sales_ytd
----------- ----- ---------
1992-01-01  1873  1873
1992-02-01  1991  3864
1992-03-01  2403  6267
...         ...   ...
1992-12-01  4416  31815
1993-01-01  2123  2123
1993-02-01  2005  4128
...         ...   ...
```

윈도우 함수에 익숙해지면 코드를 더 짧게 작성할 수 있고, 작성한 코드가 무엇을 계산하고자 하는지 이해하기도 더 쉽습니다. SQL로 문제를 해결하는 데는 여러 방법이 있으며, 이 절에서 알아본 시간 윈도우 롤링이 좋은 예입니다. 다양한 방법을 익혀두고 상황에 따라 가장 적절한 방법을 선택해 문제를 해결합시다. 다음 절에서는 계절성 분석을 알아봅니다.

3.5 계절성 분석

계절성seasonality이란 일정한 간격을 두고 규칙적으로 반복되는 패턴을 의미합니다. 데이터에서 계절성은 다른 노이즈와 달리 예측이 가능합니다. 계절성이라는 용어가 봄, 여름, 가을, 겨울이 반복되는 계절을 연상시키듯, 데이터셋에서도 이런 반복적인 패턴이 나타나기도 합니다. 사람들이 구매하는 옷과 음식, 여가 활동이나 여행을 위한 지출 등 쇼핑 패턴은 계절에 따라 변화합니다. 예를 들어, 연말 쇼핑 시즌은 많은 소매업자의 흥망성쇠를 결정하는 기간입니다. 계절성은 꼭 계절뿐 아니라 연 단위 혹은 분 단위로 나타나기도 합니다. 대통령 선거는 5년마다 실시되며 미디어 보도는 선거 주기에 따라 확연한 패턴을 보입니다. 직장이나 학교생활은 월요일부터 금요일까지, 교회나 여가 활동은 주로 주말에 이뤄지는 등 요일별로 반복되는 패턴도 흔히 보이며, 식당은 점심시간과 저녁 시간에 바쁘고 그 사이에는 한가하듯 시간 단위로도 계절성이 나타납니다.

시계열 데이터를 그래프로 시각화해 살펴보면 계절성 여부와 주기 등의 패턴을 이해하는 데 유용합니다. 시간, 일간, 주간, 월간 등 여러 주기로 집계를 수행해봅시다. 데이터셋에 대한 배경지식도 갖출 필요가 있습니다. 데이터셋의 개체 또는 개체가 표현하는 의미를 이해하고, 이에 기반한 패턴을 찾을 줄 알아야 합니다. 가능하다면 도메인 전문가의 도움을 받아도 좋습니다.

[그림 3-16]의 소매업 매출 데이터에서 계절성 패턴을 살펴봅시다. 먼저, 귀금속업은 명확한 계절성 패턴을 보이며, 매년 사람들이 연말 선물을 주고받는 기간인 12월에 매출이 가장 높습니다. 서점업은 미국의 가을학기 개강 시기인 8월과 연말 휴가철이자 봄학기 개강 시기인 12월에서 1월 사이, 매년 두 번씩 매출 고점을 찍습니다. 식료품업은 일 단위와 주 단위 계절성을 보이며 월 단위 계절성은 나머지 두 소매업에 비해 많이 약합니다. 사람은 1년 내내 뭐든 먹어야 살 수 있으니 당연한 결과입니다. 식료품업 매출은 연말 휴가철인 12월에 약간 증가했다가 2월에 감소하는데, 이는 단순히 2월의 날짜 수가 적기 때문으로 보입니다.

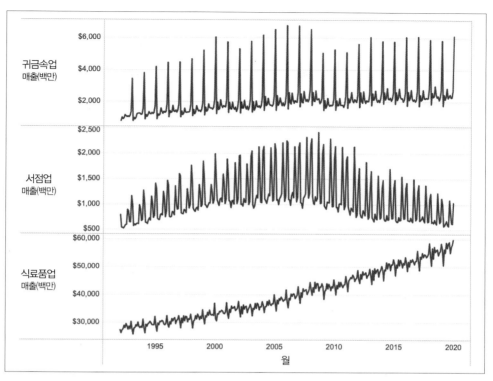

그림 3-16 귀금속업, 서점업, 식료품업 매출의 계절성 패턴 예시

계절성은 여러 패턴으로 나타나지만, 이와 상관없이 분석에 주로 사용되는 방법이 있습니다. 한 가지는 데이터를 더 작은 단위의 시간 구간으로 집계하거나, 앞 절에서 배운 시간 윈도우 롤링을 사용하는 방법입니다. 혹은 현재 시간 구간과 이전 시간 구간의 차이를 비교하는 방법도 있습니다. 이어서 예제를 살펴보며 두 가지 방법을 사용해봅시다.

3.5.1 구간 비교: YoY과 MoM

구간 비교period-over-period는 여러 형태가 있는데, 주로 현재 시간 구간의 값을 이전 시간 구간의 값과 비교하는 방법이 많이 사용됩니다. 비교하려는 집계 단위에 따라 전년 대비 증감률year-over-year(YoY), 전월 대비 증감률month-over-month(MoM), 전일 대비 증감률day-over-day(DoD) 등이 있습니다.

윈도우 함수 lag를 사용해 계산해봅시다. lag 함수는 데이터에서 이전 행의 값을 반환하며, 다음과 같이 사용합니다.

```
lag(return_value [,offset [,default]])
```

return_value에는 반환할 필드를 지정하며, 어떤 타입이든 상관없습니다. offset 옵션으로는 해당 윈도우에서 몇 행 이전의 값을 반환할지 지정합니다. 기본값은 1이며, 정숫값을 사용합니다. default 옵션으로는 가져올 이전 행이 없는 경우에 반환할 값을 지정합니다. lag 함수도 다른 윈도우 함수와 마찬가지로 ORDER BY 절, PARTITION BY 절과 함께 사용할 수 있습니다. PARTITION BY 절을 생략하면 lag 함수는 특정 윈도우가 아닌 전체 데이터셋에 계산을 수행하며, ORDER BY 절을 생략하면 현재 데이터베이스 정렬 순서 그대로 계산을 수행합니다. 따라서, lag 함수를 사용할 때는 정확한 분석 결과를 위해 ORDER BY 절을 사용하는 편이 좋습니다.

TIP lead 윈도우 함수는 offset 숫자만큼 '다음' 행의 값을 반환한다는 점 외에는 lag 함수와 동일하게 동작합니다. 시계열 데이터에서 ORDER BY 절을 오름차순에서 내림차순으로 바꾸고 lag 함수를 사용하면 lead 함수를 사용할 때와 같은 결과를 얻습니다. 혹은 lag 함수를 사용할 때 offset 값을 음수로 설정하면 lead 함수를 사용할 때와 같은 결과를 얻습니다.

이 방법으로 소매업 매출 데이터셋에서 전년 대비 증감률과 전월 대비 증감률을 구해봅시다. 필자는 책을 아주 좋아하므로 이 절에서는 서점업 매출을 집중적으로 분석하려고 합니다. 우선, 전월과 전월 매출을 반환하는 코드를 작성해보며 lag 함수를 어떻게 사용하는지 알아봅시다.

```
SELECT kind_of_business, sales_month, sales
,lag(sales_month) over (partition by kind_of_business
                         order by sales_month
                         ) as prev_month
,lag(sales) over (partition by kind_of_business
                   order by sales_month
                   ) as prev_month_sales
FROM retail_sales
WHERE kind_of_business = 'Book stores'
;

kind_of_business sales_month sales prev_month prev_month_sales
---------------- ----------- ----- ---------- ----------------
```

```
Book stores       1992-01-01  790    (null)      (null)
Book stores       1992-02-01  539    1992-01-01  790
Book stores       1992-03-01  535    1992-02-01  539
...               ...         ...    ...         ...
```

각 행에 해당 월의 매출인 sales_month뿐만 아니라 전월 및 전월 매출 prev_month_sales까지 반환합니다. 이렇듯 처음 몇 행만 보더라도 lag 함수가 어떤 방식으로 동작하는지가 보입니다. 첫 행에서 prev_month와 prev_month_sales의 값이 null인 이유는 데이터셋에 이전 레코드가 존재하지 않기 때문입니다. lag 함수가 반환하는 값이 무엇인지 이해했으니 이제 이전 값 대비 비율 변화를 계산합시다.

```
SELECT kind_of_business, sales_month, sales
,(sales / lag(sales) over (partition by kind_of_business
                            order by sales_month)
 - 1) * 100 as pct_growth_from_previous
FROM retail_sales
WHERE kind_of_business = 'Book stores'
;

kind_of_business sales_month sales pct_growth_from_previous
---------------- ----------- ----- ------------------------
Book stores       1992-01-01  790    (null)
Book stores       1992-02-01  539    -31.77
Book stores       1992-03-01  535    -0.74
...               ...         ...    ...
```

연말 휴가철이자 봄학기 개강 시기인 1월이 지나자, 2월의 매출이 1월 대비 31.8% 감소했습니다. 3월 매출은 2월 매출 대비 단 0.7%만 감소했습니다.

전년 대비 증감률도 전월 대비 증감률과 비슷한 방법으로 계산하되, 먼저 매출을 연 단위로 집계하는 과정이 필요합니다. 여기서는 어차피 서점업이라는 하나의 kind_of_business에 대해서만 계산하므로, 코드를 간결하게 하고자 이제부터 PARTITION BY 절은 생략합니다.

```
SELECT sales_year, yearly_sales
,lag(yearly_sales) over (order by sales_year) as prev_year_sales
,(yearly_sales / lag(yearly_sales) over (order by sales_year)
-1) * 100 as pct_growth_from_previous
FROM
(
    SELECT date_part('year',sales_month) as sales_year
    ,sum(sales) as yearly_sales
    FROM retail_sales
    WHERE kind_of_business = 'Book stores'
    GROUP BY 1
) a
;

sales_year yearly_sales prev_year_sales pct_growth_from_previous
---------- ------------ --------------- ------------------------
1992       8327         (null)          (null)
1993       9108         8327            9.37
1994       10107        9108            10.96
...        ...          ...             ...
```

매출은 1992년부터 1993년까지 9.3% 성장했고, 1993년부터 1994년까지는 약 11% 성장했습니다. 이런 구간 단위 계산은 변화를 이해하는 데는 유용하지만 데이터셋의 계절성을 분석하기에는 적절하지 않습니다. 예를 들어, [그림 3-17]에서 서점업 매출의 전월 대비 증감률을 보면 원본 데이터셋을 그래프로 그렸을 때에 비해 계절성 패턴에 큰 차이가 없습니다.

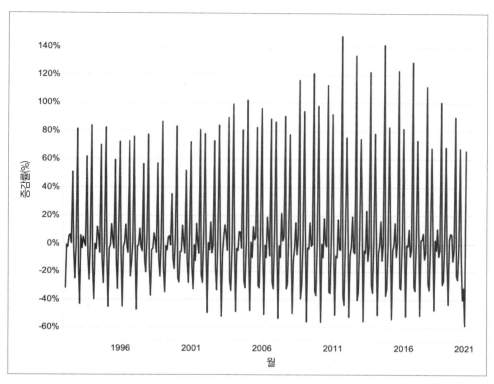

그림 3-17 서점업 매출의 전월 대비 증감률

더 적절한 분석법은 올해와 작년의 동일 시기 매출을 비교하는 방법입니다. 이어서 SQL로 현재 월 매출과 전년 동월 매출을 비교하는 방법을 알아봅시다.

3.5.2 구간 비교: 작년과 올해 비교

특정 시간 구간의 데이터를 이전 시간 구간의 데이터와 비교해보면 계절성을 확인하는 데 유용합니다. 이때, 이전 시간 구간은 지난주의 같은 요일이 될 수도 있고, 작년의 같은 달이 될 수도 있습니다.

구간 비교를 하려면, 현재 값을 비교하고자 하는 시간 단위로 PARTITION BY 절을 적용하고 lag 함수를 사용합니다. 예제에서는 월 매출별로 전년 동월 매출과 비교해봅니다. 예를 들어, 1월 매출은 작년 1월 매출과 비교하고, 2월 매출은 작년 2월 매출과 비교합니다.

우선, date_part 함수에 'month' 인자를 사용하면 해당 날짜의 월을 가져와서 정숫값으로 반환한다는 점을 떠올려봅시다.

```
SELECT sales_month
,date_part('month',sales_month)
FROM retail_sales
WHERE kind_of_business = 'Book stores'
;

sales_month date_part
----------- ---------
 1992-01-01  1
 1992-02-01  2
 1992-03-01  3
 ...         ...
```

다음으로, lag 윈도우 함수가 전년 동월의 값을 가져오도록 PARTITION BY 절 안에서 date_part를 사용합니다. 윈도우 함수의 PARTITION BY 절 안에서 단순히 데이터베이스 필드를 사용할 수도 있지만, 이렇게 필드 대신 함수를 사용해 유연하게 사용할 수도 있습니다. 전체 쿼리를 작성하기 전에 최종 쿼리가 반환하는 결과를 예상해보기 위해 서브쿼리에서 생성될 결과를 미리 확인해봅시다. 우선 다음 코드를 실행해 lag 함수와 partition by date_part('month',sales_month)가 원하는 값을 반환하는지 확인합니다.

```
SELECT sales_month, sales
,lag(sales_month) over (partition by date_part('month',sales_month)
                        order by sales_month
                        ) as prev_year_month
,lag(sales) over (partition by date_part('month',sales_month)
                  order by sales_month
                  ) as prev_year_sales
FROM retail_sales
WHERE kind_of_business = 'Book stores'
;

sales_month sales prev_year_month prev_year_sales
----------- ----- --------------- ---------------
 1992-01-01  790  (null)          (null)
 1993-01-01  998  1992-01-01      790
 1994-01-01  1053 1993-01-01      998
```

```
...          ...    ...          ...
1992-02-01   539    (null)       (null)
1993-02-01   568    1992-02-01   539
1994-02-01   635    1993-02-01   568
...          ...    ...          ...
```

첫 번째 lag 함수는 전년 동월을 의미하는 prev_year_month를 반환합니다. 예상대로 sales_month 값이 1993-01-01인 행의 prev_year_month 값은 1년 전인 1992-01-01이고, prev_year_sales 값은 sales_month 값이 1992-01-01인 행의 sales 값과 같은 790입니다. 1992년의 prev_year_month와 prev_year_sales 값이 null인 이유는 데이터셋에 1992년 이전의 레코드가 없기 때문입니다.

lag 함수로 전년 매출을 가져오는 법을 알아봤으니, 이 코드를 활용해 전년 대비 매출의 절댓값 차이와 비율 차이를 계산해봅시다.

```
SELECT sales_month, sales
,sales - lag(sales) over (partition by date_part('month',sales_month)
                            order by sales_month
                            ) as absolute_diff
,(sales / lag(sales) over (partition by date_part('month',sales_month)
                            order by sales_month)
 - 1) * 100 as pct_diff
FROM retail_sales
WHERE kind_of_business = 'Book stores'
;

sales_month  sales  absolute_diff  pct_diff
-----------  -----  -------------  --------
1992-01-01   790    (null)         (null)
1993-01-01   998    208            26.32
1994-01-01   1053   55             5.51
...          ...    ...            ...
```

결과를 그래프로 나타내면 [그림3-18]과 같습니다. 2002년 1월에 전년 대비 매출 성장률이 유독 높습니다.

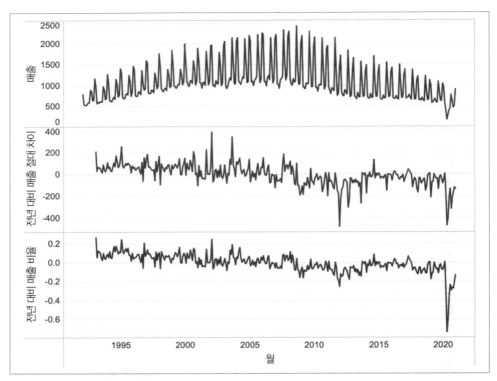

그림3-18 서점업의 매출, 전년 대비 매출 절대 차이, 전년 대비 매출 비율

그래프를 그려 연도별 데이터를 비교하는 방법도 있습니다. 연도별 데이터를 각기 다른 행으로 구분해 월 매출을 비교합니다. 먼저, 날짜를 행으로 구분하고 연도를 열로 구분하는 데이터셋을 생성해봅시다. date_part 함수를 사용해 날짜 값에서 월을 정숫값으로 추출하고, to_char 함수를 사용해 해당 월 이름을 문자열로 추출합니다. 그리고 집계 함수를 사용한 피벗으로 원하는 데이터를 생성합니다.

다음 예제 코드에서는 max 집계 함수를 사용하지만 분석 목적에 따라 sum, count 등 원하는 집계 함수를 사용하면 됩니다. 여기서는 1992년부터 1994년의 데이터에 집중해 분석해봅니다.

```
SELECT date_part('month',sales_month) as month_number
,to_char(sales_month,'Month') as month_name
,max(case when date_part('year',sales_month) = 1992 then sales end)
as sales_1992
,max(case when date_part('year',sales_month) = 1993 then sales end)
```

```
as sales_1993
,max(case when date_part('year',sales_month) = 1994 then sales end)
as sales_1994
FROM retail_sales
WHERE kind_of_business = 'Book stores'
 and sales_month between '1992-01-01' and '1994-12-01'
GROUP BY 1,2
;
```

month_number	month_name	sales_1992	sales_1993	sales_1994
1	January	790	998	1053
2	February	539	568	635
3	March	535	602	634
4	April	523	583	610
5	May	552	612	684
6	June	589	618	724
7	July	592	607	678
8	August	894	983	1154
9	September	861	903	1022
10	October	645	669	732
11	November	642	692	772
12	December	1165	1273	1409

이렇게 데이터를 정렬하고 보면 트렌드를 파악하기가 용이합니다. 1년 중 12월의 매출이 가장 크며 1994년의 매출은 1992년, 1993년의 매출보다 항상 높습니다. 연중 8월에서 9월의 매출이 눈에 띄게 상승하는데, 특히 1994년에는 상승 폭이 매우 큽니다.

위 데이터를 [그림 3-19]와 같이 그래프로 나타내면 패턴이 더 명확히 보입니다. 상승 폭은 조금씩 다르지만 월별 매출이 매년 증가했다는 사실을 한눈에 파악할 수 있습니다. 이렇게 서점업 매출 트렌드를 이해하면 재고 관리나 마케팅 프로모션 일정 조율 시 효율성을 높이고, 나아가 소매업 매출에 도움이 되는 다양한 기반 데이터를 마련할 수 있습니다.

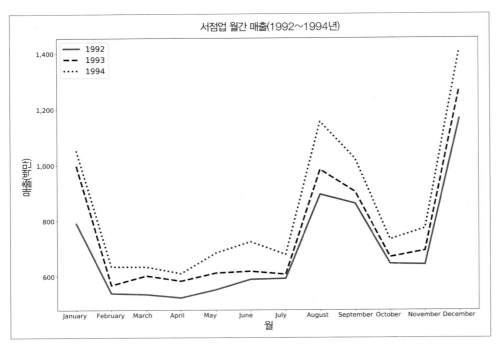

그림 3-19 서점업 월간 매출(1992~1994년)

시계열 데이터 분석에서 데이터를 비교를 할 때, SQL을 활용해 다양한 방법으로 계절성의 노이즈를 제거할 수 있습니다. 지금까지 lag 함수를 사용해 현재 값을 이전 구간의 값과 비교하는 방법과 data_part 함수, to_char 함수, 집계 함수를 사용한 피벗으로 트렌드를 분석하는 방법을 배웠습니다. 이어서 여러 구간의 값을 비교해 노이즈가 있는 시계열 데이터를 분석하는 방법을 알아봅시다.

3.5.3 다중 구간 비교

현재 값을 이전 구간 값과 비교하는 방법은 계절성 분석에서 노이즈를 제거하고 비교하는 데 유용한 방법입니다. 다만, 이전 구간 값 하나만으로 비교하면 충분치 않은 경우도 종종 있습니다. 이전 구간 값이 특정 이벤트에 영향을 받아 일반적이지 않은 값이 저장된 경우가 이에 해당합니다. 예를 들어, 월요일의 데이터를 지난주 월요일과 비교하려는 경우, 지난주 월요일이 공휴일이었다면 둘을 그대로 비교해 분석에 활용하기는 곤란합니다. 마찬가지로 현재 월 데이터를 전년 동월 데이터와 비교할 때, 전년 동월에 경제 문제, 기상 악화, 정전 등 문제가 있었을 수도 있습니다. 이와 같은 특정 이벤트로 인한 노이즈의 영향을 줄이려면 현재 값을 이전 구간 값 2개 이상과 비교하면 좋습니다. 지금까지 배운 시간 윈도우 롤링과 이전 구간 비교 방법을 조합해 이 분석법을 구현해봅시다.

첫 번째 방법은 lag 함수와 offset 값을 사용하는 방법입니다. lag 함수에서 offset 값을 설정하지 않으면 lag 함수는 PARTITION BY 절로 분할되고 ORDER BY 절로 정렬된 데이터 내에서 바로 1개 이전의 행의 값을 반환합니다. offset 값을 2로 설정하면 2개 이전의 행을 반환하며, 3으로 설정하면 3개 이전의 행을 반환합니다.

예를 들어, 현재 월의 매출을 최근 3년간의 동월 데이터와 비교해봅시다. 우선 최종 결과를 바로 확인하기 전에 SQL이 원하는 데이터를 잘 반환하는지 확인합니다.

```sql
SELECT sales_month, sales
,lag(sales,1) over (partition by date_part('month',sales_month)
                    order by sales_month
                    ) as prev_sales_1
,lag(sales,2) over (partition by date_part('month',sales_month)
                    order by sales_month
                    ) as prev_sales_2
,lag(sales,3) over (partition by date_part('month',sales_month)
                    order by sales_month
                    ) as prev_sales_3
FROM retail_sales
WHERE kind_of_business = 'Book stores'
;
```

```
sales_month sales prev_sales_1 prev_sales_2 prev_sales_3
----------- ----- ------------ ------------ ------------
1992-01-01  790   (null)       (null)       (null)
1993-01-01  998   790          (null)       (null)
1994-01-01  1053  998          790          (null)
1995-01-01  1308  1053         998          790
1996-01-01  1373  1308         1053         998
...         ...   ...          ...          ...
```

이전 데이터가 없는 경우에는 null이 반환됐고, 그 외에는 최근 3년간의 동월 매출이 정확하게 계산됐습니다. 이제 이 데이터를 활용해 최근 3년의 월 매출 평균 대비 올해 월 매출 비율을 계산해봅시다.

```
SELECT sales_month, sales
,sales / ((prev_sales_1 + prev_sales_2 + prev_sales_3) / 3) * 100
as pct_of_3_prev
FROM
(
    SELECT sales_month, sales
    ,lag(sales,1) over (partition by date_part('month',sales_month)
                        order by sales_month
                        ) as prev_sales_1
    ,lag(sales,2) over (partition by date_part('month',sales_month)
                        order by sales_month
                        ) as prev_sales_2
    ,lag(sales,3) over (partition by date_part('month',sales_month)
                        order by sales_month
                        ) as prev_sales_3
    FROM retail_sales
    WHERE kind_of_business = 'Book stores'
) a
;

sales_month sales pct_of_3_prev
----------- ----- -------------
1992-01-01  790   (null)
1993-01-01  998   (null)
1994-01-01  1053  (null)
1995-01-01  1308  138.12
1996-01-01  1373  122.69
1997-01-01  1558  125.24
...         ...   ...
2017-01-01  1386  94.67
2018-01-01  1217  84.98
2019-01-01  1004  74.75
...         ...   ...
```

이 결과는 지난 3년간의 월 매출 평균 대비 현재 월의 매출 비율을 보여줍니다. 서점업 매출 평균은 1990년대 중반에는 최근 3년 대비 높았다가 2010년대 후반에는 다시 감소했습니다.

앞서 시간 윈도우 롤링 계산을 학습할 때 위와 같은 계산 방식을 한 번에 처리하는 방법을 알아봤습니다. 바로 Frame 절을 사용하는 방법입니다. avg 윈도우 함수를 Frame 절과 함께 사용하면 더 간단해집니다. PARTITION BY 절에서 date_part 함수를 사용해 같은 월끼리 계산을 수행하게끔 그룹화하고 ORDER BY 절로 정렬합니다. 여기에 Frame 절의 rows between 3 preceding and 1 preceding을 코드에 추가하면 다음과 같이 1행, 2행, 3행 이전의 값을 가져옵니다.

```
SELECT sales_month, sales
,sales / avg(sales) over (partition by date_part('month',sales_month)
                          order by sales_month
                          rows between 3 preceding and 1 preceding
                          ) * 100 as pct_of_prev_3
FROM retail_sales
WHERE kind_of_business = 'Book stores'
;

sales_month sales pct_of_prev_3
----------- ----- -------------
1992-01-01  790   (null)
1993-01-01  998   126.33
1994-01-01  1053  117.79
1995-01-01  1308  138.12
1996-01-01  1373  122.62
1997-01-01  1558  125.17
...         ...   ...
2017-01-01  1386  94.62
2018-01-01  1217  84.94
2019-01-01  1004  74.73
...         ...   ...
```

앞에서 Frame 절을 사용하지 않은 SQL의 수행 결과와 동일한 결과가 반환됩니다.[8]

---

8 옮긴이_ 단, Frame 절을 사용하지 않은 SQL에서는 최근 3년의 값이 모두 null이 아닌 경우에만 평균을 정상적으로 계산하므로 1992년, 1993년, 1994년의 pct_of_3_prev 값이 모두 null로 출력됐습니다. 2장에서, 수식에 null 값이 하나라도 포함되면 해당 수식의 결과가 null이 된다는 점을 언급했습니다.

TIP 앞의 두 결과 데이터셋을 자세히 살펴보면 lag 윈도우 함수를 사용했을 때와 avg 윈도우 함수를 사용했을 때 결과에서 매출의 소수점 아래 값이 미세하게 다릅니다. 이 차이는 데이터베이스가 중간 과정에서 소수점을 반올림하는 방식에 의해 발생했습니다. 이 정도의 작은 값 차이는 대부분 별문제가 되지 않지만 경제 관련 데이터 등 아주 정확한 값이 필요한 데이터를 분석할 때는 주의가 필요합니다.

시계열 분석에서 계절성이 관련된 경우에는 트렌드를 정확히 분석하기 위해 노이즈 제거 과정이 필요할 때가 많습니다. 다중 구간 분석을 활용하면 노이즈가 제거된 트렌드를 확인할 수 있어 특정 시간 구간에 어떤 특징이 있는지 이해하는 데 도움이 됩니다. 시계열 분석에서 정확한 분석 결과를 이끌어내려면 충분한 양의 과거 데이터가 필요하며, 이것이 확보된다면 분석을 통해 인사이트를 얻을 수 있습니다.

3.6 결론

시계열 분석은 강력한 데이터 분석 방법입니다. 이 장에서는 시계열 분석을 위해 날짜 및 시간 데이터를 처리하는 방법, 날짜 차원 테이블을 활용한 시간 윈도우 롤링 계산 방법, 구간 비교 계산과 이를 통해 계절성 패턴을 알아내는 방법을 알아봤습니다. 다음 장에서는 시계열 분석과 관련이 있는 코호트 분석을 자세히 알아봅니다.

CHAPTER 4

코호트 분석

3장에서는 다양한 시계열 분석을 알아봤습니다. 이 장에서는 시계열 분석과 관련해, 비즈니스를 비롯한 여러 분야에서 활용되는 **코호트**cohort(집단) 분석을 알아봅니다.

코호트 분석cohort analysis을 처음 접했던 때가 기억납니다. 당시 필자는 작은 스타트업에서 데이터 분석 업무를 처음으로 맡아 CEO와 구매 데이터 분석을 논의하고 있었습니다. CEO는 고객을 여러 집단으로 나누고 시간에 따른 행동 변화가 발생하는지 집단별로 확인해보자고 제안했습니다. 필자는 그런 분석이 경영대학 전공 서적에서나 다룰 법하며 실제로는 쓸모없다고 생각했습니다. 하지만 감히 CEO의 제안을 거부할 수는 없어 제안대로 분석을 했더니 놀랍게도 좋은 인사이트를 얻었습니다. 고객을 여러 집단으로 나누고 집단별 행동 변화를 추적하는 일은 다양한 편향bias을 제거하고 데이터를 분석하는 데 강력한 방법입니다. 코호트 분석은 집단별 행동 패턴이 어떻게 변화하는지 비교하는 데 유용합니다.

이 장에서는 코호트의 정의와 코호트 분석을 위한 코드 작성법을 알아봅니다. 먼저, 예제에서 사용할 미국 의회 입법가legislator 데이터셋을 소개한 후 리텐션retention 분석을 수행하는 방법과 코호트 정의, 희소 데이터 처리 등 여러 문제 해결 방법을 살펴봅니다. 그다음, 리텐션 분석을 위한 SQL과 비슷한 구조의 SQL로 분석이 가능한 생존자survivorship, 리턴십returnship, 누적 계산cumulative calculation을 알아봅니다. 끝으로, 코호트의 구조 및 성질을 이해하기 위해 코호트 분석과 크로스 섹션 분석을 조합한 분석 방법을 알아봅니다.

4.1 코호트

코드를 작성하기에 앞서 코호트의 정의와 코호트 분석으로 해결 가능한 여러 문제를 알아보고, 분석할 때 고려해야 할 요소를 살펴봅시다.

코호트란 분석을 시작하는 시간 기준으로 동일한 특징을 지닌 집단을 의미합니다. 분석 목적에 따라 사람, 회사, 제품, 물리 현상 등의 개체로 집단을 구성하며, 코호트에서 각 개인은 스스로 가 속한 집단이 무엇인지 인지하고 있을 수 있습니다. 예를 들어, 1학년 학생이 본인이 1학년 그룹의 일원임을, 의약 실험 참여자가 본인이 실험군에 속한 참여자임을 인지하고 있을 수 있습니다. 반대로 소프트웨어 회사가 특정 연도에 가입한 고객을 여러 집단으로 나눠 집단별 멤버십 유지 기간을 비교하는 등, 고객이 본인의 집단을 알아채지 못하도록 가상의 집단을 구성해 분석하기도 합니다. 이처럼 개인이 특정 집단으로 구분돼 있다는 사실을 자각하지 못하는 상태에서 집단별 행동 패턴 차이를 분석하고 그 결과에 따라 각기 다른 처리를 적용하려는 경우 윤리 원칙에 주의해야 합니다.

코호트 분석은 시간에 따른 개체 그룹 간 차이를 비교하는 방법입니다. 중요한 행동 변화를 감지하려면 주 단위, 월 단위 또는 연 단위 분석이 필요하며, 코호트 분석은 이러한 변화를 이해하는 데 유용합니다. 코호트 분석은 집단 특성과 장기간 트렌드의 상관관계를 파악하기 위한 분석 방법이며, 이를 통해 그 원인을 밝히기 위한 가설을 세울 수 있습니다. 예를 들어, 신규 고객 중 광고를 통해 유입된 고객과 지인 추천으로 접속한 고객은 서로 다른 장기 구매 패턴을 보일 수 있습니다. 이때 코호트 분석을 활용해 새로운 사용자 집단을 모니터링하고, 기존 사용자들과 패턴을 비교하며, 특이 사항이 생기면 초기에 파악합니다. 코호트 분석은 히스토리 데이터를 분석하는 데도 사용합니다. 7장에서 다룰 A/B 테스트는 인과관계를 밝히는 데 널리 사용되지만, A/B 테스트를 사용하더라도 우리는 과거로 돌아갈 수도, 과거와 관련된 모든 문제에 대해 테스트해볼 수도 없습니다. 코호트 분석 결과에 인과관계적 의미를 부여하지 않도록 주의를 기울여야 하며, 고객을 이해하고 엄격하게 테스트할 수 있는 가설을 만드는 데 코호트 분석을 활용해야 합니다.

코호트 분석은 코호트 그룹화, 코호트 시계열 데이터, 코호트 행동 집계 지표라는 세 가지 요소로 구성됩니다.

코호트 그룹화cohort grouping는 고객의 첫 구매 날짜, 구독 날짜, 학교 입학 날짜 등 시작 날짜를 기준으로 수행되는 경우가 많습니다. 그 외에도 코호트는 선천적이거나 후천적인 여러 가지 특징을 기준으로 그룹핑되기도 합니다. 선천적 특징으로는 생일, 국적, 회사의 설립 연도 등이 있으며, 후천적 특징으로는 거주 도시, 혼인 여부 등이 있습니다. 이런 다양한 특징들이 데이터에 포함되는 경우에는 시작 날짜에만 기준을 두고 그룹을 나누는 편이 좋습니다. 특징은 계속 변화할 수 있기 때문에, 시작 날짜에 기준을 두지 않으면 개체의 그룹 구분이 모호해질 수 있습니다.

> **NOTE_ 코호트와 세그먼트**
>
> 두 단어는 비슷한 용도로 쓰이거나 심지어 동일한 의미로 간주되기도 하지만 명확히 구별해 사용하는 편이 좋습니다. 코호트는 동일한 시작 날짜와 동일한 기간의 사용자 그룹(또는 개체 그룹)을 의미하고, 세그먼트는 시작 날짜와 상관없이 특정 시기에 동일한 특성을 공유하는 사용자 그룹을 의미합니다. 세그먼트도 코호트와 유사하게 나이 등의 선천적 요소나 행동 특성 등에 기반해 그룹화할 수 있습니다. 동일한 시기(월)에 가입한 사용자 세그먼트라면 하나의 코호트(집단)로도 분류할 수 있습니다. 또한 코호트 분석으로 새로운 특성에 기반한 사용자 그룹화를 수행해 어떤 그룹이 가장 가치 있는 특성을 지니는지 알아볼 수도 있습니다. 리텐션 분석을 비롯해 이 장에서 다룰 여러 가지 분석은 마케팅 관련 데이터를 분석하는 데 유용합니다.

코호트 분석의 두 번째 요소는 **시계열**입니다. 구매 이력, 로그인 이력, 인터랙션 이력, 그 외에도 집단으로 분류될 수 있는 고객이나 개체가 취한 여러 가지 행동 이력 등이 있습니다. 시계열은 개체의 전체 일생을 포함해야 하며, 그렇지 않으면 생존자 편향survivorship bias이 발생할 수 있습니다. 생존자 편향은 이탈하지 않고 끝까지 남아 있는 고객의 데이터만 데이터셋에 남아 있는 경우에 발생합니다. 이탈한 고객은 데이터셋에 남아 있지 않아 새로운 집단과 비교 시 편향된 결과가 나올 수 있습니다(4.5절 '코호트를 활용한 크로스 섹션 분석'의 '생존자 편향' 참고). 또한 분석하려는 개체의 행동 이력을 관찰하기에 충분한 양의 시계열 데이터를 확보하는 일도 중요합니다. 예를 들어, 고객이 상품을 한 달에 한 번 구매한다면 여러 달에 걸친 시계열 데이터가 필요하고, 일 년에 한 번 구매한다면 수 년에 걸친 시계열 데이터가 필요합니다. 당연한 말이지만 최근 유입된 고객은 오래전에 유입된 고객보다 더 짧은 기간의 데이터를 가집니다. 코호트 분석에서는 이를 정규화하기 위해 일, 월 등의 단위보다는 시작 날짜부터 현재까지 특정 시간 단위로 지정된 '구간 개수'를 단위로 사용합니다. 이 방법으로 특정 날짜와 상관없이 구간1, 구간2 등으로 구간을 나눈 뒤 구간의 흐름에 따른 변화를 관찰합니다. 구간 간격으로는 분석 목적에 따라 일, 주, 월 또는 연 단위를 사용합니다.

코호트 분석의 세 번째 요소인 **집계 지표**aggregate metric로는 고객의 지속적인 서비스 사용 또는 제품 구매 등 조직의 현황을 나타내주는 지표를 사용합니다. 집계 지표를 분석할 때는 코호트별 `sum`, `count`, `avg` 함수 등을 주로 사용하며 상황에 따라 적절한 집계 함수를 사용하면 됩니다.

결괏값은 시계열 형태이며 이를 통해 시간에 따른 행동 변화를 이해할 수 있습니다.

이 장에서는 리텐션, 생존자, 리턴십(반복 구매 행동), 누적 계산이라는 네 가지 유형의 코호트 분석을 다룹니다.

- **리텐션**

  리텐션은 고객의 활동 시작 날짜로부터 행동 데이터가 저장된 시간 구간의 개수를 의미합니다. 온라인 게임 플레이, 제품 사용, 구독 서비스 갱신 등의 반복적인 고객 행동이 관찰될 때 유용한 분석 방법으로, 제품이나 서비스가 얼마나 매력적으로 고객의 재방문을 유도하는지, 과거에 비춰봤을 때 앞으로 얼마나 많은 고객이 더 방문할지 분석하는 데 활용합니다.

- **생존자**

  생존자는 특정 이벤트에 대한 행동 횟수와 상관없이, 데이터셋의 특정 시간 구간에서 이탈하지 않고 남아 있는 개체의 비율을 의미합니다. 활동을 그만두거나 사망하지 않고 남아 있는 긍정적 의미의 생존 비율도 있고, 아직 미션을 끝마치지 못했거나 요구사항을 만족시키지 못한 상태로 남아 있는 부정적 의미의 생존 비율도 있습니다.

- **리턴십**

  리턴십(반복 구매 행동)은 일정한 시간 구간에서 특정 행동의 최소 임계값 이상(주로 1회 이상) 발생 여부를 의미합니다. 이 분석은 소매업과 같이 간헐적으로 발생하고 예측 불가능한 상황을 분석할 때, 일정한 시간 윈도우 내에서 집단별 반복 구매 패턴을 비교하는 데 유용합니다.

- **누적 계산**

  누적 계산은 이벤트 발생 시간과 상관없이, 하나 이상의 시간 윈도우에서 발생한 이벤트 수 또는 전체 이벤트 발생 수를 의미합니다. 고객 생애 가치(LTV[lifetime value] 또는 CLTV[customer lifetime value]) 계산에서 주로 사용됩니다.

이와 같은 네 가지 코호트 분석은 시간에 따른 집단 간 차이를 비교해 더 나은 제품 개발, 마케팅, 재무의사결정을 하는 데 활용됩니다. 계산 방법은 모두 비슷하므로 먼저 리텐션 계산 방법을 알아보고 코드를 조금씩 수정하면서 다른 유형의 계산 과정을 살펴봅니다. 코호트 분석을 시작하기에 앞서 이 장에서 사용할 데이터셋을 알아봅시다.

4.2 데이터셋: 미국 의회 입법가

이 장의 SQL 예제에서는 미국의 과거 및 현재 국회의원 데이터셋[1]을 사용합니다. 미국 의회는 법을 제정하는 역할을 하므로 국회의원을 입법가legislator라고 부르기도 합니다. 이 데이터셋은 JSON 파일이므로 이 책의 깃허브에 데이터를 분석에 용이한 형태로 변환해 예제 코드와 함께 올려놓았습니다. 이를 참고해 직접 실습해보기 바랍니다.

데이터에 관한 자세한 내용은 원본 데이터셋의 깃허브에서 제공하므로 책에서는 미국 정부에 대해서만 간략히 알아봅시다.

미국 의회는 상원의원(데이터셋에서 'sen'로 표기)과 하원의원(데이터셋에서 'rep'로 표기)이 있습니다. 상원의원은 주당 두 명이며 임기는 6년입니다. 하원의원은 해당 주의 인구 수에 비례한 수만큼 할당돼 각자 본인의 지역구를 담당하며 임기는 2년입니다. 사망하거나 상부의 지시로 임기를 다 채우지 못하는 경우도 있습니다. 입법가는 오래 재임in office할수록 리더로서의 권력과 영향력이 강해지므로 대개 임기가 끝나면 재선에 출마합니다. 입법가는 정당에 소속되거나 무소속으로 활동하는데, 요즘은 대부분 민주당 또는 공화당 소속이며 두 정당은 팽팽한 라이벌 관계를 유지하고 있습니다. 입법가는 재임 중에 정당을 바꾸기도 합니다.

분석에는 legislators와 legislators_terms라는 두 테이블을 사용합니다. legislators 테이블에는 데이터셋에 포함된 모든 의원의 명단과 생일, 성별 그리고 다른 데이터셋에서 해당 의원의 정보를 받아오기 위한 ID 값이 저장돼 있습니다. legislators_terms 테이블에는 의원의 임기 시작 날짜와 종료 날짜, 의원 유형, 소속 정당이 저장돼 있습니다. id_bioguide 필드는 의원의 고유 식별자로 사용되며 두 테이블 모두에 저장돼 있습니다. [그림 4-1]은 legislators 테이블의 샘플 데이터, [그림 4-2]는 legislators_terms 테이블의 샘플 데이터입니다.

---

[1] *https://github.com/unitedstates/congress-legislators*

*	full_name	first_name	last_name	birthday	gender	🔑 id_bioguide	id_govtrack
1	Sherrod Brown	Sherrod	Brown	1952-11-09	M	B000944	400050
2	Maria Cantwell	Maria	Cantwell	1958-10-13	F	C000127	300018
3	Benjamin L. Cardin	Benjamin	Cardin	1943-10-05	M	C000141	400064
4	Thomas R. Carper	Thomas	Carper	1947-01-23	M	C000174	300019
5	Robert P. Casey, Jr.	Robert	Casey	1960-04-13	M	C001070	412246
6	Dianne Feinstein	Dianne	Feinstein	1933-06-22	F	F000062	300043
7	Russ Fulcher	Russ	Fulcher	1973-07-19	M	F000469	412773
8	Amy Klobuchar	Amy	Klobuchar	1960-05-25	F	K000367	412242
9	Robert Menendez	Robert	Menendez	1954-01-01	M	M000639	400272
10	Bernard Sanders	Bernard	Sanders	1941-09-08	M	S000033	400357
11	Debbie Stabenow	Debbie	Stabenow	1950-04-29	F	S000770	300093
12	Jon Tester	Jon	Tester	1956-08-21	M	T000464	412244
13	Sheldon Whitehouse	Sheldon	Whitehouse	1955-10-20	M	W000802	412247
14	Nanette Diaz Barragán	Nanette	Barragán	1976-09-15	F	B001300	412687
15	John Barrasso	John	Barrasso	1952-07-21	M	B001261	412251
16	Roger F. Wicker	Roger	Wicker	1951-07-05	M	W000437	400432
17	Lamar Alexander	Lamar	Alexander	1940-07-03	M	A000360	300002
18	Susan M. Collins	Susan	Collins	1952-12-07	F	C001035	300025
19	John Cornyn	John	Cornyn	1952-02-02	M	C001056	300027

그림 4-1 legislators 테이블 샘플

*	id_bioguide	🔑 term_id	term_type	term_start	term_end	state	district	party
1	B000944	B000944-0	rep	1993-01-05	1995-01-03	OH	13	Democrat
2	C000127	C000127-0	rep	1993-01-05	1995-01-03	WA	1	Democrat
3	C000141	C000141-0	rep	1987-01-06	1989-01-03	MD	3	Democrat
4	C000174	C000174-0	rep	1983-01-03	1985-01-03	DE	0	Democrat
5	C001070	C001070-0	sen	2007-01-04	2013-01-03	PA	(null)	Democrat
6	F000062	F000062-0	sen	1992-11-10	1995-01-03	CA	(null)	Democrat
7	F000469	F000469-0	sen	2019-01-03	2021-01-03	ID	1	Republican
8	K000367	K000367-0	sen	2007-01-04	2013-01-03	MN	(null)	Democrat
9	M000639	M000639-0	rep	1993-01-05	1995-01-03	NJ	13	Democrat
10	S000033	S000033-0	rep	1991-01-03	1993-01-03	VT	0	Independent
11	S000770	S000770-0	rep	1997-01-07	1999-01-03	MI	8	Democrat
12	T000464	T000464-0	sen	2007-01-04	2013-01-03	MT	(null)	Democrat
13	W000802	W000802-0	sen	2007-01-04	2013-01-03	RI	(null)	Democrat
14	B001300	B001300-0	rep	2017-01-03	2019-01-03	CA	44	Democrat
15	B001261	B001261-0	sen	2007-06-25	2013-01-03	WY	(null)	Republican
16	W000437	W000437-0	rep	1995-01-04	1997-01-03	MS	1	Republican
17	A000360	A000360-0	sen	2003-01-07	2009-01-03	TN	(null)	Republican
18	C001035	C001035-0	sen	1997-01-07	2003-01-03	ME	(null)	Republican
19	C001056	C001056-0	sen	2002-11-30	2003-01-03	TX	(null)	Republican

그림 4-2 legislators_terms 테이블 샘플

코호트 분석이 무엇인지 살펴보고 예제에서 사용할 데이터셋을 알아봤으니 리텐션 분석을 위한 SQL 코드를 작성해봅시다. 여기서 SQL을 통해 확인해볼 내용은 '의원이 취임하면 얼마나 오랫동안 자리를 유지하는가?'입니다.

4.3 리텐션

리텐션 분석retention analysis은 대표적인 코호트 분석 방법입니다. 리텐션의 사전적 의미는 무언가를 계속 유지하거나 지속되게 한다는 뜻입니다. 고객을 계속 유지하는 데는 많은 기술이 필요합니다. 기업에서는 기존 고객이 계속해서 상품을 구매하거나 서비스를 이용하기를 원합니다. 새로운 고객을 확보하는 비용보다 기존 고객을 유지하는 비용이 더 적기 때문입니다. 예를 들어, 고용주는 새로운 직원을 고용하는 데 돈과 시간이 많이 들기 때문에 기존 직원을 계속 유지하고 싶어 하며, 비슷한 맥락으로 한번 선출된 의원은 유권자들이 원하는 일을 계속하기 위해 연임을 노립니다.

리텐션 분석에서는 코호트 크기(구독자 수, 직원 수, 소비 금액 등)가 시간이 흐를수록 유지되는지, 감소하는지, 증가하는지 확인하는 일이 중요합니다. 증가하거나 감소한다면 그 변화 정도나 속도도 살펴봐야 합니다. 대부분의 리텐션 분석에서 코호트의 크기는 시간이 흐를수록 감소합니다. 코호트가 한번 정해지면 새로운 멤버를 추가할 수는 없기 때문입니다. 크기와 달리 코호트의 수익은 줄어들지 않고 오히려 증가하기도 합니다. 예를 들어, 고객이 첫 달보다는 두 번째 달부터 더 많은 소비를 한다면 코호트에서 몇 명이 중간에 이탈하더라도 전체 수익은 증가합니다.

리텐션 분석으로, 데이터셋의 시작 날짜부터 구간별로 count 함수를 사용해 개체의 수를 세거나, sum 함수를 사용해 고객이 사용한 금액의 합계 또는 고객의 행동 수를 구합니다. 그리고 이 값을 정규화하기 위해 각 구간의 값을 첫 구간의 값으로 나누면 첫 구간의 리텐션 값이 100%가 되며, 그 이후의 구간은 첫 구간 대비 비율로 나타냅니다. 개체 수 리텐션 값은 시간이 흐를수록 유지되거나 감소할 수는 있지만 절대 100%를 초과하지 않습니다. 반면에 앞서 설명했듯 수익이나 행동 수 리텐션은 증가하기도 합니다. 리텐션 분석 결과는 주로 리텐션 커브retention curve를 나타내는 표나 그래프 형태로 표현됩니다. 이어지는 절에서 다양한 리텐션 커브를 알아봅니다.

리텐션 커브 그래프는 코호트를 비교하는 데 활용됩니다. 리텐션 분석 결과에서 살펴볼 첫 번째 특징은 처음 몇 구간 내 리텐션 커브 양상입니다. 많은 모바일 쇼핑 앱에서 처음 몇 달 만에 코호트의 절반을 잃게 되는 등, 처음 몇 구간에 커브가 급격히 내려가는 경우가 많습니다. 만약 코호트별로 리텐션 커브에 차이가 있다면 제품 또는 고객 유입의 변화로 인한 차이일 수 있으므로 그 원인이 무엇인지 자세히 살펴보면 좋습니다. 두 번째 특징은 처음 몇 구간 이후의 리텐션 커브 양상입니다. 계속 평평하게 유지되는지 혹은 0이 될 때까지 계속해서 감소하는지 살펴봅니다. 평평한 커브는 대부분의 코호트가 이탈하지 않고 계속 유지됨을 의미합니다. 반면 이탈했던 코호트 멤버가 돌아오거나 활동을 하지 않던 멤버가 다시 활동을 시작하는 경우가 있는데, 이때 리텐션 커브는 떨어졌다가 다시 상승하는 스마일 커브를 보입니다. 마지막으로, 구독 수익을 나타내는 리텐션 커브는 고객별 수익 증가, SaaS 소프트웨어 사업 현황 등을 모니터링하는 데 활용됩니다.

이어서 리텐션 분석 방법, 시계열 데이터와 다른 테이블의 속성을 이용한 코호트 그룹화 방법, 시계열 데이터에서 발생하는 결측 데이터나 희소 데이터를 처리하는 방법을 알아봅니다. 그리고 이 분석 프레임워크를 활용해 다른 유형의 코호트 분석 방법도 살펴봅니다.

4.3.1 기본 리텐션 계산하기

리텐션 분석에는 코호트 정의, 시계열 데이터, 해당 조직 및 프로세스에 적절한 집계 연산이라는 세 가지 요소가 필요합니다. 예제에서 다룰 데이터셋을 예로 들면, 코호트 멤버는 의원, 시계열 데이터는 각 의원의 임기, 집계 연산은 시작 날짜부터 구간별로 재임 중인 의원 수입니다.

다양한 코호트 그룹화 예제를 알아보기에 앞서 기본 리텐션을 계산해봅시다. 먼저, 각 의원이 첫 임기를 시작한 날짜(`first_term`)를 확인합니다. 이 날짜를 기준으로 각 의원이 재임하는 구간의 수를 계산합니다. 이를 위해 `min` 함수를 사용해 `term_start`의 최솟값을 구하고 의원별 고유 ID인 `id_bioguide`별로 그룹화를 수행합니다.

```
SELECT id_bioguide
,min(term_start) as first_term
FROM legislators_terms
GROUP BY 1
;

id_bioguide first_term
----------- ----------
A000118     1975-01-14
P000281     1933-03-09
K000039     1933-03-09
...         ...
```

다음으로, 위 쿼리를 서브쿼리로 사용하고 self-JOIN을 수행해 시계열 데이터를 생성합니다. age 함수로 의원별 term_start와 first_term 사이의 간격을 계산하고, 결과에 date_part 함수를 사용해 연도의 숫자 값을 가져와 구간을 구분합니다. 여기서 연도를 period의 값으로 사용하는 이유는 의원 선거 주기가 2년 또는 6년이기 때문입니다. 연도 대신 월, 주, 일 등의 인터벌을 사용하면 그래프로 나타냈을 때 평평한 구간을 찾기 힘들 정도로 값의 변동이 클 수 있습니다. count 함수를 사용해 계산한 cohort_retained는 각 구간마다 재임 중인 의원 수를 의미합니다.

```
SELECT date_part('year',age(b.term_start,a.first_term)) as period
,count(distinct a.id_bioguide) as cohort_retained
FROM
(
    SELECT id_bioguide, min(term_start) as first_term
    FROM legislators_terms
    GROUP BY 1
) a
JOIN legislators_terms b on a.id_bioguide = b.id_bioguide
GROUP BY 1
;

period cohort_retained
------ ---------------
0      12518
1      3600
2      3619
...    ...
```

TIP datediff 함수를 지원하는 데이터베이스에서는 위 코드처럼 date_part 함수와 age 함수를 사용하지 않고 다음과 같이 간단히 작성하면 됩니다.

```
datediff('year',first_term,term_start)
```

오라클을 비롯한 몇몇 데이터베이스에서는 다음처럼 인자 순서를 다르게 사용하기도 합니다.

```
datediff(first_term,term_start,'year')
```

구간별로 재임 중인 의원 수를 계산했습니다. 마지막으로, 전체 cohort_size를 구해 새로운 열로 추가한 다음, 각 행에서 cohort_retained 값을 전체 cohort_size로 나눠서 남아 있는 의원의 비율을 계산해봅시다. first_value 윈도우 함수를 PARTITION BY 절, ORDER BY 절과 함께 사용하면 파티션별로 첫 번째 날짜의 레코드를 반환합니다. 이 방법을 사용하면 구간별 코호트 크기를 계산하기가 편합니다. 여기서는 전체 cohort_size를 구하기 위해 특정 파티션별 첫 레코드가 아닌 전체 데이터셋에서의 첫 레코드를 사용하므로, 다음과 같이 굳이 PARTITION BY 절을 사용하지 않고 cohort_size를 구합니다.

```
first_value(cohort_retained) over (order by period) as cohort_size
```

구간별 재임 중인 의원의 비율을 구하기 위해, cohort_retained 값을 cohort_size로 나누면 첫 구간 대비 구간별 코호트 크기 비율이 나옵니다.

```
SELECT period
,first_value(cohort_retained) over (order by period) as cohort_size
,cohort_retained
,cohort_retained * 1.0 /
first_value(cohort_retained) over (order by period) as pct_retained
FROM
(
    SELECT date_part('year',age(b.term_start,a.first_term)) as period
    ,count(distinct a.id_bioguide) as cohort_retained
    FROM
    (
        SELECT id_bioguide, min(term_start) as first_term
        FROM legislators_terms
        GROUP BY 1
    ) a
    JOIN legislators_terms b on a.id_bioguide = b.id_bioguide
    GROUP BY 1
) aa
;

period cohort_size cohort_retained pct_retained
------ ----------- --------------- ------------
0      12518       12518           1.0000
1      12518       3600            0.2876
2      12518       3619            0.2891
...    ...         ...             ...
```

리텐션 계산을 완료했습니다. 결과 데이터를 보면 0번 구간 이후로 의원 수가 급격하게 떨어집니다. 이 결과를 [그림 4-3]과 같이 그래프로 그려보면, 리텐션 커브가 처음에 급격하게 줄어든 뒤 계속 평평하게 이어지다가 결국 0에 수렴하는 양상이 한눈에 보입니다. 결국에는 아주 오래 재임한 의원마저 모두 사망하거나 은퇴해 아무도 남지 않게 됩니다.

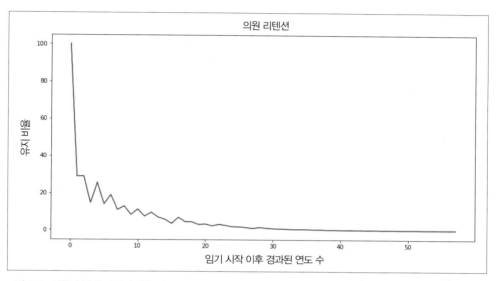

그림 4-3 의원의 첫 임기 시작 이후 리텐션

코호트 리텐션 분석 결과를 표 형식으로 정리해 출력해봅시다. CASE 문과 집계 함수를 사용해 결과 데이터를 피벗해 보기 좋게 출력합니다. 여기서는 임의로 max 집계 함수를 사용했으며, min이나 avg 등 다른 집계 함수를 사용하더라도 같은 결과를 반환합니다. 다음 코드에서는 예시를 위해 0부터 4까지의 연도 구간까지만 계산했지만 원한다면 그 뒤의 구간도 코드에 추가하면 됩니다.

```
SELECT cohort_size
,max(case when period = 0 then pct_retained end) as yr0
,max(case when period = 1 then pct_retained end) as yr1
,max(case when period = 2 then pct_retained end) as yr2
,max(case when period = 3 then pct_retained end) as yr3
,max(case when period = 4 then pct_retained end) as yr4
FROM
(
```

```
SELECT period
,first_value(cohort_retained) over (order by period)
 as cohort_size
,cohort_retained * 1.0
 / first_value(cohort_retained) over (order by period)
 as pct_retained
FROM
(
    SELECT
    date_part('year',age(b.term_start,a.first_term)) as period
    ,count(distinct a.id_bioguide) as cohort_retained
    FROM
    (
        SELECT id_bioguide, min(term_start) as first_term
        FROM legislators_terms
        GROUP BY 1
    ) a
    JOIN legislators_terms b on a.id_bioguide = b.id_bioguide
    GROUP BY 1
) aa
) aaa
GROUP BY 1
;

cohort_size yr0    yr1    yr2    yr3    yr4
----------- ------ ------ ------ ------ ------
12518          1.0000 0.2876 0.2891 0.1463 0.2564
```

리텐션 비율이 매우 낮을 뿐 아니라 그래프에서 관찰한 대로 처음 몇 년간의 리텐션 비율이 들
쑥날쑥합니다. 이러한 결과가 나오는 첫 번째 이유는, 하원의원은 임기가 2년이고 상원의원은
임기가 6년인데 데이터셋에는 의원별 각 임기의 시작 날짜만 저장돼 있기 때문입니다. 임기 종
료 날짜가 저장돼 있지 않으므로, 각 의원이 새롭게 임기를 시작하기 전에 이미 의원직을 수행
한 경험이 있더라도 임기가 2년이었는지 혹은 6년이었는지 알 수 없습니다. 따라서 연도별 리
텐션 분석이 적절하게 수행됐다고 볼 수 없습니다. 보다 정확히 분석하려면 2년 또는 6년 주기
에 맞춰 분석을 수행하거나, '결측' 데이터를 찾아 적절한 방법으로 채워 넣는 방법이 있습니다.
이어서 주기를 맞춰 리텐션 분석을 수행하는 방법을 알아봅시다.

4.3.2 시계열을 조절해 리텐션 정확도 향상하기

2장에서 학습한 결측 데이터 처리 방법을 되짚어보고, 의원 리텐션 분석에서 리텐션 커브를 더 부드럽게 만들고 데이터 신뢰도를 높이는 데 활용해봅시다. 코호트 분석에서 시계열 데이터를 다룰 때는 데이터가 잘 저장돼 있는지만 확인할 것이 아니라 데이터가 현재를 정확하게 반영하는지, 각 시간 구간에서 손실된 개체는 없는지 확인해야 합니다. 데이터셋에 포함된 특정 개체의 이벤트가 데이터에 포함되지 않는 시간 구간에서도 지속되는 경우 문제가 발생할 수 있습니다. 예를 들어, 소프트웨어 구독료를 지불한 고객의 내역이 데이터셋에 저장돼 있지만, 그 이후에 고객이 몇 달 또는 몇 년 동안 소프트웨어를 사용한 정보는 데이터에 포함되지 않을 수도 있습니다. 이 문제를 해결하려면 고객이 소프트웨어 사용을 끝낸 날짜나 구독 기간과 같이, 소프트웨어를 사용한 전체 기간을 계산할 수 있는 데이터를 확보해야 합니다. 시작 날짜와 종료 날짜가 언제인지 알면 특정 이벤트가 정확히 어느 기간 동안 발생했는지 계산할 수 있습니다.

입법가 데이터셋에 의원의 임기 시작 날짜는 저장돼 있지만, 2년 또는 6년과 같이 의원직을 수행할 자격이 부여된 '기간'에 대한 데이터가 손실된 상태입니다. 이 문제를 해결하고 리텐션 커브를 더 부드럽게 만들려면 실제로 재임한 기간에 대한 결측값을 채워 넣어야 합니다. 데이터셋에는 임기가 끝나는 term_end 값이 저장돼 있으므로 임기 시작 날짜와 종료 날짜 사이의 기간을 계산해봅시다. 추가로, 데이터셋이 종료 날짜를 포함하지 않을 때 임의로 설정하는 방법도 알아봅니다.

임기 시작 날짜와 종료 날짜를 이용하면 리텐션 분석이 가장 정확해집니다. 이번 예제에서는 한 해의 마지막 날인 12월 31일에 재임 중이라면 해당 연도에 재임 중인 의원으로 간주합니다. 미국 수정 헌법 제20조 이전에는 임기가 3월 4일에 시작했으나, 이후에는 1월 3일에 시작하거나, 1월 3일이 공휴일이면 그다음 평일에 시작하도록 변경됐습니다. 공석을 채우기 위한 특별 선거나 특별 임명으로 의원이 선출되는 경우에는 1월 3일이 아닌 날에 임기가 시작하기도 합니다. 따라서 임기 시작을 의미하는 term_start 필드의 날짜는 대부분 1월에 몰려 있지만 다른 날짜도 여럿 저장돼 있습니다. 12월 31일을 기준으로 해당 연도에 재임 중인지 판단하는 이유는 바로 이렇게 각기 다른 임기 시작 날짜를 정규화하기 위함입니다.

먼저, 12월 31일에 재임 중인 입법가 데이터셋을 생성합니다. 다음 예제 코드처럼 first_term 값을 반환하는 서브쿼리의 결과와 legislators_terms 테이블에 JOIN을 수행해 각 의원의 임기별 시작 날짜 term_start와 종료 날짜 term_end 값을 가져옵니다. 그리고 날짜 차원 date_dim 테이블에 다시 JOIN을 수행해 term_start와 term_end 사이의 날짜 중 12월 31일이 있는지 확인합니다. period는 age 함수를 활용해 date_dim에서 반환했던 날짜와 first_term 사이의 연도 값을 계산한 것입니다. 임기가 1월에 시작해 12월 31일까지 무려 11개월 넘게 유지됐더라도 다음 해로 넘어가지 않았다면 period는 0입니다.

```
SELECT a.id_bioguide, a.first_term
,b.term_start, b.term_end
,c.date
,date_part('year',age(c.date,a.first_term)) as period
FROM
(
    SELECT id_bioguide, min(term_start) as first_term
    FROM legislators_terms
    GROUP BY 1
) a
JOIN legislators_terms b on a.id_bioguide = b.id_bioguide
LEFT JOIN date_dim c on c.date between b.term_start and b.term_end
and c.month_name = 'December' and c.day_of_month = 31
;

id_bioguide first_term term_start term_end   date       period
----------- ---------- ---------- ---------- ---------- ------
B000944     1993-01-05 1993-01-05 1995-01-03 1993-12-31 0
B000944     1993-01-05 1993-01-05 1995-01-03 1994-12-31 1
C000127     1993-01-05 1993-01-05 1995-01-03 1993-12-31 0
...         ...        ...        ...        ...        ...
```

> **TIP** 날짜 차원 테이블을 사용할 수 없는 경우, 필요한 날짜를 서브쿼리에서 생성해 사용하기 위한 대안이 몇 가지 있습니다. 데이터베이스에서 generate_series 함수를 지원한다면 원하는 날짜 차원 테이블을 반환하는 서브쿼리를 만들 수 있습니다. 예를 들어, 다음 쿼리를 수행하면 1770년 12월 31일부터 2020년 12월 31일까지 1년 주기의 날짜 차원 테이블이 생성됩니다.
>
> ```
> SELECT generate_series::date as date
> FROM generate_series('1770-12-31','2020-12-31',interval '1 year')
> ```

이 쿼리 결과는 나중을 위해 테이블이나 뷰로 저장해두면 좋습니다. 혹은 날짜 데이터가 저장된 데이터셋 또는 테이블을 구하고, 여기서 쿼리를 수행해 필요한 날짜 차원 테이블을 생성하는 방법도 있습니다. 테이블에서 필요한 연도 값만 가져온 뒤 make_date 함수로 12월 31일 날짜를 만들어 각 연도 값에 이어 붙이면 연도별 12월 31일 날짜가 생성됩니다.

```
SELECT distinct make_date(date_part('year',term_start)::int,12,31)
FROM legislators_terms
```

이 밖에도 원하는 날짜 차원 테이블을 생성하는 방법은 다양하니 쉽고 간편한 방법을 골라 사용합시다.

위 코드는 12월 31일을 기준으로 하는 의원별 재임 연도를 date 필드에 출력합니다. 이제 새로 계산한 재임 연도를 구간으로 삼아 id_bioguide의 개수를 세고 cohort_retained를 계산해봅시다. period의 값이 null인 경우에는 2장에서 배운 coalesce 함수를 사용해 기본값을 0으로 설정합니다. 그러면 의원의 임기가 시작한 연도와 끝나는 연도가 같은 경우 period를 0으로 처리합니다.

```
SELECT
coalesce(date_part('year',age(c.date,a.first_term)),0) as period
,count(distinct a.id_bioguide) as cohort_retained
FROM
(
    SELECT id_bioguide, min(term_start) as first_term
    FROM legislators_terms
    GROUP BY 1
) a
JOIN legislators_terms b on a.id_bioguide = b.id_bioguide
LEFT JOIN date_dim c on c.date between b.term_start and b.term_end
and c.month_name = 'December' and c.day_of_month = 31
GROUP BY 1
;

period cohort_retained
------ ---------------
0      12518
1      12328
2      8166
...    ...
```

마지막으로, 앞서 first_value 윈도우 함수를 사용한 방법으로 코호트의 크기(cohort_size)와 리텐션 비율(pct_retained)을 구합니다.

```
SELECT period
,first_value(cohort_retained) over (order by period) as cohort_size
,cohort_retained
,cohort_retained * 1.0 /
first_value(cohort_retained) over (order by period) as pct_retained
FROM
(
    SELECT coalesce(date_part('year',age(c.date,a.first_term)),0) as period
    ,count(distinct a.id_bioguide) as cohort_retained
    FROM
    (
        SELECT id_bioguide, min(term_start) as first_term
        FROM legislators_terms
        GROUP BY 1
    ) a
    JOIN legislators_terms b on a.id_bioguide = b.id_bioguide
    LEFT JOIN date_dim c on c.date between b.term_start and b.term_end
    and c.month_name = 'December' and c.day_of_month = 31
    GROUP BY 1
) aa
;
```

period	cohort_size	cohort_retained	pct_retained
0	12518	12518	1.0000
1	12518	12328	0.9848
2	12518	8166	0.6523
...	...	...	...

결과를 그래프로 나타내면 [그림 4-4]와 같습니다. 리텐션 분석 결과는 전보다 훨씬 정확합니다. 임기가 2년 또는 6년이므로 의원들은 대부분 선출 다음 해인 1번 구간까지 재임합니다. 2번 구간부터 그래프가 급락하는 이유는 재선에 실패하거나 도전하지 않는 사람이 많기 때문입니다.

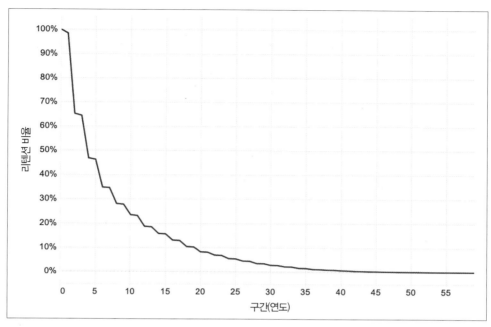

그림 4-4 임기 조정 후의 의원 리텐션

데이터셋에 종료 날짜 데이터가 없을 때 이를 대신하는 방법이 몇 가지 있습니다. 첫 번째는 서비스 구독 기간이나 의원 임기처럼 분석하려는 이벤트의 유지 기간을 이미 알고 있는 경우에, 크기가 고정된 인터벌을 시작 날짜에 추가하는 방법입니다. 즉, term_start 값에 크기가 고정된 인터벌을 더한 날짜 값을 종료 날짜로 삼아 리텐션 분석을 수행합니다. 여기서는 CASE 문을 사용해 상원의원 및 하원의원의 임기를 각각 6년, 2년씩 더합니다.

```
SELECT a.id_bioguide, a.first_term
,b.term_start
,case when b.term_type = 'rep' then b.term_start + interval '2 years'
     when b.term_type = 'sen' then b.term_start + interval '6 years'
     end as term_end
FROM
(
    SELECT id_bioguide, min(term_start) as first_term
    FROM legislators_terms
    GROUP BY 1
) a
JOIN legislators_terms b on a.id_bioguide = b.id_bioguide
```

```
;

id_bioguide first_term term_start term_end
----------- ---------- ---------- -------------------
B000944     1993-01-05 1993-01-05 1995-01-05 00:00:00
C000127     1993-01-05 1993-01-05 1995-01-05 00:00:00
C000141     1987-01-06 1987-01-06 1989-01-06 00:00:00
...         ...        ...        ...
```

이 코드를 앞서 사용한 리텐션 분석 코드와 함께 사용해 period와 pct_retained를 구할 수
도 있습니다. 다만 의원이 정해진 임기를 다 채운다고 가정하므로, 의원이 사망하거나 다른 자
리에 임명돼 정해진 임기를 다 채우지 못하는 경우를 고려하지 않는다는 단점이 있습니다.

종료 날짜 데이터가 없을 때 사용할 두 번째 방법으로, 다음 시작 날짜에서 하루를 뺀 값을 종
료 날짜로 사용합니다. lead 윈도우 함수를 사용해 다음 행을 가져올 수 있다는 점은 이미 알
고 있을 겁니다. lead는 3장에서 사용한 lag와 사용법이 같지만 ORDER BY 절로 정렬된 상태
에서 앞의 행이 아니라 뒤의 행을 반환한다는 차이가 있습니다. 여기서는 lead 윈도우 함수
에 따로 인자를 지정하지 않고 기본값인 1을 사용해 바로 다음 행을 가져옵니다. 시작 날짜인
term_start에 lead를 사용해 바로 다음 행(다음 임기 시작 날짜)의 값을 가져오고 하루를 빼
서 종료 날짜로 사용합시다.

```sql
SELECT a.id_bioguide, a.first_term
,b.term_start
,lead(b.term_start) over (partition by a.id_bioguide
                          order by b.term_start)
 - interval '1 day' as term_end
FROM
(
    SELECT id_bioguide, min(term_start) as first_term
    FROM legislators_terms
    GROUP BY 1
) a
JOIN legislators_terms b on a.id_bioguide = b.id_bioguide
ORDER BY 1,3
;

id_bioguide first_term term_start term_end
----------- ---------- ---------- -------------------
A000001     1951-01-03 1951-01-03 (null)
```

```
A000002      1947-01-03 1947-01-03 1949-01-02 00:00:00
A000002      1947-01-03 1949-01-03 1951-01-02 00:00:00
...          ...        ...        ...
```

이 코드도 마찬가지로 앞서 사용한 리텐션 분석 코드에 붙여 사용할 수 있습니다. 단, 몇 가지 단점이 있습니다. 첫 번째로, 의원직을 한 번만 수행해서 다음 임기가 없는 경우에는 lead 함수가 null을 반환하므로 임기 종료 날짜인 term_end에 null이 저장됩니다. 이를 방지하고자 null을 대신하는 특정 기본값을 설정하기도 합니다. 두 번째 단점은 의원 임기가 항상 연속적으로 이어진다고 가정한다는 점입니다. 물론 대부분 중간에 쉬지 않고 임기를 이어가다가 은퇴하지만, 중간에 몇 년간 의원 활동을 쉬는 사람도 있을 수 있습니다.

이렇듯 결측값을 채울 때는 혹시 잘못된 가정을 하지는 않았는지 주의 깊게 살펴야 합니다. 서비스 구독 기간이나 의원 임기 등을 분석할 때 시작 날짜와 종료 날짜가 명시적으로 주어진다면 정확한 분석이 가능합니다. 종료 날짜가 없다면 앞서 배운 대로 크기가 고정된 인터벌을 추가하거나 다음 시작 날짜에서 하루를 뺀 값을 종료 날짜로 사용하면 됩니다. 이 방법은 대부분의 의원이 중간에 임기를 그만두지 않고 계속 수행한다고 가정하므로 예외 상황을 모두 커버하지는 못한다는 한계가 있습니다.

기본적인 리텐션 커브를 계산하고 결측값을 보정하는 방법을 배웠으니 코호트 그룹별로 리텐션 분석을 수행해봅시다. 그룹 간 리텐션 비교는 코호트 분석을 수행하는 중요한 이유입니다. 이어서 시계열 데이터에서 코호트 그룹을 만드는 방법과 다른 테이블의 데이터를 가져와 코호트 그룹을 만드는 방법을 알아봅니다.

4.3.3 시계열 데이터에서 코호트 분석하기

이어서 개체를 코호트로 나누는 방법을 살펴봅시다. 이 절에서는 어떻게 시계열 데이터에서 코호트를 그룹화하는지 알아봅니다. 먼저 시계열 데이터에서 개체가 처음 등장한 날짜를 기준으로 하는 시간 기반 코호트를 알아본 다음, 시간 이외의 속성을 기반으로 한 코호트를 만드는 방법을 살펴봅니다.

일반적으로 코호트를 만드는 방법은 개체가 시계열에 처음 나타나는 날짜나 시간을 기준으로 코호트를 나누는 방법입니다. 시계열 데이터가 저장된 테이블 하나만 있으면 이 방법으로 코호트 리텐션 분석을 할 수 있습니다. 이 방법이 많이 쓰이는 이유는 특정 이벤트를 다른 날짜에 시작한 그룹과 서로 다른 행동 패턴을 보이는 경우가 많기 때문입니다. 고객 서비스를 예로 들면, 얼리 어답터early adopter 고객은 새로운 제품에 더 열정적이며 레이트 어답터later adopter 고객과는 다른 리텐션 패턴을 보입니다. SaaS 소프트웨어에서는 서비스 초기에 사용을 시작하는 얼리 어답터보다 서비스가 더 성숙된 이후에 사용을 시작하는 레이트 어답터의 리텐션 비율이 더 높은 경향이 있습니다. 시간 기반 코호트는 목적에 따라 주간, 월간, 연간 코호트 등으로 개체를 그룹화합니다. 어느 시간 주기를 사용할지 잘 모르겠다면 그룹이 너무 작지 않게끔 적절한 시간 단위를 임의로 선택해 그룹화한 뒤 코호트 분석을 수행해 의미 있는 패턴이 있는지 확인해봅시다. 코호트의 기준이 정해지고 리텐션 분석 방법을 안다면 다른 시간 단위로 코호트 분석을 수행해보기는 어렵지 않습니다.

먼저 연도를 기준으로 코호트를 나누는 코드를 살펴본 뒤, 세기century 기준 코호트 분석을 위한 코드로 변환해봅시다. 의원이 첫 임기를 시작한 시기를 기준으로 코호트를 나눈 다음 코호트별 리텐션 차이가 있는지 확인해봅니다. 정치적 트렌드와 대중의 분위기는 시간에 따라 변할까요? 변한다면 얼마나 많이 변할까요?

연도 기준 코호트를 계산하기 위해 `period`와 `cohort_retained`를 반환하는 쿼리에 앞서 사용한 `first_term`에서 연도 값을 가져오는 코드를 추가합니다.

```
SELECT date_part('year',a.first_term) as first_year
,coalesce(date_part('year',age(c.date,a.first_term)),0) as period
,count(distinct a.id_bioguide) as cohort_retained
FROM
(
    SELECT id_bioguide, min(term_start) as first_term
    FROM legislators_terms
    GROUP BY 1
) a
JOIN legislators_terms b on a.id_bioguide = b.id_bioguide
LEFT JOIN date_dim c on c.date between b.term_start and b.term_end
and c.month_name = 'December' and c.day_of_month = 31
GROUP BY 1,2
;

first_year period cohort_retained
---------- ------ ---------------
1789       0      89
```

```
1789        1      89
1789        2      57
...         ...    ...
```

이제 위 쿼리를 서브쿼리로 사용해 외부쿼리에서 cohort_size와 pct_retained를 계산합니다. 여기서는 서브쿼리의 결과 데이터셋 전체에서 first_value를 계산하지 않고, PARTITION BY 절을 사용해 first_year를 기준으로 나눠진 파티션별로 first_value를 계산합니다.

```
SELECT first_year
,period
,first_value(cohort_retained) over (partition by first_year
order by period) as cohort_size
,cohort_retained
,cohort_retained * 1.0 /
 first_value(cohort_retained) over (partition by first_year
                                    order by period) as pct_retained
FROM
(
    SELECT date_part('year',a.first_term) as first_year
    ,coalesce(date_part('year',age(c.date,a.first_term)),0) as period
    ,count(distinct a.id_bioguide) as cohort_retained
    FROM
    (
        SELECT id_bioguide, min(term_start) as first_term
        FROM legislators_terms
        GROUP BY 1
    ) a
    JOIN legislators_terms b on a.id_bioguide = b.id_bioguide
    LEFT JOIN date_dim c on c.date between b.term_start and b.term_end
    and c.month_name = 'December' and c.day_of_month = 31
    GROUP BY 1,2
) aa
;

first_year period cohort_size cohort_retained pct_retained
---------- ------ ----------- --------------- ------------
1789       0      89          89              1.0000
1789       1      89          89              1.0000
1789       2      89          57              0.6404
...        ...    ...         ...             ...
```

이 데이터셋은 시작 연도를 200개 이상 포함하므로 한눈에 알아보기 좋은 그래프나 표로 정리하기가 쉽지 않습니다. 그러므로 first_term에서 연도보다 조금 더 큰 인터벌인 세기century를 계산해봅시다. 단위를 변환하려면 간단히 서브쿼리 aa에서 date_part 함수의 인자 year를 century로 변환하면 됩니다. 연도를 세기로 변환하면 1700년에서 1799년까지는 18세기, 1800년에서 1899년까지는 19세기가 됩니다. PARTITON BY 절도 first_year가 아니라 first_century 기준으로 수행하도록 수정합니다.

```
SELECT first_century
,period
,first_value(cohort_retained) over (partition by first_century
                                    order by period) as cohort_size
,cohort_retained
,cohort_retained * 1.0 /
 first_value(cohort_retained) over (partition by first_century
                                    order by period) as pct_retained
FROM
(
    SELECT date_part('century',a.first_term) as first_century
    ,coalesce(date_part('year',age(c.date,a.first_term)),0) as period
    ,count(distinct a.id_bioguide) as cohort_retained
    FROM
    (
        SELECT id_bioguide, min(term_start) as first_term
        FROM legislators_terms
        GROUP BY 1
    ) a
    JOIN legislators_terms b on a.id_bioguide = b.id_bioguide
    LEFT JOIN date_dim c on c.date between b.term_start and b.term_end
    and c.month_name = 'December' and c.day_of_month = 31
    GROUP BY 1,2
) aa
ORDER BY 1,2
;

first_century period cohort_size cohort_retained pct_retained
------------- ------ ----------- --------------- ------------
18            0      368         368             1.0000
18            1      368         360             0.9783
18            2      368         242             0.6576
...           ...    ...         ...             ...
```

결과 데이터를 그래프로 나타내면 [그림 4-5]와 같습니다. 20세기나 21세기에 첫 임기를 시작하는 경우, 처음 몇 년간의 리텐션이 18세기나 19세기에 임기를 시작한 의원의 리텐션보다 높습니다. 하지만 아직 21세기가 시작한 지는 20년 정도밖에 안 됐으므로 21세기에 임기를 시작한 의원의 리텐션이 급격하게 떨어지며, 남은 기간 동안 의원직을 몇 번 더 유지할 수도 있습니다. 따라서 21세기 데이터를 제외하고 분석하려 했지만, 이러한 상황으로 인해 리텐션 커브가 떨어지기도 한다는 점을 보이고자 그대로 남겨됐습니다.

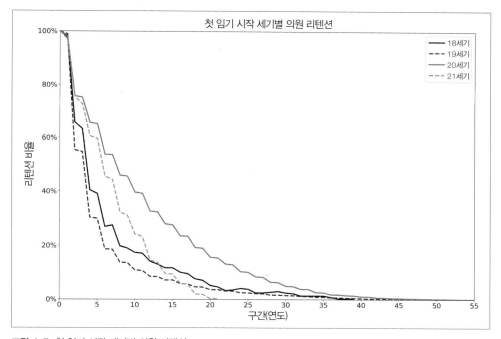

그림 4-5 첫 임기 시작 세기별 의원 리텐션

코호트는 첫 임기 시작 날짜뿐 아니라 테이블에 저장된 시계열의 다른 속성을 기준으로 나눌 수도 있습니다. `legislators_terms` 테이블에서 `state` 필드는 각 의원이 담당하는 주를 의미합니다. `state` 속성을 기준으로 코호트를 나눌 때, 의원이 두 개 이상의 주에서 의원직을 수행했더라도 첫 임기를 수행한 `state`에만 소속되도록 분석해봅시다.

의원별로 첫 임기를 수행한 주를 찾는 데는 first_value 윈도우 함수를 사용합니다. 다음 예제에서는 first_term을 구하기 위해 GROUP BY 절 대신 min 윈도우 함수를 사용해 코드를 더 간결하게 작성해봅니다.

```
SELECT distinct id_bioguide
,min(term_start) over (partition by id_bioguide) as first_term
,first_value(state) over (partition by id_bioguide
                          order by term_start) as first_state
FROM legislators_terms
;

id_bioguide first_term first_state
----------- ---------- -----------
C000001     1893-08-07 GA
R000584     2009-01-06 ID
W000215     1975-01-14 CA
...         ...        ...
```

위 코드를 앞서 사용한 리텐션 코드에 붙여 넣어 first_state별 리텐션을 구합니다.

```
SELECT first_state
,period
,first_value(cohort_retained) over (partition by first_state
                                    order by period) as cohort_size
,cohort_retained
,cohort_retained * 1.0 /
 first_value(cohort_retained) over (partition by first_state
order by period) as pct_retained
FROM
(
    SELECT a.first_state
    ,coalesce(date_part('year',age(c.date,a.first_term)),0) as period
    ,count(distinct a.id_bioguide) as cohort_retained
    FROM
```

```
    (
        SELECT distinct id_bioguide
        ,min(term_start) over (partition by id_bioguide) as first_term
        ,first_value(state) over (partition by id_bioguide order by term_start)
         as first_state
        FROM legislators_terms
    ) a
    JOIN legislators_terms b on a.id_bioguide = b.id_bioguide
    LEFT JOIN date_dim c on c.date between b.term_start and b.term_end
    and c.month_name = 'December' and c.day_of_month = 31
    GROUP BY 1,2
) aa
ORDER BY 1,2
;


first_state period cohort_size cohort_retained pct_retained
----------- ------ ----------- --------------- ------------
AK          0      19          19              1.0000
AK          1      19          19              1.0000
AK          2      19          15              0.7895
...         ...    ...         ...             ...
```

[그림 4-6]은 의원이 첫 임기를 수행한 주 중에서 가장 의원이 많은 상위 5개 주의 리텐션 커브를 그래프로 나타냅니다. 리텐션은 일리노이주(IL)와 매사추세츠주(MA)가 가장 높고 뉴욕주(NY)가 가장 낮습니다. 시간이 된다면 이런 결과가 나오는 이유를 찾아봐도 재미있을 겁니다.

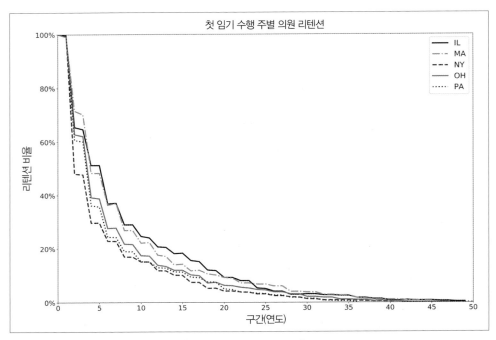

그림 4-6 첫 임기 수행 주별 의원 리텐션(전체 의원 수 기준 상위 5개 주)

시계열 데이터에서 코호트를 정의하기는 그리 어렵지 않습니다. min 함수를 사용해 개체별 최초 날짜를 구하고 분석 목적에 따라 적절한 단위(월, 연, 세기 등)로 변환합니다. 서로 다른 단위 간의 변환뿐 아니라 여러 가지 옵션으로 테스트해보며 다른 의미 있는 그룹 단위를 찾아봐도 좋습니다. first_value 윈도우 함수를 사용해 다른 속성으로 코호트를 나눠볼 수 있습니다. 다음 절에서는 시계열 대신 테이블의 다른 속성을 이용한 코호트 분석을 알아봅니다.

4.3.4 다른 테이블에 저장된 속성으로 코호트 분석하기

코호트를 정의하는 데 사용할 만한 속성은 때로 시계열 데이터가 저장된 테이블이 아닌 별도의 테이블에 저장돼 있기도 합니다. 예를 들어, 데이터베이스에 고객이 유입된 경로나 회원 가입 날짜와 같은 속성을 포함하는 고객 테이블이 별도로 저장돼 있을 수 있습니다. 서브쿼리 또는 다른 테이블에서 속성을 가져오기는 그리 어렵지 않습니다. 다른 테이블에 저장된 속성으로 코호트를 나누고 리텐션 분석을 비롯한 여러 분석에 사용해봅시다.

먼저, 의원의 성별이 리텐션과 관련이 있는지 알아봅시다. 지금까지는 legislators_terms 테이블로만 분석했지만 이번에는 legislators 테이블의 gender 필드에 저장된 의원의 성별로 코호트를 나누고 리텐션 분석을 해봅니다. gender 필드에 저장된 값이 F면 여성, M이면 남성입니다. JOIN을 수행해 legislators 테이블을 별칭 d로 가져온 다음, d의 gender 필드를 활용해 성별에 따른 연도별, 세기별 cohort_retained를 계산합니다.

```
SELECT d.gender
,coalesce(date_part('year',age(c.date,a.first_term)),0) as period
,count(distinct a.id_bioguide) as cohort_retained
FROM
(
    SELECT id_bioguide, min(term_start) as first_term
    FROM legislators_terms
    GROUP BY 1
) a
JOIN legislators_terms b on a.id_bioguide = b.id_bioguide
LEFT JOIN date_dim c on c.date between b.term_start and b.term_end
and c.month_name = 'December' and c.day_of_month = 31
JOIN legislators d on a.id_bioguide = d.id_bioguide
GROUP BY 1,2
ORDER BY 2,1
;

gender period cohort_retained
------ ------ ---------------
F      0      366
M      0      12152
F      1      349
M      1      11979
...    ...    ...
```

결과는 여성보다 남성 의원 수가 훨씬 많음을 명확히 보여줍니다. 이제 percent_retained를 계산해 성별 차이에 따른 리텐션 비율을 비교해봅시다.

```
SELECT gender
,period
,first_value(cohort_retained) over (partition by gender
order by period) as cohort_size
,cohort_retained
```

```
  ,cohort_retained * 1.0 /
  first_value(cohort_retained) over (partition by gender
                                     order by period) as pct_retained
FROM
(
    SELECT d.gender
    ,coalesce(date_part('year',age(c.date,a.first_term)),0) as period
    ,count(distinct a.id_bioguide) as cohort_retained
    FROM
    (
        SELECT id_bioguide, min(term_start) as first_term
        FROM legislators_terms
        GROUP BY 1
    ) a
    JOIN legislators_terms b on a.id_bioguide = b.id_bioguide
    LEFT JOIN date_dim c on c.date between b.term_start and b.term_end
    and c.month_name = 'December' and c.day_of_month = 31
    JOIN legislators d on a.id_bioguide = d.id_bioguide
    GROUP BY 1,2
) aa
ORDER BY 2,1
;
```

```
gender period cohort_size cohort_retained pct_retained
------ ------ ----------- --------------- ------------
F      0      366         366             1.0000
M      0      12152       12152           1.0000
F      1      366         349             0.9536
M      1      12152       11979           0.9858
...    ...    ...         ...             ...
```

결과 데이터를 그래프로 나타내면 [그림 4-7]과 같습니다. 2~29 구간에서는 여성 입법가의 리텐션이 남성보다 높습니다. 참고로, 1917년에 미국 최초의 여성 국회의원인 저넷 랭킨Jeannette Rankin이 몬태나주의 공화당 하원의원이 되기 전까지는 여성의 의원 활동이 없었습니다. 앞서 세기별 리텐션 분석에서도 봤듯이 리텐션은 최근에 이르러서야 증가하기 시작했습니다.

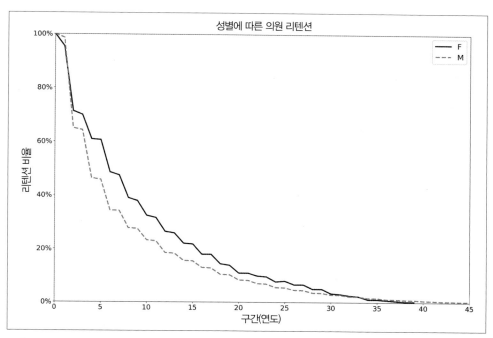

그림 4-7 성별에 따른 의원 리텐션

더 정확한 분석을 위해 남성 의원뿐 아니라 여성 의원도 활동한 기간만을 `first_term`으로 가져와서 분석해봅시다. 서브쿼리 **aa**에 **WHERE** 필터를 추가해 특정 기간의 데이터만 필터링합니다. 예제에서는 최소 20년 이상의 연임 여부까지 분석하기 위해 2000년 이전에 임기를 시작한 의원의 데이터만 가져옵니다.

```
SELECT gender
,period
,first_value(cohort_retained) over (partition by gender
                                    order by period) as cohort_size
,cohort_retained
,cohort_retained * 1.0 /
 first_value(cohort_retained) over (partition by gender
                                    order by period) as pct_retained
FROM
(
    SELECT d.gender
    ,coalesce(date_part('year',age(c.date,a.first_term)),0) as period
    ,count(distinct a.id_bioguide) as cohort_retained
```

```
FROM
(
    SELECT id_bioguide, min(term_start) as first_term
    FROM legislators_terms
    GROUP BY 1
) a
JOIN legislators_terms b on a.id_bioguide = b.id_bioguide
LEFT JOIN date_dim c on c.date between b.term_start and b.term_end
and c.month_name = 'December' and c.day_of_month = 31
JOIN legislators d on a.id_bioguide = d.id_bioguide
WHERE a.first_term between '1917-01-01' and '1999-12-31'
GROUP BY 1,2
) aa
ORDER BY 2,1
;
```

```
gender period cohort_size cohort_retained pct_retained
------ ------ ----------- --------------- ------------
F      0      200         200             1.0000
M      0      3833        3833            1.0000
F      1      200         187             0.9350
M      1      3833        3769            0.9833
...    ...    ...         ...             ...
```

여전히 남성 의원이 여성 의원보다 많지만 앞선 결과보다는 차이가 많이 줄었습니다. 결과 데이터를 그래프로 나타내면 [그림 4-8]과 같습니다. 이렇게 수정된 코호트를 보면 7 구간까지는 남성 의원의 리텐션이 더 높지만 12 구간부터는 여성 의원의 리텐션이 더 높습니다. 이렇듯, 날짜로 필터링하기 이전과 이후의 성별에 따른 코호트 분석은 코호트를 적절히 선정하고 충분한 시계열 기간을 확보하는 일이 중요함을 명확히 보여줍니다.

이번에는 분석을 조금 개선해봅시다. 시작 연도와 성별을 동시에 고려한 코호트를 정의하고 20세기에서 21세기까지의 리텐션 변화를 분석합니다.

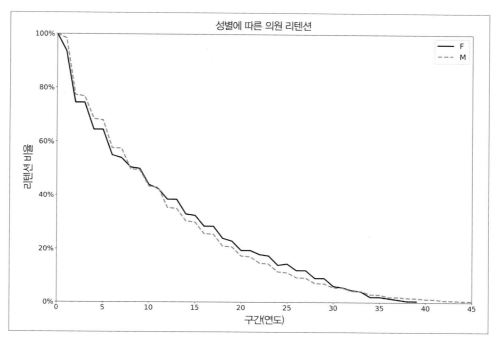

그림 4-8 성별에 따른 의원 리텐션(1917~1999년의 코호트)

코호트를 정의하는 방법은 시계열 데이터의 속성을 이용하거나 별도 테이블의 속성을 이용하는 등 여러 가지가 있습니다. 지금까지 사용한 프레임워크, 서브쿼리, 뷰, 기타 테이블을 적절히 변형하거나 대체해 코호트 분석에 활용합니다. 시작 연도와 성별을 동시에 고려하는 등 다중 속성 기반 코호트를 정의할 수도 있습니다. 이때 주의할 점은 데이터셋에서 해당 속성에 해당하는 코호트가 매우 작거나 개체가 아예 없는 **희소 코호트**sparse cohort가 생길 수 있다는 점입니다. 이어서 희소 코호트 문제를 해결하는 법을 알아봅시다.

4.3.5 희소 코호트 다루기

분석하려는 구간 전체에서 모든 코호트가 시계열 데이터를 적절한 수만큼 포함한다면 아주 이상적인 데이터셋입니다. 서비스 구독 또는 의원의 임기가 여러 구간에 걸쳐 이어지는 경우 '결측' 날짜가 발생하기도 하며, 이 문제는 날짜 차원 테이블로 해결 가능합니다. 다중 속성 기반으로 코호트를 정의하면 크기가 매우 작은 코호트가 생길 수 있고, 그로 인해 해당 코호트의 결과가 데이터셋에서 드물게 나타난다면 새로운 문제가 발생할 수 있습니다. 크기가 작은 코호트의 리텐션은 특정 구간 이후로 값이 null이 되면서 결과 데이터셋에서 갑자기 사라질 수도 있습니다. 이러한 문제를 희소 코호트라고 하며 LEFT JOIN으로 해결 가능합니다.

첫 임기를 수행한 주를 기준으로 여성 의원을 코호트로 나눠서 첫 임기 시작 주별 리텐션 차이가 있는지 확인해봅시다. 앞서 확인했듯 여성 의원의 수는 남성 의원의 수보다 훨씬 적습니다. 그러므로 여성 의원이 첫 임기를 수행한 주를 기준으로 코호트를 정의하면 몇몇 주에서는 여성 의원이 거의 없어 희소 코호트가 발생하게 됩니다. 성별에 따른 의원 리텐션 예제 코드(4.3.3절 '시계열 데이터에서 코호트 분석하기'에서 사용)에 first_state 계산 코드를 추가해 결과를 확인해봅시다.

```
SELECT first_state, gender, period
,first_value(cohort_retained) over (partition by first_state, gender
                                    order by period) as cohort_size
,cohort_retained
,cohort_retained * 1.0 /
 first_value(cohort_retained) over (partition by first_state, gender
                                    order by period) as pct_retained
FROM
(
    SELECT a.first_state, d.gender
    ,coalesce(date_part('year',age(c.date,a.first_term)),0) as period
    ,count(distinct a.id_bioguide) as cohort_retained
    FROM
    (
        SELECT distinct id_bioguide
        ,min(term_start) over (partition by id_bioguide) as first_term
        ,first_value(state) over (partition by id_bioguide
                                  order by term_start) as first_state
        FROM legislators_terms
    ) a
    JOIN legislators_terms b on a.id_bioguide = b.id_bioguide
    LEFT JOIN date_dim c on c.date between b.term_start and b.term_end
    and c.month_name = 'December' and c.day_of_month = 31
    JOIN legislators d on a.id_bioguide = d.id_bioguide
    WHERE a.first_term between '1917-01-01' and '1999-12-31'
    GROUP BY 1,2,3
) aa
;
```

first_state	gender	period	cohort_size	cohort_retained	pct_retained
AK	M	0	13	13	1.0000
AK	M	1	13	13	1.0000
AK	M	2	13	11	0.8462
...	...	...	...	...	...

[그림 4-9]는 알래스카주(AK), 애리조나주(AZ), 캘리포니아주(CA)의 첫 20개 구간에 대한 결과를 그래프로 나타냅니다. 이 그래프로 희소 코호트의 존재를 확인해봅시다. 알래스카주에는 여성 의원이 전혀 없었고, 애리조나주에서는 3 구간 이후로 의원직을 유지하는 여성 의원이 없어 리텐션 커브가 갑자기 사라집니다. 한편 캘리포니아주는 규모가 크고 많은 의원이 활동하고 있어 남녀 의원의 리텐션이 중간에 0에 수렴하지 않고 끝까지 유지됩니다. 다른 주의 의원 리텐션 패턴도 마찬가지로, 리텐션 커브가 없거나, 중간에 사라지거나, 끝까지 유지되는 양상을 보일 것입니다.

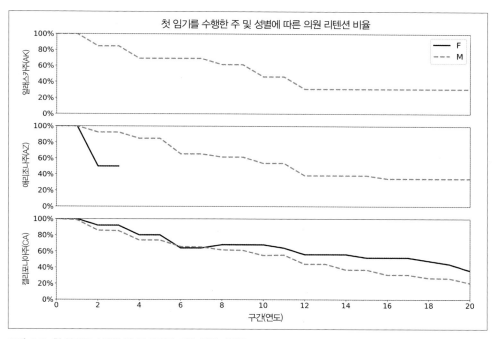

그림 4-9 첫 임기를 수행한 주 및 성별에 따른 의원 리텐션

코호트의 특정 구간에 레코드가 존재하지 않으면 해당 코호트의 리텐션 값이 0으로 내려가지 않고 아예 사라지게 됩니다([그림 4-9] 애리조나주 여성 의원 리텐션 참조). 이를 방지하기 위해 코호트의 멤버가 남아 있지 않은 구간에도 0 값을 갖는 레코드를 생성해봅시다. 먼저, period와 코호트 속성(여기서는 first_state와 gender)의 모든 조합에 대해 쿼리를 수행해 조합별로 cohort_size의 변화를 확인해봅니다. 코호트를 계산하는 서브쿼리 aa와 0부터 20까지의 정수를 반환하는 서브쿼리 generate_series에 on 1 = 1로 JOIN을 수행하면 다음과 같은 결과를 얻습니다. 이렇게 두 서브쿼리가 동일한 필드를 갖지 않는 경우에는 카티션 JOIN으로 두 서브쿼리를 합치면 됩니다.

```sql
SELECT aa.gender, aa.first_state, cc.period, aa.cohort_size
FROM
(
    SELECT b.gender, a.first_state
    ,count(distinct a.id_bioguide) as cohort_size
    FROM
    (
        SELECT distinct id_bioguide
        ,min(term_start) over (partition by id_bioguide) as first_term
        ,first_value(state) over (partition by id_bioguide
                                  order by term_start) as first_state
        FROM legislators_terms
    ) a
    JOIN legislators b on a.id_bioguide = b.id_bioguide
    WHERE a.first_term between '1917-01-01' and '1999-12-31'
    GROUP BY 1,2
) aa
JOIN
(
    SELECT generate_series as period
    FROM generate_series(0,20,1)
) cc on 1 = 1
ORDER BY 1,2,3
;

gender state period cohort
------ ----- ------ ------
F      AL    0      3
F      AL    1      3
F      AL    2      3
...    ...   ...    ...
```

다음으로, 결과에 LEFT JOIN을 수행해 모든 구간에 대한 결과를 생성합니다.

```
SELECT aaa.gender, aaa.first_state, aaa.period, aaa.cohort_size
,coalesce(ddd.cohort_retained,0) as cohort_retained
,coalesce(ddd.cohort_retained,0) * 1.0 / aaa.cohort_size as pct_retained
FROM
(
    SELECT aa.gender, aa.first_state, cc.period, aa.cohort_size
    FROM
    (
        SELECT b.gender, a.first_state
        ,count(distinct a.id_bioguide) as cohort_size
        FROM
        (
            SELECT distinct id_bioguide
            ,min(term_start) over (partition by id_bioguide)
             as first_term
            ,first_value(state) over (partition by id_bioguide
                                order by term_start)
                                as first_state
            FROM legislators_terms
        ) a
        JOIN legislators b on a.id_bioguide = b.id_bioguide
        WHERE a.first_term between '1917-01-01' and '1999-12-31'
        GROUP BY 1,2
    ) aa
    JOIN
    (
        SELECT generate_series as period
        FROM generate_series(0,20,1)
    ) cc on 1 = 1
) aaa
LEFT JOIN
(
    SELECT d.first_state, g.gender
    ,coalesce(date_part('year',age(f.date,d.first_term)),0) as period
    ,count(distinct d.id_bioguide) as cohort_retained
    FROM
    (
        SELECT distinct id_bioguide
        ,min(term_start) over (partition by id_bioguide) as first_term
        ,first_value(state) over (partition by id_bioguide
                            order by term_start) as first_state
```

```
      FROM legislators_terms
  ) d
  JOIN legislators_terms e on d.id_bioguide = e.id_bioguide
  LEFT JOIN date_dim f on f.date between e.term_start and e.term_end
   and f.month_name = 'December' and f.day_of_month = 31
  JOIN legislators g on d.id_bioguide = g.id_bioguide
  WHERE d.first_term between '1917-01-01' and '1999-12-31'
  GROUP BY 1,2,3
) ddd on aaa.gender = ddd.gender and aaa.first_state = ddd.first_state
and aaa.period = ddd.period
ORDER BY 1,2,3
;
```

```
gender first_state period cohort_size cohort_retained pct_retained
------ ----------- ------ ----------- --------------- ------------
F      AL          0      3           3               1.0000
F      AL          1      3           1               0.3333
F      AL          2      3           0               0.0000
...    ...         ...    ...         ...             ...
```

결과를 피벗해보면 코호트마다 모든 구간에 값이 존재합니다.

```
SELECT gender, first_state, cohort_size
,max(case when period = 0 then pct_retained end) as yr0
,max(case when period = 2 then pct_retained end) as yr2
,max(case when period = 4 then pct_retained end) as yr4
,max(case when period = 6 then pct_retained end) as yr6
,max(case when period = 8 then pct_retained end) as yr8
,max(case when period = 10 then pct_retained end) as yr10
FROM
(
        SELECT aaa.gender, aaa.first_state, aaa.period, aaa.cohort_size
        ,coalesce(ddd.cohort_retained,0) as cohort_retained
        ,coalesce(ddd.cohort_retained,0) * 1.0 / aaa.cohort_size as pct_retained
        FROM
        (
        SELECT aa.gender, aa.first_state, cc.period, aa.cohort_size
        FROM
        (
                SELECT b.gender, a.first_state
                ,count(distinct a.id_bioguide) as cohort_size
                FROM
                (
```

```
                    SELECT distinct id_bioguide
                    ,min(term_start) over (partition by id_bioguide) as first_term
                    ,first_value(state) over (partition by id_bioguide
                                            order by term_start) as first_state
                    FROM legislators_terms
            ) a
            JOIN legislators b on a.id_bioguide = b.id_bioguide
            WHERE a.first_term between '1917-01-01' and '1999-12-31'
            GROUP BY 1,2
    ) aa
    JOIN
    (
            SELECT generate_series as period
            FROM generate_series(0,20,1)
    ) cc on 1 = 1
    ) aaa
    LEFT JOIN
    (
            SELECT d.first_state, g.gender
            ,coalesce(date_part('year',age(f.date,d.first_term)),0) as period
            ,count(distinct d.id_bioguide) as cohort_retained
            FROM
            (
                    SELECT distinct id_bioguide
                    ,min(term_start) over (partition by id_bioguide) as first_term
                    ,first_value(state) over (partition by id_bioguide
                                            order by term_start) as first_state
                    FROM legislators_terms
            ) d
            JOIN legislators_terms e on d.id_bioguide = e.id_bioguide
            LEFT JOIN date_dim f on f.date between e.term_start and e.term_end
            and f.month_name = 'December' and f.day_of_month = 31
            JOIN legislators g on d.id_bioguide = g.id_bioguide
            WHERE d.first_term between '1917-01-01' and '1999-12-31'
            GROUP BY 1,2,3
    ) ddd on aaa.gender = ddd.gender and aaa.first_state = ddd.first_state
    and aaa.period = ddd.period
) a
GROUP BY 1,2,3
;


gender first_state cohort_size yr0    yr2    yr4    yr6    yr8    yr10
------ ----------- ----------- ------ ------ ------ ------ ------ ------
F      AL          3           1.000  0.0000 0.0000 0.0000 0.0000 0.0000
```

F	AR	5	1.000	0.8000	0.2000	0.4000	0.4000	0.4000
F	AZ	2	1.000	0.5000	0.0000	0.0000	0.0000	0.0000
F	CA	25	1.000	0.9200	0.8000	0.6400	0.6800	0.6800
...	...	...	...	...	...	...	...	...

구현하기까지 SQL 코드가 매우 길어졌습니다. SQL로 코호트 리텐션 분석 코드를 작성할 때 힘든 부분은 모든 로직을 이해하기 쉽게 구조화하는 일입니다(그 방법은 8장에서 자세히 다룹니다). 리텐션 코드를 작성할 때는 한 단계 한 단계씩 결과를 확인하면서 진행하는 편이 좋습니다. 필자는 쿼리 결과에서 몇몇 코호트를 무작위로 추출해 최종 결과의 값과 일치하는지 눈으로 직접 확인하기도 합니다.

코호트는 다양한 속성으로 정의할 수 있습니다. 여기서는 모든 코호트를 시계열 데이터에 처음 나타나는 날짜를 기준으로 정규화했는데, 이는 한 가지 옵션일 뿐입니다. 개체의 전체 데이터 중 중간 지점의 날짜를 기준으로 분석해도 재미있는 결과가 나오기도 합니다. 이어서 코호트를 정의하는 다양한 방법을 알아봅시다.

4.3.6 처음 날짜 대신 다른 날짜를 기준으로 코호트 정의하기

코호트 분석을 할 때, 개체가 시계열에 처음 나타난 날짜가 아닌 다른 날짜를 기준으로 해도 유용한 결과를 얻을 수 있습니다. 예를 들어, 특정 날짜까지 서비스를 사용한 모든 고객의 리텐션을 분석하면 제품이나 마케팅 변화가 기존 고객에게 장기적인 영향을 주는지 알아보는 데 유용합니다.

다른 날짜를 기준으로 할 때는 코호트의 날짜 범위를 정확히 정의해야 합니다. 코호트 분석을 위한 날짜를 선택하는 방법으로, 개체가 존재하는 특정 날짜 하나를 선택하는 방법이 있습니다. 이 방법은 SQL 코드를 작성하기는 상대적으로 편하지만, 매일 많은 사용자의 데이터가 저장되는 경우가 아니라면 어떤 날짜를 선택하는지에 따라 리텐션이 크게 달라질 수 있다는 문제가 있습니다. 이를 해결하고자 기준 날짜를 몇 개 지정해 리텐션을 하나씩 따로 계산한 뒤 평균을 내기도 합니다.

한편 주 또는 월 단위의 시간 윈도우를 사용해, 특정 시간 윈도우에 나타나는 개체 집합을 하나의 코호트로 정의하기도 합니다. 이 방법은 기업에서 서비스 현황을 파악하는 데 많이 사용합니다. 단점으로는 SQL코드가 더 복잡해지고 데이터베이스 계산량이 많아지면서 쿼리 수행 시간이 길어진다는 점이 있습니다. 쿼리 수행 성능과 결과의 정확도 사이에서 적절히 균형을 맞추려면 상당한 경험과 기술이 필요합니다.

2000년에 재임 중이던 의원의 리텐션을 분석해봅시다. term_type 속성을 기준으로 코호트를 정의하며, 값이 'sen'이면 상원의원을 의미하고 'rep'이면 하원의원을 의미합니다. 2000년에 조금이라도 재임했다면 코호트에 포함합니다(2000년 이전에 재임했든, 2000년에 임기가 끝났든, 2000년에 임기를 시작했든 상관없습니다). 2000년에 재임한 날짜가 실제로 있는지는 나중에 확인하기로 하고, 일단 first_term의 값을 2000-01-01로 고정합니다. 2000년에 재임 중이던 의원의 첫 임기 수행 날짜인 min_start도 다음 단계를 위해 미리 계산해둡니다.

```
SELECT distinct id_bioguide, term_type, date('2000-01-01') as first_term
,min(term_start) as min_start
FROM legislators_terms
WHERE term_start <= '2000-12-31' and term_end >= '2000-01-01'
GROUP BY 1,2,3
;


id_bioguide term_type first_term min_start
----------- --------- ---------- ---------
C000858     sen       2000-01-01 1997-01-07
G000333     sen       2000-01-01 1995-01-04
M000350     rep       2000-01-01 1999-01-06
...         ...       ...        ...
```

위 코드를 앞서 사용한 리텐션 코드에 추가할 때 두 가지 수정이 필요합니다. 첫 번째로, 쿼리가 min_start 이후의 임기만 반환하도록 서브쿼리 a와 legislators_terms 테이블에 JOIN을 수행합니다. 두 번째로, 2000년 이후의 데이터만 반환하도록 date_dim에 필터를 추가합니다.

```
SELECT term_type, period
,first_value(cohort_retained) over (partition by term_type order by period)
 as cohort_size
,cohort_retained
,cohort_retained * 1.0 /
 first_value(cohort_retained) over (partition by term_type order by period)
 as pct_retained
FROM
(
    SELECT a.term_type
```

```
        ,coalesce(date_part('year',age(c.date,a.first_term)),0) as period
        ,count(distinct a.id_bioguide) as cohort_retained
    FROM
    (
        SELECT distinct id_bioguide, term_type
        ,date('2000-01-01') as first_term
        ,min(term_start) as min_start
        FROM legislators_terms
        WHERE term_start <= '2000-12-31' and term_end >= '2000-01-01'
        GROUP BY 1,2,3
    ) a
    JOIN legislators_terms b on a.id_bioguide = b.id_bioguide
    and b.term_start >= a.min_start
    LEFT JOIN date_dim c on c.date between b.term_start and b.term_end
    and c.month_name = 'December' and c.day_of_month = 31
    and c.year >= 2000
    GROUP BY 1,2
) aa
ORDER BY 2,1
;

term_type period cohort_size cohort_retained pct_retained
--------- ------ ----------- --------------- ------------
rep       0      440         440             1.0000
sen       0      101         101             1.0000
rep       1      440         392             0.8909
sen       1      101         89              0.8812
...       ...    ...         ...             ...
```

위 결과 데이터를 그래프로 나타내면 [그림 4-10]과 같습니다. 상원의원(sen)의 임기가 하원의원(rep)보다 길지만 두 의원 유형의 리텐션은 대체로 비슷하며, 10년 이후에는 오히려 상원의원의 리텐션이 낮습니다. 다양한 기준으로 코호트 분석을 수행해보면 재미있는 인사이트를 얻을 수 있습니다. 2000년이 아니라 다른 해에 첫 임기를 시작한 의원을 기준으로 분석해 상원의원과 하원의원을 비교해보거나, 기타 속성을 기준으로 코호트를 나눠 분석해보는 것도 좋습니다.

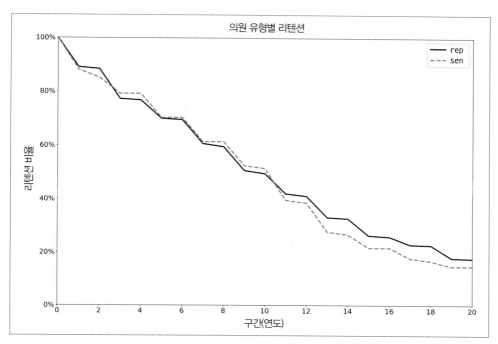

그림 4-10 2000년에 재임 중인 의원의 유형별 리텐션

코호트를 정의할 때는 기준과 시작 날짜를 신중하게 선택해야 합니다. 날짜가 아닌 다른 기준으로 코호트를 정의하는 예로는, 고객의 구매 활동이 특정 임계값(특정 구매 횟수 또는 소비 금액 등)에 도달한 이후의 리텐션 분석이 있습니다.

코호트 리텐션 분석은 시계열 데이터에서 개체의 행동을 이해하는 데 아주 유용한 방법입니다. 지금까지 SQL을 활용해 리텐션을 계산하는 방법, 시계열 데이터 또는 다른 테이블의 데이터를 기준으로 코호트 리텐션을 분석하는 방법, 개체 수명 주기상 중간 지점 날짜를 기준으로 리텐션을 분석하는 방법을 알아봤습니다. 시계열 데이터에서 윈도우 함수와 JOIN을 활용해 희소 코호트를 다루는 방법도 배웠습니다. 그 외에도 생존자, 리턴십, 누적 계산 등 코호트 리텐션 분석과 관련된 다양한 분석이 있으며, 모두 지금까지 살펴본 리텐션 계산 SQL 코드를 그대로 활용합니다. 다음 절에서 하나씩 자세히 알아봅시다.

4.4 관련 코호트 분석

앞 절에서 코호트 리텐션 분석 코드를 작성해봤습니다. 리텐션은 시계열 데이터셋의 특정 날짜 또는 특정 시간 윈도우에서의 개체의 존재 여부를 의미합니다. 개체 존재 여부뿐 아니라 지속 기간, 여러 가지 액션 종류 및 액션 발생 횟수도 분석에 유용합니다. 이러한 코호트 분석도 리텐션 분석에서 사용한 코드를 응용해 쉽게 수행 가능합니다. 먼저 생존 분석을 알아봅시다.

4.4.1 생존자

생존자 분석survivorship analysis 또는 **생존 분석**survival analysis은 고객 이탈이나 탈퇴 같은 특정 이벤트가 발생하기까지의 기간 등을 파악하는 데 활용됩니다. 개체가 일정 시간 뒤에 남아 있을 비율을 예측하거나, 생존 분석에 코호트를 이용해 생존 비율을 증가시키거나 감소하는 특성 및 환경 등을 찾아내기도 합니다.

생존 분석은 리텐션 분석과 비슷하지만 리텐션 분석에서는 특정 구간 내 개체 존재 여부가 중요한 반면, 생존 분석에서는 해당 구간 및 그 이후 구간 내 지속적인 개체 존재 여부가 중요합니다. 분석하려는 데이터셋의 특징에 맞게 하나 이상의 구간을 선택하고 전체 코호트에서 해당 구간까지 살아남은 비율을 계산합니다. 예를 들어, 게임에서 일주일 이상 살아남은 플레이어의 비율을 구할 때, 플레이어의 시작 날짜로부터 일주일이 지난 뒤에도 액션이 발생했다면 여전히 살아 있다고 볼 수 있습니다. 혹은 특정 기간 이후에도 계속 학교에 남아 있는 학생 수를 구하고 싶다면 해당 기간까지 데이터셋에서 졸업 이벤트가 발생하지 않은 학생의 수를 구합니다. 구간 길이는 개체의 평균 수명 주기 또는 일반 수명 주기를 고려해 선택하거나, 분석 목적에 따라 의미 있는 결과를 이끌어낼 만한 시간 구간을 적절히 선택합니다(월, 연 단위 등).

예제에서는 첫 임기 시작일로부터 10년이 지난 후에도 재임한 의원의 비율을 계산해봅시다. 리텐션 분석과는 달리, 의원이 여러 번 재임했을 때를 고려해 임기별 시작 날짜를 하나하나 확인할 필요는 없습니다. 그러므로 min과 max 집계 함수를 사용해 첫 term_start의 날짜와 마지막 term_start의 날짜만 가져옵니다.

```
SELECT id_bioguide
,min(term_start) as first_term
,max(term_start) as last_term
```

```
FROM legislators_terms
GROUP BY 1
;

id_bioguide first_term last_term
----------- ---------- ---------
A000118     1975-01-14 1977-01-04
P000281     1933-03-09 1937-01-05
K000039     1933-03-09 1951-01-03
...         ...        ...
```

다음으로, date_part 함수를 쿼리에 추가해 first_term의 세기를 구하고, age 함수로
first_term과 last_term의 연도 차이를 계산해 첫 임기 시작부터 마지막 임기 종료까지의
기간 tenure를 구합니다.

```
SELECT id_bioguide
,date_part('century',min(term_start)) as first_century
,min(term_start) as first_term
,max(term_start) as last_term
,date_part('year',age(max(term_start),min(term_start))) as tenure
FROM legislators_terms
GROUP BY 1
;

id_bioguide first_century first_term last_term tenure
----------- ------------- ---------- --------- ------
A000118     20.0          1975-01-14 1977-01-04 1.0
P000281     20.0          1933-03-09 1937-01-05 3.0
K000039     20.0          1933-03-09 1951-01-03 17.0
...         ...           ...        ...        ...
```

마지막으로, count 함수로 해당 세기의 의원 수 cohort_size를 계산하고, CASE 문으로 첫 임
기 시작일로부터 10년 뒤에도 재임한 의원 수를 계산합니다. 그리고 그 수를 전체 의원 수로
나눠 살아남은 의원의 비율 pct_survived_10을 계산합니다.

```
SELECT first_century
,count(distinct id_bioguide) as cohort_size
,count(distinct case when tenure >= 10 then id_bioguide
                     end) as survived_10
,count(distinct case when tenure >= 10 then id_bioguide end) * 1.0
```

```
    / count(distinct id_bioguide) as pct_survived_10
FROM
(
    SELECT id_bioguide
    ,date_part('century',min(term_start)) as first_century
    ,min(term_start) as first_term
    ,max(term_start) as last_term
    ,date_part('year',age(max(term_start),min(term_start))) as tenure
    FROM legislators_terms
    GROUP BY 1
) a
GROUP BY 1
;
```

century	cohort	survived_10	pct_survived_10
18	368	83	0.2255
19	6299	892	0.1416
20	5091	1853	0.3640
21	760	119	0.1566

임기를 연이어 수행하는 경우도 있지만, 한 번 수행한 후 몇 년 쉬었다가 다시 선출되는 경우도 있습니다. 이번에는 세기별로 5회 이상 재임한 의원의 비율을 계산해봅시다. 서브쿼리에서 count 함수를 사용해 의원별 전체 재임 횟수를 계산합니다. 그리고 외부쿼리에서 5회 이상 재임한 입법가 수를 전체 cohort_size로 나눠 pct_survived_5_terms를 계산합니다.

```
SELECT first_century
,count(distinct id_bioguide) as cohort_size
,count(distinct case when total_terms >= 5 then id_bioguide end)
as survived_5
,count(distinct case when total_terms >= 5 then id_bioguide end) * 1.0
/ count(distinct id_bioguide) as pct_survived_5_terms
FROM
(
    SELECT id_bioguide
    ,date_part('century',min(term_start)) as first_century
    ,count(term_start) as total_terms
    FROM legislators_terms
    GROUP BY 1
) a
GROUP BY 1
;
```

century	cohort_size	survived_5	pct_survived_5_terms
18	368	63	0.1712
19	6299	711	0.1129
20	5091	2153	0.4229
21	760	205	0.2697

10년 또는 5회라는 임기는 특별한 근거 없이 임의로 정한 기준입니다. 재임 연수 또는 횟수를 계산해 결과를 그래프나 표로 나타낼 수도 있습니다. 이번에는 세기마다 최대 20회까지의 재임 횟수별 생존자 수를 계산해봅시다. generate_series 함수를 사용해 1에서 20까지의 정수를 반환하는 서브쿼리에 카티션 JOIN을 수행합니다.

```
SELECT a.first_century, b.terms
,count(distinct id_bioguide) as cohort
,count(distinct case when a.total_terms >= b.terms then id_bioguide
                    end) as cohort_survived
,count(distinct case when a.total_terms >= b.terms then id_bioguide
                    end) * 1.0
 / count(distinct id_bioguide) as pct_survived
FROM
(
SELECT id_bioguide
    ,date_part('century',min(term_start)) as first_century
    ,count(term_start) as total_terms
    FROM legislators_terms
    GROUP BY 1
) a
JOIN
(
    SELECT generate_series as terms
    FROM generate_series(1,20,1)
) b on 1 = 1
GROUP BY 1,2
;
```

century	terms	cohort	cohort_survived	pct_survived
18	1	368	368	1.0000
18	2	368	249	0.6766
18	3	368	153	0.4157
...	...	...	...	...

결과 데이터를 그래프로 나타내면 [그림 4-11]과 같습니다. 앞선 분석 결과에서는 20세기에
리텐션이 가장 높았는데, 생존 비율도 마찬가지로 20세기에 가장 높은 것으로 나타납니다.

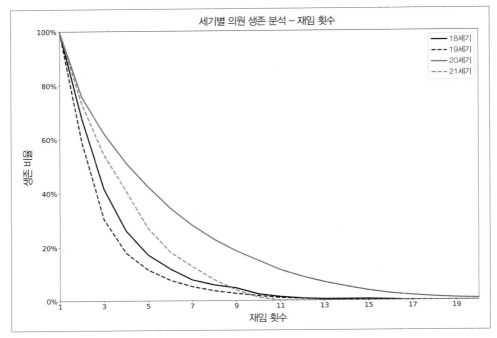

그림 4-11 세기별 의원 생존 분석: 재임 횟수 기준 코호트 비율

생존 분석은 리텐션 분석과 깊은 관련이 있습니다. 리텐션은 시작 날짜부터 구간마다 남아 있
는 개체 비율을 분석하는 반면, 생존 분석은 특정 구간에서의 생존 개체 비율을 분석합니다. 따
라서 생존 분석에서는 시계열에서의 시작 날짜와 기준이 되는 특정 날짜만 확인해 생존 여부를
판단하면 되므로 코드가 더 간단합니다. 생존 분석에서의 코호트는 리텐션 분석에서의 코호트
와 마찬가지로 시계열 또는 다른 테이블의 데이터를 기준으로도 구분할 수 있습니다.

이어서 생존 분석의 반대 개념인 리턴십 분석(또는 반복 구매 행동 분석)을 알아봅니다. 개체
가 특정 시간 또는 그 이후에도 살아남아 있는지가 아니라, 특정 날짜에서 개체가 다시 돌아오
는지 혹은 특정 행동을 반복하는지를 계산합니다.

4.4.2 리턴십

앞서 살펴본 생존 분석은 코호트가 얼마나 오랫동안 살아남는지 파악하는 데 유용합니다. 한편 코호트 멤버가 특정 시간 윈도우 안에 다시 돌아오는 비율을 알아보는 분석도 있습니다. 이 분석을 리턴십 또는 반복 구매 행동이라고 합니다.

예를 들어, 전자 상거래 회사는 광고 집행 효과를 검증하기 위해 새로 유입된 구매 고객 수와 더불어 재구매를 한 기존 고객 수도 확인할 필요가 있습니다. 광고 효과를 간단히 검증하려면 광고 전후 고객별 구매 횟수를 비교하면 됩니다. 다만 2년 전에 가입한 고객과 한 달 전에 가입한 고객을 동일하게 간주하면 적절하지 않습니다. 2년 전 고객이 다시 돌아오기까지는 아주 오랜 기간이 걸렸으며, 오래된 고객 코호트의 재방문이 최근 고객 코호트의 재방문보다 훨씬 가치 있기 때문입니다. 그러므로, 이 간단한 분석은 고객의 전체 수명 주기에 걸친 코호트의 행동 패턴을 이해하는 데는 충분치 않습니다.

시작 날짜가 다른 코호트 간의 공평한 비교를 위해서는 코호트 멤버가 시작 날짜를 기준으로 몇 개의 **타임박스**time box 또는 고정 시간 윈도우 내에 돌아오는지 분석해야 합니다. 리턴십 분석은 주로 소매업 관련 분석에 사용되지만 다양한 도메인의 분석에 유용합니다. 예를 들어, 대학에서 첫 번째 강의를 이수한 학생 중 두 번째 강의에 등록한 학생 수를 확인할 때나, 병원에서 첫 진찰 후 후속 처치가 필요한 환자 수를 확인할 때 등이 있습니다.

예제에서는 입법가 데이터셋을 활용해 상원의원직과 하원의원직을 모두 수행한 의원 수와, 그중 하원의원직을 먼저 수행하고 상원의원이 된 사람의 비율을 계산해봅니다(상원의원직을 먼저 수행한 뒤 하원의원이 된 사람도 있지만 비율이 매우 낮습니다). 이때 하원의원을 먼저 수행한 입법가 코호트를 세기를 기준으로 구분해 분석합니다.

먼저, 세기별 코호트 크기를 구합니다. 의원 유형이 하원의원인 사람들에 한해, 서브쿼리와 date_part 함수를 사용해 세기별 임기를 시작한 하원의원 수를 구해봅시다.

```
SELECT date_part('century',a.first_term) as cohort_century
,count(id_bioguide) as reps
FROM
(
    SELECT id_bioguide, min(term_start) as first_term
    FROM legislators_terms
    WHERE term_type = 'rep'
    GROUP BY 1
```

```
) a
GROUP BY 1
ORDER BY 1
;
```

```
cohort_century reps
-------------- ----
18              299
19              5773
20              4481
21              683
```

이제 위 쿼리를 legislators_terms 테이블과 JOIN을 수행해 하원의원이었다가 나중에 상원의원이 된 의원 수를 구합니다. b.term_type = 'sen' 조건으로 상원의원을 찾고, b.term_start > a.first_term 조건으로 그중에 하원의원직을 먼저 수행한 후 상원의원 임기를 시작한 의원을 필터링합니다.

```
SELECT date_part('century',a.first_term) as cohort_century
,count(distinct a.id_bioguide) as rep_and_sen
FROM
(
    SELECT id_bioguide, min(term_start) as first_term
    FROM legislators_terms
    WHERE term_type = 'rep'
    GROUP BY 1
) a
JOIN legislators_terms b on a.id_bioguide = b.id_bioguide
and b.term_type = 'sen' and b.term_start > a.first_term
GROUP BY 1
;
```

```
cohort_century rep_and_sen
-------------- -----------
18              57
19              329
20              254
21              25
```

마지막으로, 위의 두 쿼리에 LEFT JOIN을 수행해 하원의원으로 첫 임기를 시작하고 그 후에 상원의원직을 수행한 의원의 비율을 구합니다. 이러한 쿼리를 작성할 때는 후속 이벤트의 발생 여부에 상관없이 모든 코호트가 결과 데이터에 나타나도록 하는 편이 좋습니다. 즉, 하원의원 직을 먼저 수행하고 상원의원이 된 의원이 특정 세기에 존재하지 않더라도 해당 세기와 의원의 비율 값이 결과 데이터에 표시된다는 의미입니다.

```
SELECT aa.cohort_century
,bb.rep_and_sen * 1.0 / aa.reps as pct_rep_and_sen
FROM
(
    SELECT date_part('century',a.first_term) as cohort_century
    ,count(id_bioguide) as reps
    FROM
    (
        SELECT id_bioguide, min(term_start) as first_term
        FROM legislators_terms
        WHERE term_type = 'rep'
        GROUP BY 1
    ) a
    GROUP BY 1
) aa
LEFT JOIN
(
    SELECT date_part('century',b.first_term) as cohort_century
    ,count(distinct b.id_bioguide) as rep_and_sen
    FROM
    (
        SELECT id_bioguide, min(term_start) as first_term
        FROM legislators_terms
        WHERE term_type = 'rep'
        GROUP BY 1
    ) b
    JOIN legislators_terms c on b.id_bioguide = c.id_bioguide
    and c.term_type = 'sen' and c.term_start > b.first_term
    GROUP BY 1
) bb on aa.cohort_century = bb.cohort_century
;

cohort_century pct_rep_and_sen
-------------- ---------------
18             0.1906
19             0.0570
20             0.0567
21             0.0366
```

하원의원직을 먼저 수행한 후 상원의원직까지 수행한 의원의 비율은 18세기에 가장 높습니다. 이번에는 타임박스를 활용해 분석해봅시다. 18세기와 19세기에 재임한 의원은 지금 모두 사망했다고 생각해도 되지만, 20세기와 21세기에 첫 임기를 수행한 의원 중 다수는 지금까지도 의원직을 유지하고 있습니다. 서브쿼리 bb에 WHERE age(c.term_start, b.first_term) <= interval '10 years' 절로 필터를 추가해 10년 길이의 타임박스를 생성합니다. 시간 윈도우 크기를 원하는 대로 조절하려면 간단히 인터벌 상숫값을 바꾸면 됩니다. 서브쿼리 d에 WHERE first_term <= '2009-12-31' 조건을 추가해 데이터셋이 생성될 당시를 기준으로 10년을 채우지 못하는 의원은 제외합니다.

```
SELECT aa.cohort_century
,bb.rep_and_sen * 1.0 / aa.reps as pct_rep_and_sen
FROM
(
    SELECT date_part('century',a.first_term) as cohort_century
    ,count(id_bioguide) as reps
    FROM
    (
        SELECT id_bioguide, min(term_start) as first_term
        FROM legislators_terms
        WHERE term_type = 'rep'
        GROUP BY 1
    ) a
    WHERE first_term <= '2009-12-31'
    GROUP BY 1
) aa
LEFT JOIN
(
    SELECT date_part('century',b.first_term)::int as cohort_century
    ,count(distinct b.id_bioguide) as rep_and_sen
    FROM
    (
        SELECT id_bioguide, min(term_start) as first_term
        FROM legislators_terms
        WHERE term_type = 'rep'
        GROUP BY 1
    ) b
    JOIN legislators_terms c on b.id_bioguide = c.id_bioguide
    and c.term_type = 'sen' and c.term_start > b.first_term
    WHERE age(c.term_start, b.first_term) <= interval '10 years'
    GROUP BY 1
```

```
) bb on aa.cohort_century = bb.cohort_century
;

cohort_century pct_rep_and_sen
-------------- ----------
18             0.0970
19             0.0244
20             0.0348
21             0.0764
```

타임박스로 분석한 결과에 따르면 하원의원직 수행 후 10년 내에 상원의원이 된 비율은 여전히 18세기에 가장 높습니다 하지만 별도의 시간 윈도우를 적용하지 않았을 때와 달리, 21세기에 두 번째로 높은 비율을 보이며, 19세기에 가장 낮은 비율을 보입니다.

10년이라는 단위는 임의로 설정한 크기이며, 여러 개의 시간 윈도우 크기로 분석할 수도 있습니다. 인터벌 값을 원하는 크기로 바꿔가며 쿼리를 하나씩 실행해 결과를 비교해도 되지만 보다 효율적인 방법이 있습니다. WHERE 절에서 인터벌 값을 직접 할당하는 대신 CASE 문과 count distinct 집계를 활용해, 하나의 쿼리로 여러 인터벌 값에 대한 결과를 한 번에 확인합니다.

```
SELECT aa.cohort_century
,bb.rep_and_sen_5_yrs * 1.0 / aa.reps as pct_5_yrs
,bb.rep_and_sen_10_yrs * 1.0 / aa.reps as pct_10_yrs
,bb.rep_and_sen_15_yrs * 1.0 / aa.reps as pct_15_yrs
FROM
(
    SELECT date_part('century',a.first_term) as cohort_century
    ,count(id_bioguide) as reps
    FROM
    (
        SELECT id_bioguide, min(term_start) as first_term
        FROM legislators_terms
        WHERE term_type = 'rep'
        GROUP BY 1
    ) a
    WHERE first_term <= '2009-12-31'
    GROUP BY 1
) aa
LEFT JOIN
(
```

```
SELECT date_part('century',b.first_term) as cohort_century
,count(distinct case when age(c.term_start,b.first_term)
                            <= interval '5 years'
                    then b.id_bioguide end) as rep_and_sen_5_yrs
,count(distinct case when age(c.term_start,b.first_term)
                            <= interval '10 years'
                    then b.id_bioguide end) as rep_and_sen_10_yrs
,count(distinct case when age(c.term_start,b.first_term)
                            <= interval '15 years'
                    then b.id_bioguide end) as rep_and_sen_15_yrs
FROM
(
    SELECT id_bioguide, min(term_start) as first_term
    FROM legislators_terms
    WHERE term_type = 'rep'
    GROUP BY 1
) b
JOIN legislators_terms c on b.id_bioguide = c.id_bioguide
and c.term_type = 'sen' and c.term_start > b.first_term
GROUP BY 1
) bb on aa.cohort_century = bb.cohort_century
;

cohort_century pct_5_yrs pct_10_yrs pct_15_yrs
-------------- --------- ---------- ----------
18             0.0502    0.0970     0.1438
19             0.0088    0.0244     0.0409
20             0.0100    0.0348     0.0478
21             0.0400    0.0764     0.0873
```

결과 데이터셋을 통해 하원의원이었다가 상원의원이 된 의원의 비율이 어떻게 변화하는지 코호트별로 확인하고, 여러 코호트끼리 서로 비교할 수도 있습니다. 데이터를 그래프로 나타내면 재미있는 트렌드가 관찰됩니다. [그림 4-12]는 위 결과 데이터셋에서 코호트를 세기가 아닌 첫 임기 시작일을 기준으로 정의해 10년, 20년 단위로 변화를 보여줍니다. 처음 몇 십 년간 하원의원의 상원의원 전환율을 보면 앞서 1년 단위로 구간을 나눈 그래프와 확연히 다릅니다.

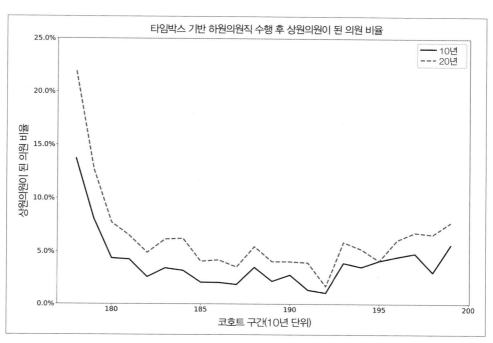

그림 4-12 코호트별 하원의원직 수행 후 상원의원이 된 의원 비율 트렌드

길이가 고정된 타임박스 내 반복 행동 분석은 코호트 간 비교 분석에 유용합니다. 특히 그 행동이 상품이나 콘텐츠 구매, 서비스 사용과 같이 간간이 발생한다면 더 좋습니다. 이어서 누적 계산을 활용해 개체의 반복 행동 여부 및 반복 행동 횟수를 계산해봅니다.

4.4.3 누적 계산

누적 코호트 분석은 누적 생애 가치cumulative lifetime value를 계산하고 전체 생애 가치를 예측하기 위해 코호트를 모니터링하는 데 사용할 수 있습니다. 누적 생애 가치는 고객 생애 가치customer lifetime value라고도 하며, CLTV 또는 LTV로 줄여 말하기도 합니다. 고객의 초기 행동은 장기적 행동과 연관이 깊습니다. 예를 들어, 특정 서비스를 처음 며칠 혹은 몇 주 동안 자주 사용하는 사람은 계속해서 오랫동안 사용하는 경향이 있습니다. 서비스 가입 초기에 제품을 두 번, 세 번 구매하는 고객은 오랫동안 제품을 계속 구매할 확률이 높습니다. 구독 서비스를 첫 달 혹은 첫 해 사용 후 갱신하는 사용자는 오랫동안 구독을 유지할 가능성이 큽니다.

누적 코호트 분석은 고객의 상품 구매와 같은 수익 창출 활동뿐 아니라 상품 환불, 지원, 헬스케어 서비스 사용 등 비용을 발생시키는 상황을 이해하는 데도 활용됩니다.

누적 계산은 생존자 분석이나 리턴십 분석과는 달리, 고객이 특정 날짜에 어떤 행동을 했는지보다 특정 날짜까지 이벤트가 발생한 총 횟수를 분석하는 데 활용합니다. 이때 개수를 세고 합계를 구하는 데는 주로 count 함수와 sum 함수를 사용합니다. 여기서도 코호트 간의 정확한 비교를 위해 타임박스 개념을 사용합니다.

재임한 세기와 첫 임기 의원 유형을 기준으로 코호트를 정의하고, 코호트별로 첫 임기 시작 후 10년간 총 몇 회 재임했는지 구해봅시다.

```
SELECT date_part('century',a.first_term) as century
,first_type
,count(distinct a.id_bioguide) as cohort
,count(b.term_start) as terms
FROM
(
    SELECT distinct id_bioguide
    ,first_value(term_type) over (partition by id_bioguide
                                  order by term_start) as first_type
    ,min(term_start) over (partition by id_bioguide) as first_term
    ,min(term_start) over (partition by id_bioguide)
     + interval '10 years' as first_plus_10
    FROM legislators_terms
) a
LEFT JOIN legislators_terms b on a.id_bioguide = b.id_bioguide
and b.term_start between a.first_term and a.first_plus_10
GROUP BY 1,2
;
```

century	first_type	cohort	terms
18	rep	297	760
18	sen	71	101
19	rep	5744	12165
19	sen	555	795
20	rep	4473	16203
20	sen	618	1008
21	rep	683	2203
21	sen	77	118

규모가 가장 큰 코호트는 19세기에 처음 선출된 하원의원 코호트입니다. 하지만 첫 임기 시작 후 10년간 가장 여러 번 재임한 코호트는 20세기에 처음 선출된 하원의원 코호트입니다. 누적 계산은 조직에서 코호트별 기여도를 이해하는 데 유용합니다. 총 매출 또는 전체 반복 구매 횟수는 아주 귀중한 지표입니다. 여기서는 정규화를 통해 개체별 기여도를 비교해봅시다. 전자 상거래에서 개체별 기여도를 측정하기 위한 지표로는 평균 주문 금액_{average order value} (AOV), 주문당 구매 개수, 고객별 주문 수 등이 있습니다. 이를 응용해 첫 임기를 시작한 세기별로 의원의 평균 임기 횟수를 계산해봅시다. 코호트 크기로 정규화하기 위해 앞서 리텐션 분석, 생존 분석, 리턴십 분석에서 사용한 정규화와 비슷한 방법으로, 세기별 전체 임기 수를 코호트의 크기로 나누고 결과 데이터를 이해하기 쉽도록 테이블 형태로 변환합니다.

```sql
SELECT century
,max(case when first_type = 'rep' then cohort end) as rep_cohort
,max(case when first_type = 'rep' then terms_per_leg end)
 as avg_rep_terms
,max(case when first_type = 'sen' then cohort end) as sen_cohort
,max(case when first_type = 'sen' then terms_per_leg end)
 as avg_sen_terms
FROM
(
    SELECT date_part('century',a.first_term) as century
    ,first_type
    ,count(distinct a.id_bioguide) as cohort
    ,count(b.term_start) as terms
    ,count(b.term_start) * 1.0
     / count(distinct a.id_bioguide) as terms_per_leg
    FROM
    (
        SELECT distinct id_bioguide
        ,first_value(term_type) over (partition by id_bioguide
                                      order by term_start
                                      ) as first_type
        ,min(term_start) over (partition by id_bioguide) as first_term
        ,min(term_start) over (partition by id_bioguide)
         + interval '10 years' as first_plus_10
        FROM legislators_terms
    ) a
    LEFT JOIN legislators_terms b on a.id_bioguide = b.id_bioguide
    and b.term_start between a.first_term and a.first_plus_10
    GROUP BY 1,2
```

```
) aa
GROUP BY 1
;
```

century	rep_cohort	avg_rep_terms	sen_cohort	avg_sen_terms
18	297	2.5589	71	1.4225
19	5744	2.1179	555	1.4324
20	4473	3.6224	618	1.6311
21	683	3.2255	77	1.5325

코호트 크기로 정규화된 누적 임기 결과를 보면, 20세기에 처음 하원의원이 된 의원의 평균 임기 횟수가 가장 많고, 19세기에 처음 하원의원이 된 의원의 평균 임기 횟수는 가장 적습니다. 이와 비슷하게 20세기에 상원의원이 된 의원의 평균 임기 횟수가 가장 많습니다. 전체적으로 보면 평균 임기 횟수는 상원의원이 하원의원보다 적은데, 이는 상원의원의 임기가 6년으로 하원의원의 임기인 2년보다 길어서일 수 있습니다.

누적 계산은 고객 생애 가치를 계산하는 데도 자주 사용됩니다. 고객 생애 가치는 주로 고객당 전체 구매액이나 매출 총이익gross margin(수익−비용)과 같은 금전적 가치를 측정합니다. 코호트 간 비교를 위해 고객 생애 가치의 '생애' 길이를 정의할 때는 고객의 평균 생애 주기 또는 3년, 5년, 10년과 같이 분석하기에 편한 길이를 선택하기도 합니다. 입법가 데이터셋에 경제 관련 지표가 포함돼 있진 않지만, 앞서 코드에서 분석한 여러 수치를 달러라고 생각하면 경제적인 분석을 한 것으로 볼 수도 있습니다. 이렇듯 SQL로 작성한 코드는 다양한 분석에서 템플릿처럼 활용 가능합니다.

이 절에서는 생존 분석, 리턴십, 누적 계산을 살펴봤습니다. 이러한 코호트 분석 기법은 시간에 따른 행동을 분석하고 그룹 간 행동 차이에 영향을 미치는 속성을 파악하는 데 유용합니다. 코호트의 행동을 이해하고 나면 시간에 따른 코호트의 구성 비율 변화를 살펴보는 것이 좋습니다. 이 구성 비율 변화가 개체 전체의 리텐션, 생존, 리턴십, 누적값에 어떤 영향을 미치는지, 각 분석값은 개별 코호트의 값과 어떤 차이가 있는지 알아볼 수 있습니다.

4.5 코호트를 활용한 크로스 섹션 분석

앞 절에서 살펴본 코호트 분석 기법들은 코호트 자체의 변화는 알아차리기 쉬운 반면, 전체 사용자 구성의 변화를 알아차리기는 힘들다는 한계가 있습니다.

혼합 이동mix shift이란 시간에 따른 사용자 구성의 변화를 의미합니다. 혼합 이동으로 인해 시간이 지나면 코호트의 구성이 처음과 달라지게 되며, 이는 사용자층의 국제화, 순수 고객 유치 전략과 광고를 통한 고객 유치 전략의 전환, 틈새시장에서 대규모 시장으로의 진입 등에 의해 발생합니다. 혼합 이동이 어디서 일어나는지 파악하기 위해 새로운 코호트나 세그먼트를 추가해 확인하기도 합니다.

코호트 분석과 대조적으로, **크로스 섹션 분석**cross-sectional analysis은 특정 시점을 기준으로 개인 또는 그룹 간 차이를 비교합니다. 예를 들어, 소득과 교육 수준의 상관관계를 밝히는 데 활용됩니다. 크로스 섹션 분석은 시계열 데이터를 모두 수집할 필요 없이 특정 시점의 데이터만 수집하면 된다는 장점이 있습니다. 크로스 섹션 분석은 의미 있는 결과를 찾고 새로운 가설을 도출하는 데 도움이 되지만 적절하지 않은 시기를 선택해 분석하면 **생존자 편향**survivorship bias 등으로 인해 잘못된 분석 결과가 나오기도 합니다.

생존자 편향

"우리의 우수 고객들에서 공통점을 찾아보자." 겉보기에는 순수하고 좋은 의도로 보이지만 사실이 아이디어는 매우 문제 있는 결론으로 이어질 수 있습니다. 생존자 편향은 특정 시점의 사람이나 사물에만 집중해 생기는 논리적 오류를 의미합니다. 이러한 문제는 실패, 이탈 등의 이유로 특정 시점에서 더는 데이터셋에 존재하지 않는 개체로 인해 생기는 경우가 많습니다. 분석을 할 때 떠나버린 사람들은 무시하고 데이터셋에 남아 있는 사람들에만 집중하면 지나치게 낙관적인 결론이 나올 수 있습니다.

대학을 중퇴하고도 성공한 기술 사업가에 대한 이야기가 많습니다. 그렇다고 당장 대학을 그만 둬야 하는 건 아닙니다. 사실 중퇴 후 성공적인 CEO가 되지 못한 사람이 훨씬 많습니다. 실패한 사람의 이야기는 회자되지 않으므로 성공한 사람의 이야기에만 집중하면 현실을 깨닫지 못하고 편향에 갇히기 쉽습니다.

다시 우수 고객 분석을 예로 들면, '우수 고객은 주로 캘리포니아주 또는 텍사스주에 살고 18세 이상 30세 이하라는 특징이 있다'라는 식의 생존자 편향이 발생할 수 있습니다. 우수 고객이 아닌 사람 중에도 이러한 특징을 지닌 사람이 많았지만, 그중 상당수가 분석 시점 이전에 이탈했을 수도 있습니다. 서비스 초기의 우수 고객 인구 통계를 확인해보면 버몬트주에 사는 41세에서 50세 사이 고객일 수도 있으며, 이들이 특정 시점에서는 구매력이 낮을지 몰라도 지속적으로 더 많이 구매하는 고객일 수도 있습니다. 코호트 분석은 바로 이러한 생존자 편향 문제를 해결하고 정확한 결과를 이끌어내는 데 도움이 됩니다.

코호트 분석에서는 시작 시점이 동일한 멤버 전체를 대상으로 분석하므로 생존자 편향 문제가 해결됩니다. 코호트 분석과 크로스 섹션 분석의 개념을 함께 이용해, 지정된 날짜 여러 개에 대한 코호트 분석을 수행하고 시간에 따른 개체 구성의 변화를 관찰하는 방법도 있습니다. 예를 들어, 특정 날짜에 대한 데이터를 확인해 해당 날짜에 존재하는 코호트별 비율을 확인합니다. 여러 날짜를 지정해 반복적인 크로스 섹션 분석을 수행하면 퇴적층과 같은 형태로 사용자의 변화를 확인하고 새로운 인사이트를 도출할 수 있습니다. 이어지는 예제에서는 의원 활동을 시작한 세기를 기준으로 코호트를 정의하고 연도별 코호트의 비율 변화를 확인해봅니다.

우선 legislators 테이블과 날짜 차원 date_dim 테이블에 JOIN을 수행하고, date_dim 테이블의 date 값이 임기 시작 날짜와 종료 날짜 사이에 있는지 확인해 연도별로 재임 중인 의원 수를 구합니다. 여기서는 한 해의 마지막 날인 12월 31일을 기준으로 연도를 나열하고 연도별 의원 수를 출력합니다.

```
SELECT b.date, count(distinct a.id_bioguide) as legislators
FROM legislators_terms a
JOIN date_dim b on b.date between a.term_start and a.term_end
and b.month_name = 'December' and b.day_of_month = 31
and b.year <= 2019
GROUP BY 1
;

date        legislators
----------  -----------
1789-12-31  89
1790-12-31  95
1791-12-31  99
...         ...
```

다음으로, 서브쿼리에서 의원별 첫 임기 시작 날짜인 `first_term`을 계산하고, 이를 활용해 첫 임기를 시작한 세기를 기준으로 코호트를 정의합니다.

```sql
SELECT b.date
,date_part('century',first_term) as century
,count(distinct a.id_bioguide) as legislators
FROM legislators_terms a
JOIN date_dim b on b.date between a.term_start and a.term_end
 and b.month_name = 'December' and b.day_of_month = 31
 and b.year <= 2019
JOIN
(
    SELECT id_bioguide, min(term_start) as first_term
    FROM legislators_terms
    GROUP BY 1
) c on a.id_bioguide = c.id_bioguide
GROUP BY 1,2
;

date       century legislators
---------- ------- -----------
1789-12-31 18      89
1790-12-31 18      95
1791-12-31 18      99
...        ...     ...
```

마지막으로, 연도별로 재임 중인 전체 의원 대비 각 코호트의 비율을 계산합니다. 계산 방법은 결과를 어떠한 형태로 출력할지에 따라 다릅니다. 첫 번째 방법은, 각 날짜와 세기를 조합한 형태로 행을 구성하고, 각 행에서 sum 윈도우 함수를 사용한 결과를 분모로 해 코호트별 비율을 계산합니다.

```sql
SELECT date
,century
,legislators
,sum(legislators) over (partition by date) as cohort
,legislators * 1.0 / sum(legislators) over (partition by date)
 as pct_century
FROM
(
    SELECT b.date
```

```
        ,date_part('century',first_term) as century
        ,count(distinct a.id_bioguide) as legislators
        FROM legislators_terms a
        JOIN date_dim b on b.date between a.term_start and a.term_end
        and b.month_name = 'December' and b.day_of_month = 31
        and b.year <= 2019
        JOIN
        (
            SELECT id_bioguide, min(term_start) as first_term
            FROM legislators_terms
            GROUP BY 1
        ) c on a.id_bioguide = c.id_bioguide
        GROUP BY 1,2
    ) a
;
```

```
date        century legislators cohort pct_century
----------  ------- ----------- ------ -----------
...         ...     ...         ...    ...
2018-12-31  20      122         539    0.2263
2018-12-31  21      417         539    0.7737
2019-12-31  20      97          537    0.1806
2019-12-31  21      440         537    0.8194
```

두 번째 방법은 각 연도를 행으로, 세기별 코호트의 비율을 열로 구성해 테이블 형태로 출력합니다. 이 방법을 사용하면 전체적인 트렌드를 이해하기가 더 쉽습니다.

```
SELECT date
,coalesce(sum(case when century = 18 then legislators end)
        / sum(legislators),0) as pct_18
,coalesce(sum(case when century = 19 then legislators end)
        / sum(legislators),0) as pct_19
,coalesce(sum(case when century = 20 then legislators end)
        / sum(legislators),0) as pct_20
,coalesce(sum(case when century = 21 then legislators end)
        / sum(legislators),0) as pct_21
FROM
(
    SELECT b.date
    ,date_part('century',first_term) as century
    ,count(distinct a.id_bioguide) as legislators
    FROM legislators_terms a
```

```
    JOIN date_dim b on b.date between a.term_start and a.term_end
     and b.month_name = 'December' and b.day_of_month = 31
     and b.year <= 2019
    JOIN
    (
        SELECT id_bioguide, min(term_start) as first_term
        FROM legislators_terms
        GROUP BY 1
    ) c on a.id_bioguide = c.id_bioguide
    GROUP BY 1,2
) aa
GROUP BY 1
;


date        pct_18  pct_19  pct_20  pct_21
----------  ------  ------  ------  ------
...         ...     ...     ...     ...
2017-12-31  0       0       0.2305  0.7695
2018-12-31  0       0       0.2263  0.7737
2019-12-31  0       0       0.1806  0.8193
```

결과 데이터를 그래프로 나타내면 [그림 4-13]과 같습니다. 임기를 최근에 수행하기 시작한 코호트가 더 이른 시기에 시작한 코호트의 비율을 점점 넘어서고 결국에는 완전히 대체합니다.

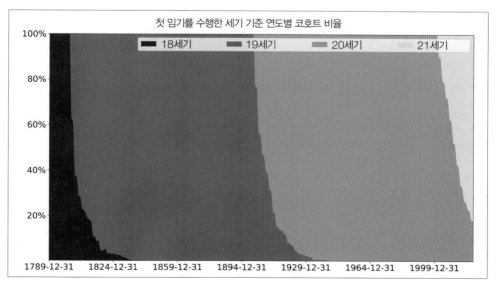

그림 4-13 첫 임기를 수행한 세기 기준 연도별 코호트 비율

시작 날짜인 `first_term` 대신 지속 연수를 기준으로 코호트를 정의해도 좋습니다. 여러 시간 구간에서 상대적으로 최근에 들어온 고객의 비율, 중기간 고객의 비율, 장기간 고객의 비율을 구해 비교해보면 좋은 인사이트가 도출되기도 합니다. 이러한 접근으로 의원의 재임 연수가 시간에 따라 어떻게 변화하는지 알아봅시다.

먼저, 연도별로 각 의원의 누적 재임 연수를 계산합니다. 의원이 선거에서 떨어지는 등 연임하지 못해서 임기 사이에 공백이 생기기도 합니다. 이를 처리하려면 우선 서브쿼리에서 연도별로 12월 31일을 기준으로 의원이 재임 중인지 확인합니다. 그리고 count 윈도우 함수와 `unbounded preceding and current row` 범위를 지정해 처음 행부터 현재 행까지의 연도 수, 즉 의원별 누적 재임 연수를 구합니다.

```
SELECT id_bioguide, date
,count(date) over (partition by id_bioguide
                    order by date rows between
                    unbounded preceding and current row
                    ) as cume_years
FROM
(
    SELECT distinct a.id_bioguide, b.date
    FROM legislators_terms a
    JOIN date_dim b on b.date between a.term_start and a.term_end
     and b.month_name = 'December' and b.day_of_month = 31
     and b.year <= 2019
) aa
;

id_bioguide date       cume_years
----------- ---------- ----------
A000001     1951-12-31 1
A000001     1952-12-31 2
A000002     1947-12-31 1
A000002     1948-12-31 2
A000002     1949-12-31 3
...         ...        ...
```

다음으로, count 함수를 사용해 연도(date)별로 의원의 누적 재임 연수(cume_years) 분포를 계산합니다.

```
SELECT date, cume_years
,count(distinct id_bioguide) as legislators
FROM
(
SELECT id_bioguide, date
,count(date) over (partition by id_bioguide
                    order by date rows between
                    unbounded preceding and current row
                    ) as cume_years
FROM
(
    SELECT distinct a.id_bioguide, b.date
    FROM legislators_terms a
    JOIN date_dim b on b.date between a.term_start and a.term_end
     and b.month_name = 'December' and b.day_of_month = 31
     and b.year <= 2019
    GROUP BY 1,2
    ) aa
) aaa
GROUP BY 1,2
;

date        cume_years legislators
----------- ---------- ----------
1789-12-31  1          89
1790-12-31  1          6
1790-12-31  2          89
1791-12-31  1          37
...         ...        ...
```

재임 연수별 비율을 계산하고 결과 출력 형태를 조정하기 전에 먼저 재임 연수를 그룹화합니다. 지금까지 계산한 결과를 다음처럼 프로파일링해보면 40여 가지 재임 연수 패턴이 나옵니다. 모든 연수 패턴의 결과를 출력하면 한눈에 알아보기가 쉽지 않습니다.

```
SELECT date, count(*) as tenures
FROM
(
    SELECT date, cume_years
    ,count(distinct id_bioguide) as legislators
    FROM
    (
```

```
SELECT id_bioguide, date
,count(date) over (partition by id_bioguide
                    order by date rows between
                    unbounded preceding and current row
                    ) as cume_years
FROM
(
    SELECT distinct a.id_bioguide, b.date
    FROM legislators_terms a
    JOIN date_dim b
     on b.date between a.term_start and a.term_end
     and b.month_name = 'December' and b.day_of_month = 31
     and b.year <= 2019
    GROUP BY 1,2
) aa
) aaa
GROUP BY 1,2
) aaaa
GROUP BY 1
ORDER BY 1
;

date        tenures
----------  -------
1789-12-31  1
1790-12-31  2
1791-12-31  3
...         ...
2016-12-31  36
2017-12-31  35
2018-12-31  36
2019-12-31  35
```

연도별로 최대 40여 개나 되는 재임 연수를 모두 출력하는 대신, 우선 재임 연수를 그룹화해 출력되는 행의 개수를 줄여봅시다. 그룹화하는 방법은 다양합니다. 데이터셋에서 재임 연수를 그룹화하기에 적절한 연수 범위가 정의돼 있다면 그대로 사용하면 됩니다. 그렇지 않은 경우 필자는 주로 크기가 동일한 그룹 3~5개로 나눕니다. 여기서는 재임 연수를 기준으로 코호트를 정의해 누적 재임 연수 cume_years 값이 4년 이하인 코호트부터 5~10년인 코호트, 11~20년인 코호트, 21년 이상인 코호트까지 총 4개로 나눠봅니다.

```
SELECT date, tenure
,legislators / sum(legislators) over (partition by date)
 as pct_legislators
FROM
(
    SELECT date
    ,case when cume_years <= 4 then '1 to 4'
        when cume_years <= 10 then '5 to 10'
        when cume_years <= 20 then '11 to 20'
        else '21+' end as tenure
    ,count(distinct id_bioguide) as legislators
    FROM
    (
        SELECT id_bioguide, date
        ,count(date) over (partition by id_bioguide
                        order by date rows between
                        unbounded preceding and current row
                        ) as cume_years
        FROM
        (
            SELECT distinct a.id_bioguide, b.date
            FROM legislators_terms a
            JOIN date_dim b
            on b.date between a.term_start and a.term_end
            and b.month_name = 'December' and b.day_of_month = 31
            and b.year <= 2019
            GROUP BY 1,2
        ) a
    ) aa
    GROUP BY 1,2
) aaa
;

date        tenure   pct_legislators
----------  -------  ---------------
...         ...      ...
2019-12-31  1 to 4   0.2998
2019-12-31  11 to 20 0.2011
2019-12-31  21+      0.1788
2019-12-31  5 to 10  0.3203
```

결과 데이터를 그래프로 나타내면 그림 [4-14]와 같습니다. 초기에는 오래 재임하는 의원이 매우 적지만 최근에 이르러서는 21년 이상 재임한 비율이 계속 증가합니다. 재임 연수 4년 이하인 코호트의 비율이 주기적으로 증가하는 패턴은 정치적 세대교체를 반영하는 흥미로운 패턴입니다.

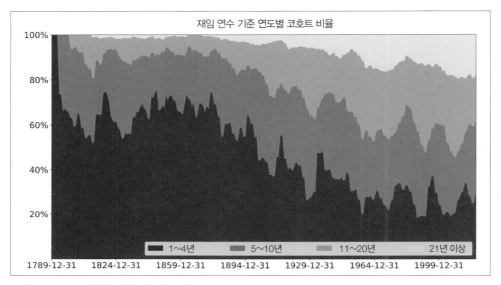

그림 4-14 재임 연수 기준 연도별 코호트 비율

시계열 데이터를 활용한 크로스 섹션 분석은 여러 시점에서의 코호트의 비율 변화를 관찰하는 데 사용됩니다. 크로스 섹션 분석을 여러 시점으로 옮겨가며 분석해보면 흥미롭게 트렌드를 파악할 수 있으며, 리텐션 분석과 크로스 섹션 분석을 함께 사용하면 트렌드를 더 정확히 이해하고 인사이트를 얻을 수 있습니다.

4.6 결론

코호트 분석은 각 그룹의 리텐션, 반복 행동, 누적값 등이 시간에 따라 어떻게 변화하는지 이해하는 데 유용합니다. 코호트 분석으로 각 코호트의 고유한 속성(예: 성별)이나 행동에서 도출된 속성(예: 구매 횟수)에 해당하는 모집단의 특성을 유추해볼 수 있습니다. 이러한 분석을 통해 재미있고 유용한 상관관계가 발견되기도 하지만, 상관관계와 인과관계는 다릅니다. 실제 인과관계를 찾는 데는 무작위 실험^{randomized experiment}이 필요합니다. 7장에서 이와 관련된 실험 분석을 자세히 다룹니다.

실험 관련 내용으로 넘어가기 전에 몇 가지 분석 방법을 더 알아봅시다. 다음 장에서는 텍스트 분석을 살펴봅니다. 텍스트 분석에서 사용하는 다양한 기법들은 다른 분석에서도 자주 사용할 뿐 아니라 그 자체로도 매우 흥미로운 분석입니다.

CHAPTER 5

텍스트 분석

지난 장에서는 시계열 분석과 코호트 분석을 활용해 날짜와 숫자를 다루는 다양한 방법을 알아 봤습니다. 실제로 분석을 수행하다 보면 데이터셋이 날짜나 숫자와 관련된 값이 아닐 때도 많습니다. 날짜와 숫자보다는 정성적qualitative 속성 및 자유 텍스트와 같이 흥미로운 정보를 포함 하는 문자열 필드를 더 자주 접하기도 합니다. 데이터베이스는 총계, 합계, 평균 등의 숫자 계 산뿐 아니라 텍스트 데이터를 다루는 데도 강력합니다.

이 장에서는 SQL과 다른 프로그래밍 언어를 사용하기에 적합한 텍스트 분석 유형을 각각 간단 히 알아본 뒤 UFO 목격 보고 데이터셋을 활용해 텍스트 특징, 프로파일링, 데이터 파싱, 여러 가지 텍스트 변환, 새로운 텍스트 생성, 정규 표현식regular expression을 활용해 대규모 텍스트에서 원하는 패턴을 찾는 방법 등을 알아봅니다.

5.1 SQL을 활용한 텍스트 분석

전 세계에서 매일같이 생산되는 엄청난 양의 데이터 중 상당수는 단어, 문장, 문단, 문서 등의 텍스트로 구성돼 있습니다. 텍스트 데이터는 다양한 출처를 통해 만들어집니다. 고객 문의, 설 문, 소셜 미디어 게시글, 뉴스 피드처럼 사람이 직접 작성하기도 하고, 로그 파일처럼 컴퓨터 애플리케이션에서 생성되기도 합니다. 데이터베이스에서 텍스트는 세 가지 형태로 저장돼 있 습니다. 각각 **구조화**structured (데이터가 테이블의 필드에 저장된 상태), **반구조화**semistructured (데이터가 별도의 필드에 저장돼 있지만 분석하려면 적절한 수준의 정제가 필요한 상태), **비구조화**unstructured(긴 VARCHAR 또는 BLOB 필드에 각기 다른 길이의 문자열로 저장돼 있으며, 분석하려면 상당한 구조화 작업이 필요한 상태) 형태입니다. SQL에는 이렇게 다양한 형태의 텍스트 구조화 및 분석에 유용한 함수가 많습니다.

5.1.1 텍스트 분석이란

텍스트 분석이란 텍스트 데이터에서 의미와 인사이트를 도출하는 과정입니다. 텍스트 분석은 결과가 정성적인지 혹은 정량적인지에 따라 두 가지 카테고리로 분류됩니다. 정성적 분석은 **원문 분석**textual analysis이라고도 하며, 별도의 지식을 기반으로 텍스트에 내재된 의미를 탐색합니다. 정성적 분석은 저널리스트나 역사학자, 사용자 경험 연구자들이 많이 사용합니다. 정량적 분석도 마찬가지로 텍스트 데이터의 정보를 이해하는 것이 목적이지만 분석 결과가 정량적이라는 차이가 있습니다. 카테고리화categorization, 데이터 추출 등의 분석 결과가 단어의 출현 횟수나 빈도 같은 숫자 형태로 나타나며, 시계열 분석과 정량적 분석을 함께 수행해 시간에 따른 단어 출현 빈도 등을 구하기도 합니다. SQL을 활용하기에는 정량적 분석이 보다 더 적합하므로, 이 장에서는 정량적 분석을 다룹니다. 만약 정성적 분석에 뛰어난 전문가와 함께 일할 기회가 있다면 그들의 전문성을 잘 활용하면 좋습니다. 두 가지 분석을 함께 활용하면 훌륭한 인사이트를 도출하고 의견이 다른 동료를 설득하는 데도 유용합니다.

텍스트 분석 방법은 텍스트 추출, 카테고리화, 감성 분석 등 다양합니다. 텍스트 추출은 여러 텍스트 사이에서 의미 있는 텍스트를 가져옵니다. 카테고리화는 텍스트 데이터에서 정보를 추출하고 파싱해 태그를 붙이거나 특정 카테고리를 지정한 후 하나의 행으로 데이터베이스에 저장합니다. 마지막으로, 감성 분석은 글쓴이의 의도와 분위기를 파악해 텍스트가 부정적인지 긍정적인지 수치화합니다.

텍스트 분석은 많은 사람이 사용하는 대중적인 분석이 됐지만, 머신러닝의 등장과 대용량 텍스트 데이터 처리에 필요한 컴퓨팅 자원 비용으로 인해 점점 인기가 줄어들고 있습니다. 자연어 처리Natural language processing(NLP)는 인식, 분류, 심지어는 새로운 텍스트 데이터 생성 등에서 놀라운 기술적 성장을 보이고 있습니다. 언어는 종류가 매우 다양하며 방언, 문법, 은어, 단어 생략, 동의어, 다의어, 미묘한 의미 차이 등으로 인해 매우 복잡합니다. SQL은 텍스트 분석에 매우 적합하긴 하지만 자연어 처리와 같은 고급 분석에는 다른 프로그래밍 언어와 도구를 사용하는 편이 더 좋습니다.

5.1.2 SQL이 적합한 경우

텍스트 분석에 SQL이 적합한 경우는 아주 많은데, 특히 데이터가 데이터베이스에 저장돼 있을 때 SQL을 활용하면 좋습니다. 최신 데이터베이스는 지금까지 다룬 기능뿐 아니라 텍스트 분석을 위한 다양한 기능도 제공합니다. 다른 언어나 도구로 분석하려고 데이터를 별도의 파일로 옮기려면 시간이 걸리므로, 최대한 데이터베이스 안에서 SQL을 활용해 분석하는 편이 좋습니다.

데이터가 데이터베이스에 저장된 상태가 아니라면, 특히 데이터셋의 크기가 매우 큰 경우에는 데이터베이스에 옮기는 편이 좋습니다. 수많은 레코드를 처리하기에는 데이터베이스가 스프레드시트보다 훨씬 낫습니다. SQL은 데이터를 복사 및 붙여넣기로 처리하지 않으므로 원본 데이터가 실수로 변동될 일이 없어 오류가 발생할 확률이 스프레드시트보다 적습니다. 데이터는 SQL에서 **UPDATE** 명령어를 사용해 변경할 수는 있지만 실수로 변경될 일은 거의 없습니다.

SQL은 수치화와 관련된 분석에도 유용합니다. 예를 들어, 고객 문의에 핵심 문구가 얼마나 많이 포함돼 있는지 파악하거나 긴 텍스트를 읽고 카테고리를 지정하는 데 활용하면 좋습니다. 또한 텍스트 필드를 구조화하고 정제하는 데도 유용합니다. 이때 '정제'란 불필요한 문자나 공백을 제거하고, 대소문자를 맞추고, 맞춤법을 교정하는 일을 말합니다. '구조화'는 다른 필드에서 적절한 요소를 추출하고 새로운 열에 저장하거나, 다른 곳에서 가져온 데이터를 저장하기 위해 새로운 필드를 생성하는 일을 의미합니다. SQL의 문자열 함수는 이러한 데이터 구조화에 필요한 여러 조작에 사용되며, 다른 함수 안에 내재돼 사용되거나 다른 함수에서 반환한 값에 사용되기도 합니다.

텍스트 분석에서 SQL 코드는 간단할 수도 있고 복잡할 수도 있으며, 항상 규칙 기반으로 동작합니다. 규칙 기반 시스템에서 컴퓨터는 정해진 규칙에 따라서만 작업을 수행합니다. 이는 데이터를 기반으로 유연하게 반응하는 머신러닝과 대조적입니다. 정해진 규칙이 있으면 사람이 동작 방식과 결과를 이해하기 쉽다는 장점이 있습니다. 코드 형태로 작성되며 원하는 결과를 반환하는지 확인할 수도 있습니다. 하지만 단점도 있는데, 다양한 상황을 고려해 한 번에 처리해야 하는 경우에는 코드가 길고 복잡해진다는 점입니다. 코드가 길고 복잡하면 유지보수가 어려우며, 각 열에 저장된 데이터의 구조나 타입이 바뀌면 규칙도 그에 맞게 변경돼야 합니다. 필자도 **CASE** 문으로 간단히 작성한 4~5줄짜리 코드가 애플리케이션이 변화함에 따라 50~100줄로 늘어난 적이 많습니다. SQL이 규칙 기반이라는 점은 장점이지만, 코드가 너무 복잡해지지 않도록 개발팀과 지속적으로 소통해 SQL 코드를 적절히 유지보수하는 편이 좋습니다.

마지막으로, SQL은 필요한 것이 무엇인지 미리 알고 있는 경우에 활용하기 좋습니다. SQL에는 정규 표현식과 같이 원하는 텍스트를 찾고, 추출하고, 변환하기 위한 아주 강력한 함수가 많습니다. 따라서, '몇 명의 고객이 리뷰에서 *짧은 배터리 수명*이라는 말을 언급하는가?'와 같은 질문에 답하는 데 유용합니다. 반면 '이 고객은 왜 화가 났는가?'와 같은 질문에 답하기 위한 분석에는 적절하지 않습니다.

5.1.3 SQL이 적합하지 않은 경우

SQL로 텍스트를 분석하면 데이터베이스에서 제공하는 강력한 기능을 활용할 수 있지만 반드시 SQL을 사용해야만 하는 것은 아닙니다. SQL이 적합하지 않을 때도 많습니다.

첫 번째는 사람이 직접 할 때가 더 나은 경우입니다. 데이터셋이 매우 작으면 사람이 직접 처리하는 편이 더 빠르고 정확할 수 있으며, 모든 데이터를 읽고 주요 주제를 찾기 위한 정성적인 분석을 해야 할 때도 사람이 직접 하는 편이 나을 수 있습니다.

두 번째는 빠르게 특정 문자열을 검색하거나 특정 문자열을 포함하는 레코드를 찾는 경우입니다. 일래스틱서치Elasticsearch나 스플렁크Splunk와 같이 문자열 인덱싱에 최적화된 도구를 사용하는 편이 낫습니다. 이 경우에 SQL과 데이터베이스를 사용하면 성능상의 문제가 발생할 수도 있습니다. 이는 우리가 데이터베이스 엔진에서 최대한 빠르고 쉽게 검색할 수 있도록 데이터를 구조화하는 이유이기도 합니다.

세 번째는 자연어 처리와 관련된 분석을 하는 경우인데, 여기에는 머신러닝과 이를 실행하기 위한 파이썬 등의 언어가 더 적합합니다. 텍스트에 포함된 긍정적, 부정적 감정의 정도를 분석하는 감성 분석에 SQL을 사용한다면 아주 간단한 분석만 가능합니다. '사랑'과 '혐오'라는 단어를 레코드에서 추출해 각 단어의 출현 빈도에 따라 긍정적인지 부정적인지 간단히 카테고리화할 수는 있지만, 해당 단어의 모든 조합을 고려해 긍정과 부정을 판단하는 규칙을 만들기는 거의 불가능합니다. 텍스트를 잘게 쪼개어 명사, 동사 등으로 구분하는 품사part-of-speech 태깅에는 파이썬 라이브러리를 활용하면 좋으며, 예제 텍스트를 학습해 새로운 텍스트를 생성하는 자연어 생성natural language generation에도 SQL보다는 다른 도구가 더 적합합니다. 뒤에서 SQL을 활용해 기존 데이터에서 새로운 텍스트를 생성하는 방법을 간단히 다루지만, SQL은 규칙 기반 언어이므로 머신러닝처럼 자동으로 데이터를 학습하고 새로운 텍스트를 생성하지는 않습니다.

지금까지 텍스트 분석에 SQL을 사용하면 적합한 경우와 그렇지 않은 경우를 알아봤습니다. SQL 코드를 작성하기에 앞서 텍스트 분석 예제로 사용할 데이터셋을 알아봅시다.

5.2 데이터셋: UFO 목격 보고

이 장 예제에서는 미국 UFO 보고 센터[1]에서 편찬한 UFO 목격 보고 데이터셋을 사용합니다. 데이터셋은 2006년부터 2020년까지 작성된 약 95,000개의 보고서로 구성됩니다. 보고서는 개인이 온라인 포럼을 통해 작성한 것입니다.

이 책의 깃허브에서 ufo 테이블 생성 코드를 제공하며, 이 테이블은 단 두 개의 필드로 구성됩니다. sighting_report 필드에는 UFO 목격 날짜, 보고 날짜, 게시 날짜 그리고 목격 위치와 UFO의 모양, 목격 지속 시간 등의 메타데이터가 저장돼 있으며, description 필드에는 목격에 대한 서술이 텍스트로 저장돼 있습니다. [그림 5-1]은 샘플 데이터입니다.

그림 5-1 ufo 테이블 샘플

이 데이터셋을 이용한 예제를 살펴보면서, 첫 번째 열 sighting_report에 저장된 데이터를 구조화해 저장하는 방법과 두 번째 열 description의 데이터를 활용한 다양한 분석 방법을 알아봅니다. 분석을 수행할 때 데이터를 처리하고 구조화된 결과 데이터를 새로운 테이블에 저장하는 작업이 동일하게 반복된다면 ETL 파이프라인을 구성하는 편이 좋지만, 이 장에서는 원

---

1 *https://www.nuforc.org*

본 테이블을 그대로 활용해 분석합니다. 다음 절에서는 본격적으로 SQL 코드를 활용해 텍스트 데이터를 분석해봅시다.

5.3 텍스트 특징

데이터베이스에서 가장 유연한 데이터 타입은 **VARCHAR**로, 어떤 데이터든 저장 가능합니다. 따라서 **VARCHAR** 타입으로 저장된 데이터베이스의 텍스트 데이터는 다양한 형태와 크기로 저장돼 있을 수 있습니다. 다른 데이터셋을 다룰 때와 마찬가지로 가장 먼저 데이터를 프로파일링하고 그 특징을 파악해야 합니다. 이를 바탕으로 분석에 필요한 정제 및 파싱 작업 계획을 세웁니다.

텍스트 데이터를 파악하는 한 가지 방법은 `length` 함수(일부 데이터베이스에서는 `len` 함수)를 사용해 글자 수를 세는 것입니다. 이 함수는 다른 프로그래밍 언어나 스프레드시트의 `length` 함수와 마찬가지로 문자열이나 글자 필드를 인수로 받아 글자 수를 반환합니다.

```
SELECT length('Sample string');

length
------
13
```

`length` 함수로 해당 필드에 저장된 값들의 길이 분포를 확인해, 별도의 처리가 필요할 정도로 매우 긴 아웃라이어가 존재하는지 확인해봅시다.

```
SELECT length(sighting_report), count(*) as records
FROM ufo
GROUP BY 1
ORDER BY 1
;

length records
------ -------
90     1
91     4
92     8
...    ...
```

[그림 5-2]를 보면 sighting_report 필드에서 대부분의 레코드에 저장된 문자열의 길이는 150~180개 글자이며, 140개 글자보다 짧거나 200개 글자보다 긴 문자열은 거의 없습니다. 같은 방법으로 description 필드에 저장된 문자열의 길이 분포를 확인해보면 5~64,921개 글자입니다. 아직 제대로 프로파일링하지 않았는데도 글자 수만으로 description 필드에 아주 다양한 값들이 저장돼 있다고 추측할 수 있습니다.

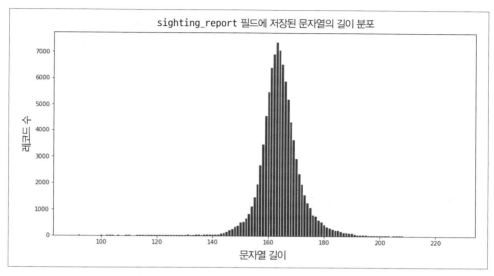

그림 5-2 ufo 테이블의 sighting_report 필드에 저장된 문자열의 길이 분포

sighting_report 필드에서 행 몇 개를 샘플로 가져와 확인해봅시다. 필드에 저장된 내용을 파악하기 위해 쿼리 도구에서 수백 개 행을 스크롤하며 확인한 결과, 아래와 같이 sighting_report 필드에 저장된 대표 값 세 개를 선정했습니다.

```
Occurred : 3/4/2018 19:07 (Entered as : 03/04/18 19:07)Reported: 3/6/2018 7:05:12 PM
19:05Posted: 3/8/2018Location: Colorado Springs, COShape: LightDuration:3 minutes
Occurred : 10/16/2017 21:42 (Entered as : 10/16/2017 21:42)Reported: 3/6/2018 5:09:47
PM 17:09Posted: 3/8/2018Location: North Dayton, OHShape: SphereDuration:~5 minutes
Occurred : 2/15/2018 00:10 (Entered as : 2/15/18 0:10)Reported: 3/6/2018 6:19:54 PM
18:19Posted: 3/8/2018Location: Grand Forks, NDShape: SphereDuration:5 seconds
```

이 데이터는 반구조화 상태로, 다양한 값이 가득 채워져 있습니다. 이 상태 그대로 분석에 활용할 수는 없지만, 중요한 정보가 행마다 비슷한 패턴으로 저장돼 있다는 점은 분명합니다. 예를 들어, 각 행은 'Occurred: 타임스탬프 값', 'Location: 장소명', 'Duration: 시간 길이'와 같은 패턴을 포함합니다.

> **NOTE**_데이터가 다양한 값으로 가득 채워지는 원인은 다양한데, 주로 두 가지 이유로 발생합니다. 첫 번째는 자원 시스템이나 애플리케이션에 모든 속성을 따로 저장할 만큼 충분한 필드가 확보되지 않아서 한 필드에 모든 속성을 구겨 넣어 저장한 경우입니다. 두 번째는 희소 속성을 저장하거나 새로운 속성이 계속 추가되는 경우를 대비해 데이터를 애플리케이션에 JSON blob 형태로 저장한 경우입니다. 분석 관점에서는 두 경우 모두 이상적인 데이터 저장 형태가 아니지만, 일관된 형태로 저장돼 있기만 하면 SQL로 처리하는 데 큰 문제는 없습니다.

다음으로, 분석이 용이하게끔 필드를 파싱합니다. 새로운 필드 여러 개에 나눠 저장해 각 필드가 하나의 정보를 저장하도록 합니다. 과정은 다음과 같습니다.

1 대상 필드를 결정한다.

2 대상 필드에 파싱 함수를 적용한다.

3 데이터 타입 변환 등 적절하게 데이터를 가공한다.

4 다른 패턴의 레코드가 있을 수 있으므로 전체 데이터셋에 적용 시 문제가 없는지 확인한다.

5 모든 데이터가 원하는 형태로 변환될 때까지 이 과정을 반복한다.

sighting_report 필드의 값을 파싱해 저장할 새로운 필드 이름으로는 occurred, entered_as, reported, posted, location, shape, duration을 사용합니다. 다음 절에서는 파싱 함수를 알아보고 ufo 데이터셋을 구조화합니다.

5.4 텍스트 파싱

SQL을 활용한 데이터 파싱이란 분석이 용이하도록 텍스트 값을 적절히 추출하는 과정입니다. 파싱으로 데이터를 '필요한 부분'과 '필요하지 않은 부분'으로 분리하며, 이 장에서는 주로 필요한 부분만 반환하는 코드를 사용합니다.

가장 간단한 파싱 함수는 문자열의 시작 부분이나 끝부분부터 특정 개수만큼 글자를 가져오는 함수입니다. `left` 함수는 문자열의 시작 부분인 가장 왼쪽부터 특정 개수만큼 글자를 반환하며, `right` 함수는 문자열의 끝부분인 가장 오른쪽부터 특정 개수만큼 글자를 반환합니다. 두 함수는 글자를 세는 기준 위치만 다를 뿐 동일하게 동작합니다. 파싱할 문자열을 첫 번째 인자로 받고, 가져올 글자 수를 두 번째 인자로 받습니다. 인자로 데이터베이스 필드나 계산 수식 등을 사용해 다이내믹한 결과를 가져올 수도 있습니다.

```
SELECT left('The data is about UFOs',3) as left_digits
,right('The data is about UFOs',4) as right_digits
;

left_digits right_digits
----------- -----
The         UFOs
```

ufo 데이터셋의 `sighting_report` 필드에서 `left` 함수를 사용해 첫 번째 단어인 'Occurred'를 파싱해봅시다.

```
SELECT left(sighting_report,8) as left_digits
,count(*)
FROM ufo
GROUP BY 1
;

left_digits count
----------- -----
Occurred    95463
```

이렇게 모든 레코드가 'Occurred'로 시작하는 문자열로 저장돼 있음을 확인했습니다. 여기서는 사건이 발생했다는 의미의 'Occurred'라는 단어 자체가 중요한 것이 아니라 실제로 어떤 일이 언제 발생했는지 알아내는 일이 중요합니다. 5.3절 '텍스트 특징'에서 확인한 `sighting_report` 필드의 샘플 데이터에서 'Occurred' 뒤에 바로 이어서 저장된 타임스탬프의 마지막 글자까지 글자가 총 25개임을 확인했으므로 `left` 함수로 왼쪽부터 25개를 가져옵니다. 다시 여기서 'Occurred' 단어를 제외하고 타임스탬프의 값만 가져오기 위해, `right` 함수로 오른쪽부터 타임스탬프 길이만큼의 14개 글자만 가져옵니다. `right` 함수와 `left` 함수는 다른 함수 안에서 사용될 수도 있으며, 이때 함수의 반환 결과가 바로 외부 함수의 인자로 사용됩니다. 다음 코드에서는 left 함수가 반환한 문자열이 right 함수의 첫 번째 인자로 사용됩니다. 위 샘플 데이터에서 확인한 3개 레코드에 대한 쿼리 실행 결과를 확인해봅시다.

```
SELECT right(left(sighting_report,25),14) as occurred
FROM ufo
;


occurred
--------------
...
3/4/2018 19:07
10/16/2017 21:
2/15/2018 00:1
...
```

첫 번째 레코드는 정확하게 우리가 원하는 값이 반환됐지만, 두 번째와 세 번째 레코드처럼 월, 일 값이 두 자릿수인 경우에는 글자 수가 맞지 않아 원하는 값이 반환되지 않았습니다. 두 번째, 세 번째 레코드의 값을 정확하게 받아오기 위해 left 함수와 right 함수의 두 번째 인자로 더 큰 숫자를 넘기면 첫 번째 레코드에 불필요한 문자가 붙어서 반환됩니다.

left 함수와 right 함수는 문자열에서 특정 길이만큼 글자를 가져오는 데 유용하지만, 복잡한 패턴의 문자열이 섞여 있다면 split_part 함수를 사용하는 편이 좋습니다. 이 함수는 특정 구분자delimiter를 기준으로 문자열을 나눈 다음 원하는 부분만 가져옵니다. 구분자는 텍스트 등 데이터를 구분하는 경계의 기준이 되는 길이가 1 이상인 문자를 의미합니다. 텍스트 파일(확장자가 .csv, .tsv, .txt 등)에서 주로 콤마나 탭으로 각 열의 시작과 끝을 구분하듯, split_part 함수의 구분자로 콤마 구분자 또는 탭 구분자를 많이 사용합니다. 그 외에도 파싱 대상에 따라 적절한 구분자를 사용하면 됩니다. 함수 형식은 다음과 같습니다.

```
split_part(string or field name, delimiter, index)
```

인덱스는 구분자로 분리된 텍스트 중 반환받을 텍스트의 위치를 의미합니다. 인덱스 값이 1이면 구분자로 분리된 여러 문자열 중 첫 번째 문자열을 반환하며, 인덱스 값이 2면 두 번째 문자열을 반환합니다. 인덱스 값은 0이 될 수 없고 양의 정수만 가능합니다.

```
SELECT split_part('This is an example of an example string'
                  ,'an example'
                  ,1);


split_part
----------
This is
```

```
SELECT split_part('This is an example of an example string'
                  ,'an example'
                  ,2);


split_part
----------
 of
```

> **TIP** MySQL은 split_part 대신 substring_index 함수를 지원하며, SQL 서버는 split_part와 같은 기능을 하는 함수를 따로 지원하지 않습니다.

구분자에 따로 공백을 넣지 않는 한 텍스트가 여러 문자열로 분리되더라도 공백은 그대로 남아있으므로 주의가 필요합니다. sighting_report 필드의 여러 요소를 파싱하는 방법을 알아봅시다. sighting_report 필드에 아래 샘플 데이터가 저장돼 있다고 가정하고 split_part 함수를 사용합니다.

```
Occurred : 6/3/2014 23:00 (Entered as : 06/03/14 11:00)Reported: 6/3/2014 10:33:24 PM
22:33Posted: 6/4/2014Location: Bethesda, MDShape: LightDuration:15 minutes
```

'Occurred : '와 ' (Entered' 사이의 타임스탬프 값인 6/3/2014 23:00를 가져오는 코드를 작성해봅시다. 샘플 텍스트를 보면 'Occurred : '와 ' (Entered'는 한 행에 한 번씩만 나타납니다. 여기서 콜론(:)은 'Occurred : '와 같이 값을 구분하는 데도 사용되고 '11:00'와 같이 타임스탬프에서 시간, 분, 초를 구분하는 데도 사용됩니다. 이렇게 구분자로 사용할 문자가 여러 곳에서 나타난다면 파싱할 때 주의해야 합니다. 괄호 문자는 한 번만 나타납니다. 이제 문자열을 원하는 대로 정확히 분리하기 위한 구분자를 선택해야 합니다. 여기서는 다소 복잡한 방법을 사용하지만, 항상 이렇게 파싱해야 하는 것은 아닙니다.

우선, sighting_report 필드를 'Occurred : ' 기준으로 분리해 그 뒤의 텍스트를 가져옵니다.

```
SELECT split_part(sighting_report,'Occurred : ',2) as split_1
FROM ufo
;

split_1
-------------------------------------------------------------
...
6/3/2014 23:00 (Entered as : 06/03/14 11:00)Reported: 6/3/2014 10:33:24 PM 22:33Posted:
6/4/2014Location: Bethesda, MDShape: LightDuration:15 minutes
...
```

성공적으로 'Occurred : '를 제거했지만, 아직 처리할 텍스트가 많이 남았습니다. 이번에는 'Occurred : ' 대신 ' (Entered'를 기준으로 분리하고 그 앞의 텍스트를 가져옵니다.

```
SELECT split_part(sighting_report,' (Entered',1) as split_2
FROM ufo
;

split_2
------------------------
...
Occurred : 6/3/2014 23:00
...
```

원하는 값에 훨씬 가까이 왔습니다. 하지만 정확히 원하는 값만 가져오려면 'Occurred : '도 제거해야 합니다. split_part 함수 내에서 split_part 함수를 한 번 더 사용해 타임스탬프 값만 가져옵니다.

```
SELECT split_part(
        split_part(sighting_report,' (Entered',1)
        ,'Occurred : ',2) as occurred
FROM ufo
;

occurred
--------------
```

```
...
6/3/2014 23:00
...
```

우리가 원하는 타임스탬프 값이 반환됐습니다. 샘플 데이터가 아닌 실제 `sighting_report` 필드에 함수를 적용한 결과를 추가로 확인해보면 두 자릿수의 월, 일, 심지어는 시간이 없는 날짜 값까지 문제없이 파싱됩니다. 다만, 몇몇 레코드의 경우 텍스트에 `'Entered as'` 값이 생략됐습니다. 이러한 레코드에서도 타임스탬프 값을 정확히 가져오기 위해 `split_part` 함수를 하나 더 추가해 `'Reported'` 레이블 바로 앞의 문자열을 가져옵니다.

```
SELECT
split_part(
  split_part(
    split_part(sighting_report,' (Entered',1)
    ,'Occurred : ',2)
    ,'Reported',1) as occurred
FROM ufo
;

occurred
---------------
...
4/6/2006 02:05
...
6/24/1980 14:00
...
9/11/2001 09:00
...
```

[그림 5-3]은 SQL 코드로 파싱한 결과에서 가장 많이 저장된 occurred 값을 순서대로 나타낸 그래프입니다.

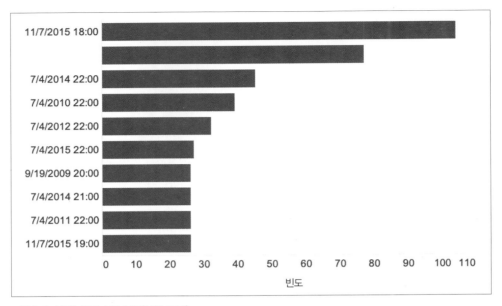

그림 5-3 UFO 목격 시간 분포(상위 10개)

> **TIP** 텍스트 파싱에서 가장 어려운 부분은 데이터에서 원하는 값을 얻기 위한 함수를 찾는 과정으로, 여러 번의 시행착오가 따릅니다.

다음으로, 앞서 사용한 파싱 규칙을 활용해 다른 레이블에 대한 값들도 한 번에 가져옵시다. 구분자를 적절히 활용해 원하는 문자열만 정확히 골라내야 합니다. 다음 쿼리는 `split_part` 함수를 여러 번 사용하면서 적절한 인자를 활용해 각 레이블에 대한 값을 가져옵니다.

```
SELECT
  split_part(
    split_part(
      split_part(sighting_report,' (Entered',1)
      ,'Occurred : ',2)
    ,'Reported',1) as occurred
,split_part(
  split_part(sighting_report,')',1)
    ,'Entered as : ',2) as entered_as
,split_part(
  split_part(
    split_part(
      split_part(sighting_report,'Post',1)
```

```
        ,'Reported: ',2)
      ,' AM',1)
    ,' PM',1) as reported
,split_part(split_part(sighting_report,'Location',1),'Posted: ',2)
 as posted
,split_part(split_part(sighting_report,'Shape',1),'Location: ',2)
 as location
,split_part(split_part(sighting_report,'Duration',1),'Shape: ',2)
 as shape
,split_part(sighting_report,'Duration:',2) as duration
FROM ufo
;

occurred entered_as reported posted  location    shape     duration
-------- ---------- -------- ------- ----------- --------- -----------
...      ...        ...      ...     ...         ...       ...
7/4/2... 07/04/2... 7/5...   7/5/... Columbus... Formation 15 minutes
7/4/2... 07/04/2... 7/5...   7/5/... St. John... Circle    2-3 minutes
7/4/2... 07/7/1... 7/5...    7/5/... Royal Pa... Circle    3 minutes
...      ...        ...      ...     ...         ...       ...
```

SQL을 이용한 파싱 결과, 데이터가 훨씬 구조화돼 분석에 용이한 형식으로 저장됐습니다. 분석에 들어가기에 앞서 데이터 정제를 위한 변환 작업을 몇 가지 더 살펴봅시다. 다음 절에서는 문자열 변환 함수를 알아봅니다.

5.5 텍스트 변환

텍스트 변환은 문자열 값을 원하는 형태로 바꾸는 과정입니다. 앞서 3장에서 여러 형태의 날짜 및 타임스탬프 변환을 알아봤습니다. SQL은 다양한 문자열 변환 함수를 지원합니다. 텍스트 변환 함수는 파싱된 데이터뿐 아니라 별도의 조작이나 정제가 필요한 텍스트 데이터를 변환하는 데 유용합니다.

가장 흔히 쓰이는 변환은 대소문자 변환입니다. upper 함수는 모든 글자를 대문자로 변환하며 lower 함수는 모든 글자를 소문자로 변환합니다.

```
SELECT upper('Some sample text');

upper
----------------
SOME SAMPLE TEXT
```

```
SELECT lower('Some sample text');

lower
----------------
some sample text
```

이 함수는 각기 다른 방법으로 입력된 값들을 표준화할 때 유용합니다. 예를 들어봅시다. 사람은 'California', 'caLiforNia', 'CALIFORNIA' 모두 캘리포니아주로 인식하지만 데이터베이스는 세 값을 서로 다른 값으로 인식합니다. 따라서, 주별 UFO 목격 횟수를 계산하는 경우, 주 이름이 위와 같이 저장돼 있다면 세 값이 각기 다른 주로 인식돼 원치 않는 계산 결과가 나옵니다. 이 문제를 해결하려면 세 값을 모두 대문자나 소문자로 변환하면 됩니다. Postgres를 비롯한 몇몇 데이터베이스가 제공하는 initcap 함수는 각 단어의 첫 글자만 대문자로 변환하고 나머지는 소문자로 변환하므로 명사를 한 가지 형태로 변환하는 데 유용합니다.

```
SELECT initcap('caLiforNia'), initcap('golden gate bridge');

initcap     initcap
----------  ------------------
California  Golden Gate Bridge
```

앞서 파싱한 데이터셋의 shape 필드에는 글자가 모두 대문자인 'TRIANGULAR'라는 값이 저장돼 있습니다. initcap 함수를 사용해 이 값을 다른 값들처럼 첫 글자만 대문자인 형태로 표준화합시다.

```
SELECT distinct shape, initcap(shape) as shape_clean
FROM
(
    SELECT split_part(
            split_part(sighting_report,'Duration',1)
            ,'Shape: ',2) as shape
```

```
    FROM ufo
) a
;

shape       shape_clean
----------  -----------
...         ...
Sphere      Sphere
Teardrop    Teardrop
Triangle    Triangle
TRIANGULAR  Triangular
...         ...
```

목격된 UFO 수를 모양(shape)별로 확인해보면 [그림5-4]와 같습니다. 빛(Light) 모양이
가장 많이 목격됐고, 그다음으로는 원형(Circle)과 삼각형(Triangle)이 많이 목격됐습니
다. 일부 보고서에는 UFO 모양이 기록되지 않아, 그래프에는 모양에 대한 값이 빈 문자열인
보고서도 있습니다.

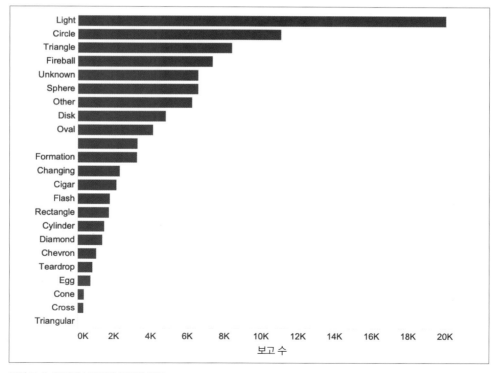

그림 5-4 목격된 UFO의 모양별 분포

그 밖에도 유용한 변환 함수로, 문자열 양 끝에서 공백을 제거하는 trim 함수가 있습니다. 긴 문자열을 파싱할 때 혹은 사람이 직접 값을 입력하거나 다른 곳에서 값을 복사해와서 붙여 넣을 때, 불필요한 공백이 포함돼 문제가 발생하는 경우가 많습니다. trim 함수를 사용해 'California'라는 단어의 양 끝에 공백이 포함된 경우 이를 제거합시다.

```
SELECT trim(' California ');
trim

----------
California
```

trim 함수를 좀 더 유연하게 활용하기 위해 몇 가지 옵션 파라미터를 사용해봅시다. 첫 번째로, 공백 대신 특정 문자열을 지정해 제거합니다. 앞부분이나 뒷부분, 심지어는 양 끝에 위치한 특정 문자열을 한 번에 제거할 수도 있습니다. 특정 문자열을 제거하려는 부분이 앞인지 뒤인지 명시하려면 trim에 leading 또는 trainling 옵션을 사용합니다. 이처럼 trim 함수는 공백뿐 아니라 특정 문자열을 제거하는 데도 사용합니다. 예를 들어, 애플리케이션이 달러 기호 ($)를 주 이름 앞에 넣어 데이터를 저장한 경우, 다음처럼 달러 기호를 제거합니다.

```
SELECT trim(leading '$' from '$California');
```

duration 필드에 저장된 값 중 일부는 앞에 불필요한 공백이 한 칸 포함돼 있습니다. trim 함수를 사용해 데이터를 정제해봅시다.

```
SELECT duration, trim(duration) as duration_clean
FROM
(
    SELECT split_part(sighting_report,'Duration:',2) as duration
    FROM ufo
) a
;

duration              duration_clean
--------------------  --------------------
...                   ...
 ~2 seconds            ~2 seconds
 15 minutes            15 minutes
```

```
20 minutes (ongoing) 20 minutes (ongoing)
    ...                   ...
```

[그림 5-5]는 UFO 목격 지속 시간(duration)의 분포를 그래프로 나타냅니다. 지속 시간은 1분에서 10분 사이가 가장 많습니다. 일부 보고서에는 지속 시간이 기록되지 않아, 그래프에는 지속 시간이 빈 문자열인 보고서도 포함됩니다.

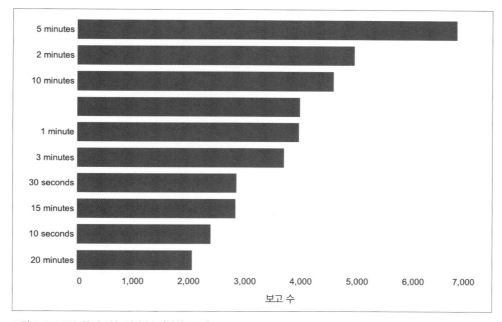

그림 5-5 UFO 목격 지속 시간 분포(상위 10개)

다음으로, 데이터 타입 변환을 알아봅시다(타입 변환은 2장에서도 잠시 다뤘습니다). 이는 파싱 결과를 원하는 데이터 타입으로 변환하는 과정입니다. 여기서는 occured와 reported 필드에 저장된 타임스탬프 형태의 문자열을 TIMESTAMP 타입으로 변환하고, posted 필드에 저장된 날짜 형태의 문자열을 DATE 타입으로 변환해야 합니다. 이때 더블 콜론(::) 연산자 또는 CAST 필드명 as 타입 문법을 사용합니다. entered_as, location, shape, duration 필드는 값 타입을 변환하지 않고 VARCHAR 타입 그대로 남겨놓습니다.

```
SELECT occurred::timestamp
,reported::timestamp as reported
,posted::date as posted
FROM
(
    SELECT
    split_part(
      split_part(
        split_part(sighting_report,' (Entered',1)
        ,'Occurred : ',2)
      ,'Reported',1)
      as occurred
    ,split_part(
      split_part(
        split_part(
          split_part(sighting_report,'Post',1)
          ,'Reported: ',2)
        ,' AM',1),' PM',1)
      as reported
    ,split_part(
      split_part(sighting_report,'Location',1)
      ,'Posted: ',2)
      as posted
    FROM ufo
) a
WHERE length(a.occurred) >= 8
and length(a.reported) >= 8
and length(a.posted) >= 8
ORDER BY 1
;

occurred            reported            posted
------------------- ------------------- ----------
...                 ...                 ...
2015-05-24 19:30:00 2015-05-25 10:07:21 2015-05-29
2015-05-24 20:00:00 2015-05-24 06:21:00 2015-05-29
2015-05-24 20:00:00 2015-05-24 06:55:01 2015-05-29
...                 ...                 ...
```

데이터가 새로운 타입으로 변환됐습니다.[2] 월/일/연도(mm/dd/yyyy) 형식으로 저장돼 있던 데이터가 날짜 형식에 맞게 변환되고[3] 기존에 없던 초 단위 값이 추가됐습니다. 단, 이러한 변환을 전체 데이터셋에 적용할 때는 주의해야 합니다. 레코드에 날짜 값 대신 빈 문자열이나, 날짜와 상관없는 엉뚱한 값이 저장돼 있을 수 있기 때문입니다. 빈 문자열과 null은 아무 정보를 포함하지 않는다는 의미에서 같은 값이라고 볼 수도 있지만 데이터베이스는 이 둘을 명확히 구분합니다. 빈 문자열은 말 그대로 문자열 타입의 값이며 다른 데이터 타입으로 변환할 수 없습니다. 타입 변환을 문제없이 수행하려면 날짜 형식에 맞지 않는 레코드를 찾아 모두 null로 변환합니다. 날짜 값은 최소 8개 글자(연도 4개 글자, 월 1~2개 글자, 일 1~2개 글자, '-' 또는 '/' 2개 글자)로 구성되므로, WHERE 절로 8개 글자 미만의 값을 필터링하는 대신 CASE 문을 활용해 8글자 미만의 값을 null로 변환합니다.

```
SELECT
case when occurred = '' then null
    when length(occurred) < 8 then null
    else occurred::timestamp
    end as occurred
,case when length(reported) < 8 then null
    else reported::timestamp
    end as reported
,case when posted = '' then null
    else posted::date
    end as posted
FROM
(
    SELECT
    split_part(
      split_part(
        split_part(sighting_report,'(Entered',1)
        ,'Occurred : ',2)
      ,'Reported',1) as occurred
    ,split_part(
      split_part(
        split_part(
```

---

2 옮긴이_ 데이터 타입을 TIMESTAMP 또는 DATE 타입으로 변환할 때 out of range 오류가 발생할 수 있습니다. 이때는 SET datestyle = mdy; 쿼리를 먼저 실행해 현재 저장된 문자열이 월/일/연도(month/day/year) 형식으로 저장돼 있음을 명시한 뒤 다시 데이터 타입 변환 쿼리를 실행하면 됩니다.

3 미국에서 생성한 데이터셋이므로 날짜가 mm/dd/yyyy 형식으로 저장돼 있습니다. 대부분의 나라에서는 날짜를 주로 dd/mm/yyyy 형식으로 저장하므로, 데이터 출처를 잘 확인하고 필요에 따라 코드를 적절히 수정해 사용해야 합니다.

```
          split_part(sighting_report,'Post',1)
            ,'Reported: ',2)
          ,' AM',1)
        ,' PM',1) as reported
      ,split_part(
        split_part(sighting_report,'Location',1)
          ,'Posted: ',2) as posted
    FROM ufo
) a
;

occurred            reported            posted
------------------- ------------------- ----------
...                 ...                 ...
2020-10-06 11:50:00 2020-10-06 10:15:46 2020-11-05
2020-10-06 14:40:00 2020-10-06 12:42:36 2020-11-05
(null)              2018-03-06 05:09:47 2015-02-20
...                 ...                 ...
```

마지막으로, 변환 함수 replace를 알아봅시다. 필드에 저장된 문자열을 다른 문자열로 바꾸거나 지우고 싶을 때 사용하며, 인자로는 원문 텍스트, 찾을 문자열, 대체할 문자열이 필요합니다.

replace(문자열 또는 필드, 찾을 문자열, 대체할 문자열)

예를 들어, replace 함수를 사용해 'unidentified flying objects'라는 문자열을 'UFOs'로 변환해봅시다.

```
SELECT replace('Some unidentified flying objects were noticed
above...','unidentified flying objects','UFOs');

replace
------------------------------
Some UFOs were noticed above...
```

함수는 두 번째 인자의 문자열을 모두 찾아 세 번째 인자의 문자열로 변환합니다. 세 번째 인자로 빈 문자열을 넘기면 두 번째 인자의 문자열을 모두 찾아 삭제합니다. 다른 문자열 함수와 마찬가지로, replace 함수를 다른 함수 안에서 사용해 그 결괏값을 다른 함수의 인자로 넘길 수 있습니다.

파싱된 UFO 목격 보고 데이터셋의 location 필드에는 UFO를 목격한 장소가 'near', 'close to', 'outside of' 등의 수식어와 함께 저장돼 있습니다. replace 함수를 사용해 모든 수식어를 'near'로 표준화해봅시다.

```
SELECT location
,replace(replace(location,'close to','near')
        ,'outside of','near') as location_clean
FROM
(
    SELECT split_part(split_part(sighting_report,'Shape',1)
                    ,'Location: ',2) as location
    FROM ufo
) a
ORDER BY 1
;

location                      location_clean
--------------------------    --------------------
...                           ...
Tehachapie (outside of), CA   Tehachapie (near), CA
...                           ...
Terrell (close to), TX        Terrell (near), TX
...                           ...
Tombstone (outside of), AZ    Tombstone (near), AZ
...                           ...
```

[그림 5-6]은 UFO가 가장 많이 목격된 장소 상위 10개를 그래프로 나타냅니다.

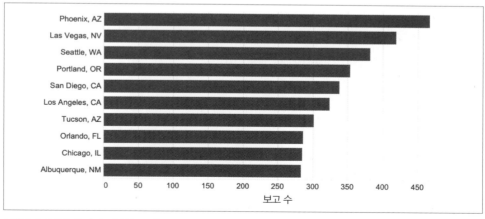

그림 5-6 UFO 목격 장소(상위 10개)

지금까지 `sighting_report` 필드의 모든 요소를 파싱 및 정제하고, 요소별로 적절한 타입으로 변환했습니다. 최종 코드는 다음과 같습니다.

```
SELECT
    case when occurred = '' then null
    when length(occurred) < 8 then null
    else occurred::timestamp
    end as occurred
,entered_as
,case when length(reported) < 8 then null
    else reported::timestamp
    end as reported
,case when posted = '' then null
    else posted::date
    end as posted
,replace(replace(location,'close to','near'),'outside of','near')
 as location
,initcap(shape) as shape
,trim(duration) as duration
FROM
(
    SELECT
    split_part(
      split_part(
        split_part(sighting_report,' (Entered',1)
        ,'Occurred : ',2)
      ,'Reported',1) as occurred
    ,split_part(
      split_part(sighting_report,')',1)
        ,'Entered as : ',2) as entered_as
    ,split_part(
      split_part(
        split_part(
          split_part(sighting_report,'Post',1)
          ,'Reported: ',2)
        ,' AM',1)
      ,' PM',1) as reported
    ,split_part(
      split_part(sighting_report,'Location',1)
      ,'Posted: ',2) as posted
    ,split_part(
      split_part(sighting_report,'Shape',1)
      ,'Location: ',2) as location
```

```
      ,split_part(
        split_part(sighting_report,'Duration',1)
        ,'Shape: ',2) as shape
      ,split_part(sighting_report,'Duration:',2) as duration
    FROM ufo
) a
ORDER BY 1
;
```

```
occurred   entered_as  reported  posted   location   shape    duration
--------   ----------  --------  -------  ----------  -------  ----------
...        ...         ...       ...      ...         ...      ...
2018-...   7/31/19...  2018-...  2018...  Greenwi...  Light    + 1 hour
2018-...   07/31/1...  2018-...  2018...  Bakersf...  Triangle 15 minutes
2018-...   08/01/1...  2018-...  2018...  Wenatch...  Light    1 minute
...        ...         ...       ...      ...         ...      ...
```

이 SQL 코드는 다른 쿼리에서 재활용할 수 있으며, 기존의 원본 데이터셋을 새 테이블로 옮기고 해당 테이블에서 데이터를 정제하는 데 사용할 수도 있습니다. 혹은 재활용을 위해 뷰 또는 공통 테이블 표현식common table expression (CTE)을 사용할 수도 있습니다. 이와 관련해서는 8장에서 자세히 다룹니다.

이 절에서는 데이터 정제를 위해 파싱 및 변환 함수를 사용하는 방법과 텍스트 데이터를 처리하는 방법 등을 알아봤습니다. 다음 절에서는 SQL 함수를 사용해 UFO 목격 보고 데이터셋의 description 필드에서 특정 요소를 검색해봅니다.

5.6 대규모 텍스트에서 문자열 찾기

파싱과 변환은 텍스트 데이터 분석에서 흔히 사용됩니다. 대규모 텍스트에서는 문자열을 찾는 연산도 자주 사용됩니다. 쿼리의 결과 데이터를 필터링할 때, 레코드를 카테고리화할 때, 검색된 문자열을 다른 값으로 변환할 때 등 다양하게 활용됩니다.

5.6.1 와일드카드 매칭

SQL에는 문자열 패턴 매칭에 관련된 함수와 연산자가 있습니다. LIKE 연산자는 문자열의 특정 패턴을 찾아냅니다. LIKE 연산자에 와일드카드 기호를 함께 사용하면 정확히 매칭되는 문자열뿐 아니라 앞, 뒤 또는 문자열 사이에 다른 문자가 섞여 있는 문자열까지 찾아냅니다. '%' 와일드카드는 0개 이상의 문자를 의미하며, '_' 와일드카드는 단 한 글자를 의미합니다. 와일드카드 기호가 아니라 일반 문자인 '%' 문자 또는 '_' 문자를 찾으려면 이스케이프 기호인 백슬래시(\)를 앞에 붙이면 됩니다.

```
SELECT 'this is an example string' like '%example%';

true
```

```
SELECT 'this is an example string' like '%abc%';

false
```

```
SELECT 'this is an example string' like '%this_is%';

true
```

LIKE 연산자는 SQL 문의 다른 문법과 함께 사용하기도 합니다. WHERE 절에서 특정 조건에 따라 레코드를 필터링하는 경우를 예로 들어봅시다. UFO 목격을 보고한 사람 중 일부는 목격 당시 배우자와 함께였다고 보고했습니다. 다음처럼 LIKE와 WHERE 절을 함께 사용해 몇 개의 보고서에서 'wife'가 언급됐는지 확인해봅시다.

```
SELECT count(*)
FROM ufo
WHERE description like '%wife%'
;

count
-----
6231
```

6,000여 개 보고서에 'wife'가 언급돼 있습니다. 단, 여기서는 소문자 'wife'에 매칭된 레코드 수만 확인했는데, 'Wife'나 'WIFE'라고 언급된 보고서도 있을 수 있습니다. 대소문자에 상관없이 특정 문자를 찾는 방법은 두 가지입니다. 첫 번째는, upper 함수나 lower 함수를 사용해 필드의 값들을 모두 대문자 또는 소문자로 변환하는 방법입니다.

```
SELECT count(*)
FROM ufo
WHERE lower(description) like '%wife%'
;

count
-----
6439
```

두 번째 방법은 ILIKE 연산자를 사용합니다. ILIKE는 LIKE와 달리 대소문자를 가리지 않고 매칭되는 문자열을 찾아냅니다. 아쉽게도, MySQL과 SQL 서버를 비롯한 일부 데이터베이스는 ILIKE 연산자를 지원하지 않습니다. ILIKE 연산자를 지원하는 데이터베이스에서는 적절히 활용하면 좋습니다.

```
SELECT count(*)
FROM ufo
WHERE description ilike '%wife%'
;

count
-----
6439
```

LIKE 연산자와 ILIKE 연산자로 매칭되지 않는 문자열을 찾으려면 NOT 연산자를 사용합니다. 예를 들어, 'wife'를 언급하지 않은 레코드를 찾으려면 NOT LIKE 연산자를 사용합니다.

```
SELECT count(*)
FROM ufo
WHERE lower(description) not like '%wife%'
;

count
```

```
-----
89024
```

여러 개의 문자열 필터링 조건을 적용하려면 AND 연산자와 OR 연산자를 사용합니다.

```
SELECT count(*)
FROM ufo
WHERE lower(description) like '%wife%'
or lower(description) like '%husband%'
;

count
-----
10571
```

OR 연산자와 AND 연산자를 함께 사용하는 경우, 괄호로 연산자 적용 순서를 명시할 때 주의를 기울여야 합니다. 괄호를 잘못 사용하면 예상치 못한 결과가 반환될 수 있습니다. 예를 들어, 다음 예시에서는 같은 WHERE 절이라도 OR와 AND의 실행 순서에 따라 다른 값을 반환합니다.[4]

```
SELECT count(*)
FROM ufo
WHERE lower(description) like '%wife%'
or lower(description) like '%husband%'
and lower(description) like '%mother%'
;

count
-----
6610
```

```
SELECT count(*)
FROM ufo
WHERE (lower(description) like '%wife%'
      or lower(description) like '%husband%'
      )
and lower(description) like '%mother%'
```

----

4 옮긴이_ 기본적으로 AND 연산자가 OR 연산자보다 우선순위가 높지만, 두 연산자를 함께 사용할 때는 괄호를 사용해 연산 순서를 명확히 하는 편이 좋습니다.

```
;

count
-----
382
```

WHERE 절이나 JOIN … ON 절을 이용한 필터링 외에도, SELECT 절 안에서 LIKE 연산자를 활용해 특정 레코드의 카테고리 구분이나 집계 연산을 할 수 있습니다. 먼저, LIKE 연산자로 레코드의 카테고리를 나눠봅시다. LIKE 연산자를 CASE 문과 함께 사용해 레코드를 레이블링하거나 그룹화합니다. description 필드 값 중 일부는 운전 중(driving), 걷는 중(walking)과 같이 목격자가 UFO를 목격할 당시 또는 직전에 하고 있던 행동을 언급합니다. LIKE 연산자와 CASE 문을 활용해 그 행동 분포를 알아봅시다.

```
SELECT
case when lower(description) like '%driving%' then 'driving'
     when lower(description) like '%walking%' then 'walking'
     when lower(description) like '%running%' then 'running'
     when lower(description) like '%cycling%' then 'cycling'
     when lower(description) like '%swimming%' then 'swimming'
     else 'none' end as activity
,count(*)
FROM ufo
GROUP BY 1
ORDER BY 2 desc
;

activity count
-------- -----
none     77728
driving  11675
walking  4516
running  1306
swimming 196
cycling  42
```

운전 중이던 사람이 가장 많았고, 수영을 하거나 자전거를 타고 있던 사람은 그리 많지 않았습니다. 물론, 수영을 하거나 자전거를 타는 사람보다는 운전하는 사람이 많으니 당연한 결과이기도 합니다.

JOIN 절에서 텍스트 파싱이나 변환 함수를 통해 얻은 값을 바로 사용할 수도 있지만, 이 경우에는 데이터베이스의 성능이 문제가 되기도 합니다. 서브쿼리에서 파싱 함수나 변환 함수를 사용한 뒤 JOIN을 수행해 정확히 매칭되는 결과만 반환하는 편이 좋습니다.

위 코드에서, CASE 문으로 description 필드의 레코드에 행동을 매칭할 때, 가장 먼저 조건을 만족한 행동에 매칭한다는 점에 주목해야 합니다. 예를 들어, description 필드의 레코드에 'driving'과 'walking'이라는 두 문자열이 모두 언급돼 있더라도, 먼저 조건을 만족한 'driving'이 해당 레코드의 행동으로 선택됩니다. 이것이 문제가 되지 않는 경우도 있지만, 리뷰, 설문 응답, 고객 문의 등 긴 텍스트를 분석할 때는 카테고리를 하나보다는 여러 개 지정하는 방법이 나을 수 있습니다. 이때 BOOLEAN 플래그나 이진수^{binary} 열을 여러 개 사용해 여러 카테고리에 속함을 표시합니다.

앞서 LIKE 연산자를 사용하면 해당 레코드의 특정 조건 매칭 여부에 따라 BOOLEAN 값(TRUE 혹은 FALSE)이 반환됨을 확인했습니다. 이를 활용해 각 레코드의 카테고리를 지정할 수 있습니다. description 필드의 수많은 레코드에서 북쪽, 남쪽 등 UFO 목격 방향을 하나 이상 언급합니다. 각 레코드에서 어느 방향을 언급하는지 확인해봅시다.

```
SELECT description ilike '%south%' as south
,description ilike '%north%' as north
,description ilike '%east%' as east
,description ilike '%west%' as west
,count(*)
FROM ufo
GROUP BY 1,2,3,4
ORDER BY 1,2,3,4
;

south north east  west  count
----- ----- ----  ----- -----
false false false false 43757
false false false true  3963
false false true  false 5724
false false true  true  4202
false true  false false 4048
false true  false true  2607
false true  true  false 3299
false true  true  true  2592
true  false false false 3687
```

```
true    false  false  true   2571
true    false  true   false  3041
true    false  true   true   2491
true    true   false  false  3440
true    true   false  true   2064
true    true   true   false  2684
true    true   true   true   5293
```

쿼리 수행 결과를 보면, 각 레코드에서 언급하는 UFO 목격 방향의 분포가 한눈에 보이게끔 BOOLEAN 타입 값이 행렬 형태로 출력됐습니다.

이렇게 모든 조합에 대해 확인하면 전체 데이터의 분포를 확인하기 편리하고, BI 도구나 시각화 도구에서 데이터를 활용하기도 좋습니다. 하지만 이 데이터를 요약하고 각 문자열에 대한 집계를 수행하면 더 유용한 경우도 있습니다. 이번에는 각 방향이 언급된 개수를 계산해봅시다 (필드의 타입이 문자열이 아니라 판매량 등의 숫자 타입인 경우에는 sum 함수로 합계를 구하거나 avg 함수로 평균값을 구할 수도 있습니다).

```
SELECT
count(case when description ilike '%south%' then 1 end) as south
,count(case when description ilike '%north%' then 1 end) as north
,count(case when description ilike '%west%' then 1 end) as west
,count(case when description ilike '%east%' then 1 end) as east
FROM ufo
;

south north west  east
----- ----- ----- -----
25271 26027 25783 29326
```

description 필드에서 방향이 언급된 빈도를 간단히 요약해 확인한 결과, 동쪽(east)이 가장 많이 언급됐습니다. 결과를 그래프로 나타내면 [그림 5-7]과 같습니다.

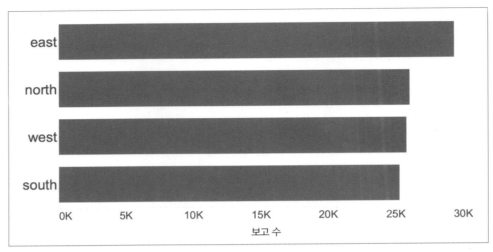

그림 5-7 UFO 목격 보고서에 방향이 언급된 빈도

쿼리에서 여러 방향을 언급하는 레코드는 중복 계산됐습니다. 이렇게 분석하면 어떤 방향이 함께 언급되는지 알 수 없습니다. 함께 언급되는 방향 조합을 확인하려면 다음과 같이 다소 복잡한 처리가 필요합니다.

```
count(case when description ilike '%east%'
and description ilike '%north%' then 1 end) as north_and_east
```

LIKE, NOT LIKE, ILIKE를 활용한 패턴 매칭은 상황에 따라 유연하게 활용됩니다. 특정 레코드를 필터링하거나 카테고리를 나눌 때, 다양한 결과 출력 형태에 맞게 데이터를 집계할 때 등 다양하게 활용되며, 텍스트 파싱과 텍스트 변환 함수와 함께 사용하면 보다 유연하게 사용 가능합니다. 다음 절에서는 패턴이 정확히 일치하는 문자열을 찾아내는 방법을 알아봅니다.

5.6.2 정확한 매칭

정규 표현식을 활용한 복잡한 패턴 매칭을 학습하기 전에, 텍스트 분석에 유용한 IN, NOT IN 연산자를 알아봅니다. 엄밀히 말해서 패턴 매칭은 아니지만, LIKE 등의 연산자와 함께 활용해 보다 간결한 코드로 정확히 원하는 패턴의 문자열을 찾아내는 유용한 연산자입니다.

UFO 목격 보고 데이터셋의 description 필드에서 첫 번째 단어를 기준으로 레코드를 분류한다고 가정합시다. 공백 문자를 구분자로 하는 split_part 함수를 사용해 레코드별 첫 번째 단어를 가져옵니다. UFO 목격 보고서 중에는 색상과 관련된 단어로 시작하는 내용이 많다고 합니다. 더 자세히 알아보기 위해 첫 단어가 색상 이름인 레코드를 찾아봅시다. 우선 필터링 조건으로 IN 연산자 대신 색상 이름과 OR 연산자를 사용합니다.

```
SELECT first_word, description
FROM
(
    SELECT split_part(description,' ',1) as first_word
    ,description
    FROM ufo
) a
WHERE first_word = 'Red'
or first_word = 'Orange'
or first_word = 'Yellow'
or first_word = 'Green'
or first_word = 'Blue'
or first_word = 'Purple'
or first_word = 'White'
;

first_word description
---------- --------------------------------------------------
...        ...
Green      Green light over Niagara!On the way home from ...
...        ...
Red        Red lights over Berkshire countyRed lights ...
...        ...
Yellow     Yellow Orange Light Shot Across Sky.Overcast ...
...        ...
```

WHERE 절에서 IN 연산자를 사용하면 코드가 간결해지고 오류가 발생할 가능성이 줄어듭니다. IN 연산자는 콤마로 구분된 매칭 아이템 리스트와 함께 사용합니다. 각 아이템의 데이터 타입은 매칭하려는 필드의 데이터 타입과 일치해야 합니다. 필드가 숫자 타입이면 아이템도 숫자 타입이어야 하고, 필드가 텍스트 타입이면 아이템도 텍스트 타입이어야 합니다.

```
SELECT first_word, description
FROM
(
    SELECT split_part(description,' ',1) as first_word
    ,description
    FROM ufo
) a
WHERE first_word in ('Red','Orange','Yellow','Green','Blue','Purple','White')
;

first_word description
---------- ------------------------------------------------
...        ...
Green      Green light over Niagara!On the way home from ...
...        ...
Red        Red lights over Berkshire countyRed lights ...
...        ...
Yellow     Yellow Orange Light Shot Across Sky.Overcast ...
...        ...
```

이렇게 IN 연산자를 사용한 쿼리도 앞서 OR 연산자를 사용한 쿼리와 동일한 결과를 반환합니다. 결과 데이터를 그래프로 나타내면 [그림 5-8]과 같습니다.

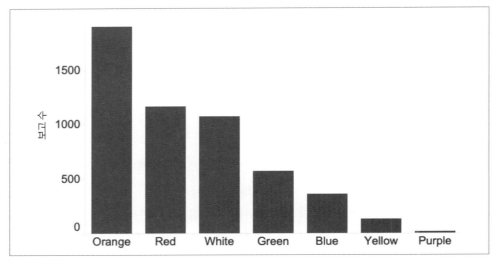

그림 5-8 UFO 목격 보고서 첫 단어의 색상 분포

IN, NOT IN 연산자를 사용하면 코드가 간결하고 가독성이 좋아집니다. 이 장점은 특히 여러 조건에 따라 데이터의 카테고리를 나누는 복잡한 쿼리를 작성할 때 빛을 발합니다. 예를 들어, 첫 단어의 색상, 모양, 움직임 등 다양한 조건에 따라 레코드를 분류하고 조건별 레코드 수를 파악하는 쿼리를 가정해봅시다. 다음과 같이 IN 연산자와 텍스트 파싱, 텍스트 변환, 패턴 매칭을 조합하면 코드가 더 간결해지고 가독성도 좋아집니다.

```
SELECT
case when lower(first_word) in ('red','orange','yellow','green',
'blue','purple','white') then 'Color'
when lower(first_word) in ('round','circular','oval','cigar')
then 'Shape'
when first_word ilike 'triang%' then 'Shape'
when first_word ilike 'flash%' then 'Motion'
when first_word ilike 'hover%' then 'Motion'
when first_word ilike 'pulsat%' then 'Motion'
else 'Other'
end as first_word_type
,count(*)
FROM
(
    SELECT split_part(description,' ',1) as first_word
    ,description
    FROM ufo
) a
GROUP BY 1
ORDER BY 2 desc
;

first_word_type count
--------------- -----
Other           85268
Color           6196
Shape           2951
Motion          1048
```

물론 데이터셋의 특성을 고려할 때, 보고 내용의 첫 단어에 따라 각 레코드를 정확히 분류하려면 더 많은 규칙을 적용하기 위해 더 긴 코드가 필요합니다.[5] SQL로 텍스트 데이터를 다루는

---

5 옮긴이_ 이 장 앞부분에서 다룬 대소문자 구분, 불필요한 공백 제거 등 다양한 텍스트 처리가 필요합니다.

방법은 아주 다양합니다. 다음 절에서는 정규 표현식을 활용해 아주 정교하게 텍스트 데이터를 다루는 방법을 알아봅니다.

5.6.3 정규 표현식

SQL로 문자열 패턴을 매칭하는 방법은 여러 가지입니다. 정규 표현식은 다소 어렵지만 패턴 매칭에 아주 유용합니다. 사실 필자 역시 데이터 분석을 시작하고 나서도 오래도록 정규 표현식을 기피했습니다. 사용해야 할 때면 정규 표현식에 능숙한 동료들의 도움을 받아 문제를 해결하곤 했습니다. 그러다 대형 텍스트 분석 프로젝트에 투입되면서 결국 정규 표현식을 배울 수밖에 없는 순간을 맞이했습니다.

정규 표현식regular expression은 특정 패턴을 찾기 위해 특별한 의미의 문자를 나열한 것입니다. 정규 표현식을 배우고 활용할 때 가장 어려운 부분은 문법이 직관적이지 않다는 점입니다. 정규 표현식 코드는 사람의 언어처럼 생기지도 않았고, SQL이나 파이썬 같은 프로그래밍 언어와도 달라서 이해하기 어렵습니다. 하지만 특수 문자를 잘 다룬다면 정규 표현식 코드를 쓰고 이해하기도 수월합니다.

정규 표현식도 일종의 언어이지만 다른 프로그래밍 언어 내에서만 사용 가능합니다. 예를 들어, 자바, 파이썬, SQL 등에서 특정 문자열 패턴 매칭을 위해 정규 표현식을 사용할 수 있지만, 정규 표현식만으로 프로그램을 작성할 수는 없습니다. 정규 표현식은 대부분의 데이터베이스에서 지원하며 문법은 조금씩 다릅니다. 하지만 어느 정도 익숙해지면 해당 데이터베이스에서 지원하는 문법을 찾고 활용하기가 수월해집니다.

이 절에서는 정규 표현식을 활용한 간단한 패턴 매칭부터 점점 복잡한 패턴 매칭까지 차례로 실행해가면서 결과를 확인해봅니다. 하나씩 실습하면서 다른 분석가들 또는 코드를 다시 읽게 될 미래의 여러분에게 도움이 되도록 주석을 잘 남겨놓기 바랍니다. 여기서 다루는 내용은 데이터 분석에 활용하기에 충분하지만 모든 문법과 사용법을 살펴보지는 않습니다. 정규 표현식을 더 자세히 알고 싶다면 벤 포터의 『손에 잡히는 10분 정규 표현식』(인사이트, 2019)을 참고하기 바랍니다. 본격적으로 UFO 목격 보고서를 분석하기에 앞서 정규 표현식 사용법을 간단히 알아봅시다.

SQL 문에서 정규 표현식을 사용하는 방법은 크게 두 가지로, POSIX 비교 연산자를 사용하는 방법과 정규 표현식 함수를 사용하는 방법이 있습니다. POSIX는 'Portable Operating System Interface'의 약자이며 IEEE 표준을 따릅니다. 먼저, SQL 코드에서 POSIX 비교 연산자를 사용하는 방법을 알아봅시다. 첫 번째 비교 연산자는 물결표(~)로, 두 문자열을 비교해 두 번째 문자열이 첫 번째 문자열에 포함되는 관계이면 TRUE를 반환합니다. 간단한 예로, 다음은 'The data is about UFOs'에 'data'가 포함되는지 확인합니다.

```
SELECT 'The data is about UFOs' ~ 'data' as comparison;

comparison
----------
true
```

반환값은 BOOLEAN 타입인 TRUE 또는 FALSE입니다. 여기서 물결표 이외에 특별한 문법을 사용하지 않았지만 'data' 문자열이 바로 정규 표현식으로 사용됐습니다. 이와 같이 일반 텍스트 문자열이 정규 표현식으로 사용될 수도 있습니다. 위 예시를 보면 물결표(~) 비교 연산자는 LIKE 연산자와 비슷하게 동작하며 대소문자를 구분합니다. ILIKE처럼 대소문자를 구분하지 않으려면 물결표와 별표(~*)를 사용합니다.

```
SELECT 'The data is about UFOs' ~* 'DATA' as comparison;

comparison
----------
true
```

NOT의 효과를 주려면 물결표(~) 또는 물결표와 별표(~*) 앞에 느낌표(!)를 사용합니다.

```
SELECT 'The data is about UFOs' !~ 'alligators' as comparison;

comparison
----------
true
```

[표 5-1]은 네 가지 POSIX 비교 연산자를 요약합니다.

표 5-1 네 가지 POSIX 비교 연산자 요약

문법	기능	대소문자 구분
~	두 문자열을 비교해 첫 번째 문자열이 두 번째 문자열을 포함하면 TRUE를 반환	예
~*	두 문자열을 비교해 첫 번째 문자열이 두 번째 문자열을 포함하면 TRUE를 반환	아니오
!~	두 문자열을 비교해 첫 번째 문자열이 두 번째 문자열을 포함하면 FALSE를 반환	예
!~*	두 문자열을 비교해 첫 번째 문자열이 두 번째 문자열을 포함하면 FALSE를 반환	아니오

이번에는 정규 표현식에서 제공하는 특수한 패턴 매칭 문법을 알아봅시다. 첫 번째 특수 문자는 글자 하나를 대신할 수 있는 와일드카드인 마침표(.)입니다.

```
SELECT
'The data is about UFOs' ~ '. data' as comparison_1
,'The data is about UFOs' ~ '.The' as comparison_2
;

comparison_1 comparison_2
------------ ------------
true         false
```

위 코드에서 정규 표현식이 어떻게 동작했으며 왜 이런 결과가 나왔는지 하나씩 알아봅시다. 첫 번째 비교에서, 패턴 매칭을 위한 정규 표현식으로 마침표(.), 공백 한 칸과 'data'를 사용합니다. 이는 첫 번째 문자열의 'e data' 패턴을 찾아내어 TRUE를 반환합니다. 'e' 앞과 'data' 뒤에 다른 글자들이 있는데 왜 이 패턴을 찾아낼까요? 이럴 때는, 비교 연산자는 LIKE 연산자와 같이 동작하며, 첫 번째 문자열에서 이 패턴과 정확하게 매칭되는 문자열이 있는지 찾는다고 이해하면 됩니다. 두 번째 비교에서, 첫 번째 문자열은 'The'로 시작하며 'The' 앞에는 마침표(.)를 대신할 글자가 없으므로 FALSE를 반환합니다.

여러 문자를 매칭하려면 별표(*)를 사용합니다. 이 기호는 0개 이상의 문자를 대신할 수 있으며, LIKE 연산자의 퍼센트(%)와 비슷한 기능을 합니다. 여기서 별표(*)는 '~*'의 별표(대소문자를 구분하지 않고 문자열 포함 여부를 확인)와는 전혀 상관없습니다. 정규 표현식에서 사용하는 퍼센트(%)는 LIKE 연산자와 함께 사용할 때와는 달리, 특별한 의미가 있는 와일드카드가 아니라 '%' 문자 자체를 의미합니다.

```
SELECT 'The data is about UFOs' ~ 'data *' as comparison_1
,'The data is about UFOs' ~ 'data %' as comparison_2
;

comparison_1 comparison_2
------------ ------------
true         false
```

다음으로, 대괄호([]) 문자를 알아봅시다. 대괄호는 매칭하려는 문자의 집합을 표시하는 데 사용합니다. 대괄호 안에 여러 개의 문자를 넣고, 그중 매칭되는 문자 하나를 찾아냅니다(두 개 이상의 문자를 매칭하는 방법은 뒤에서 다시 설명합니다). 대괄호 안에 특정 문자의 대문자와 소문자를 함께 넣으면 대소문자를 구분하지 않고 해당 문자 하나를 매칭합니다(대문자와 소문자 사이에 콤마를 사용해서는 안 됩니다. 콤마를 포함하면 ',' 문자까지 찾아내는 패턴이 돼버립니다).

```
SELECT 'The data is about UFOs' ~ '[Tt]he' as comparison;

comparison
----------
true
```

이 패턴은 'the'나 'The'를 매칭합니다. 여기서는 첫 번째 문자열이 'The'로 시작하므로 TRUE를 반환합니다. 대괄호를 사용한 패턴 매칭은 문자열을 대소문자 구분 없이 매칭하는 ~* 와는 사용법이 조금 다릅니다. [Tt]he는 'tHe'나 'THE'를 매칭하지 않지만 ~*는 대소문자를 구분하지 않아 'tHe'와 'THE'를 매칭하기 때문입니다.

```
SELECT 'The data is about UFOs' ~ '[Tt]he' as comparison_1
,'the data is about UFOs' ~ '[Tt]he' as comparison_2
,'tHe data is about UFOs' ~ '[Tt]he' as comparison_3
,'THE data is about UFOs' ~ '[Tt]he' as comparison_4
;

comparison_1 comparison_2 comparison_3 comparison_4
------------ ------------ ------------ ------------
true         true         false        false
```

대괄호로 숫자를 매칭할 수도 있습니다. 예를 들어, '7 minutes', '8 minutes', '9 minutes'와 같이 숫자가 포함된 문자열을 찾아내고 싶을 때, CASE 문과 LIKE 연산자 여러 개를 사용해도 되지만 정규 표현식을 사용하면 코드가 더 간결해집니다.

```
SELECT 'sighting lasted 8 minutes' ~ '[789] minutes' as comparison;

comparison
----------
true
```

어떤 숫자든 매칭하고 싶다면 대괄호 안에 0부터 9까지 모든 숫자를 넣으면 됩니다.

```
[0123456789]
```

매칭할 숫자 범위를 명시하려면 대괄호 안에 대시(-)를 사용합니다. 어떤 숫자든 매칭하고 싶다면 [0-9]로 표기하고, 원하는 범위에 따라 [0-3], [4-9]와 같이 표기하면 됩니다. 앞서 [789]를 사용했던 예제 코드에 범위를 활용하려면 아래처럼 작성합니다.

```
SELECT 'sighting lasted 8 minutes' ~ '[7-9] minutes' as comparison;

comparison
----------
true
```

문자 범위도 숫자 범위와 비슷한 방법으로 지정합니다. [표 5-2]는 SQL을 활용한 분석에 아주 유용한 범위 패턴을 요약합니다. [$%@]과 같이 숫자나 알파벳이 아닌 문자도 대괄호에 넣어 패턴 매칭에 사용할 수 있습니다.

표 5-2 정규 표현식 범위 패턴

범위 패턴	대소문자 구분
[0-9]	모든 숫자 매칭
[a-z]	모든 소문자 매칭
[A-Z]	모든 대문자 매칭
[A-Za-z0-9]	모든 대소문자와 숫자 매칭
[A-z]	모든 아스키 문자 매칭(특수 문자를 포함한 모든 문자를 매칭하므로 잘 쓰이지는 않음)

매칭하려는 패턴이 여러 문자이거나 여러 타입의 값이 섞여 있는 패턴이라면, 범위 패턴을 필요한 만큼 사용하면 됩니다. 예를 들어, 세 자리 숫자를 매칭하려면 숫자 범위 패턴을 세 번 사용합니다.

```
SELECT 'driving on 495 south' ~ 'on [0-9][0-9][0-9]' as comparison;

comparison
----------
true
```

위와 같이 반복되는 패턴을 나타내기 위한 특별한 문법도 있습니다. 이는 특정 패턴이 정확히 몇 번 반복될지 모를 때 특히 유용합니다. 한 번 이상 반복되는 패턴 매칭에는 패턴 뒤에 더하기 기호(+)를 사용합니다. 하지만 생각보다 긴 패턴이 매칭될 수도 있으니 결과를 잘 확인합시다.

```
SELECT
'driving on 495 south' ~ 'on [0-9]+' as comparison_1
,'driving on 1 south' ~ 'on [0-9]+' as comparison_2
,'driving on 38east' ~ 'on [0-9]+' as comparison_3
,'driving on route one' ~ 'on [0-9]+' as comparison_4
;

comparison_1 comparison_2 comparison_3 comparison_4
------------ ------------ ------------ ------------
true         true         true         false
```

[표 5-3]은 패턴의 반복 횟수에 따른 기호 사용법을 요약합니다.

표 5-3 반복되는 문자열 매칭을 위한 정규 표현식 패턴(반복되는 패턴 바로 뒤에 기호를 붙여 사용)

기호	목적
+	1회 이상 반복되는 패턴을 매칭
*	0회 이상 반복되는 패턴을 매칭
?	0회 또는 1회만 발생하는 패턴을 매칭
{}	중괄호 안에 표기된 숫자만큼 반복되는 패턴을 매칭. {3}은 3회 매칭을 의미함
{,}	중괄호 안에 표기된 범위만큼 반복되는 패턴을 매칭. {3,5}는 3~5회 매칭을 의미함

분석을 수행하다 보면 매칭되는 패턴이 아니라 매칭되지 않는 패턴을 찾아야 하는 경우도 있습니다. 이때는 패턴 앞에 캐럿(^)을 붙여 해당 패턴의 부정을 표시합니다.

```
SELECT
'driving on 495 south' ~ 'on [0-9]+' as comparison_1
,'driving on 495 south' ~ 'on ^[0-9]+' as comparison_2
,'driving on 495 south' ~ '^on [0-9]+' as comparison_3
;


comparison_1 comparison_2 comparison_3
------------ ------------ ------------
true         false        false
```

특수 문자를 포함하는 패턴을 찾고 싶을 때는 데이터베이스가 '패턴 매칭 기호'로 오해하지 않도록 별도의 처리가 필요합니다. 이때, 이스케이프 문자인 역슬래시(\)를 사용합니다.

```
SELECT
'"Is there a report?" she asked' ~ '\?' as comparison_1
,'it was filed under ^51.' ~ '^[0-9]+' as comparison_2
,'it was filed under ^51.' ~ '\^[0-9]+' as comparison_3
;


comparison_1 comparison_2 comparison_3
------------ ------------ ------------
true         false        true
```

첫 번째 패턴 매칭에서, 물음표 앞 역슬래시를 생략하면 데이터베이스는 잘못된 정규 표현식 invalid regular expression 오류를 반환합니다(오류 메시지 문구는 데이터베이스마다 다를 수 있습니다). 두 번째 패턴 매칭에서, 하나 이상의 숫자를 의미하는 [0-9]+ 패턴 앞에 캐럿(^)이 붙어 있습니다. 이때 데이터베이스는 캐럿을 '일반 문자'가 아닌 '정규 표현식 패턴 매칭 기호'로 이해하고 문자열이 해당 숫자 패턴을 포함하지 않는지 확인합니다. 세 번째 패턴 매칭에서는 캐럿 앞에 역슬래시를 사용했으므로 캐럿을 정규 표현식 기호가 아닌 일반 문자로 해석합니다.

텍스트 데이터는 공백 문자를 포함하는 경우가 많습니다. 눈으로 바로 보이는 공백도 있지만 미묘하게 알아보기 힘든 탭과 개행 문자도 있습니다. 우선 정규 표현식으로 공백을 찾아내는 방법을 알아본 뒤, 이어서 공백을 다른 값으로 대체하는 방법을 알아봅시다.

탭은 \t와 매칭됩니다. 개행 문자는 캐리지 리턴^{carriage return}을 의미하는 \r과 라인 피드^{line feed}를 의미하는 \n이 있습니다. 운영체제에 따라 \r\n과 같이 둘이 함께 쓰이는 경우도 있습니다. 간단한 쿼리를 실행해 개행 문자를 매칭하면 어떤 값이 반환되는지 확인해봅시다. \s를 사용하면 어떤 개행 문자든 다 매칭하지만, 단순 공백 문자까지 매칭되니 신중하게 사용해야 합니다.

```
SELECT
'spinning
flashing
and whirling' ~ '\n' as comparison_1
,'spinning
flashing
and whirling' ~ '\s' as comparison_2
,'spinning flashing' ~ '\s' as comparison_3
,'spinning' ~ '\s' as comparison_4
;


comparison_1 comparison_2 comparison_3 comparison_4
------------ ------------ ------------ ------------
true         true         true         false
```

TIP SQL 쿼리 도구 또는 SQL 쿼리 파서에 개행 문자를 직접 입력하면 쿼리 실행 시 오류가 발생하기도 합니다. 이 경우에는 개행 문자를 직접 입력하지 말고 원본 텍스트에서 복사해 SQL 쿼리 도구에 붙여 넣는 편이 좋습니다. 어떤 SQL 쿼리 도구를 사용하든 데이터베이스 테이블에서 개행 문자를 읽어들이는 경우에는 문제가 발생하지 않습니다.

수학에서 수식을 다룰 때와 마찬가지로, 표현식의 범위를 명확히 표현하려면 괄호를 사용합니다. 예를 들어, 다음 코드와 같이 다소 복잡한 패턴을 만들고 괄호를 사용해 이 패턴이 여러 번 반복됨을 나타냅니다.

```
SELECT
'valid codes have the form 12a34b56c' ~ '([0-9]{2}[a-z]){3}'
as comparison_1
,'the first code entered was 123a456c' ~ '([0-9]{2}[a-z]){3}'
as comparison_2
,'the second code entered was 99x66y33z' ~ '([0-9]{2}[a-z]){3}'
as comparison_3
;
```

```
comparison_1 comparison_2 comparison_3
------------ ------------ ------------
true         false        true
```

세 정규 표현식 모두 패턴 매칭에 '([0-9]{2}[a-z]){3}'을 사용합니다. 괄호 안의 [0-9]{2}[a-z]는 두 자리 숫자와 한 자리 소문자를 의미합니다. 괄호 밖의 {3}은 전체 패턴이 세 번 반복된다는 의미입니다. 첫 번째 패턴 매칭에서는 문자열이 이 패턴에 맞는 문자열 12a34b56c를 포함하고 있어 매칭에 성공합니다. 반면 두 번째 패턴 매칭에서는 해당 패턴을 찾을 수 없습니다. 두 자리 숫자와 한 자리 소문자가 있고(23a), 두 자리 숫자가 더 있긴 하지만(23a45) 그다음으로 한 자리 소문자 대신 한 자리 숫자가 자리하고 있어(23a456) 매칭에 실패합니다. 세 번째 패턴 매칭에서는 문자열 99x66y33z가 정확히 매칭됩니다.

패턴 매칭 코드를 작성할 때 정규 표현식과 일반 텍스트 등을 자유롭게 조합할 수 있습니다. 정규 표현식을 사용하면 '무엇'을 매칭할지뿐 아니라 패턴을 '어디에' 매칭할지도 지정할 수 있습니다. \y는 패턴이 단어의 시작 지점부터 매칭되는지 혹은 끝 지점에서 매칭되는지 지정합니다(일부 데이터베이스는 \y 대신 \b를 사용합니다). 예를 들어, UFO 목격 보고 데이터에서 'car'라는 단어를 찾는 경우 다음과 같이 코드를 작성합니다.

```
SELECT
'I was in my car going south toward my home' ~ 'car' as comparison;

comparison
----------
true
```

예상대로 문자열에서 'car'를 찾아 TRUE를 반환합니다. 이번에는 여러 문자열에 동일한 표현식을 사용해 어떤 결과가 나오는지 확인해봅시다.

```
SELECT
'I was in my car going south toward my home' ~ 'car'
as comparison_1
,'UFO scares cows and starts stampede breaking' ~ 'car'
as comparison_2
,'I''m a carpenter and married father of 2.5 kids' ~ 'car'
as comparison_3
,'It looked like a brown boxcar way up into the sky' ~ 'car'
```

```
as comparison_4
;

comparison_1 comparison_2 comparison_3 comparison_4
------------ ------------ ------------ ------------
true         true         true         true
```

모든 문자열이 'car'와 매칭된다고 나오는데, 그중에는 'scares', 'carpenter', 'boxcar'와 같이 중간에 'car'를 포함하는 엉뚱한 문자열도 있습니다. 이 문제를 해결하려면 다음과 같이 'car'의 앞뒤에 \y를 추가한 표현식을 사용합니다.[6]

```
SELECT
'I was in my car going south toward my home' ~ '\ycar\y'
as comparison_1
,'UFO scares cows and starts stampede breaking' ~ '\ycar\y'
as comparison_2
,'I''m a carpenter and married father of 2.5 kids' ~ '\ycar\y'
as comparison_3
,'It looked like a brown boxcar way up into the sky' ~ '\ycar\y'
as comparison_4
;

comparison_1 comparison_2 comparison_3 comparison_4
------------ ------------ ------------ ------------
true         false        false        false
```

물론 이렇게 간단한 예제에서는 \y를 사용하는 대신 'car'의 앞뒤에 공백을 추가해도 똑같은 결과를 얻습니다. 대신, \y를 사용하면 해당 패턴이 문장의 맨 앞에서 사용돼 패턴 앞에 공백이 없는 경우까지 매칭한다는 장점이 있습니다.

```
SELECT 'Car lights in the sky passing over the highway' ~* '\ycar\y'
as comparison_1
,'Car lights in the sky passing over the highway' ~* ' car '
as comparison_2
;
```

---

6 옮긴이_ 이렇게 하면 단어가 'car'의 패턴으로 시작하고 'car'의 패턴으로 끝난다는 의미이므로, 단어가 정확히 'car'인 패턴만 찾게 됩니다.

```
comparison_1 comparison_2
------------ ------------
true         false
```

위 코드에서 '\ycar\y' 패턴 매칭은 문장의 첫 번째 단어가 'Car'이더라도 ~* 비교 연산자가
대소문자를 구분하지 않아 TRUE를 반환합니다. 반면 ' car ' 패턴은 앞에 공백이 필요하므로
대소문자와 상관없이 FALSE를 반환합니다. 추가로, 문자열에서 맨 앞에 나타나는 단어를 매칭
하려면 \A, 맨 뒤에 나타나는 단어를 매칭하려면 \Z를 사용합니다.

```
SELECT
'Car lights in the sky passing over the highway' ~* '\Acar\y'
as comparison_1
,'I was in my car going south toward my home' ~* '\Acar\y'
as comparison_2
,'An object is sighted hovering in place over my car' ~* '\ycar\Z'
as comparison_3
,'I was in my car going south toward my home' ~* '\ycar\Z'
as comparison_4
;

comparison_1 comparison_2 comparison_3 comparison_4
------------ ------------ ------------ ------------
true         false        true         false
```

첫 번째 패턴 매칭에서는 문자열의 첫 단어인 'Car'가 매칭됩니다. 두 번째 패턴 매칭에서는
문장이 'car'가 아닌 'I'로 시작하므로 패턴이 매칭되지 않습니다. 세 번째 패턴 매칭에서
는 'car'가 문장의 맨 끝에 위치하므로 매칭됩니다. 네 번째 패턴 매칭에서는 마지막 단어가
'home'이므로 매칭되지 않습니다.

정규 표현식을 처음 접한다면 예제를 많이 찾아보고 SQL 편집기로 직접 사용해보면서 익숙해
지기 바랍니다. 실제 데이터를 활용해 연습하는 것이 가장 좋은 학습 방법입니다. 이어서 정규
표현식과 특수한 정규 표현식 SQL 함수를 활용해 UFO 목격 보고 데이터셋을 분석해봅시다.

5.6.4 정규 표현식을 활용한 패턴 매칭과 대체

지금까지 정규 표현식을 사용한 패턴 작성과 문자열 매칭 방법을 배웠습니다. 이제 UFO 목격 보고 데이터셋으로 실전 분석을 수행해보면서, 정규 표현식을 위한 SQL 함수도 알아봅시다.

UFO 목격 보고 데이터에는 보고자가 목격 당시에 언제 어디에서 무엇을 하고 있었는지, 심지어 목격한 빛이 몇 개인지까지 아주 상세한 내용이 포함돼 있습니다. 첫 번째 예제로, 특정 숫자 다음에 'light' 또는 'lights'이 언급된 보고 내용을 찾아봅시다. 책에 보고 내용을 모두 출력할 수는 없으므로, 보고 내용의 처음 50개 글자에 대해서만 확인하고 결과를 출력합니다.

```
SELECT left(description,50)
FROM ufo
WHERE left(description,50) ~ '[0-9]+ light[s ,.]'
;

left
```

```
-------------------------------------------------
...
Was walking outside saw 5 lights in a line changed
2 lights about 5 mins apart, goin from west to eas
Black triangular aircraft with 3 lights hovering a
...
```

예제에서 사용한 정규 표현식 패턴은 1회 이상 반복되는 숫자([0-9]+), 공백 한 칸, 'light' 문자열 그리고 마지막 글자가 's', 공백, 콤마, 마침표 중 하나로 끝나는 패턴을 매칭합니다. 해당 패턴에 매칭되는 레코드에서 숫자와 'light(s)' 문자열 부분만 가져오려면 정규 표현식 함수인 regexp_matches를 사용합니다.

TIP 데이터베이스 제조사마다 지원하는 정규 표현식 함수가 조금씩 다르며, 심지어 버전에 따라 달라지기도 합니다. SQL 서버는 정규 표현식 함수를 지원하지 않으며, MySQL은 최소한으로 지원합니다. 레드시프트, 스노우플레이크, 버티카 등 분석용 데이터베이스는 여러 유용한 함수를 지원합니다. Postgres는 매칭과 대체 함수만 지원합니다. 사용하려는 데이터베이스의 공식 문서를 참고해 어떤 함수를 지원하는지 미리 확인합시다.

regexp_matches 함수는 문자열과 정규 표현식 패턴을 인자로 받습니다. 해당 패턴과 매칭되는 문자열의 배열을 반환하며, 매칭되는 패턴이 없다면 null을 반환합니다. 매칭 성공 시 배열을 반환하므로, 문자열 처리를 위해 VARCHAR 값이 저장된 요소 각각에 접근하는 데는 배열의 인덱스를 사용합니다(예: [1]). 사용하는 데이터베이스가 regexp_matches 함수를 지원하지 않는다면 비슷한 기능을 하는 regexp_substr 함수를 사용하면 됩니다. 이 함수는 매칭되는 여러 문자열 중 지정된 위치의 문자열을 VARCHAR 타입으로 반환합니다.

TIP 배열은 메모리에 함께 저장된 오브젝트의 집합입니다. 데이터베이스에서 배열은 중괄호({ })로 나타내며 일반 데이터 타입과는 다릅니다. 배열을 사용하면 데이터 저장 및 사용 시 몇 가지 이점이 있지만 특수한 문법 때문에 SQL로 다루기가 쉽지는 않습니다. 배열 요소에 접근하려면 대괄호([ ])를 사용합니다. 첫 번째 요소에 접근하려면 [1]을, 두 번째 요소에 접근하려면 [2]를 사용한다는 점만 알아둡시다.

description 필드에서 우리가 원하는 값, 즉 숫자와 'light(s)' 문자열을 가져오고 GROUP BY 절로 그룹화해 가장 많이 언급된 빛 수를 확인합니다.

```
SELECT (regexp_matches(description,'[0-9]+ light[s ,.]'))[1]
,count(*)
FROM ufo
```

```
WHERE description ~ '[0-9]+ light[s ,.]'
GROUP BY 1
ORDER BY 2 desc
;

regexp_matches count
-------------- -----
3 lights       1263
2 lights       565
4 lights       549
...            ...
```

[그림 5-9]는 가장 많이 언급된 빛 수 상위 10개를 그래프로 나타냅니다.

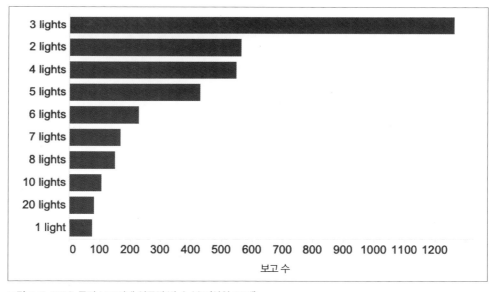

그림 5-9 UFO 목격 보고서에 언급된 빛 수 분포(상위 10개)

3개(3 lights)를 언급한 보고가 1,263개로 가장 많으며, 2개(2 lights)를 언급한 보고의 2배가 넘습니다. 전체적으로 2~6개를 언급한 보고가 많습니다. 언급된 빛 수의 범위를 구하려면 다음과 같이 매칭된 문자열을 파싱하고 min과 max로 최솟값과 최댓값을 반환합니다.

```
SELECT min(split_part(matched_text,' ',1)::int) as min_lights
,max(split_part(matched_text,' ',1)::int) as max_lights
```

```
FROM
(
    SELECT (regexp_matches(description
    ,'[0-9]+ light[s ,.]')
    )[1] as matched_text
    ,count(*)
    FROM ufo
    WHERE description ~ '[0-9]+ light[s ,.]'
    GROUP BY 1
) a
;

min_lights max_lights
---------- -----
0          2000
```

가장 적게는 0개를 언급한 보고 내용도 있으며, 가장 많게는 2,000개를 언급한 보고 내용도 있습니다. 이렇게 극단적인 값을 언급하는 보고는 뭔가 특이하거나 재밌는 내용을 포함할 수 있으니 좀 더 자세히 알아보면 좋습니다.

이번에는 패턴 매칭에서 한발 나아가 매칭된 문자열을 다른 문자열로 대체해봅시다. 데이터셋에서 의미가 같은 단어가 여러 형태(단수, 복수, 대소문자, 축약어 등)로 나타날 때 이를 정제하기에 아주 유용한 방법입니다. 패턴과 매칭되는 문자열을 다른 문자열로 대체하려면 regexp_replace 함수를 사용합니다. 4장에서 설명한 replace 함수와 비슷하지만, 대체할 문자열을 찾을 때 정규 표현식을 사용한다는 차이가 있습니다. 함수 형식도 replace와 비슷합니다.

```
regexp_replace(field or string, pattern, replacement value)
```

앞서 sighting_report 열을 파싱해 생성한 duration 필드를 정제해봅시다. duration 필드에는 서로 다른 텍스트 값 8,000여 개가 저장돼 있습니다. 대부분은 시간(hours), 분(minutes), 초(seconds)의 조합으로 구성됩니다.

```
SELECT split_part(sighting_report,'Duration:',2) as duration
,count(*) as reports
FROM ufo
GROUP BY 1
```

```
ORDER BY 2 desc
;

duration   reports
--------   -------
...        ...
30 minutes 1943
1 hour     1559
15 seconds 1449
20 seconds 1351
4 minutes  1304
3 seconds  1107
...        ...
```

샘플에서, '10 minutes', '10 min', '10 mins'는 모두 10분을 의미하지만 데이터베이스에서 동일한 값으로 인식되지 않습니다. 세 값을 하나의 값으로 대체하려면 replace 함수 여러 개를 중첩해 사용합니다. 단, 이 세 가지 외에도 대소문자 차이를 비롯한 다양한 형태로 10분을 의미하는 값이 더 있을 수 있습니다. 이때 정규 표현식을 사용하면 문제가 간단히 해결됩니다. 첫 번째로, regexp_matches 함수를 사용해 대체하고자 하는 문자열의 패턴을 생성합니다. 우선 생각한 대로 코드를 작성해 실행해보고 정확한 값이 매칭되는지 확인합시다.

```
SELECT duration
,(regexp_matches(duration
                ,'\m[Mm][Ii][Nn][A-Za-z]*\y')
                )[1] as matched_minutes
FROM
(
    SELECT split_part(sighting_report,'Duration:',2) as duration
    ,count(*) as reports
    FROM ufo
    GROUP BY 1
) a
;

duration      matched_minutes
-----------   ---------------
...           ...
10 min.       min
10 minutes+   minutes
10 min        min
```

```
10 minutes + minutes
10 minutes? minutes
10 minutes   minutes
10 mins      mins
...          ...
```

위와 같은 결과가 나온 이유를 자세히 살펴봅시다. 서브 쿼리에서 `sighting_report` 필드의 값 중 시간 부분만 가져와 duration 값으로 저장합니다. 그리고 `regexp_matches` 함수를 사용해 다음 패턴과 매칭되는 문자열을 찾습니다.

```
'\m[Mm][Ii][Nn][A-Za-z]*\y'
```

이 패턴은 단어의 시작 부분에서 매칭돼야 하며(`\m`), 문자가 대소문자 상관없이 `'m'`, `'i'`, `'n'` 순으로 나열돼야 합니다(`[Mm][Ii][Nn]`). 그 뒤에는 대소문자 상관없이 0개 이상의 문자가 나오고(`[AZa-z]*`) 단어가 끝납니다(`\y`). 따라서 `'minutes'`의 다양한 변형 패턴을 찾게 됩니다. 이 패턴에서 `'+'`와 `'?'` 문자는 매칭되지 않습니다. 다음으로, 여기에 매칭되는 모든 패턴을 `'min'`으로 대체해 표준화합시다.

```
SELECT duration
,(regexp_matches(duration
                ,'\m[Mm][Ii][Nn][A-Za-z]*\y')
                )[1] as matched_minutes
,regexp_replace(duration
                ,'\m[Mm][Ii][Nn][A-Za-z]*\y'
                ,'min') as replaced_text
FROM
(
    SELECT split_part(sighting_report,'Duration:',2) as duration
    ,count(*) as reports
    FROM ufo
    GROUP BY 1
) a
;

duration    matched_minutes replaced_text
----------- --------------- -------------
...         ...             ...
10 min.     min             10 min.
```

```
10 minutes+  minutes       10 min+
10 min       min           10 min
10 minutes + minutes       10 min +
10 minutes?  minutes       10 min?
10 minutes   minutes       10 min
10 mins      mins          10 min
...          ...           ...
```

replaced_text 필드 출력 결과를 보면 값은 이전보다 훨씬 표준화됐습니다. 여기에 더해 마침표, 더하기표, 물음표 등 문자까지 다른 값으로 대체하려면 보다 강화된 정규 표현식이 필요합니다. 하지만 분석가의 관점에서 보면, 더하기표와 물음표가 의미하는 불확실성을 고려해 값을 어떻게 대체할 것인지 고민해봐야 합니다. 문자열의 다른 부분까지 찾아서 대체하려면 regexp_replace 함수를 중첩해 사용하면 됩니다. 예를 들어, 다음처럼 시간(hours)까지 표준화해봅시다.

```sql
SELECT duration
,(regexp_matches(duration
                ,'\m[Hh][Oo][Uu][Rr][A-Za-z]*\y')
                )[1] as matched_hour
,(regexp_matches(duration
                ,'\m[Mm][Ii][Nn][A-Za-z]*\y')
                )[1] as matched_minutes
,regexp_replace(
        regexp_replace(duration
                      ,'\m[Mm][Ii][Nn][A-Za-z]*\y'
                      ,'min')
        ,'\m[Hh][Oo][Uu][Rr][A-Za-z]*\y'
        ,'hr') as replaced_text
FROM
(
    SELECT split_part(sighting_report,'Duration:',2) as duration
    ,count(*) as reports
    FROM ufo
    GROUP BY 1
) a
;

duration            matched_hour matched_minutes replaced_text
------------------- ------------ --------------- -------------
...                 ...          ...             ...
```

```
1 Hour 15 min        Hour       min        1 hr 15 min
1 hour & 41 minutes hour        minutes    1 hr & 41 min
1 hour 10 mins       hour       mins       1 hr 10 min
1 hour 10 minutes    hour       minutes    1 hr 10 min
...                  ...        ...        ...
```

시간(hour)을 찾아내는 정규 표현식도 분(minutes)을 찾는 정규 표현식과 비슷합니다. 대소문자 구분 없이 단어 시작 부분에서 'hour'이 매칭되고 그 뒤에 0개 이상의 글자가 나타난 다음 단어가 끝나는 패턴입니다. 최종 결과만 확인하고자 한다면 중간에 matched_hour와 matched_minutes를 군이 계산해 출력할 필요는 없지만, 이를 통해 SQL 코드를 발전시켜나가는 과정을 짚어보고 중간에 실수가 없었는지 다시 한번 확인합시다. duration 필드를 보다 완벽히 정제하려면 코드가 더 여러 줄 필요하며, 그럴수록 코드를 이해하기도 어려워지고 오타가 발생하기도 쉽습니다.

regexp_replace 함수는 여러 번 중첩해 사용하거나 기본 replace 함수와 함께 사용할 수도 있습니다. 특정 조건을 만족하는 경우에만 값을 대체하려면 CASE 문을 함께 사용합니다. SQL에서 정규 표현식은 매우 강력하고 유연한 도구입니다.

지금까지 와일드카드와 LIKE 연산자를 사용한 매칭, IN 연산자와 NOT IN 연산자를 사용한 매칭, 기타 복잡한 정규 표현식을 사용한 매칭 등 다양한 방법으로 긴 텍스트에서 특정 문자열을 찾고 다른 값으로 대체하는 방법을 알아봤습니다. 더 정교한 패턴을 생성하려면 앞서 배운 텍스트 파싱 및 텍스트 대체를 적절히 이용하면 됩니다. 단, 그에 따른 코드의 복잡성과 코드 유지보수의 부담 사이에서 균형을 잘 맞춰야 합니다. 한 번만 확인하고 끝낼 분석이라면 데이터를 완벽히 정제하기 위해 코드를 아주 복잡하게 작성하더라도 문제없습니다. 하지만 지속적으로 보고하고 모니터링할 분석이라면 매번 정제를 위한 코드를 실행하기보다 데이터를 출처에서 미리 정제한 뒤 가져오는 편이 좋습니다. 다음 절에서는 문자열 상수, 기존 문자열, 파싱된 문자열로 새로운 텍스트 문자열을 구성하는 방법을 알아봅니다.

5.7 텍스트 구성과 형태 변환

지금까지 SQL을 활용해 데이터를 정제하고 분석하기 위한 다양한 문자열 파싱, 변환, 검색, 대체 방법을 알아봤습니다. 이 외에도 텍스트를 조합해 새로운 값을 생성할 수도 있습니다. 이 절에서는 여러 필드에서 서로 다른 타입의 데이터를 하나의 필드로 통합하는 **문자열 연결** concatenation을 알아봅니다. 그리고 여러 열을 조합해 하나의 행으로, 혹은 하나의 문자열을 분할해 여러 행으로 변환하는 함수를 사용해봅니다.

5.7.1 문자열 연결

SQL로 문자열 상수, 데이터베이스 필드를 조합하는 등 문자열을 연결해 새로운 텍스트를 생성해봅시다. 첫 번째 방법은 대부분의 데이터베이스에서 제공되는 contact 함수를 사용합니다. 이 함수는 필드나 문자열 값을 인자로 받아 하나의 문자열로 연결합니다.

```
concat(value1, value2)
concat(value1, value2, value3...)
```

두 번째 방법은 concat_ws('concatenate with separator'의 축약어) 함수를 사용합니다. 첫 번째 인자를 구분자로 사용해 그다음 인자로 들어온 문자열 리스트를 연결합니다. 이 함수는 콤마, 대시 등 구분자를 이용해 여러 값을 하나로 합칠 때 유용합니다. 단, 지원하지 않는 데이터베이스도 있으니 미리 확인하기 바랍니다.

```
concat_ws(separator, value1, value2...)
```

마지막으로, 많은 데이터베이스에서 지원하는 더블 파이프(¦¦)를 사용한 방법이 있습니다 (SQL 서버에서는 ¦¦ 대신 +를 사용합니다).

```
value1 ¦¦ value2
```

> **TIP** 더블 파이프를 사용한 문자열 연결에서, 두 값 중 하나라도 null이면 데이터베이스는 null을 반환합니다. 의도치 않게 null이 반환될 것 같다면 coalesce 함수나 CASE 문을 사용해 null을 다른 값으로 대체한 후 더블 파이프를 사용하면 문제없이 문자열이 연결됩니다.

특정 필드 값과 문자열 상수를 연결할 수도 있습니다. 예를 들어, 목격한 UFO의 모양에 대한 필드의 각 값에 ' (shape)'라는 별도의 문자열을 추가하고, 각 UFO 모양이 보고된 횟수 뒤에는 ' reports'라는 문자열을 붙여서 쿼리 결과로 받아봅시다. 먼저, 서브쿼리에서 sighting_report 필드의 문자열을 파싱해 UFO 모양과 모양별 보고 횟수를 반환합니다. 외부쿼리에서는 서브쿼리에서 반환한 값을 가져와서 shape 필드 값에는 ' (shape)'를, report 필드 값에는 ' reports'를 연결해 붙입니다.

```
SELECT concat(shape, ' (shape)') as shape
,concat(reports, ' reports') as reports
FROM
(
    SELECT split_part(
                split_part(sighting_report,'Duration',1)
                ,'Shape: ',2) as shape
    ,count(*) as reports
    FROM ufo
    GROUP BY 1
) a
WHERE shape <> ''
ORDER BY 1
;

shape             reports
---------------   ------------
Changing (shape)  2295 reports
Chevron (shape)   1021 reports
Cigar (shape)     2119 reports
...               ...
```

concat 함수와 구분자를 사용해 두 필드를 하나로 합쳐봅시다. 다음과 같이 UFO 모양과 목격 장소 값을 하나의 필드로 합칩니다.

```
SELECT concat(shape,' - ',location) as shape_location
,reports
FROM
(
    SELECT
    split_part(split_part(sighting_report,'Shape',1)
      ,'Location: ',2) as location
```

```
     ,split_part(split_part(sighting_report,'Duration',1)
       ,'Shape: ',2) as shape
     ,count(*) as reports
     FROM ufo
     GROUP BY 1,2
) a
;

shape_location          reports
----------------------  -------
...                     ...
Fireball - Akron, OH    8
...                     ...
Circle - Albany, OR     11
...                     ...
Light - Albuquerque, NM 58
...                     ...
```

[그림 5-10]은 UFO 모양과 목격 장소가 정상적으로 입력된 보고 중에서, 가장 많이 보고된 UFO 모양과 목격 장소의 조합 상위 10개를 그래프로 나타냅니다.

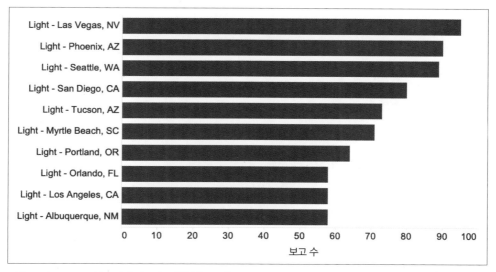

그림 5-10 UFO 모양과 목격 장소의 조합(상위 10개)

앞서 가장 많이 목격된 UFO 모양이 'light'임을 이미 확인했으므로([그림 5-4] 참고), 상위 10개 조합이 모두 'light' 모양을 포함한다는 사실이 놀랍지는 않습니다. 참고로 UFO가 가장 많이 목격된 장소는 피닉스(Phoenix)이며, 두 번째로 많이 목격된 장소는 라스베이거스(Las Vegas)입니다.

지금까지 여러 필드를 파싱하느라 애썼는데 굳이 다시 하나로 합칠 필요까지는 없어 보입니다. 하지만 텍스트를 재정렬하거나 값을 조합해 하나의 필드로 저장하면 다른 도구에서 데이터를 확인하기가 편합니다. 나아가 여러 필드와 텍스트를 조합해 데이터를 요약 설명하는 문장을 만들면 이메일이나 보고서 작성을 자동화하는 데 유용합니다.

다음 예제에서, 서브쿼리 a에서는 sighting_report 필드를 파싱해 occured와 shape 필드를 생성하고 레코드 개수를 계산합니다. 서브쿼리 aa에서는 shape 필드 값을 기준으로 그룹화하고, shape별 occurred 필드의 최솟값과 최댓값 그리고 전체 reports 수를 계산합니다. 이때 WHERE 절을 사용해 occurred 필드 값이 여덟 글자 이상인 값만 가져옵니다. 날짜 타입 값(월/일/연도)은 최소 여덟 글자 이상으로 구성되는데, 이는 정상적인 날짜 형식을 갖춘 문자열이어야 날짜 타입으로 타입 변환할 때 또는 min이나 max를 사용할 때 오류가 발생하지 않기 때문입니다. 마지막으로, 외부쿼리에서 concat 함수를 사용해 최종 텍스트를 생성합니다. to_char 함수와 date_part 함수를 사용해 earliest 필드와 latest 필드에 저장된 날짜 값을 April 9, 1957과 같이 읽기 좋은 형태로 변환합니다.

```
SELECT
concat('There were '
       ,reports
       ,' reports of '
       ,lower(shape)
       ,' objects. The earliest sighting was '
       ,trim(to_char(earliest,'Month'))
       , ' '
       , date_part('day',earliest)
       , ', '
       , date_part('year',earliest)
       ,' and the most recent was '
       ,trim(to_char(latest,'Month'))
       , ' '
       , date_part('day',latest)
       , ', '
```

```
            , date_part('year',latest)
            ,'.'
    )
    FROM
    (
        SELECT shape
        ,min(occurred::date) as earliest
        ,max(occurred::date) as latest
        ,sum(reports) as reports
        FROM
        (
            SELECT split_part(
                        split_part(
                            split_part(sighting_report,' (Entered',1)
                            ,'Occurred : ',2)
                        ,'Reported',1) as occurred
            ,split_part(
                    split_part(sighting_report,'Duration',1)
                    ,'Shape: ',2) as shape
            ,count(*) as reports
            FROM ufo
            GROUP BY 1,2
        ) a
        WHERE length(occurred) >= 8
        GROUP BY 1
    ) aa
    ;


    concat
    -----------------------------------------------------------------------
    There were 6198 reports of other objects. The earliest sighting w...
    There were 6547 reports of unknown objects. The earliest sightin ...
    There were 1715 reports of rectangle objects. The earliest sight ...
    ...
```

더 창의적인 방법으로 다양한 보고서 결과 형식을 만들거나, coalesce 함수나 CASE 문을 사용해 UFO 모양이 언급되지 않은 필드를 더 세련된 방법으로 처리할 수도 있습니다. 이렇게 텍스트를 변환하고 나니 동일한 문장 형식이 반복돼 마치 사람이 직접 작성하지 않고 기계에서 자동 생성한 보고서처럼 보이긴 하지만, 이 방법 외에도 보다 다이내믹하게 텍스트를 처리하는 다양한 방식이 있습니다.

지금까지 문자열 연결로 새로운 텍스트를 생성하기 위한 함수와 연산자를 알아봤습니다. SQL은 새로운 텍스트 생성뿐 아니라 텍스트 형태 변환을 위한 특별한 함수도 제공합니다. 이어서 자세히 알아봅시다.

5.7.2 텍스트 형태 변환

2장에서 배웠듯, 행을 열로 또는 열을 행으로 피벗하는 데이터 형태 변환은 분석에서 유용합니다. 2장에서는 데이터 형태를 변환하는 데 GROUP BY 절과 집계, UNION 문을 사용했습니다. 이 절에서는 이 외에 SQL이 제공하는 텍스트 데이터 형태 변환 함수를 살펴봅니다.

먼저, 특정 개체에 대한 값이 여러 행에 나뉘어 저장돼 있을 때 이를 하나의 값으로 합쳐봅시다. 텍스트 형태 변환을 활용해 각 개체에 대해 여러 행으로 나뉘어 저장된 값을 하나의 레코드로 표현합니다. 나뉘어 있던 값을 합치면 분석이 어려워질 수도 있지만, 그룹별로 데이터의 상세 내용을 한눈에 이해하기 쉽다는 장점이 있습니다. string_agg 함수를 사용해봅시다. 이 함수는 첫 번째 인자로 필드 또는 표현식을 받고 두 번째 인자로 콤마(,) 등의 구분자를 받아, 필드의 여러 값들을 구분자를 기준으로 모두 합쳐 하나의 값을 생성합니다. 단, null이 아닌 값만 합칠 수 있으며, 합칠 값들의 나열 순서를 지정하려면 ORDER BY 절을 사용합니다.

```
SELECT location
,string_agg(shape,', ' order by shape asc) as shapes
FROM
(
    SELECT
    case when split_part(
                split_part(sighting_report,'Duration',1)
                ,'Shape: ',2) = '' then 'Unknown'
         when split_part(
                split_part(sighting_report,'Duration',1)
                ,'Shape: ',2) = 'TRIANGULAR' then 'Triangle'
         else split_part(
                split_part(sighting_report,'Duration',1),'Shape: ',2)
         end as shape
    ,split_part(
            split_part(sighting_report,'Shape',1)
            ,'Location: ',2) as location
    ,count(*) as reports
```

```
    FROM ufo
    GROUP BY 1,2
) a
GROUP BY 1
;

location        shapes
--------------  -----------------------------------
...             ...
Kingsford, MI   Circle, Light, Triangle
...             ...
Macungie, PA    Fireball, Formation, Light, Unknown
...             ...
Olivehurst, CA  Changing, Fireball, Formation, Oval
...             ...
```

string_agg 함수는 집계 함수이므로 사용하려면 GROUP BY 절이 필요합니다. 단, 그룹을 나눌 때는 string_agg 함수의 첫 번째 인자로 넘긴 필드가 아닌 다른 필드를 기준으로 해야 합니다. 동일한 기능을 하는 함수로 MySQL의 group_concat 함수와 레드시프트, 스노우플레이크 등 분석용 데이터베이스의 listagg 함수가 있습니다.

string_agg 함수와 정반대 기능으로, 하나의 행에 저장된 값을 여러 행으로 분할하는 형태 변환도 있습니다. 다만, 데이터베이스마다 함수 이름과 기능이 조금씩 다르며 일부 데이터베이스에는 이런 기능을 제공하는 함수가 없습니다. Postgres는 regexp_split_to_table 함수를 제공하며, 다른 데이터베이스에서는 split_to_table 함수를 제공하기도 합니다(데이터베이스 공식 문서를 참고해 데이터 형태 변환을 지원하는 함수 제공 여부와 사용법을 확인하기 바랍니다). regexp_split_to_table 함수는 두 인자로 문자열 값과 구분자를 받습니다. 구분자로 정규 표현식을 사용할 수도 있으며, 콤마, 공백 등 간단한 문자열도 정규 표현식의 일종입니다. 이 함수는 첫 번째 인자로 받은 문자열을 두 번째 인자로 받은 구분자를 기준으로 나눠 여러 행으로 반환합니다.

```
SELECT
regexp_split_to_table('Red, Orange, Yellow, Green, Blue, Purple'
                      ,', ');

regexp_split_to_table
---------------------
```

```
Red
Orange
Yellow
Green
Blue
Purple
```

첫 번째 인자의 문자열은 꼭 특정 구분자로 나열된 목록 형태의 문자열이 아니더라도 상관없습니다. 특정 구분자로 명확히 구분돼 있지 않더라도 정규 표현식을 구분자로 해 원하는 형태로 분할할 수 있습니다. 텍스트 분석에서는 특정 문자열을 분할할 때 텍스트 필드에서 가장 많이 사용된 단어를 찾아 구분자로 사용하기도 합니다. regexp_split_to_table 함수와 정규 표현식을 사용해 UFO 목격 보고 데이터셋의 description 필드에서 가장 많이 언급된 단어를 확인해봅시다.

```
SELECT word, count(*) as frequency
FROM
(
    SELECT regexp_split_to_table(lower(description),'\s+') as word
    FROM ufo
) a
GROUP BY 1
ORDER BY 2 desc
;

word frequency
---- ---------
the  882810
and  477287
a    450223
...
```

서브쿼리에서 description 필드 값을 모두 소문자로 변환한 뒤, 각 행을 '\s+' (하나 이상의 공백 문자를 의미)를 기준으로 분할해 여러 행으로 반환합니다.

이렇게 공백을 기준으로 모든 문자열을 나눈 뒤 개수를 세어보면 가장 많이 언급된 단어는 당연하게도 the, and, a 같은 관사와 접속사입니다. 이 단어들은 일반적으로도 많이 쓰이므로 데이터셋에서 많이 언급됐다는 점이 큰 의미가 없습니다. 더 의미 있는 결과를 얻으려면 불용어

stop word[7]를 결과에서 제외해야 합니다. 이 데이터셋에서 the, and, a 등은 UFO와 관련해 특별한 의미가 없기 때문입니다. 몇몇 데이터베이스는 불용어 사전을 별도로 내장합니다. 불용어는 표준이 정해져 있지는 않으므로 분석 목적에 따라 단어를 추가하거나 제거하면 됩니다. 인터넷에 다양한 불용어 목록이 있지만 여러분의 편의를 위해 이 책의 깃허브에서는 stop_words 테이블을 생성하는 SQL 코드를 제공합니다. 테이블에는 흔히 사용하는 불용어 421개가 저장돼 있습니다. 앞서 실행한 쿼리 결과와 stop_words 테이블에 LEFT JOIN을 수행해 불용어를 제외한 단어별 언급 개수를 확인해봅시다.

```
SELECT word, count(*) as frequency
FROM
(
    SELECT regexp_split_to_table(lower(description),'\s+') as word
    FROM ufo
) a
LEFT JOIN stop_words b on a.word = b.stop_word
WHERE b.stop_word is null
GROUP BY 1
ORDER BY 2 desc
;

word    frequency
------  ---------
light   97071
lights  89537
object  80785
...     ...
```

가장 많이 언급된 단어 상위 10개를 그래프로 나타내면 [그림 5-11]과 같습니다.

----

7 옮긴이_ 관사, 전치사, 조사, 접속사 등 특정한 의미 없이 자주 사용하는 단어의 집합을 의미합니다. 문서나 문장에서 핵심 내용을 파악하는 경우 이러한 단어는 큰 의미가 없으므로 제거하는 것이 일반적입니다.

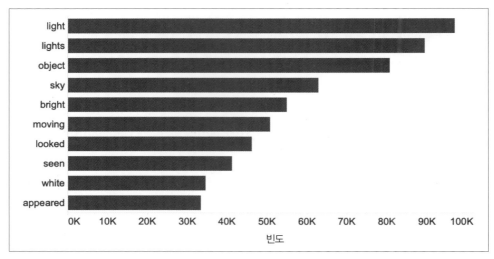

그림 5-11 UFO 목격 보고에서 불용어를 제외하고 가장 많이 언급된 단어

보다 정교한 분석을 수행하려면 적절한 불용어를 찾아 `stop_words` 테이블에 추가하거나 `descriptions` 필드의 각 보고 내용에 많이 언급된 단어를 활용해 태그를 추가합시다. `regexp_split_to_table` 함수(혹은 다른 데이터베이스의 유사한 함수)를 사용할 때는 레코드 수에 따라 연산이 오래 걸리기도 하니 주의합니다.

텍스트 구성 및 형태 변환은 분석 목적에 따라 간단한 경우도 있고 복잡한 경우도 있습니다. 문자열 연결, 집계, 분할 함수는 단독으로도 사용하지만 필요에 따라 다른 SQL 함수 및 연산자와 함께 사용할 수도 있습니다.

5.8 결론

텍스트를 분석할 때 SQL이 항상 최고의 선택은 아닙니다. 다만, SQL은 텍스트 분석과 관련된 아주 강력한 함수와 연산자를 제공하므로 대부분의 경우 충분히 좋은 선택지가 됩니다. 또한 SQL은 텍스트 파싱 및 변환, 정규 표현식을 활용한 문자열 검색과 대체, 텍스트 구성 및 형태 변환 등 분석뿐 아니라 데이터 정제를 비롯한 준비 과정에도 매우 유용합니다.

다음 장에서는 SQL을 활용한 이상 탐지^{anomaly detection}를 알아봅니다. SQL은 이상 탐지를 위한 훌륭한 기능을 제공합니다.

CHAPTER **6**

이상 탐지

이상anomaly이란 동일 그룹 내 다른 멤버와 다른 특징을 말합니다. 데이터 관점에서는 다른 데이터들과 달라서 불신 및 의심을 품게 하는 레코드, 값 등을 의미하며, 유사한 말로 **아웃라이어**outlier, **노벨티**novelty, **노이즈**noise, **편차**deviation, **예외**exception 등으로 부르기도 합니다. 이 장에서는 주로 '이상값' 또는 '아웃라이어'라는 용어를 사용합니다.[1] 이상 탐지는 말 그대로 이상값을 탐지하기 위한 목적으로도 수행되고, 대규모 분석 프로젝트의 중간 단계로도 수행됩니다.

이상값이 발생하는 원인은 주로 두 가지입니다. 첫 번째는 실제로 극단적이고 일반적이지 않은 이벤트가 발생한 경우이고, 두 번째는 데이터 수집 및 처리 과정에서 오류가 발생한 경우입니다. 이상값을 찾아내는 과정은 발생 원인과 상관없이 동일하지만 처리를 위해서는 발생 원인을 정확히 이해해야 합니다. 이상값이 발생한 근본 원인이 무엇인지 이해해야 적절한 처리가 가능합니다.

먼저, 실제 이벤트를 수집한 데이터에 아웃라이어가 존재하는 경우를 봅시다. 이상 데이터는 이상 거래, 네트워크 침입, 제품의 구조적 결함, 정책의 허술함, 개발자가 의도치 않은 방식으로의 시스템 사용 등에 대한 신호일 수 있습니다. 이상 탐지는 사이버 보안이나 금융 사기를 탐지하는 데 널리 사용됩니다. 이상 데이터는 악의를 가진 사용자가 시스템을 부당하게 이용해서 발생하기도 하지만, 한편으로는 고객이 의도치 않은 방식으로 제품을 사용해서 발생하기도 합니다. 예를 들어, 필자의 지인 중에는 자동차 경주를 즐기는 사람이 있었습니다. 그는 자신

---

1 옮긴이_ 이론적으로 데이터에 입력될 수 없는 값(예: 나이가 −1세)은 '이상값', 아주 작거나 커서 일반적이지 않은 특이한 값(예: 나이가 200세)은 '아웃라이어'로 구분하는 경우도 있지만, 이 책에서는 이상값과 아웃라이어를 동일한 의미로 사용합니다.

의 기록을 저장하는 데 러닝, 사이클링, 걷기 등의 액티비티를 기록하기 위한 피트니스 기록 앱을 사용했습니다. 자동차 경주 기록이 사이클링이나 러닝 기록과 비교하면 비정상적인 속도와 이동 거리를 나타낸다는 점은 전혀 생각하지 않은 것입니다. 실제 이벤트에서 이런 식으로 이상값이 기록되는 경우 적절한 처리 방안을 찾으려면 도메인 지식, 이용 약관, 제품 관련 법률뿐 아니라 상황에 맞는 분석 방법에 대한 깊은 이해가 필요합니다.

이상 데이터는 데이터 수집 및 처리 과정에서도 발생합니다. 예를 들어, 수동으로 데이터를 입력하는 경우 오타나 부정확한 데이터를 입력하기 쉽습니다. 사용자의 입력을 받는 입력 폼, 필드, 유효성 검사 규칙 등을 변경하다 보면 null과 같이 예상치 못한 값이 저장되기도 합니다. 행동 기록을 위한 웹 및 모바일 앱에서는 데이터 로깅 방법을 조금만 바꿔도 이상값이 발생하는 경우가 있습니다. 필자는 분석을 수행할 때 로깅 방법이 최근에 변경된 적이 있는지 꼼꼼히 확인하는 편입니다. 데이터 처리 과정에서 아웃라이어가 발생하는 경우는 어떤 값이 잘못 처리됐을 때, 프로세싱을 끝까지 완료하지 못했을 때, 데이터가 여러 번 로드돼 중복 값이 발생했을 때 등이 있습니다. 처리 과정에서 이상값이 발생했다면 해당 데이터를 정정해 사용할지 혹은 폐기할지 선택해야 합니다. 추후에 발생할 수 있는 데이터 품질 문제를 미연에 방지하려면 수집 및 처리 과정에서 발생하는 이슈는 발견하는 대로 빠르게 해결하는 편이 좋습니다.

이 장에서는 이상 탐지에 SQL이 유용한 경우와 그렇지 않은 경우를 살펴본 뒤 예제로 활용할 지진 데이터셋을 알아봅니다. 아웃라이어 탐지에 활용하는 여러 가지 함수와 기능을 살펴보고, 이를 활용해 탐지 가능한 여러 형태의 아웃라이어를 알아봅니다. 다음으로는 이상값을 처리하는 방법을 학습합니다. 이상값은 이상 거래 탐지, 사이버 공격 탐지, 건강 시스템 모니터링 등 경우에 따라 큰 문제가 되기도 하지만, 그렇다고 해서 항상 문제가 되는 것은 아닙니다. 오히려 이 장에서 다루는 기법들로 우수 고객, 효과가 뛰어난 광고, 긍정적인 고객 행동 변화 등을 탐지할 수도 있습니다. 이상값을 탐지해 적절히 처리하는 일도 큰 틀에서 보면 분석의 일부이므로 이상값을 다른 값으로 정정하는 다양한 방법도 알아봅니다.

6.1 SQL을 활용한 이상 탐지

SQL은 다양한 데이터 분석에 유용한 다재다능하고 강력한 언어입니다. 이상 탐지에는 다른 언어나 도구가 더 나은 경우도 있지만 SQL이 지닌 강점도 많습니다.

3장 '시계열 분석'과 5장 '텍스트 분석'에서도 확인했듯이 데이터셋이 데이터베이스에 저장돼 있을 때는 SQL이 분석에 적합합니다. SQL을 활용하면 데이터베이스에서 제공하는 강력한 연산 능력을 활용해 수많은 레코드를 대상으로 빠른 계산을 수행할 수 있습니다. 특히 대용량 데이터를 다룰 때 데이터베이스의 데이터를 다른 도구로 옮기려면 시간이 오래 걸립니다. 따라서 대용량 데이터에서 이상 탐지 분석을 수행할 때는 SQL을 활용해 데이터베이스 내에서 바로 분석하는 편이 좋습니다. SQL로 이상 탐지 코드를 작성하면 다른 사람이 코드를 보더라도 특정 레코드가 아웃라이어로 처리된 이유를 이해하기 쉬우며, 데이터베이스의 데이터가 달라지더라도 SQL 코드는 영향을 받지 않고 항상 동일한 동작을 수행한다는 강점이 있습니다.

단, SQL이 유용하지 않은 경우도 있습니다. SQL은 R이나 파이썬처럼 정교한 통계 분석을 제공하지 않습니다. 몇 가지 표준 통계 함수를 제공하긴 하지만, 일부 데이터베이스에서는 통계 계산이 조금만 복잡해도 시간이 오래 걸립니다. 또한, 데이터베이스에서 데이터 분석 수행 시 데이터를 로딩하는 데도 시간이 소요되므로 이상 거래 탐지나 침입 탐지와 같이 이상 유무를 즉시 파악해야 하는 경우에는 SQL이 좋은 선택이 아닐 수 있습니다. 이 경우 일반적인 이상 탐지 워크플로는 SQL로 초기 분석을 수행해 정상 범위의 최솟값, 최댓값, 평균값을 결정한 후, 별도의 스트리밍 서비스나 실시간 데이터 스토어를 활용해 실시간 모니터링을 수행하는 것입니다. 모니터링 중에 아웃라이어 패턴이 감지되면 스트리밍 서비스 또는 실시간 데이터 스토어에서 이를 바로 처리하도록 설정할 수도 있습니다. 이상 탐지에 SQL이 부적합한 경우가 또 하나 있습니다. 5장에서 언급했듯이 SQL 코드는 규칙 기반으로 동작합니다. 따라서 잘 알려진 분야의 데이터를 다루는 데는 적합한 반면에 급변하는 이상 패턴의 유형에 맞춰 자동으로 분석 조건을 조정할 수는 없습니다. 이러한 경우에는 머신러닝이나 이러한 분야를 다루는 데 최적화된 다른 언어를 사용합시다.

이상 탐지에서 SQL이 다른 언어보다 나은 점과 부족한 점을 알아봤습니다. 이상 탐지 분석 코드를 작성해보기에 앞서 예제로 사용할 데이터셋을 살펴봅시다.

6.2 데이터셋: 지진 발생 기록

이 장에서 사용할 데이터셋은 미국 지질조사국US Geological Survey (USGS)에서 기록한 2010년에서 2020년까지의 지진 데이터입니다. USGS는 실시간 피드를 비롯한 다양한 형식으로 지진 데이터를 제공합니다.[2]

이 책의 깃허브에서 실습을 위한 earthquakes 테이블 생성 코드를 제공합니다. 이 테이블은 약 150만 개의 레코드로 이뤄져 있으며, 각 레코드는 하나의 지진에 대한 타임스탬프, 위치, 규모, 깊이, 정보 출처 등의 정보로 구성됩니다. [그림 6-1]은 이 데이터셋의 샘플 데이터입니다. 전체 데이터에 대한 상세 내용은 USGS 웹사이트[3]를 참고합시다.

*	time	latitude	longitude	depth	mag	net	place	type	status
1	2011-03-11 05:46:24	38.297	142.373	29	9.1	official	2011 Great Tohoku Earthquake, Japan	earthquake	reviewed
2	2010-02-27 06:34:11	-36.122	-72.898	22.9	8.8	official	offshore Bio-Bio, Chile	earthquake	reviewed
3	2012-04-11 08:38:36	2.327	93.063	20	8.6	official	off the west coast of northern Sumatra	earthquake	reviewed
4	2015-09-16 22:54:32	-31.5729	-71.6744	22.44	8.3	us	48km W of Illapel, Chile	earthquake	reviewed
5	2013-05-24 05:44:48	54.892	153.221	598.1	8.3	us	Sea of Okhotsk	earthquake	reviewed
6	2012-04-11 10:43:10	0.802	92.463	25.1	8.2	us	off the west coast of northern Sumatra	earthquake	reviewed
7	2017-09-08 04:49:19	15.0222	-93.8993	47.39	8.2	us	101km SSW of Tres Picos, Mexico	earthquake	reviewed
8	2014-04-01 23:46:47	-19.6097	-70.7691	25	8.2	us	94km NW of Iquique, Chile	earthquake	reviewed
9	2018-08-19 00:19:40	-18.1125	-178.153	600	8.2	us	286km NNE of Ndoi Island, Fiji	earthquake	reviewed
10	2019-05-26 07:41:15	-5.8119	-75.2697	122.57	8	us	78km SE of Lagunas, Peru	earthquake	reviewed
11	2013-02-06 01:12:25	-10.799	165.114	24	8	us	76km W of Lata, Solomon Islands	earthquake	reviewed
12	2011-03-11 06:15:40	36.281	141.111	42.6	7.9	us	near the east coast of Honshu, Japan	earthquake	reviewed
13	2017-01-22 04:30:22	-6.2464	155.1718	135	7.9	us	35km WNW of Panguna, Papua New Guinea	earthquake	reviewed
14	2018-01-23 09:31:40	56.0039	-149.1658	14.06	7.9	us	280km SE of Kodiak, Alaska	earthquake	reviewed
15	2016-12-17 10:51:10	-4.5049	153.5216	94.54	7.9	us	54km E of Taron, Papua New Guinea	earthquake	reviewed
16	2014-06-23 20:53:09	51.8486	178.7352	109	7.9	us	19km NW of Little Sitkin Island, Alaska	earthquake	reviewed
17	2018-09-06 15:49:18	-18.4743	179.3502	670.81	7.9	us	102km ESE of Suva, Fiji	earthquake	reviewed
18	2016-12-08 17:38:46	-10.6812	161.3273	40	7.8	us	69km WSW of Kirakira, Solomon Islands	earthquake	reviewed
19	2016-11-13 11:02:56	-42.7373	173.054	15.11	7.8	us	54km NNE of Amberley, New Zealand	earthquake	reviewed
20	2015-05-30 11:23:02	27.8386	140.4931	664	7.8	us	189km WNW of Chichi-shima, Japan	earthquake	reviewed
21	2020-07-22 06:12:44	55.0715	-158.596	28	7.8	us	99 km SSE of Perryville, Alaska	earthquake	reviewed
22	2010-04-06 22:15:01	2.383	97.048	31	7.8	us	northern Sumatra, Indonesia	earthquake	reviewed

그림 6-1 earthquakes 테이블 샘플

지진은 지구의 외부 표면에 존재하는 지질 구조판tectonic plate의 단층이 갑자기 미끄러지며 발생합니다. 지질 구조판 가장자리에 위치한 지역에서는 다른 지역보다 훨씬 심각한 지진이 더 자주 발생합니다. 환태평양 조산대Ring of Fire라는 지역은 태평양의 가장자리를 따라 많은 지진이 일어나는 곳입니다. 이 데이터셋에 포함된 기록 중에는 캘리포니아, 알래스카, 일본, 인도네시아 등 환태평양 조산대에 속한 지역에서 발생한 지진이 많습니다.

----

2 *https://earthquake.usgs.gov/earthquakes/feed*
3 *https://oreil.ly/NjgCt*

지진 **규모**magnitude는 지진 크기를 측정하는 단위로, 근원지에서 발생한 지진파를 기준으로 합니다. 지진 규모는 로그 스케일로 기록되므로 규모 5의 지진은 규모 4의 지진보다 10배 강력합니다. 상세한 지진 측정 방법은 이 책에서는 생략합니다. 지진 데이터셋에 관해 더 알고 싶다면 USGS 웹사이트[4]를 참고하기 바랍니다.

6.3 아웃라이어 탐지

실제로 데이터셋에서 이상값 또는 아웃라이어를 찾는 작업은 그리 간단하지 않습니다. 첫 번째 문제는 언제 어떤 값이 자주 또는 드물게 나타나는지 확인하는 일이고, 두 번째 문제는 일반적인 값과 이상값을 결정짓는 임계값을 설정하는 일입니다. 지진 데이터셋의 **earthquakes** 테이블을 살펴보며 지진의 깊이와 규모를 프로파일링해봅시다. 이를 통해 어떤 값이 정상이고 어떤 값이 비정상적인지 판단합니다.

일반적으로 대규모의 복잡한 데이터셋일수록 이상값을 찾기가 쉽습니다. 이상값 여부가 표시된 데이터나 실제 검증 자료ground truth가 있다면 이상값을 찾는 데 참고합니다. 이러한 데이터에는 별도의 열에 해당 레코드의 이상값 여부가 기록돼 있습니다. 실제 검증 자료는 산업 및 과학계에서 입수한 자료 또는 과거 분석 데이터를 의미하며, 이를 통해 '지진 규모 7 이상'과 같은 명확한 판단 기준을 마련합니다. 별도로 참고할 자료가 없다면 데이터를 자세히 확인해 이상값 여부를 판단해야 합니다. 이 장에서는, 지진 규모에 대한 극단적인 값이 어느 정도인지 확인하는 데 참고할 만한 자료는 없지만, 데이터 양이 이상값을 직접 판단하기에 충분하다고 가정하고 분석합니다.

데이터셋 자체만으로 아웃라이어를 탐지하는 여러 가지 방법이 있습니다. 첫 번째는 ORDER BY 절로 데이터를 정렬해 아웃라이어를 찾는 방법입니다. GROUP BY 절로 필드에 저장된 각 값의 빈도를 파악해 아웃라이어를 찾을 수도 있습니다. 두 번째는 SQL의 통계 함수를 사용해 일반적인 범위를 벗어나는 아웃라이어를 찾아내는 방법, 세 번째는 데이터를 그래프로 나타내 아웃라이어를 확인하는 방법입니다. 이어서 각 방법을 하나씩 살펴봅시다.

---

4 *https://earthquake.usgs.gov*

6.3.1 정렬 활용

SQL을 활용해 아웃라이어를 찾는 가장 기본적인 방법은 ORDER BY 절로 데이터를 정렬하는 것입니다. ORDER BY 절은 별도의 명시가 없다면 기본적으로 오름차순(ASC)으로 데이터를 정렬합니다. 내림차순으로 정렬하려면 필드 이름 뒤에 DESC를 붙이면 됩니다. ORDER BY 절을 사용하면 한 번에 하나 이상의 열을 기준으로 데이터를 정렬할 수 있으며, 이때는 각 열마다 정렬 순서를 오름차순 혹은 내림차순으로 따로 지정할 수 있습니다. ORDER BY 절은 명시된 열 순서대로 차례로 하나씩 정렬을 수행합니다. 첫 번째 열을 기준으로 정렬을 수행한 후, 두 번째로 정렬할 열이 명시돼 있다면 첫 번째 정렬 결과는 그대로 유지된 상태에서 두 번째 열을 기준으로 정렬합니다.

> **TIP** 데이터베이스는 쿼리에서 정렬을 제외한 나머지 부분을 먼저 계산한 후에 정렬을 수행합니다. 따라서 대부분의 데이터베이스에서는 ORDER BY 절을 사용할 때 필드 이름 대신 SELECT 문에서 나열된 순서로 정렬할 열을 지정할 수 있습니다. 단, SQL 서버에서는 필드 이름으로만 지정 가능합니다. 필자는 코드를 보다 간결하게 작성하기 위해 이름보다 숫자로 지정하는 방법을 선호합니다. 특히 SELECT 문에서 정렬할 열이 단순 필드명이 아니라 긴 계산 또는 함수 구문으로 구성된 경우에는 간단히 SELECT 문에서 나열된 순서 번호를 사용해 정렬하는 쪽을 선호합니다.

예를 들어, earthquakes 테이블에서 지진 규모를 의미하는 mag 필드를 기준으로 정렬을 수행하면 다음과 같습니다.

```
SELECT mag
FROM earthquakes
ORDER BY 1 desc
;

mag
------
(null)
(null)
(null)
...
```

위 코드는 수많은 null 행을 반환합니다. 이렇게 데이터셋의 지진 규모 값에 null이 포함된다는 사실을 확인했습니다. 이 값들은 아웃라이어일 수 있으니 일단 mag 필드의 값이 null인 행은 제외하고 출력해봅니다.

```
SELECT mag
FROM earthquakes
WHERE mag is not null
ORDER BY 1 desc
;

mag
---
9.1
8.8
8.6
8.3
...
```

이렇게 내림차순으로 정렬해 확인해보면, 지진 규모가 9보다 큰 값이 하나이고 8.5보다 큰 값이 두 개입니다. 지진에 조금이라도 관심이 있다면 이것이 엄청나게 크고 흔치 않은 값임을 알 것입니다. 미국 지질조사국은 현재까지 전 세계에서 발생한 지진 중 가장 강력한 20개 지진에 관한 정보를 웹사이트[5]에 공개했습니다. 20개 모두 규모 8.4 이상이었으며, 9.0이 넘는 지진은 다섯 번 발생했습니다. 다섯 번 중 한 번은 2010년과 2020년 사이에 발생했으며, 이 장에서 다루는 데이터셋에도 그 정보가 포함돼 있습니다.

데이터셋에서 이상값을 확인하는 또 다른 방법으로 각 값의 출현 빈도를 계산해봅시다. 지진 규모 mag 필드를 기준으로 그룹화를 수행하고 그룹별 id 필드의 개수를 세어 규모별 지진 발생 횟수를 확인합니다. 규모별 지진 발생 비율을 확인하려면 sum 윈도우 함수로 전체 지진 발생 횟수를 구하고, 이 값으로 규모별 지진 발생 횟수를 나눕니다. 앞서 배웠듯 모든 윈도우 함수는 PARTITION BY 절과 OVER 절 그리고 ORDER BY 절과 함께 사용 가능합니다. 여기서는 의도적으로 PARTITION BY 1을 사용해 각 지진 규모 그룹의 개수를 전체 레코드 개수로 나눕니다.[6] 이 방법을 코드로 작성하고 결과 데이터를 내림차순으로 정렬하면 다음과 같습니다.

```
SELECT mag
,count(id) as earthquakes
,round(count(id) * 100.0 / sum(count(id)) over (partition by 1),8)
as pct_earthquakes
```

---

5 *https://oreil.ly/gHUhy*

6 옮긴이_ 이 경우에는 PARTITION BY 1을 생략해 sum(count(id)) over ()를 분모로 사용해도 됩니다.

```
FROM earthquakes
WHERE mag is not null
GROUP BY 1
ORDER BY 1 desc
;

mag earthquakes pct_earthquakes
--- ----------- ---------------
9.1 1           0.00006719
8.8 1           0.00006719
8.6 1           0.00006719
8.3 2           0.00013439
... ...         ...
6.9 53          0.00356124
6.8 45          0.00302370
6.7 60          0.00403160
... ...         ...
```

규모 8.5 이상인 지진은 규모별로 한 번씩만 발생했으며 규모 8.3인 지진은 두 번 발생했습니다. 규모가 6.9인 지진은 발생 횟수가 두 자리 숫자에 이를 만큼 여러 번 발생했지만 전체 대비 발생 비율은 아주 작습니다. 이번에는 규모를 기준으로 오름차순으로 정렬해 규모가 작은 지진부터 확인해봅시다.

```
SELECT mag
,count(id) as earthquakes
,round(count(id) * 100.0 / sum(count(id)) over (partition by 1),8)
 as pct_earthquakes
FROM earthquakes
WHERE mag is not null
GROUP BY 1
ORDER BY 1
;

mag    earthquakes pct_earthquakes
---    ----------- ---------------
-9.99  258         0.01733587
-9     29          0.00194861
-5     1           0.00006719
-2.6   2           0.00013439
...    ...         ...
```

가장 작은 지진 규모 값으로는 −99와 −9가 있으며 발생 횟수가 꽤 많습니다. 비록 로그의 밑으로 0이나 음수를 취할 수는 없지만, 0보다 크고 1보다 작은 값에 로그를 취하면 위와 같이 음수가 나옵니다. 예를 들어, $\log(0.5)$는 약 −0.301입니다. −99.9와 −9는 극도로 작은 규모를 의미하는데, 이렇게 작은 지진이 실제로 발생했는지 의문스럽기도 합니다. 값들의 개수가 많은 것으로 보아 이 값은 실제로 발생한 지진 규모 값이라기보다 알 수 없는 지진 규모 값을 임의로 저장한 값일 가능성도 있습니다. 따라서, 이처럼 지진 규모 값이 음수인 데이터는 이상값으로 간주해도 좋습니다.

전체 데이터를 정렬하는 대신 하나 이상의 필드를 기준으로 그룹화를 수행해 해당 그룹 내 이상값을 찾는 방법도 있습니다. 예를 들어, place 필드의 특정 지역을 기준으로 규모가 가장 큰 지진과 가장 작은 지진을 확인하고, 해당 지역 내 규모별 지진 발생 횟수도 확인해봅시다.

```sql
SELECT place, mag, count(*)
FROM earthquakes
WHERE mag is not null
 and place = 'Northern California'
GROUP BY 1,2
ORDER BY 1,2 desc
;
```

```
place               mag  count
------------------- ---- -----
Northern California 5.6  1
Northern California 4.73 1
Northern California 4.51 1
...                      ...  ...
Northern California -1.1 7
Northern California -1.2 2
Northern California -1.6 1
```

'Northern California'는 데이터셋에서 가장 많은 지진이 발생한 지역입니다. 'Northern California'에서 발생한 지진 중 규모가 가장 큰 값과 가장 작은 값을 확인해봅시다. 전체 데이터에서 확인했을 때에 비해 값이 한쪽으로 심하게 치우치지는 않았습니다. 전체 데이터셋에서 보면 규모 5.0 이상인 지진이 매우 흔했지만 'Northern California'에서는 한 번 밖에 발생하지 않아 오히려 이상값으로 분류될 수도 있을 정도입니다.

6.3.2 백분위수와 표준편차 활용

전체 및 그룹별 데이터 정렬 결과를 시각화하는 방법은 이상값을 찾는 데 유용하며, 특히 데이터에 극단값이 섞여 있을 때 이를 찾기가 쉽습니다. 만약 우리가 지진에 관한 배경지식이 없었다면 규모 9.0이 이상값이라는 사실을 몰랐을 겁니다. 데이터의 분포를 정량화해보면 데이터를 바라보는 새로운 시각을 얻게 됩니다. 이때 백분위수를 이용한 방법과 표준편차를 이용한 방법이 있습니다.

백분위수는 데이터에서 특정 값보다 작은 값이 차지하는 비율을 의미합니다. 50번째 백분위수를 의미하는 중앙값은 특정 값보다 큰 값이 전체 데이터의 절반이고 그보다 작은 값도 절반인 값을 의미합니다. SQL에는 중앙값을 구하는 `median` 함수가 있지만 모든 데이터베이스에서 이를 지원하지는 않습니다. 중앙값 외에 다른 백분위수도 있습니다. 예를 들어, 특정 값보다 작은 값의 비율이 25%이고 그보다 큰 값의 비율이 75%인 경우에는 이 값을 25번째 백분위수라고 합니다. 특정 값보다 작은 값의 비율이 89%이고 그보다 큰 값의 비율이 11%이면 이 값은 89번째 백분위수입니다. 백분위수는 학문을 비롯한 여러 분야에 유용하게 사용됩니다.

SQL이 제공하는 `percent_rank` 윈도우 함수는 해당 파티션에서 각 행 값의 백분위수를 반환합니다. 인자 없이 사용하며 쿼리에서 지정된 모든 행에 연산을 수행합니다. 윈도우 함수이므로 정렬 방향을 설정하는 데는 `ORDER BY` 절을 사용합니다. 기본 형식은 다음과 같습니다.

```
percent_rank() over (partition by ... order by ...)
```

윈도우 함수를 사용할 때 `PARTITION BY` 절과 `ORDER BY` 절은 상황에 따라 사용하지 않아도 되지만, 특별한 이유가 없다면 `ORDER BY` 절로 정렬 순서를 지정하는 편이 좋습니다. 한편 `OVER` 절은 반드시 사용해야 합니다. 예제에서 지역별로 지진 규모의 백분위수를 확인해봅시다. 먼저 서브쿼리에서 `percent_rank` 함수를 사용해 각 지진마다 규모에 대한 백분위수를 계산합니다. 그리고 외부쿼리에서 각 지진 규모 값 수를 세어봅니다. 다른 집계를 하기전에 `percent_rank` 함수로 백분위수를 먼저 계산해야 정확한 결과를 얻습니다. 여기서는 `'Northern California'`만 필터링해 계산했지만, 전체 데이터를 기준으로 실행하면 지역별로 지진 규모의 백분위수와 해당 지진 규모 값 수가 나옵니다.

```
SELECT place, mag, percentile
,count(*)
FROM
(
    SELECT place, mag
    ,percent_rank() over (partition by place order by mag) as percentile
    FROM earthquakes
    WHERE mag is not null
    and place = 'Northern California'
) a
GROUP BY 1,2,3
ORDER BY 1,2 desc
;

place                mag  percentile            count
------------------   ---- --------------------  -----
Northern California  5.6  1.0                   1
Northern California  4.73 0.9999870597065141    1
Northern California  4.51 0.9999741194130283    1
...                  ...  ...                   ...
Northern California  -1.1 3.8820880457568775E-5 7
Northern California  -1.2 1.2940293485856258E-5 2
Northern California  -1.6 0.0                   1
```

'Northern California'에서 규모 5.6인 지진의 백분위수는 1(100%)이며, 이는 같은 지역에서 발생한 다른 지진은 모두 규모가 5.6보다 작음을 의미합니다. 규모 −1.6인 지진은 백분위수가 0이며, 이는 해당 값이 'Northern California'에서 발생한 지진의 규모 중 가장 작은 값이라는 의미입니다.

백분위수 외에도 SQL의 ntile 함수는 데이터를 N개의 버킷bucket으로 나누고 각 행이 몇 번째 버킷에 속하는지 확인합니다. 예를 들어, 지역별로 데이터셋을 100개의 버킷으로 나누고 각 규모 값이 해당 지역에서 몇 번째 버킷에 속하는지 확인해봅시다.

```
SELECT place, mag
,ntile(100) over (partition by place order by mag) as ntile
FROM earthquakes
WHERE mag is not null
and place = 'Central Alaska'
ORDER BY 1,2 desc
;
```

```
place            mag   ntile
-------------- ----  -----
Central Alaska 5.4   100
Central Alaska 5.3   100
Central Alaska 5.2   100
...              ...   ...
Central Alaska 1.5   79
...              ...   ...
Central Alaska -0.5  1
Central Alaska -0.5  1
Central Alaska -0.5  1
```

'Central Alaska'의 지진 데이터를 확인해보면 규모가 5보다 큰 세 개의 지진은 100번째 분위수입니다. 규모가 1.5인 지진은 79번째 분위수이며 규모가 가장 작은 −0.5인 지진은 첫 번째 분위수입니다. 이 값들을 계산했으니 max 함수와 min 함수를 사용해 분위별 경계를 확인해봅시다. ntile 함수의 인자로는 양의 정수이면 어떤 값이든 사용 가능합니다. 여기서는 결과를 간단하게 확인하기 위해 인자로 4를 사용해 4분위수의 분위별 최댓값과 최솟값을 계산해봅시다.

```sql
SELECT place, ntile
,max(mag) as maximum
,min(mag) as minimum
FROM
(
    SELECT place, mag
    ,ntile(4) over (partition by place order by mag) as ntile
    FROM earthquakes
    WHERE mag is not null
    and place = 'Central Alaska'
) a
GROUP BY 1,2
ORDER BY 1,2 desc
;
```

```
place            ntile maximum minimum
-------------- ----- ------- -------
Central Alaska 4     5.4     1.4
Central Alaska 3     1.4     1.1
Central Alaska 2     1.1     0.8
Central Alaska 1     0.8     -0.5
```

가장 큰 분위수인 4(백분위수로 환산하면 75~100%)에 해당하는 지진 규모는 1.4~5.4로 범위가 넓습니다. 가운데 절반 범위(백분위수로 환산하면 25~75%)에 해당하는 지진 규모는 4분위수의 2와 3에 해당하는 0.8~1.4입니다.

각 행의 백분위수 혹은 N분위수를 구하는 것이 아니라 전체 데이터셋에서 특정 백분위수에 해당하는 값을 계산하려면 percentile_cont 함수나 percentile_disc 함수를 사용합니다. 두 가지 모두 윈도우 함수이지만, 앞서 알아본 다른 윈도우 함수들과는 달리 WITHIN GROUP 절을 사용하는 등 문법이 약간 다릅니다. 두 함수의 사용 형식은 동일하며 다음과 같이 사용합니다.

```
percentile_cont(numeric) within group (order by field_name) over (partition by field_
name)
```

위 percentile_cont 함수의 사용 형식에서 numeric에는 백분위수를 의미하는 값 0~1을 사용합니다. 예를 들어, 0.25를 입력하면 25번째 백분위수에 해당하는 값을 가져오겠다는 의미입니다. ORDER BY 절에는 정렬해 반환할 필드를 지정하고, 정렬 순서를 설정하려면 ASC(오름차순)나 DESC(내림차순)를 사용합니다. SQL에서는 ASC가 ORDER BY 절의 기본값으로 설정돼 있습니다. OVER (PARTITION BY …) 절은 선택 사항입니다(단, 지원하지 않는 데이터베이스도 있으니, 해당 문법 사용 시 오류가 발생한다면 데이터베이스의 공식 문서를 참고하기 바랍니다).

percentile_cont 함수는 데이터셋에 지정된 백분위수에 해당하는 정확한 값이 없을 때 이 값을 보간해interpolate 반환하며[7] percentile_disc 함수('discontinuous percentile'을 의미)는 해당 값에 가장 가까운 값을 찾아 반환합니다. 대용량 데이터셋이나 주로 연속적인 값으로 구성된 데이터셋에서는 두 함수 간에 실질적인 차이가 없는 경우가 많지만, 둘 중 어느 것이 원하는 분석 결과를 이끌어낼지 판단해 더 적절한 것을 선택하는 편이 좋습니다. percentile_cont를 사용하는 예제를 살펴보면서 함수가 어떻게 동작하는지 알아봅시다. 'Central Alaska'에서 발생한 지진 중에서 규모 값이 null이 아닌 데이터 중 25번째, 50번째(중앙값), 75번째 백분위수에 해당하는 지진 규모를 확인합니다.

----

7 옮긴이_ 예를 들어, (10, 20, 30, 40)의 데이터에서 50번째 백분위수에 해당하는 값을 반환하기 위해 20과 30의 평균을 계산해 25를 반환합니다. 실제 보간 알고리즘은 이보다 복잡하며 데이터베이스에 따라서도 조금씩 차이가 있습니다.

```
SELECT
percentile_cont(0.25) within group (order by mag) as pct_25
,percentile_cont(0.5) within group (order by mag) as pct_50
,percentile_cont(0.75) within group (order by mag) as pct_75
FROM earthquakes
WHERE mag is not null
and place = 'Central Alaska'
;

pct_25 pct_50 pct_75
------ ------ ------
0.8    1.1    1.4
```

위 쿼리는 지정된 백분위수에 해당하는 지진 규모를 반환하므로, 이를 통해 전체 데이터셋의 대략적인 분포를 확인할 수 있습니다. 25번째, 50번째, 75번째 백분위수에 해당하는 값은 앞서 확인한 4분위수의 1, 2, 3에 해당하는 값과 일치합니다. 다른 필드의 백분위수를 확인하려면 ORDER BY 절에서 필드 이름만 변경하면 됩니다.

```
SELECT
percentile_cont(0.25) within group (order by mag) as pct_25_mag
,percentile_cont(0.25) within group (order by depth) as pct_25_depth
FROM earthquakes
WHERE mag is not null
and place = 'Central Alaska'
;

pct_25_mag pct_25_depth
---------- ------------
0.8        7.1
```

특정 필드를 기준으로 그룹을 나눠 백분위수를 확인하고 싶을 때, percentile_cont 함수와 percentile_disc 함수는 다른 윈도우 함수와는 달리 GROUP BY 절을 사용해 백분위수를 계산할 그룹을 직접 지정해야 합니다. 예를 들어, 다음 예제는 두 지역의 지진 데이터를 분석하기 위해 쿼리에서 place 필드를 사용합니다. 지역별 백분위수를 계산하려면 place 필드를 기준으로 그룹화를 수행해야 합니다.

```
SELECT place
,percentile_cont(0.25) within group (order by mag) as pct_25_mag
,percentile_cont(0.25) within group (order by depth) as pct_25_depth
FROM earthquakes
WHERE mag is not null
and place in ('Central Alaska', 'Southern Alaska')
GROUP BY place
;

place           pct_25_mag pct_25_depth
--------------- ---------- ------------
Central Alaska  0.8        7.1
Southern Alaska 1.2        10.1
```

이렇게 percentile_cont 함수로 원하는 백분위수 값을 확인합니다. 데이터 분포를 확인할 때는 중앙값을 확인하는 경우가 많습니다. 이를 위해 많은 데이터베이스에서 median 함수를 지원합니다. median 함수는 중앙값을 확인하려는 필드를 인자로 받아 해당 필드 값 중 중앙값에 해당하는 값을 반환합니다. 쉽고 간편한 방법이지만, 사용할 수 없는 경우에는 percentile_cont 함수를 사용하면 됩니다.

> **TIP** percentile 함수와 median 함수를 대용량 데이터셋에서 사용하면 연산이 오래 걸리기도 하니 주의해야 합니다. 데이터베이스가 메모리에서 데이터를 정렬하고 레코드별로 그 순서를 계산하기 때문입니다. 따라서 일부 데이터베이스는 approximate_percentile을 지원하는데, 이 함수는 정확한 값 대신 근사치에 해당하는 값을 빠르게 계산해 결과를 반환합니다.

데이터셋에서 백분위수 또는 N분위수를 찾으면 이상값을 찾기 위한 정량적인 근거가 마련됩니다. 6.5절 '이상값 처리'에서는 백분위수 값을 활용해 데이터셋에 존재하는 이상값을 처리하는 방법을 다룹니다. 다만, 백분위수를 확인하면 0~100%에 해당하는 값을 알게 될 뿐, 특정 값이 일반적인 수준에서 얼마나 차이가 나는지는 모릅니다. 이어서 SQL에서 제공하는 통계 함수를 몇 가지 더 알아봅시다.

데이터셋에 존재하는 극단값을 확인하는 데는 **표준편차**를 사용합니다. 표준편차는 데이터에서 값이 흩어진 정도를 의미합니다. 표준편차가 작으면 데이터의 값이 퍼진 정도가 작다는 의미이고, 표준편차가 크면 데이터의 값이 넓게 퍼져 있다는 의미입니다. 데이터 분포가 정규 분포를 이룬다면 값의 약 68%가 평균±(표준편차×1)의 범위에 해당하고 95%가 평균±(표준편차×

2)의 범위에 해당합니다. 표준편차는 모든 값에 대한 평균과 각 값의 차이의 제곱을 합산한 뒤 총 값의 개수로 나눈 값의 제곱근입니다. 수식으로 나타내면 다음과 같습니다.

$$\sqrt{\Sigma\left(x_i - \mu\right)^2 / N}$$

(x_i: 각 데이터의 값, μ: 전체 데이터의 평균, N: 전체 데이터 개수)

표준편차에 관한 더 자세한 정보는 통계 관련 도서나 온라인 자료[8]를 참고하기 바랍니다.

대부분의 데이터베이스에서 제공하는 대표적인 표준편차 함수 세 가지는 `stddev_pop` 함수, `stddev_samp` 함수, `stddev` 함수입니다. 먼저, `stddev_pop` 함수는 모집단의 표준편차를 계산합니다. 전체 고객 데이터를 분석할 때처럼 데이터셋이 전체 모집단을 대표하는 경우에 사용합니다. `stddev_samp` 함수는 표본의 표준편차를 계산합니다. 모집단의 표준편차를 계산할 때와 달리 수식에서 N 대신 $N-1$으로 나눕니다. 이렇게 계산하면 표준편차 값이 더 커지는 효과가 있으므로 정확도가 떨어지게 됩니다. 많은 데이터베이스에서 지원하는 `stddev` 함수는 `stddev_samp` 함수와 동일한 계산을 수행하지만 함수 이름이 더 짧아 사용하기가 간단합니다. 예를 들어, 모집단을 대상으로 하는 설문조사에서 얻은 표본 데이터로 분석을 수행한다면 `stddev_samp` 함수나 `stddev` 함수를 사용하면 됩니다. 실무에서 대용량 데이터셋을 분석할 때는 `stddev_pop` 함수의 결과와 `stddev_samp` 함수의 결과 간에 차이가 거의 없습니다. 두 함수를 사용해 earthquakes 테이블의 백오십만 개 레코드에서 지진 규모의 표준편차를 계산해보면 소수점 여섯째 자리부터 차이가 발생합니다.

```
SELECT stddev_pop(mag) as stddev_pop_mag
,stddev_samp(mag) as stddev_samp_mag
FROM earthquakes
;

stddev_pop_mag        stddev_samp_mag
-------------------   -------------------
1.273605805569390395  1.273606233458381515
```

---

8 *https://www.mathsisfun.com/data/standard-deviation-formulas.html*

실무에서 이렇게 아주 작은 차이는 그리 중요하지 않은 경우가 대부분이므로 어떤 표준편차 함수를 사용하든 상관없습니다.

이제 이 함수들을 사용해 데이터셋의 각 값과 평균 간의 차이를 표준편차 단위로 표현해봅시다. 이 값은 **z-점수**z-score라고 부르며 데이터를 표준화하는 데 사용합니다. 평균보다 높은 값은 z-점수가 양수이고 평균보다 낮은 값은 z-점수가 음수입니다. [그림 6-2]는 정규 분포에서 z-점수와 표준편차의 관계를 나타냅니다.

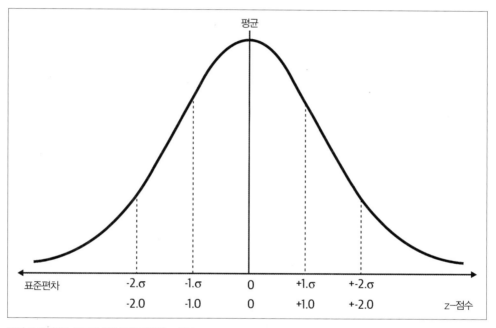

그림 6-2 정규 분포에서의 표준편차와 z-점수

지진 규모에 대한 z-점수를 알아보기 위해 먼저 서브쿼리에서 전체 데이터셋의 평균과 표준편차를 계산합니다. 그리고 이 서브쿼리의 결과를 활용해 z-점수를 구한 후, 다시 전체 데이터셋과 카티션 JOIN을 수행하면 earthquakes 테이블의 각 행마다 지진 규모 값의 z-점수뿐 아니라 전체 데이터셋의 평균, 전체 표준편차까지 한 번에 출력됩니다. 대부분의 데이터베이스에서는 카티션 JOIN에서도 JOIN 조건을 반드시 명시해야 하므로 1 = 1을 조건으로 사용합니다.

외부쿼리에서는 각 행의 규모 값에서 평균을 뺀 뒤 표준편차로 나눠 z-점수를 계산합니다.

```
SELECT a.place, a.mag
,b.avg_mag, b.std_dev
,(a.mag - b.avg_mag) / b.std_dev as z_score
FROM earthquakes a
JOIN
(
    SELECT avg(mag) as avg_mag
    ,stddev_pop(mag) as std_dev
    FROM earthquakes
    WHERE mag is not null
) b on 1 = 1
WHERE a.mag is not null
and mag > -9
ORDER BY 2 desc
;

place                                    mag  avg_mag std_dev z_score
---------------------------------------- ---  ------- ------- -------
2011 Great Tohoku Earthquake, Japan      9.1  1.6251  1.2736  5.8691
offshore Bio-Bio, Chile                  8.8  1.6251  1.2736  5.6335
off the west coast of northern Sumatra   8.6  1.6251  1.2736  5.4765
...                                      ...  ...     ...     ...
Nevada                                   -2.5 1.6251  1.2736  -3.2389
Nevada                                   -2.6 1.6251  1.2736  -3.3174
Nevada                                   -2.6 1.6251  1.2736  -3.3174
20 km SSW of Pa'auilo, Hawaii            -5   1.6251  1.2736  -5.2018
```

가장 큰 지진의 z–점수는 6에 가까우며 가장 작은 지진의 z–점수는 −3에 가깝습니다(지진 규모가 −9나 −9.99이면 이상값으로 분류해 분석에서 제외했습니다). 이렇게 z–점수를 확인한 결과, 가장 큰 지진의 z–점수가 가장 작은 지진의 z–점수보다 절댓값이 더 큽니다. 따라서 가장 큰 지진이 가장 작은 지진보다 더 아웃라이어에 가깝다는 결론을 얻습니다.

6.3.3 그래프 활용

이상값을 찾는 방법으로 정렬이나 백분위수 및 표준편차를 활용할 뿐 아니라 데이터를 여러 가지 그래프 형태로 시각화하기도 합니다. 그래프를 사용하면 수많은 데이터의 분포가 한눈에 보이며, 단순히 SQL로 출력한 결과로는 알아채기 어려운 데이터의 패턴과 아웃라이어까지 파악할 수 있습니다. 또한, 그래프를 활용하면 데이터 분포 및 이상값으로 인해 발생할 수 있는 잠재적 문제를 다른 사람에게 설명하기도 용이합니다.

이 절에서는 이상값을 찾는 데 유용한 막대그래프bar graph, 산점도scatter plot, 상자 그림box plot을 알아봅니다. 그래프를 그리기 위한 결과 데이터는 SQL로 간단히 생성 가능합니다. 단, 그래프 생성 소프트웨어에서 제공하는 기능과 그 한계에 따라 피벗을 사용해 결과 데이터의 형식을 맞춰야 하는 경우도 있습니다. 그래프를 그릴 때는 여러 가지 BI 도구, 스프레드시트, 파이썬이나 R 등의 프로그래밍 언어를 사용합니다. 이 절에서 살펴볼 그래프는 파이썬과 맷플롯립Matplotlib 라이브러리를 사용해 그린 것입니다.

막대그래프는 특정 필드 값의 히스토그램이나 분포를 확인하는 데 사용하며, 데이터의 특성과 아웃라이어를 파악하는 데 유용합니다. 한 축은 값의 전체 범위를 나타내고, 다른 축은 각 값의 빈도를 나타냅니다. 극단적으로 높거나 낮은 값이 있으면 그래프 모양이 특이한 형태를 보입니다. 그래프를 보면 분포가 대략적으로 정규 분포(가장 많은 값 또는 평균값을 기준으로 좌우 대칭을 이루는 분포)를 따르는지 혹은 다른 분포를 따르는지 그리고 특정 값에 집중돼 있는지 한눈에 파악하기 쉽습니다.

지진 규모의 히스토그램을 확인하려면 먼저 다음 코드를 작성해 규모별 지진 발생 횟수를 나타내는 데이터셋을 생성합니다. 결과 데이터셋을 활용해 그래프를 그리면 [그림 6-3]과 같습니다.

```
SELECT mag
,count(*) as earthquakes
FROM earthquakes
GROUP BY 1
ORDER BY 1
;

mag    earthquakes
-----  -----------
-9.99 258
-9     29
-5     1
...    ...
```

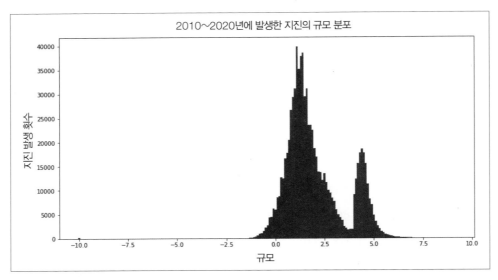

그림 6-3 지진 규모 분포

그래프의 범위는 −10.0에서 +10.0으로, 앞서 확인한 지진 규모 데이터의 최댓값과 최솟값에 따라 적절한 범위로 설정했습니다. 규모 1.1~1.4에 데이터 약 40,000개가 모여 최고점을 찍으며, 이를 중심으로 대략적인 좌우 대칭을 이룹니다. 규모 4.4에는 데이터 약 20,000개가 모여 두 번째 최고점을 찍습니다. 두 번째 최고점이 생긴 이유는 다음 절에서 자세히 알아봅니다. 이 그래프는 전체 범위의 지진 규모를 보여주므로 극단값의 존재를 파악하기 어렵습니다.

극단값을 확인하려면 [그림 6-4]와 같이 그래프에서 지진 규모 범위를 특정 범위로 조정합니다. 특정 범위의 데이터만 확대해서 보면 규모가 큰 지진의 발생 횟수를 확인하기가 용이합니다. 규모가 7에서 8로 증가함에 따라 발생 횟수가 10 이상에서 1까지 줄어드는 것으로 보아 규모가 큰 지진은 매우 드물게 발생했습니다.

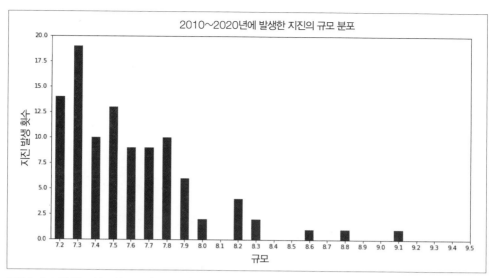

그림 6-4 지진 규모 분포 중 규모가 큰 부분을 확대한 결과

이번에는 산점도를 사용해 데이터의 특성과 아웃라이어를 파악해봅시다. 산점도는 데이터셋에서 두 개의 숫자 타입 데이터 간의 관계와 분포를 한 번에 확인하는 데 유용합니다. 산점도를 그리려면 X축에는 첫 번째 필드 값의 범위를 나타내고 Y축에는 두 번째 필드 값의 범위를 나타낸 뒤, 데이터셋의 각 레코드가 해당하는 지점에 점을 표시합니다. 예를 들어, 지진의 깊이와 규모의 관계를 그래프로 나타내봅시다. 우선 쿼리를 작성해 지진의 깊이와 규모 값에 대한 데이터셋을 생성합니다. 이 데이터셋을 그래프로 나타내면 [그림 6–5]와 같습니다.

```
SELECT mag, depth
,count(*) as earthquakes
FROM earthquakes
GROUP BY 1,2
ORDER BY 1,2
;

mag   depth earthquakes
----- ----- -----------
-9.99 -0.59 1
-9.99 -0.35 1
-9.99 -0.11 1
...   ...   ...
```

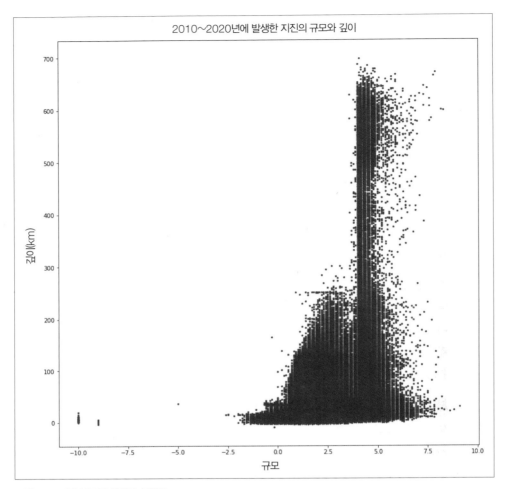

그림 6-5 지진 규모와 깊이의 산점도

데이터가 백오십만 개로 매우 많기 때문에 그래프에 모두 나타내지 않고, 규모와 깊이별로 하나씩만 샘플링해 그래프를 그렸습니다. 그래프에 따르면 규모가 비슷한 지진이라도 발생하는 깊이는 0~700킬로미터로 다양합니다. 특이하게도 깊이 300킬로미터가 넘는 지진은 대부분 규모가 약 4 이상입니다. 이렇게 깊은 곳에서 발생하는 지진은 규모가 최소 4 정도는 돼야 탐지되기 때문일 수 있습니다.

산점도는 규모와 깊이별 지진 발생 횟수를 점 크기로 나타내기도 합니다. [그림 6-6]은 규모 4.0~7.0, 깊이 0~50킬로미터에 해당하는 지진을 나타내는 산점도입니다.

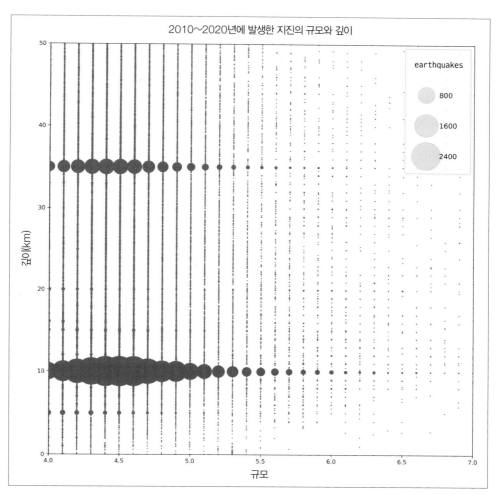

그림 6-6 발생 횟수를 점 크기로 나타낸 지진 규모와 깊이의 산점도(점 크기는 발생 횟수를 의미)

다음으로 살펴볼 그래프는 **상자 그림**(또는 박스 플롯box plot)입니다. **상자 수염 그림**box-and-whisker plot이라고도 합니다. 이 그래프는 양 극단의 아웃라이어를 제외한 값의 분포를 나타냅니다. 그래프 중간에 사각형 상자가 있어 '상자 그림'이라는 이름이 붙었습니다. 사각형 아래 선은 하위 25번째 백분위수, 사각형 위 선은 75번째 백분위수, 사각형 가운데 선은 50번째 백분위수(중앙값)를 의미합니다. 상자 그림의 '수염'은 상자 바깥에 그려진 위아래 선을 가리키는데, 중앙값으로부터 4분위수 범위interquartile range의 1.5배에 해당하는 값을 의미합니다. 여기서 4분위수 범위란 75번째 백분위수 값과 25번째 백분위수 값 간의 차이를 말합니다. 위아래 수염을 넘어서는 값은 아웃라이어로 간주되며 그래프에 점으로 표시됩니다.

TIP 상자 그림을 그리는 데 사용하는 소프트웨어나 프로그래밍 언어는 백분위수 및 4분위수 범위를 자동으로 계산합니다. 수염을 그릴 때는 일반적으로 4분위수 범위를 사용하지만, 평균으로부터 위아래로 표준편차만큼의 거리를 계산해 그리거나, 혹은 10번째 백분위수 및 90번째 백분위수와 같이 더 넓은 범위를 기준으로 그리는 옵션을 제공하는 경우가 많습니다. 수염 위치를 계산할 때는 항상 중간 지점으로부터 위아래로 동일한 기준을 적용하지만(평균으로부터 위아래로 표준편차만큼의 거리 등), 그럼에도 윗 수염과 아래 수염의 길이는 데이터에 따라 차이가 있을 수 있습니다.[9]

상자 그림에는 일반적으로 데이터셋에 있는 모든 값을 나타냅니다. 하지만 데이터셋의 모든 지진 규모 값을 나타내기에는 데이터가 매우 크므로, 이번 예제에서는 place 필드에 'Japan'이 언급된 지진 16,036건의 규모만 나타내겠습니다. 우선, 간단하게 SELECT 문을 사용해 place 필드의 값이 'Japan'을 포함하는 모든 레코드의 지진 규모 값을 가져옵니다.

```
SELECT mag
FROM earthquakes
WHERE place like '%Japan%'
ORDER BY 1
;

mag
---
2.7
3.1
3.2
...
```

그래프 소프트웨어를 활용해 이 결과 데이터를 상자 그림으로 나타내면 [그림 6-7]과 같습니다.

---

9 옮긴이_ 예를 들어, 하위 10% 값이 중앙값과 10만큼 차이가 나더라도 상위 10% 값은 극단적인 아웃라이어의 존재로 인해 중앙값과 100만큼 차이가 날 수도 있습니다.

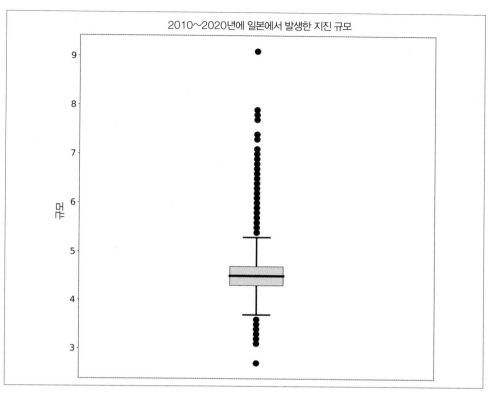

그림 6-7 일본에서 발생한 지진 규모 분포

상자 그림의 주요 백분위수 값과 수염의 값은 그래프 소프트웨어에서 제공하는 기능으로 쉽게 확인 가능하지만 여기서는 SQL을 사용해 직접 확인해봅니다.

```
SELECT ntile_25, median, ntile_75
,(ntile_75 - ntile_25) * 1.5 as iqr
,ntile_25 - (ntile_75 - ntile_25) * 1.5 as lower_whisker
,ntile_75 + (ntile_75 - ntile_25) * 1.5 as upper_whisker
FROM
(
    SELECT
    percentile_cont(0.25) within group (order by mag) as ntile_25
    ,percentile_cont(0.5) within group (order by mag) as median
    ,percentile_cont(0.75) within group (order by mag) as ntile_75
    FROM earthquakes
    WHERE place like '%Japan%'
```

```
) a
;

ntile_25 median ntile_75 iqr  lower_whisker upper_whisker
-------- ------ -------- ---- ------------- -------------
.4.3     4.5    4.7      0.60 3.70          5.30
```

일본에서 발생한 지진 데이터에서 규모의 중앙값은 4.5이고 수염은 3.7, 5.3에 그려져 있습니다. 그래프에서 수염의 범위를 위아래로 벗어난 점은 아웃라이어를 의미합니다. 2011년에 발생한 규모 9.1의 동일본 대지진은 일본에서 발생한 수많은 지진 중에서도 명백한 아웃라이어로 나타납니다.

> **WARNING**_경험상 상자 그림은 통계나 그래프에 배경지식이 없는 사람에게 설명하기 가장 어려운 그래프입니다. 아웃라이어는 대부분 쉽게 이해하지만 4분위수 범위는 한 번에 이해하기 어려운 개념입니다. 상대방이 상자 그림을 이해하지 못하는 상황이라면 시간을 들여 기본 개념만큼은 설명하는 편이 좋습니다. 필자는 만일에 대비해 [그림 6-8]과 같은 자료를 항상 지니고 있다가 분석 결과물을 보낼 때 첨부합니다.

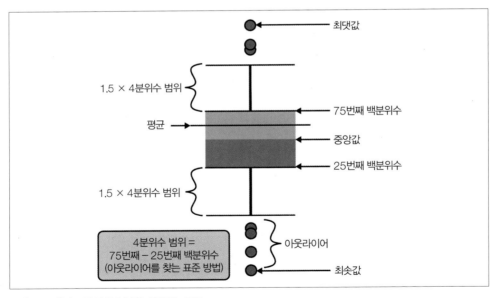

그림 6-8 상자 그림의 각 부분을 설명하는 도표

상자 그림은 그룹별 데이터 분포를 확인해 이상값을 찾을 때도 활용합니다. 예를 들어, 일본에서 발생한 지진을 연도별로 구분해 비교하면서 아웃라이어를 확인해봅시다. [그림 6-9]는 time 필드에서 가져온 지진 발생 연도와 규모 데이터로 그린 그래프입니다.

```
SELECT date_part('year',time)::int as year
,mag
FROM earthquakes
WHERE place like '%Japan%'
ORDER BY 1,2
;

year mag
---- ---
2010 3.6
2010 3.7
2010 3.7
... ...
```

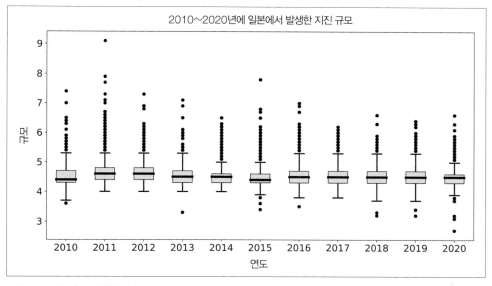

그림 6-9 일본에서 발생한 지진의 연도별 규모 분포

중앙값과 박스의 범위는 연도별로 조금씩 바뀌지만 대체로 규모 4~5 수준으로 일관됩니다. 일본에서는 규모가 6.0보다 큰 아웃라이어 지진이 1년에 한 번 이상 발생했으며, 규모가 7.0 이

상인 지진이 한 번 이상 발생한 연도는 6개입니다. 데이터에 따르면 일본은 의심할 여지 없이 지진 활동이 매우 활발한 지역으로 보입니다.

막대그래프, 산점도, 상자 그림은 데이터셋에서 아웃라이어를 찾고 그 특성을 파악하는 데 자주 사용됩니다. 이를 이용해 복잡한 대용량 데이터셋에서 데이터 분포를 빠르게 이해하고 그 뒤에 숨겨진 내용을 파악합니다. 그래프도 정렬, 백분위수, 표준편차와 마찬가지로 이상 탐지를 위한 중요한 도구입니다. 이어서 이 도구들을 활용해 다양한 형태로 존재하는 이상값을 알아봅시다.

6.4 이상값의 형태

이상값은 다양한 형태로 존재합니다. 이 절에서는 이상값의 형태를 값, 개수 또는 빈도, 존재 여부라는 세 가지 카테고리로 구분해 확인하는 방법을 알아봅니다. 프로파일링 결과로 이상값으로 보이는 값을 찾았을 때 혹은 여러 이유로 이상값이 있다고 추정될 때, 이 세 가지 측면에서 이상값의 존재를 확인해봅니다. 데이터셋의 도메인에 따라 특정 값이 아웃라이어일 수도 있고 일반적인 값일 수도 있습니다. 따라서 데이터가 왜, 어떻게 저장됐는지 안다면 이상값을 정확하게 판단하는 데 도움이 됩니다. 하지만 도메인 지식이 없더라도 이 절에서 다룰 세 가지 이상값 형태와 탐지 방법을 알면 판단에 도움이 됩니다.

6.4.1 예외적인 값

이상값이라고 하면 여러분은 아마 극단적으로 높거나 낮은 아웃라이어를 떠올릴 겁니다. 하지만 오히려 전체 데이터 분포상 가운데에 위치한 값이 특이한 값인 경우도 있습니다.

6.3절에서는 아웃라이어를 찾는 방법으로 정렬, 백분위수, 표준편차, 그래프 등을 활용해봤습니다. 이를 통해 지진 데이터셋에는 지진 규모가 극단적으로 큰 데이터와 극단적으로 작은 데이터가 있음을 확인했습니다. 이번에는 새로운 형태의 이상값을 찾아보겠습니다. 지진 규모 값은 여러 개의 유효숫자[10](또는 소수점 아래 값)를 포함합니다. 예를 들어, 지진 규모가 1에 근접한 값들의 패턴을 파악하고, 패턴이 데이터셋 전체에서 반복해서 나타나는지 확인해봅시다.

----

10 옮긴이_ 지진 규모와 같은 측정값에서 오차를 고려하더라도 신뢰할 수 있는 숫자로, 반올림 등의 처리 후에도 유효하게 남아 있는 숫자를 의미합니다. 이 예제에서는 데이터에 저장된 규모 값에서 소수점 아래의 수를 유효숫자로 언급하고 있습니다.

```
SELECT mag, count(*)
FROM earthquakes
WHERE mag > 1
GROUP BY 1
ORDER BY 1
limit 100
;

mag         count
----------  -----
...         ...
1.08        3863
1.08000004  1
1.09        3712
1.1         39728
1.11        3674
1.12        3995
....        ...
```

쿼리를 실행해보면 지진 규모 값 1.08000004와 같이 유효숫자가 8개인 값이 몇 개 존재합니다. 유효숫자가 두 자리인 값도 많지만 한 자리인 값이 더 많습니다. 이렇게 유효숫자에 차이가 있는 이유는 지진 규모 데이터를 수집하는 기관별로 정확도 측정 수준이 달라서일 수 있습니다. 또한, 데이터베이스에서는 두 번째 유효숫자가 0인 경우에는 해당 숫자를 나타내지 않으므로 '1.10'이 '1.1'로 표기됩니다. 하지만 '1.1'이 유난히 많으므로 단순히 표기로 인한 문제는 아닌 것으로 보입니다. 분석 목적에 따라 이러한 값들을 모두 반올림하는 등 동일한 값으로 조정할지 결정합니다.

이러한 예외적인 값을 찾는 일도 중요하지만 분석을 잘하기 위해서는 그 값이 발생한 이유를 파악하고 이상값과 관련된 다른 속성들을 이해해야 합니다. 이때 창의력과 데이터 탐지 능력이 필요합니다. 예를 들어, 데이터셋에는 depth(깊이) 필드의 값이 무려 600킬로미터 이상인 레코드 1,215개가 있습니다. 이러한 아웃라이어 지진이 어디서 발생했는지, 또 이 값들이 어떻게 수집됐는지 알아봅시다. 우선 600킬로미터 이상 깊이에서 발생한 지진의 net(네트워크) 필드를 확인해봅니다.

```
SELECT net, count(*)
FROM earthquakes
WHERE depth > 600
GROUP BY 1
;


net count
--- -----
us  1215
```

미국 지질조사국 웹사이트에서는 이 데이터의 출처가 미국 지질조사국의 국가 지진 정보 센터 National Earthquake Information Center, PDE Preliminary Determination of Epicenter[11]라고 안내합니다. 이 사실만으로는 데이터의 출처를 상세히 이해하기에 충분치 않지만, 일단 지진 발생 위치가 저장된 place 필드의 값을 확인해봅니다.

```
SELECT place, count(*)
FROM earthquakes
WHERE depth > 600
GROUP BY 1
;


place                        count
---------------------------- -----
100km NW of Ndoi Island, Fiji  1
100km SSW of Ndoi Island, Fiji 1
100km SW of Ndoi Island, Fiji  1
...                            ...
```

한눈에 봐도 600킬로미터 이상 깊이에서 발생한 지진 중 다수가 피지Fiji의 도이 섬Ndoi Island 근방에서 발생했음을 알 수 있습니다. 하지만 place 필드에는 지역 이름뿐 아니라 '100km NW of,'와 같이 해당 지역에서의 거리와 방향 값도 포함돼 있으므로 별도의 처리가 필요합니다. 인사이트를 얻기 위해 텍스트 파싱으로 지역 값만 추출해 어느 지역에서 지진이 많이 발생했는지 분석해봅시다. place 필드에 값이 있으면 'of'를 기준으로 문자열을 분리하고, 그중 지역 정보가 저장된 두 번째 문자열만 가져옵니다.

---

11 *https://earthquake.usgs.gov/data/comcat/contributor/us*

```
SELECT
case when place like '% of %' then split_part(place,' of ',2)
else place end as place_name
,count(*)
FROM earthquakes
WHERE depth > 600
GROUP BY 1
ORDER BY 2 desc
;

place_name          count
----------------    -----
Ndoi Island, Fiji   487
Fiji region         186
Lambasa, Fiji       140
...                 ...
```

이제 600킬로미터 이상 깊이에서 발생한 지진 중 대부분이 피지에서, 그중에서도 작은 화산섬인 도이 섬 근방에서 많이 발생했다고 확신할 수 있습니다. 분석을 더 복잡한 방식으로 발전시켜본다면, place 필드를 파싱한 후 국가별로 그룹화해 피지뿐 아니라 바누아투Vanuatu와 필리핀Philippines에서도 600킬로미터 이상 깊이에서 발생한 지진이 많다는 사실을 확인할 수 있습니다.

이상값은 오타, 대소문자 구분을 비롯한 텍스트 오류에 의해 발생하기도 합니다. 이러한 경우는 매우 드물기 때문에 필드의 고윳값 개수 또는 카디널리티cardinality만 세어봐도 쉽게 발견됩니다. 예를 들어, 같은 값이지만 대소문자가 다르게 표기된 경우를 찾아봅시다. 특정 필드에 저장된 고윳값 개수와, 그 값들을 모두 대문자(또는 소문자)로 변환했을 때의 고윳값 개수를 비교합니다.

```
SELECT count(distinct type) as distinct_types
,count(distinct lower(type)) as distinct_lower
FROM earthquakes
;

distinct_types distinct_lower
-------------- --------------
25             24
```

대소문자 구분 없이 값만 봤을 때는 **type** 필드에 24가지 고윳값이 저장돼 있지만, (저장된 값의 대소문자 차이로 인해) 실제로 저장된 고윳값을 세어보면 25가지가 나옵니다. 24가지 중어느 값이 서로 다른 값 두 개로 취급되는지 확인해봅시다. 플래그를 생성해 현재 저장된 값과소문자로 변환한 값이 동일한지 비교합니다. 대소문자가 다르게 저장된 값이 얼마나 있는지도확인하기 위해 각 **type** 값이 저장된 레코드 수도 추가합니다.

```
SELECT type
,lower(type)
,type = lower(type) as flag
,count(*) as records
FROM earthquakes
GROUP BY 1,2,3
ORDER BY 2,4 desc
;

type      lower      flag   records
--------- ---------  -----  -------
...       ...        ...    ...
explosion explosion  true   9887
ice quake ice quake  true   10136
Ice Quake ice quake  false  1
...       ...        ...    ...
```

예외적인 값 '**Ice Quake**'는 플래그에 **false**로 표시(현재 저장된 값과 소문자로 변환한 값이다르다는 의미)된 유일한 값이므로 발견하기 쉽습니다. 소문자로 저장된 값은 10,136개인 데반해 값이 '**Ice Quake**'인 레코드는 하나뿐이므로, 이 값을 ice quake로 변환해 예외적인 값을 처리합니다. 만약 값의 앞뒤에 빈 문자열이 포함돼 있다면 **trim**과 같은 텍스트 함수를 사용해 처리하고, '**2**'와 '**two**'처럼 의미는 같지만 다양한 형태로 저장된 값은 **replace** 함수를 사용해 처리하면 됩니다.

오타는 다른 형태에 비해 찾기가 힘듭니다. 만약 데이터에 저장된 단어의 정확한 철자가 정리된 별도의 데이터셋이 준비돼 있다면, **OUTER JOIN** 또는 **CASE** 문과 **IN** 연산자를 사용해 틀린값을 찾아낼 수 있습니다. 어떤 방법을 사용하든 예상치 못한 값이나 틀린 값을 찾아 플래그로표시하면 됩니다. 반면에, 이와 같은 별도의 데이터셋이 없다면 도메인 지식을 이용하거나 눈치껏 하나씩 확인하며 찾아내야 합니다. 다음과 같이 earthquakes 테이블에서 레코드가 한두개뿐인 **type** 값을 찾아낸 다음 이를 다른 값으로 대체할 수 있을지 확인해봅시다.

```
SELECT type, count(*) as records
FROM earthquakes
GROUP BY 1
ORDER BY 2 desc
;

type                       records
------------------------   -------
...                        ...
landslide                  15
mine collapse              12
experimental explosion     6
building collapse          5
...                        ...
meteorite                  1
accidental explosion       1
collapse                   1
induced or triggered event 1
Ice Quake                  1
rockslide                  1
```

앞서 확인했듯 'Ice Quake' 값은 하나뿐이며 'ice quake'와 동일한 값입니다. 'rockslide' 값도 하나뿐인데, 이 값은 15개 레코드에 저장된 'landslide'와 비슷해 보입니다. 'Collapse'는 'mine collapse'와 'building collapse' 중 어느 값과 가깝다고 해야 할지 불분명합니다. 이 값을 처리할지, 처리한다면 어떤 방법을 사용할지는 분석 목적에 따라 달라집니다. 처리 방법은 6.5절 '이상값 처리'에서 자세히 다룹니다.

6.4.2 예외적인 개수 또는 빈도

이상값이 단순히 개별적인 값이 아니라 이상 패턴 혹은 이상 행동 클러스터cluster 형태를 보이는 경우도 있습니다. 예를 들어, 전자 상거래 웹사이트에서 어떤 고객이 100달러를 사용한다고 가정합시다. 이상할 것 없는 행동이지만, 48시간 동안 끊임없이 1시간마다 100달러를 사용한다면 분명 이상값으로 간주할 만합니다.

특정 행동 클러스터가 이상값이라고 판단하는 데는 여러 조건이 있습니다. 조건은 데이터의 컨텍스트에 따라 달라집니다. 시간과 위치는 수많은 데이터셋에서 흔히 관찰되는 값입니다. 예제 데이터셋 earthquakes에도 이 값이 저장돼 있으니 이 데이터셋을 이용해 여러 가지 이상 행동 클러스터를 찾아내봅시다. 여기에서 살펴볼 방법들은 시간, 위치뿐 아니라 다양한 속성에서 이상 행동 클러스터를 찾아내는 데 활용됩니다.

짧은 기간 동안 흔치 않은 빈도로 발생한 이벤트는 예외적인 이벤트로 간주됩니다. 유명인이 갑자기 특정 제품을 홍보하면 판매가 급등하듯이 예외적인 이벤트의 발생이 긍정적인 경우도 있습니다. 반면에 비정상적인 신용카드 결제가 발생하거나 웹사이트가 마비될 만큼 트래픽이 폭주하는 등 좋지 않은 경우도 있습니다. 이러한 이상값을 찾아내려면 일반적인 상황과는 다른 차이가 발생했는지 확인해야 합니다. 우선 적절한 집계를 수행한 뒤 이 장 앞부분에서 학습한 다양한 이상 탐지 방법과 3장에서 학습한 시계열 데이터 분석을 사용해봅니다.

다음 예제부터 한 단계씩 쿼리를 수행하면서 데이터의 일반적인 패턴을 확인한 뒤 이를 기반으로 비정상적인 패턴을 찾아봅시다. 분석에는 기본적으로 이렇게 데이터를 프로파일링하고, 도메인 지식을 기반으로 데이터를 이해하고, 쿼리를 통해 확인한 결과에서 인사이트를 도출하는 단계를 반복적으로 수행하는 과정이 포함됩니다. 우선 date_trunc 함수로 time 필드의 연도 값만 추출해 연도별 지진 발생 횟수를 확인합니다. 이 함수를 지원하지 않는 데이터베이스에서는 extract 함수나 trunc 함수를 사용합니다.

```
SELECT date_trunc('year',time)::date as earthquake_year
,count(*) as earthquakes
FROM earthquakes
GROUP BY 1
ORDER BY 1
;

earthquake_year earthquakes
--------------- -----------
2010-01-01      122322
2011-01-01      107397
2012-01-01      105693
2013-01-01      114368
2014-01-01      135247
2015-01-01      122914
2016-01-01      122420
```

2017-01-01	130622
2018-01-01	179304
2019-01-01	171116
2020-01-01	184523

2011년과 2012년에는 다른 해에 비해 지진이 적게 발생했습니다. 지진 발생 횟수는 2018년에 급격히 증가하고 2019년과 2020년까지 비슷하게 유지되는 양상을 보입니다. 이러한 패턴을 보이는 원인을 추측해보자면, 최근에 지구의 지반 활동이 갑자기 활성화됐을 수 있고, 최근지진 데이터에 중복 값들이 섞여 있을 수도 있으며, 지진 데이터 수집 방법이 바뀌면서 예전보다 더 많은 데이터가 수집됐을 수도 있습니다. 이번에는 지진 발생 추세를 월 단위로 더 촘촘히 확인해, 연 단위로 확인했을 때와 동일한 결과가 나오는지 확인해봅시다.

```sql
SELECT date_trunc('month',time)::date as earthquake_month
,count(*) as earthquakes
FROM earthquakes
GROUP BY 1
ORDER BY 1
;

earthquake_month earthquakes
---------------- -----------
2010-01-01       9651
2010-02-01       7697
2010-03-01       7750
...              ...
```

이 결과 데이터를 그래프로 나타내면 [그림 6-10]과 같습니다. 지진 발생 횟수는 2017년부터 점점 증가하며, 2010년 4월, 2018년 7월, 2019년 7월에 예외적으로 매우 큽니다.

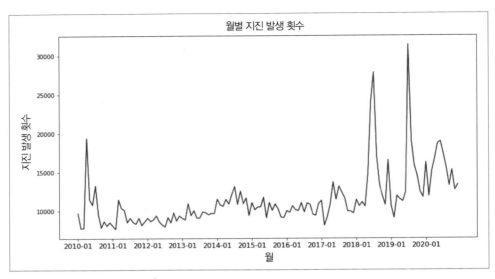

그림 6-10 월별 지진 발생 횟수

예외적인 지진 발생 횟수가 나타난 기간에 한해 더 세밀한 시간 단위로 데이터를 확인해봅시다. 분석 범위를 날짜 또는 시간 단위로 좁혀 지진 발생 횟수가 정확히 언제 증가하는지 확인하고, 데이터셋의 다른 속성을 활용해 지진 데이터를 더 세분화해 이상값이 발생한 이유를 추측해봅니다. 예를 들어, status 필드를 확인해 2017년부터 지진 발생 횟수가 증가한 이유를 추측해봅니다. status 필드는 지진 데이터를 사람이 검토했는지(reviewed) 혹은 시스템에서 자동 입력했는지(automatic) 나타냅니다. 이를 기준으로 지진 데이터를 구분해봅시다.

```
SELECT date_trunc('month',time)::date as earthquake_month
,status
,count(*) as earthquakes
FROM earthquakes
GROUP BY 1,2
ORDER BY 1
;

earthquake_month status    earthquakes
---------------- --------  -----------
2010-01-01       automatic 620
2010-01-01       reviewed  9031
2010-02-01       automatic 695
2010-02-01       reviewed  7002
...              ...       ...
```

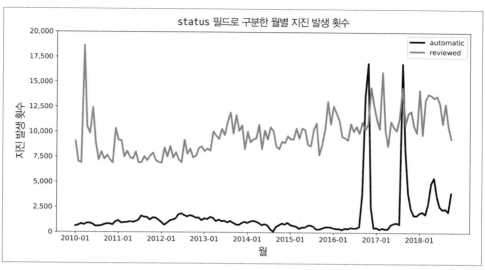

그림 6-11 status 필드로 구분한 월별 지진 발생 횟수

[그림 6-11]은 사람이 검토한 데이터와 시스템이 자동 입력한 데이터를 구분해 월별 지진 발생 횟수를 그래프로 나타냅니다. 그래프를 보면 사람이 검토한(reviewed) 지진 데이터에서는 2010년 4월에 지진 발생 횟수가 매우 높고, 시스템이 자동 입력한(automatic) 지진 데이터에서는 2018년 7월과 2019년 7월에 급격한 지진 발생 횟수 아웃라이어가 발생했습니다. 이러한 아웃라이어가 발생한 원인은 2017년에 새로운 지진 자동 기록 장비를 도입하면서 지진을 더 많이 감지하게 됐거나, 자동 기록되는 데이터를 검토할 사람이 부족해 잘못 감지된 지진까지 모두 기록돼서일 수 있습니다.

이상값을 발견하기 위해 데이터셋의 위치 정보를 이용해 지진이 발생한 위치를 분석해봐도 좋습니다. earthquakes 테이블에는 수천 개에 달하는 사소한 지진 데이터까지 저장돼 있는데, 이는 규모가 크고 중요한 지진을 분석하는 데 다소 방해가 됩니다. 규모가 6 이상인 지진 데이터만 필터링해 발생 위치를 살펴보면서 큰 지진이 주로 어디에서 발생하는지 알아봅시다.

```sql
SELECT place, count(*) as earthquakes
FROM earthquakes
WHERE mag >= 6
GROUP BY 1
ORDER BY 2 desc
;
```

```
place                            earthquakes
------------------------------   -----------
near the east coast of Honshu, Japan 52
off the east coast of Honshu, Japan  34
Vanuatu                          28
...                              ...
```

앞서 시간 단위로 지진 데이터를 분석할 때는 연 단위부터 시작해 단위를 점점 좁혀갔습니다. 이번에는 위치를 기준으로 분석하는데, place 필드에는 이미 매우 세밀한 단위의 위치 값이 저장돼 있습니다. 위 쿼리 결과를 보면 일본의 혼슈^{Honshu}에서 지진 발생 횟수가 많다는 점이 확실히 눈에 띄지만 전체적인 결과를 한눈에 파악하기는 조금 어렵습니다. 이때 5장에서 배운 텍스트 분석 기법을 사용해 place 필드의 값을 파싱한 뒤 파싱된 위치 값을 기준으로 그룹을 나눠봅시다. split_part 함수를 사용해 place 필드의 앞부분에서 자주 언급되는 방향 관련 텍스트('near the east coast of', '100km N of' 등)를 삭제하고 분석을 수행합니다.

```sql
SELECT
case when place like '% of %' then split_part(place,' of ',2)
     else place
     end as place
,count(*) as earthquakes
FROM earthquakes
WHERE mag >= 6
GROUP BY 1
ORDER BY 2 desc
;
```

```
place                   earthquakes
--------------------    -----------
Honshu, Japan           89
Vanuatu                 28
Lata, Solomon Islands   28
...                     ...
```

혼슈 근방에서 지진이 89회 발생했는데, 여기에는 단순히 규모가 큰 지진뿐 아니라 아웃라이어 수준으로 극도로 큰 지진도 포함됩니다. 나아가 전 세계에서 큰 지진이 주로 발생하는 지역을 자세히 알아보려면 이러한 방법으로 place 필드 값을 더 파싱, 정제, 그룹화해 분석합니다.

데이터에서 특정 값의 예외적인 개수, 합계, 빈도를 확인하려면 값 단위를 조금씩 바꿔가면서 쿼리를 수행하고 데이터를 확인하는 반복적인 과정이 필요합니다. 큰 단위로 시작해 점점 더 세밀한 단위로 좁혔다가, 다시 큰 범위에서 데이터를 확인하면서 특정 범위의 데이터와 전체 범위의 데이터를 비교하고, 다시 특정 범위의 데이터를 세밀하게 살펴보거나 다른 속성으로 데이터를 살펴봅니다. 데이터 분석에서 이는 매우 흔한 과정이며 SQL은 이러한 반복 작업을 수행하기에 매우 적합한 도구입니다. 앞 예제에서 간단히 알아본 바와 같이, 3장에서 배운 시계열 분석 기법과 5장에서 배운 텍스트 분석 기법을 조합해 분석을 수행하면 훨씬 풍부한 인사이트를 도출할 수 있습니다.

6.4.3 데이터 결측으로 인한 이상값

지금까지 여러 예제를 통해 살펴봤듯이 비정상적으로 높은 이벤트 발생 수는 이상값이 될 수 있습니다. 반대로, 이벤트 발생 기록이 없는 경우도 이상값일 수 있다는 사실을 놓쳐선 안 됩니다. 수술 중인 환자의 심장이 불규칙하게 뛰거나 멈추면 심박수 모니터링 기계에서 경고음이 울리는 것과 같습니다. 대부분의 경우 신경 써서 확인하지 않는 한 데이터 결측을 찾아내기란 쉽지 않습니다. 예를 들어, 고객은 서비스 사용을 중지하겠다고 운영자에게 미리 알려주지 않습니다. 단순히 서비스를 사용하지 않고 아무런 데이터를 남기지 않은 채 조용히 떠나버리면 그만입니다.

데이터 결측을 확인하는 방법으로는 4장에서 배운 코호트 분석 기법이 있습니다. 예를 들어, 날짜 데이터 또는 날짜 차원 테이블과 JOIN을 수행해 특정 구간에서 모든 개체가 계속해서 나타나는지 쉽게 확인합니다.

다른 방법으로는, 마지막 이벤트 발생부터 현재까지의 시간을 계산해 결측을 확인합니다. 앞서 쿼리를 통해 지진이 자주 발생하는 지역을 확인했습니다. 세계 곳곳에 퍼져 있는 지질 구조판의 다양한 구조로 인해 특정 지역에서 큰 지진이 더 많이 발생합니다. 발생 가능성이 높은 지역을 대략적으로 알 수는 있어도 지진은 정확히 예측하기가 아주 어려운 자연 현상입니다. 하지만 마지막 대지진 이후로 많은 시간이 흘렀으므로 언제 또 발생할지 모를 대규모 지진에 대비할 필요가 있습니다. 예측이 어렵다는 이유로 포기할 수는 없습니다. SQL을 활용해 지역별로 가장 최근에 발생한 지진이 언제였고, 그 이후로 시간이 얼마나 흘렀는지 계산해봅니다.

```
SELECT place
,extract('days' from '2020-12-31 23:59:59' - latest)
 as days_since_latest
,count(*) as earthquakes
,extract('days' from avg(gap)) as avg_gap
,extract('days' from max(gap)) as max_gap
FROM
(
    SELECT place
    ,time
    ,lead(time) over (partition by place order by time) as next_time
    ,lead(time) over (partition by place order by time) - time as gap
    ,max(time) over (partition by place) as latest
    FROM
    (
        SELECT
        replace(
            initcap(
            case when place ~ ', [A-Z]' then split_part(place,', ',2)
                 when place like '% of %' then split_part(place,' of ',2)
                 else place end
        )
        ,'Region','')
        as place
        ,time
        FROM earthquakes
        WHERE mag > 5
    ) a
) a
GROUP BY 1,2
ORDER BY 2,3,4,5
;
```

place	days_since_latest	earthquakes	avg_gap	max_gap
Croatia	2	3	141	281
Oregon	2	35	113	545
central Mid-Atlantic Ridge	2	85	46	322
...	...	...	...	...

제일 안쪽 서브쿼리에서 규모가 5를 넘는 지진 데이터만 필터링해 place 필드를 파싱하고 정제합니다. 여기서는 place 필드에서 나라 또는 주와 같이 큰 단위의 지역 이름을 추출한 후 각 지진의 발생 시간(time 필드)과 함께 반환합니다. 중간 서브쿼리에서는 lead 함수를 사용해 동일한 지역에서 그 이후에 발생한 지진이 있다면 발생 시간 값(next_time)을 가져오고, 현재 지진의 발생 시간과 다음 지진의 발생 시간 간의 차이(gap)를 계산합니다. time 필드에 max 윈도우 함수를 사용해 지역별로 가장 최근에 발생한 지진의 시간 값도 가져옵니다. 그리고 외부쿼리에서 extract 함수를 사용해 규모가 5를 넘는 지진 중 가장 최근에 발생한 지진 이후 2020년 12월 31일 23시 59분 59초('2020-12-31 23:59:59')까지 며칠이 지났는지 계산합니다. 이 데이터에는 2020년까지의 데이터만 저장돼 있어 2020년 마지막 날짜를 기준으로 시간 차이를 계산했지만, 데이터가 실시간으로 계속해서 수집되고 있는 경우에는 current_timestamp 함수를 사용해 마지막 지진으로부터 현재까지 며칠이 흘렀는지 계산하면 됩니다. avg 함수와 max 함수로 각 지역의 지진 gap 값의 평균과 가장 큰 gap 값을 계산하고, 여기서도 extract 함수를 사용해 gap 값을 days 단위로 변환합니다.

이렇게 특정 지역에서 가장 최근 발생한 큰 지진 이후 현재까지 흐른 시간을 분석하더라도 다음 지진 발생일을 예측하는 데 실질적으로 그리 유용하지는 않습니다. 지진은 예측하기 힘든 자연 현상이기 때문입니다. 하지만 많은 분야에서 각 이벤트의 평균 발생 주기, 가장 최근 발생한 이벤트 이후 현재까지 흐른 시간 등을 분석해 유용한 인사이트를 도출하기도 합니다. 기존의 이벤트 발생 주기를 파악하고 나면 최근 발생 주기가 비교적 좋은 주기인지 나쁜 주기인지 이해할 수 있습니다. 예를 들어, 고객의 최근 구매 주기가 예전과 별 차이 없다면 고객이 서비스를 활발하게 사용하고 있다고 간주하고, 최근 구매 주기가 길어지고 있다면 이탈할 확률이 높다고 간주합니다. 기존 이벤트 발생 주기를 분석한 결과로 이상 탐지 분석을 수행할 수도 있습니다. 예를 들어, 마지막 사용 이후 다시 돌아오기까지 가장 오래 걸린 예외적인 고객을 찾아냅니다.

6.5 이상값 처리

이상값은 다양한 이유로 발생해 다양한 형태로 존재합니다. 이상값을 찾고 나면 이를 어떻게 처리할지 고민이 필요합니다. 이상값 처리 방법은 이상값이 발생한 근본적인 원인(데이터 수집, 처리 과정에서 발생한 문제 등)과 데이터 수집 및 분석의 목적에 따라 달라집니다. 이상값에 대한 조사만 수행한 뒤 별도 처리를 하지 않는 경우도 있고, 대체, 리스케일rescaling 등으로 이상값을 처리하는 경우도 있습니다.

6.5.1 조사

이상값이 발생하는 원인을 찾을 때 가장 먼저 고려할 사항은 이상값을 찾아서 무엇을 할지 결정하는 일입니다. 이 과정은 데이터를 상세히 분석해 문제를 해결하는 동안 분석 기술과 창의력을 한껏 발휘할 수 있다는 측면에서 즐겁게 느껴지기도 합니다. 반면에 시간 압박에 시달리며 이상값을 찾아가는 과정이 마치 끝없는 토끼굴에 빠지는 듯하고 지금 분석을 제대로 하고 있는지 확신이 서지 않아 좌절스러운 경우도 있습니다.

이상값을 조사할 때는 쿼리를 사용해 패턴을 찾아보고 결과를 확인하는 과정을 반복합니다. 명확히 드러나는 아웃라이어 값은 찾기 쉽습니다. 아웃라이어를 포함한 전체 데이터셋에 쿼리를 수행해 여러 속성(시간, 데이터 출처 등)을 알아보고 아웃라이어로 판단할 근거를 마련합니다. 그리고 레코드를 확인하면서 특정 속성에서 일반적이지 않은 값이 존재하는지 확인합니다. 예를 들어, 같은 날에 저장된 레코드 중 특이한 값이 섞여 있는지 확인합니다. 예를 들어, 웹사이트 트래픽이나 상품 구매율이 특정 시간에 급증하는 등 새로운 이상값을 발견할 수도 있습니다.

필자는 조직 내부에서 생성한 데이터를 분석하다가 이상값을 발견하면 데이터 출처를 비롯한 속성들을 조사한 뒤 이해관계자 또는 제품 담당자에게 해당 내용을 전달합니다. 이상값은 분석 도중에 발생한 버그로 인해 생기기도 하지만 대개는 데이터 처리 과정이나 시스템 오류로 인해 발생하므로 데이터 출처 등에 대한 정보를 잘 알고 있으면 이상값을 찾고 처리하는 데 유용합니다. 외부에서 수집된 데이터나 공공 데이터셋을 분석할 때는 해당 데이터의 수집 출처를 찾기가 쉽지 않습니다. 이때는 데이터에 대한 정보를 최대한 수집한 후 이상값을 어떤 방법으로 처리하는 것이 가장 적절한지 결정합니다. 이어서 이상값을 처리하는 다양한 방법을 알아봅니다.

6.5.2 삭제

이상 데이터를 가장 간단히 처리하는 방법은 데이터셋에서 삭제하는 것입니다. 이상 데이터가 데이터 수집 단계에서 발생한 문제 때문에 생겼고 전체 데이터 분석 결과에 지장을 줄 것 같다면 해당 데이터는 삭제하는 편이 좋습니다. 대용량 데이터에서는 레코드 몇 개 정도는 삭제해도 분석 결과에 전혀 영향이 없지만, 만약 매우 극단적인 아웃라이어 값 때문에 완전히 다른 결과가 도출될 우려가 있다면 해당 데이터를 삭제하는 편이 좋습니다.

앞서 earthquakes 데이터셋에서 지진 규모 값 중에 수백 개의 −9.99와 수십 개의 −9가 포함돼 있음을 확인했습니다. 이 값들은 일반적인 지진 규모 값에 비해 극단적으로 작은 값이므로 잘못 입력했거나 (실제 지진 규모를 알 수 없어서) 임의로 입력한 값으로 의심됩니다. WHERE 절을 사용해 이렇게 극단적으로 작은 값을 간단히 제거해봅시다.

```sql
SELECT time, mag, type
FROM earthquakes
WHERE mag not in (-9,-9.99)
;

time                 mag  type
------------------   ----  ----------
...                  ...   ...
2019-08-11 03:25:39  1.8   earthquake
2019-08-11 03:27:19  0.32  earthquake
2019-08-11 03:29:20  4.3   earthquake
...                  ...   ...
```

아웃라이어가 발생한 레코드를 삭제하기 전에 전체 데이터 분석 결과가 해당 아웃라이어로 인해 달라지는 상황인지 확인합니다. 예를 들어, 평균은 아웃라이어처럼 한쪽으로 치우친 값에 의해 쉽게 바뀌므로, 여기서 아웃라이어를 삭제하면 전체 지진 규모의 평균값이 달라지는지 확인합니다. CASE 문을 사용해 아웃라이어(규모 값이 극단적으로 작은 레코드)를 제외한 데이터에서 지진 규모의 평균을 계산한 뒤 전체 데이터셋에서 계산한 지진 규모의 평균과 비교해봅시다.

```sql
SELECT avg(mag) as avg_mag
,avg(case when mag > -9 then mag end) as avg_mag_adjusted
FROM earthquakes
;

avg_mag             avg_mag_adjusted
------------------  ------------------
1.6251015161530643  1.6273225642983641
```

두 평균에는 큰 차이가 없어 보이며 소수점 아래 세 번째 자릿수까지 내려가서야 조금씩 달라집니다(1.625와 1.627). 하지만 수많은 규모 −9.99 지진이 발생한 옐로스톤 국립공원(Yellowstone National Park)만 필터링해 두 평균을 확인해보면 차이가 훨씬 큽니다.

```
SELECT avg(mag) as avg_mag
,avg(case when mag > -9 then mag end) as avg_mag_adjusted
FROM earthquakes
WHERE place = 'Yellowstone National Park, Wyoming'
;

avg_mag                 avg_mag_adjusted
---------------------   --------------------
0.40639347873981053095  0.92332793709528214616
```

숫자만 보면 그리 큰 차이가 아닌 것 같지만 지진 규모가 대부분 0~10인 특성을 고려하면 0.46과 0.92 간의 차이는 지진 규모 −9와 −9.99인 데이터를 아웃라이어로 고려하고 삭제하기가 망설여질 정도로 충분히 큰 차이입니다.

아웃라이어 데이터를 삭제하는 방법은 두 가지입니다. 첫 번째는 WHERE 절을 이용해 결과 데이터셋에서 삭제하는 방법이고, 두 번째는 결과 데이터셋에서 삭제하지는 않고 특정 계산을 할 때만 CASE 문을 사용해 아웃라이어를 제외하고 계산하는 방법입니다. 아웃라이어 레코드의 다른 속성을 사용하게 될 수도 있고 아웃라이어를 포함한 전체 개수를 파악해야 하는 경우도 있으므로 아웃라이어 삭제 여부는 여러분이 수행하는 분석 내용을 잘 고려해 판단하기 바랍니다.

6.5.3 대체

이상값이 포함된 레코드를 삭제하는 대신 이상값을 적절한 값으로 대체하는 방법도 있습니다. 예를 들어, 미리 정의된 기본값, 특정 범위 내에서 가장 가까운 값, 해당 필드의 평균 및 중앙값 등으로 이상값을 대체합니다.

앞서 coalesce 함수를 사용해 null을 기본값으로 대체하는 법을 봤습니다. null이 아니더라도 여러 이유로 적절하지 않은 값이 저장돼 있다면 CASE 문을 사용해 미리 정의한 기본값으로 값을 대체합니다. 예를 들어, 다양한 지진 관련 이벤트의 유형 값(event_type)을 모두 그대로 확인하기보다는 지진이 아닌 이벤트의 유형 값은 모두 'Other' 값으로 변환합니다.

```
SELECT
case when type = 'earthquake' then type
    else 'Other'
    end as event_type
,count(*)
FROM earthquakes
GROUP BY 1
;

event_type count
---------- -------
earthquake 1461750
Other      34176
```

earthquake 이외의 모든 이벤트 유형 값을 'Other'로 변환했으므로 정보가 손실된 것으로 볼 수도 있지만, 한편으로는 유형 필드에서 아웃라이어가 얼마나 발생하고 있는지 빠르게 파악하기 쉽습니다. 아웃라이어 값을 찾았고 이 값이 원래 무엇이 돼야 하는지 알 때, CASE 문을 사용해 제대로 된 값으로 변환하면 기존 데이터를 그대로 보존하기에 좋습니다. 예를 들어, 특정 값 끝에 알 수 없는 0이 붙어서 저장돼 있거나 마일 단위로 저장돼야 할 값이 인치 단위로 저장된 경우 이를 다시 정상적인 값으로 대체합니다.

극단적인 크기의 아웃라이어는 해당 필드에서 일반적인 범위 내 가장 큰 값 또는 가장 가까운 값으로 대체하기도 합니다. 이는 아웃라이어 때문에 평균값이 크게 달라지는 일을 방지하면서도 최대한 많은 값을 삭제하지 않고 보존합니다. 이때 아웃라이어를 특정 백분위수 값으로 변환하는 윈저화winsorization 기법을 활용할 수 있습니다. 예를 들어, 95번째 백분위수 초과 값은 모두 95번째 백분위수 값으로 변환하고, 5번째 백분위수 미만 값은 모두 5번째 백분위수 값으로 변환합니다. 먼저 지진 규모의 5번째 백분위수 값과 95번째 백분위수 값을 확인해봅시다.

```
SELECT percentile_cont(0.95) within group (order by mag)
 as percentile_95
,percentile_cont(0.05) within group (order by mag)
 as percentile_05
FROM earthquakes
;

percentile_95 percentile_05
------------- -------------
4.5           0.12
```

서브쿼리에서 5번째 백분위수 값과 95번째 백분위수 값을 계산하고, 외부쿼리에서 CASE 문을 사용해 5번째 백분위수 미만 값은 5번째 백분위수 값으로, 95번째 백분위수 초과 값은 95번째 백분위수 값으로 변환합니다. 여기서는 카티션 JOIN을 수행해 각 레코드의 지진 규모 값을 서브쿼리에서 계산된 5번째, 95번째 백분위수 값과 비교합니다.

```sql
SELECT a.time, a.place, a.mag
,case when a.mag > b.percentile_95 then b.percentile_95
      when a.mag < b.percentile_05 then b.percentile_05
      else a.mag
end as mag_winsorized
FROM earthquakes a
JOIN
(
    SELECT percentile_cont(0.95) within group (order by mag)
     as percentile_95
    ,percentile_cont(0.05) within group (order by mag)
     as percentile_05
    FROM earthquakes
) b on 1 = 1
;

time                place                       mag  mag_winsorize
------------------- --------------------------- ---- -------------
...                 ...
2014-01-19 06:31:50 5 km SW of Volcano, Hawaii  -9   0.12
2012-06-11 01:59:01 Nevada                      -2.6 0.12
...                 ...                         ...  ...
2020-01-27 21:59:01 31km WNW of Alamo, Nevada   2    2
2013-07-07 08:38:59 54km S of Fredonia, Arizona 3.5  3.5
...                 ...                         ...  ...
2013-09-25 16:42:43 46km SSE of Acari, Peru     7.1  4.5
2015-04-25 06:11:25 36km E of Khudi, Nepal      7.8  4.5
...                 ...                         ...  ...
```

5번째 백분위수 값은 0.12이고 95번째 백분위수 값은 4.5입니다. 이 값보다 더 낮거나 높은 아웃라이어는 윈저화로 보정돼 mag_winsorize 필드로 출력됐습니다. 5~95번째 백분위수 값은 별도로 처리하지 않은 그대로인데, 윈저화를 수행할 때 아웃라이어를 처리하는 기준 값은 정해져 있지 않습니다. 수행하려는 분석 내용과 아웃라이어 크기 등을 고려해 1번째, 99번째 백분위수를 사용할 수도, 0.01번째, 99.9번째 백분위수를 사용할 수도 있습니다.

6.5.4 리스케일

이상값이 포함된 레코드를 필터링하거나 이상값을 다른 값으로 대체하는 방법 이외에, 필드를 리스케일하면 값이 모두 보존되고 분석도 더 쉬워집니다.

앞서 z-점수 개념과 이를 활용한 아웃라이어 탐지를 살펴봤는데, z-점수는 양수와 음수를 모두 다룰 수 있다는 장점을 활용해 값을 리스케일하는 데도 사용합니다.

z-점수 대신 로그^{log} 스케일을 사용해 값을 변환하기도 합니다. 이때 모든 값의 상대적 크기가 그대로 보존된다는 장점이 있지만 작은 값들은 더 좁게 몰린다는 단점도 있습니다. 로그 변환한 값은 필요시 원래 값으로 복구 가능합니다. 단점으로, 로그는 음수에는 사용할 수 없습니다. earthquakes 데이터셋 저장된 지진 규모 값은 이미 로그 스케일이 적용된 값입니다. 동일본 대지진의 지진 규모는 9.1로 매우 극단적인 값이지만, 로그 스케일을 적용하지 않았다면 훨씬 더 극단적으로 큰 아웃라이어 값이었을 것입니다.

depth 필드는 킬로미터 단위로 저장돼 있습니다. 다음 쿼리는 이 필드에 log 함수를 사용해 로그 스케일로 변환된 값을 나타냅니다. [그림 6-12]와 [그림 6-13]은 각각 로그 스케일을 적용하기 전후의 지진 깊이 분포를 그래프로 보여줍니다. log 함수에서 밑의 기본값은 10입니다. 그래프로 나타내기 쉽도록 depth 값은 round 함수로 반올림해 소수점 한 자리로 표기하며, 로그 스케일도 이렇게 반올림한 depth 값에 적용합니다. 또한 0.05 미만 depth 값(반올림하면 0이 되고 로그 스케일을 적용하면 음수로 변환되는 값)은 WHERE 절을 사용해 제외합니다.

```sql
SELECT round(depth,1) as depth
,log(round(depth,1)) as log_depth
,count(*) as earthquakes
FROM earthquakes
WHERE depth >= 0.05
GROUP BY 1,2
ORDER BY 1
;

depth log_depth            earthquakes
----- ------------------- -----------
0.1   -1.0000000000000000 7354
0.2   -0.6989700043360188 6876
0.3   -0.5228787452803376 7269
...   ...                 ...
```

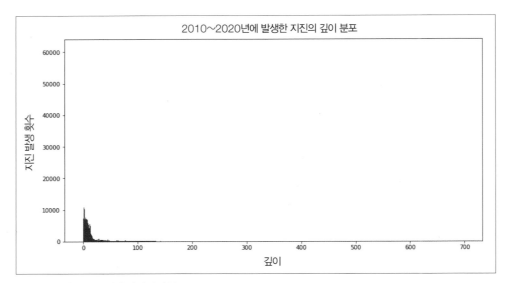

그림 6-12 원본 데이터의 지진 깊이 분포

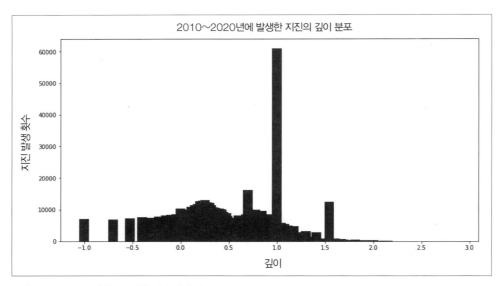

그림 6-13 로그 스케일로 조정한 지진 깊이 분포

[그림 6-12]를 보면 깊이 값이 대부분 0.05~20에 분포돼 있지만 X축이 0~700으로 늘어져 모든 깊이 값을 표현하고 있어 분포를 제대로 이해하기가 어렵습니다. 반면 [그림 6-13]과 같이 로그 스케일로 표현한 깊이 분포를 보면 작은 깊이 값들의 분포를 이해하기가 더 쉽습니다. 그래프를 보면 깊이 10킬로미터를 로그 스케일로 변환한 값인 1이 매우 많습니다.

> **TIP** SQL에서는 로그 스케일이 아닌 다른 유형의 스케일 변환도 가능합니다. 주로 사용하는 스케일 변환 방법은 다음과 같습니다.
>
> - 제곱근: sqrt 함수 사용
> - 세제곱근: cbrt 함수 사용
> - 역변환: 1 / 필드명
>
> 인치inch를 피트feet로, 파운드pound를 킬로그램kilogram으로 변환하는 등의 단위 변환을 하려면 *, /를 이용해 값에 적절한 변환계수conversion factor를 곱하거나 나눕니다.

리스케일에는 SQL뿐 아니라 다른 소프트웨어나 코딩 언어도 활용할 수 있습니다. 로그 변환은 데이터셋에 매우 큰 양숫값이 포함돼 있지만 상대적으로 작은 값들에 주목해 분석할 때 매우 유용합니다.

모든 분석에서 마찬가지지만 이상값 처리 방법은 분석 목적과 데이터셋에 대한 도메인 지식 및 배경지식 수준에 따라 달라집니다. 가장 간단한 방법은 삭제이지만 모든 레코드를 삭제하지 않고 보존하려면 원저화나 리스케일을 사용하는 편이 좋습니다.

6.6 결론

이상 탐지는 실제 분석에 자주 사용됩니다. 이상값을 찾아내는 데서 그치지 않고 제대로 분석하려면 적절한 처리가 중요합니다. 정렬, 백분위수 계산, 그래프 등 기본적인 방법으로도 이상값을 효율적으로 찾아낼 수 있습니다. 이상값은 혼자 동떨어진 값, 비정상적인 대량 이벤트 발생, 비정상적인 결측값 등 다양한 형태로 나타납니다. 데이터셋에 대한 도메인 지식이 있다면 이상값의 원인이 될 만한 정보를 찾는 데 큰 도움이 됩니다. 이상값 처리 방법으로는 조사, 삭제, 대체, 리스케일 등이 있으며, 분석 목적에 따라 적절한 방법을 선택하고 SQL 등을 활용해 처리하면 됩니다. 다음 장에서는 대상 집단이 통제 집단과 차이를 보이는지 파악하기 위한 실험을 자세히 알아봅니다.

CHAPTER 7

실험 분석

A/B 테스트(또는 **스플릿 테스트**split test)는 인과관계를 밝히는 데 사용하는 대표적인 방법입니다. 많은 데이터 분석에서, 두 이벤트 사이에 어떤 관계가 있는지 알아볼 때 상관관계를 확인합니다. 상관관계는 특정 이벤트가 발생할 때 다른 이벤트가 더(혹은 덜) 발생하는 정도를 의미합니다. 단, '상관관계는 인과관계를 의미하지 않는다'라는 말이 있습니다. 인과관계는 상관관계로는 알 수 없습니다. 이 장에서는 실험 분석을 통해 인과관계를 밝히는 방법을 알아봅니다.

모든 실험은 가설hypothesis을 세우는 데서 시작합니다. 가설이란 실험에 필요한 첫 번째 요소로, 상품, 프로세스, 메시지 등의 변경으로 인해 발생할 수 있는 고객의 행동 변화를 예측하는 일을 말합니다. 사용자 인터페이스, 신규 사용자 온보딩 과정, 주요 추천 알고리즘, 마케팅 메시지 및 타이밍, 그 외 어떤 것이든 변경해볼 수 있습니다. 여러분의 조직에서 특정 기능을 직접 개발했거나 관리 권한이 있다면 실험을 통해 해당 기능을 변경했을 때 어떤 변화가 발생하는지 확인해볼 수 있습니다. 주로 다른 데이터 분석 과정에서 가설을 세우고 이로 인한 변화를 확인하는 경우가 많습니다. 예를 들어, 데이터 분석을 통해 '많은 고객이 복잡한 결제 과정에서 이탈했다'라는 사실을 확인했다면, 가설은 '결제 과정이 간소화되면 더 많은 고객이 구매를 완료한다'라고 세워볼 수 있습니다.

실험에 필요한 두 번째로 요소는 **성공 지표**success metric입니다. 가설을 수립할 때는 양식 작성, 구매 전환, 클릭률, 재방문, 고객 참여engagement 등의 고객 행동 변화를 고려합니다. 이러한 고객 행동 변화는 기업의 미션 수행에 매우 중요하므로 성공 지표는 이를 합리적으로 측정하기 위해 정량화되며 작은 변화도 감지할 수 있어야 합니다. 좋은 성공 지표의 예로 클릭률, 결제 완료율, 처리 완료에 걸리는 시간 등이 있습니다. 재방문율과 고객 만족 점수도 매우 중요하지만 여러 가지 외부 요인에 의해 영향을 받기도 하므로 행동 변화를 정확히 측정하기 어려워 성공 지표로 적절하지 않습니다. 회사나 조직의 현황을 이해하기 위해 이미 관찰하고 있는 지표가 있다면 이는 좋은 성공 지표가 됩니다.

> **TIP** 하나의 실험으로 여러 개의 성공 지표를 확인할 수 있을까요? SQL을 사용하면 한 번에 다양한 계산과 측정이 가능하긴 합니다. 하지만 동시에 여러 개를 비교할 때 발생할 수 있는 문제를 고려해야 합니다. 더 많은 실험을 할수록 유의미한 변화를 하나라도 더 발견해낼 가능성이 큽니다. 지표 하나를 확인하면 실험 변수 중 하나가 유의미한 변화를 이끌어내는지 혹은 그렇지 않은지 알아낼 수 있습니다. 하지만 지표 20개를 확인하면 (실험이 처음부터 특정 지표를 알아낼 목적이 아니었다 하더라도) 그중 적어도 하나에서는 유의미한 변화가 있을 가능성이 큽니다. 경험상 한 실험에서는 한두 개의 메인 성공 지표를 설정하는 편이 좋습니다. 필요시 1~5개의 가드레일 지표[1]를 추가로 설정합니다. 예를 들어, 실험의 목적이 페이지 로딩 속도 개선과 상관없더라도 실험으로 인해 페이지 로딩 타임이 느려지지는 않아야 합니다.

실험의 세 번째 요소는 실험군과 대조군에 사용자를 무작위로 할당하고 각기 다른 경험을 제공하는 시스템입니다. 이러한 시스템을 코호팅 시스템cohorting system이라고 부르기도 합니다. 많은 시스템 제조사에서 이러한 실험-코호팅 도구를 제공하며, 일부 조직에서는 보다 유연한 실험 세팅을 위해 시스템을 내부적으로 직접 개발하기도 합니다. 어떤 코호팅 시스템을 사용하든 SQL을 활용해 실험 분석을 하려면 각 사용자가 속한 집단(실험군 혹은 대조군)의 정보 및 그들의 행동 데이터가 데이터베이스의 테이블에 저장돼 있어야 합니다.

> **TIP** 이 장에서 다루는 실험은 시스템에서 사용자를 실험군과 대조군으로 나누고 행동 데이터를 추적하는 온라인 실험을 의미합니다. 온라인 실험은 과학, 사회과학 등 다양한 분야에서 수행하는 실험과 차이가 있습니다. 온라인 실험에서 확인하는 성공 지표와 사용자 행동 데이터는 이미 실험 이외의 목적으로 계속해서 수집되고 있습니다. 이와 반대로 과학 연구에서는 실험 수행 기간에만 실험 환경에서 사용자 행동을 추적합니다. 온라인 실험에서는 특정 지표를 직접 측정할 수 없을 때 창의력을 발휘해 이를 대신할 좋은 지표를 찾을 필요가 있습니다.

가설, 성공 지표, 코호팅 시스템을 갖췄으니 이제 실험을 수행하고, 데이터를 수집하고, SQL로 그 결과를 분석해봅시다.

---

1 옮긴이_ 도로에서 가드레일이 차량의 이탈을 막아주듯, 메인 성공 지표를 확인하기 위한 실험을 할 때 최소한의 현재 수준을 유지해야 하는 지표를 의미합니다. 예를 들어, 특정 마케팅을 수행해 고객의 구매율이 상승하는지 알아보는 실험을 할 때, 트래픽이 너무 많이 몰려 페이지 로딩 시간이 길어지면 오히려 구매율에 부정적인 영향을 끼치게 됩니다. 따라서 실험 진행 시 페이지 로딩 속도를 가드레일 지표로 삼아 일정 속도 이상 느려지지 않도록 해야 합니다.

7.1 SQL을 활용한 실험 분석

SQL은 실험 분석에 유용합니다. 대부분의 실험 분석에서 실험 코호트 데이터와 행동 데이터가 이미 데이터베이스에 저장돼 있으므로 자연스럽게 SQL을 사용하게 됩니다. 성공 지표로는 이미 조직에서 내부적으로 보고 및 분석하고 있는 지표를 그대로 활용하는 경우가 많으며, 이를 위한 SQL 쿼리도 이미 작성돼 있을 가능성이 높습니다. 실험을 위한 집단 구분 정보를 기존의 쿼리 로직에 추가하기는 그리 어렵지 않습니다.

SQL은 실험 결과 보고를 자동화하는 데도 유용합니다. 동일한 쿼리에서 실험마다 WHERE 절 변수 이름만 조금씩 바꿔가면서 실행해보고 결과를 확인합니다. 수많은 실험을 반복하는 조직이라면 결과를 빠르게 확인하고 해석하기 위해 이미 표준화된 보고 양식을 갖춘 경우가 많습니다.

SQL은 실험 분석의 여러 단계에서 유용한 반면에 통계적 유의성을 계산할 수 없다는 큰 단점이 있습니다. 많은 데이터베이스에서는 사용자 정의 함수user-defined function(UDF)를 지원해 개발자가 직접 SQL의 기능을 확장해 사용하도록 합니다. 사용자 정의 함수를 사용해 파이썬과 같은 프로그래밍 언어의 통계 테스트를 활용할 수 있지만, 이는 책에서 다루는 범위를 넘어서므로 따로 다루지 않습니다. 다른 방안으로는, SQL을 활용해 요약 통계를 계산한 뒤 결과 데이터로 Evanmiller.org[2] 등의 온라인 통계 서비스에서 통계 분석을 수행해 실험 결과가 통계적으로 유의미한지 확인합니다.

상관관계가 인과관계와 다른 이유: 값은 어떻게 서로 연관되는가

두 값의 인과관계보다 상관관계[3]를 증명하기가 더 쉽습니다. 왜일까요? 우리 뇌는 인과관계를 감지하도록 설계됐지만 실제로 두 값은 다음과 같은 다섯 가지 방법으로 서로 연관돼 나타납니다.

- **X는 Y의 원인이다**
  이것이 우리가 발견하고자 하는 인과관계입니다. 어떤 메커니즘을 통해 Y는 X의 결과로 나타나게 됩니다.

---

2 *https://www.evanmiller.org/ab-testing*
3 두 값이 함께 증가하거나 감소하는 경향 또는 한 값이 나타나면 다른 값도 나타나는 경향을 의미합니다.

- **X와 Y는 원인이 같다**

  X와 Y 모두에 영향을 미치는 제3의 변수가 존재해 두 값은 서로 관련이 있습니다. 예를 들어, 아이스크림 판매량과 에어컨 사용량은 여름에 높습니다. 하지만 아이스크림 판매량과 에어컨 사용량이 서로 영향을 끼치진 않습니다. 제3의 변수인 높은 온도가 바로 두 값을 증가시키는 원인입니다.

- **X와 Y 사이에 피드백 루프**feedback loop**가 존재한다**

  Y가 증가함에 따라 X도 증가하며, 이로 인해 다시 또 Y가 증가하는 패턴이 반복됩니다. 고객이 서비스에서 이탈하는 과정에서 이러한 관계가 나타나기도 합니다. 온라인 쇼핑몰에서 고객의 인터랙션이 줄어들면 추천할 상품도 줄어들게 되고, 이로 인해 인터랙션이 더 적어지는 패턴이 발생합니다. 이러한 경우 추천이 부족해서 고객 활동이 줄어든 것일까요, 혹은 고객 활동이 줄어서 추천이 줄어든 것일까요?

- **관계가 없다**

  실제로는 두 값에 아무런 관계가 없더라도 지표상으로는 관계가 있다고 나오기도 합니다.[4]

7.2 데이터셋: 모바일 게임 사용자

이 장에서는 실험 분석 예제를 위해 가상으로 만든 게임 스튜디오 'Tanimura Studios'의 모바일 게임 데이터셋[5]을 사용합니다. 이 데이터셋은 4개의 테이블로 구성되며, game_users 테이블에는 모바일 게임을 다운로드한 사람들의 ID, 다운로드 날짜, 국가 정보가 저장돼 있습니다. 샘플 데이터는 [그림 7-1]과 같습니다.

---

4 옮긴이_ 두 변수 간 상관관계가 매우 높게 나오지만 실제로는 아무런 인과관계가 없는 경우도 있습니다. 예를 들어, 미국 메인주의 이혼율과 미국의 1인당 마가린 소비량은 상관관계가 99%로 나타납니다. 이처럼 관련이 없음에도 상관관계가 높은 사례는 *https://www.tylervigen.com/spurious-correlations*를 참고하기 바랍니다.

5 이 책의 깃허브(*https://github.com/sql-for-data-analysis-kr/book*)에서 제공합니다.

*	user_id	created	country
1	1000	2020-01-01	Canada
2	1001	2020-01-01	United States
3	1002	2020-01-01	Canada
4	1003	2020-01-01	Australia
5	1004	2020-01-01	Germany
6	1005	2020-01-01	United States
7	1006	2020-01-01	United States
8	1007	2020-01-01	Canada
9	1008	2020-01-01	Australia
10	1009	2020-01-01	United States

그림 7-1 game_users 테이블 샘플

game_actions 테이블에는 사용자가 게임에서 취한 행동 정보가 저장돼 있습니다. 샘플 데이터는 [그림 7–2]와 같습니다.

*	user_id	action	action_date
1	1000	email_optin	2020-01-01
2	1000	onboarding complete	2020-01-01
3	1001	email_optin	2020-01-01
4	1001	onboarding complete	2020-01-01
5	1002	onboarding complete	2020-01-01
6	1003	onboarding complete	2020-01-01
7	1003	email_optin	2020-01-01
8	1004	onboarding complete	2020-01-01
9	1005	onboarding complete	2020-01-01
10	1005	email_optin	2020-01-01

그림 7-2 game_actions 테이블 샘플

game_purchases 테이블에는 사용자가 게임에서 아이템 등을 구매한 금액이 달러 단위로 저장돼 있습니다. 샘플 데이터는 [그림 7–3]과 같습니다.

*	user_id	purch_date	amount
1	1009	2020-01-10	50.00
2	1009	2020-01-02	2.99
3	1009	2020-01-02	10.00
4	1010	2020-01-16	25.00
5	1010	2020-01-22	25.00
6	1010	2020-01-09	50.00
7	1022	2020-01-07	25.00
8	1035	2020-01-07	10.00
9	1035	2020-01-02	2.99
10	1035	2020-01-01	2.99

그림 7-3 game_purchases 테이블 샘플

마지막으로, exp_assignment 테이블에는 사용자가 참여한 실험 이름과 실험에서 속한 사용자군에 관한 정보가 저장돼 있습니다. 샘플 데이터는 [그림 7-4]와 같습니다.

*	exp_name	user_id	exp_date	variant
1	Onboarding	1000	2020-01-01	control
2	Onboarding	1001	2020-01-01	variant 1
3	Onboarding	1002	2020-01-01	control
4	Onboarding	1003	2020-01-01	variant 1
5	Onboarding	1004	2020-01-01	control
6	Onboarding	1005	2020-01-01	variant 1
7	Onboarding	1006	2020-01-01	control
8	Onboarding	1007	2020-01-01	variant 1
9	Onboarding	1008	2020-01-01	control
10	Onboarding	1009	2020-01-01	control

그림 7-4 exp_assignment 테이블 샘플

이 데이터셋에 저장된 정보는 모두 랜덤 숫자 생성기로 만든 가상 정보이지만 구조는 실제 디지털 게임 회사의 데이터베이스와 비슷합니다.

7.3 실험 유형

세상에는 수많은 종류의 실험이 있습니다. 여러분이 사용자, 고객, 구성원 등 개체의 경험을 변화시킬 수 있다면, 이론적으로는 그에 따라 지표가 어떻게 변하는지 실험해볼 수 있습니다. 분석 관점에서 실험은 크게 두 가지 유형으로 나뉘며, 결과가 이진형인 실험(카이제곱 검정 사용)과 연속형인 실험(t−검정 사용)이 있습니다.

7.3.1 카이제곱 검정

결과가 이진형인 실험은 특정 액션의 발생 여부만 확인합니다. 사용자가 등록을 완료하는지 완료하지 않는지, 고객이 웹사이트 광고를 클릭하는지 클릭하지 않는지, 학생이 졸업하는지 졸업하지 않는지 등이 이에 해당합니다. 이런 실험에서는 각 사용자군에서 해당 액션이 발생한 비율을 계산합니다. 분모는 전체 액션 수이고, 분자는 완료된 액션 수입니다. 이렇게 계산한 지표는 완료율, 클릭률, 졸업률 등의 비율이 됩니다.

카이제곱 검정 Chi-Squared Test은 카테고리 타입 변수에 대한 통계 검정 방법으로, 각 사용자군에서 특정 행동의 발생 비율에 유의미한 차이가 있는지 확인합니다.[6] 카이제곱 검정을 수행하기 위한 데이터는 **분할표**contingency table 형태로 정리해 두 가지 속성의 지점별로 관측 빈도를 확인하기 쉽도록 합니다. 이러한 피벗에 익숙하다면 분할표가 마치 피벗 테이블처럼 보일 겁니다.

이제 모바일 게임 데이터셋을 활용해 카이제곱 검정 방법을 살펴봅시다. 프로덕트 매니저가 신규 플레이어에게 게임 방법을 안내하고자 여러 화면으로 구성된 온보딩 기능을 새로 출시했다고 가정합니다. 프로덕트 매니저는 온보딩 과정을 끝까지 완료하고 첫 게임 세션을 시작하는 플레이어가 증가하길 기대합니다. 이를 테스트하기 위한 실험 이름을 'Onboarding'으로 지정하고, 사용자군을 대조군(control)과 실험군(variant 1)으로 구분해 exp_assignment 테이블에 해당 정보를 저장합니다. 대조군은 기존의 온보딩을 그대로 사용하고, 실험군은 새로운 버전을 사용하도록 합니다. game_actions 테이블의 action 필드에 표시된 'onboarding complete' 이벤트는 해당 유저가 온보딩 과정을 끝까지 완료했다는 의미입니다.

분할표를 사용하면 사용자군(대조군과 실험군)별 온보딩 완료 여부를 한눈에 파악하기 쉽습니다. SQL을 활용해 분할표에 들어갈 값을 계산해봅시다. GROUP BY 절을 사용해 사용자군이 저장된 variant 필드를 기준으로 그룹화하고 count 함수를 사용해 사용자군별로 'onboarding complete' 기록이 있는 사용자와 없는 사용자 수를 셉니다.

---

6 카이제곱 검정에 대한 설명은 다음 URL을 참고하기 바랍니다. *https://www.mathsisfun.com/data/chi-square-test.html*

```
SELECT a.variant
,count(case when b.user_id is not null then a.user_id end) as completed
,count(case when b.user_id is null then a.user_id end) as not_completed
FROM exp_assignment a
LEFT JOIN game_actions b on a.user_id = b.user_id
 and b.action = 'onboarding complete'
WHERE a.exp_name = 'Onboarding'
GROUP BY 1
;

variant    completed not_completed
---------  --------- -------------
variant 1  38280        11995
control    36268        13629
```

이렇게 구한 값에 각 행과 열마다 합계를 추가로 표기해 [그림 7-5]와 같은 분할표를 만듭니다.

사용자군	온보딩 완료 여부		합계
	완료	미완료	
대조군	36,268	13,629	49,897
실험군	38,280	11,995	50,275
합계	74,548	25,624	100,172

그림 7-5 온보딩 완료 여부를 나타내는 분할표

온라인 통계 서비스를 사용해 통계 검정을 수행하려면 사용자군별 온보딩 완료 수와 사용자
군별 사용자 수를 파악해야 합니다. SQL을 활용하면 간단합니다. count 함수를 사용해 exp_
assignment 테이블에서 사용자군별 사용자 수를 알아냅니다. 그리고 game_actions 테이블
과 LEFT JOIN을 수행해 사용자군별 온보딩 완료 수를 가져옵니다. 여기서 LEFT JOIN을 수행
한 이유는 온보딩을 완료한 모든 사용자 수가 아니라 'Onboarding' 실험에 참여한 사용자 중
온보딩을 완료한 사람의 수를 가져와야 하기 때문입니다. 마지막으로, 사용자군별로 전체 사용
자 중 온보딩을 완료한 사용자의 비율을 계산합니다.

```
SELECT a.variant
,count(a.user_id) as total_cohorted
,count(b.user_id) as completions
,count(b.user_id) * 1.0 / count(a.user_id) as pct_completed
FROM exp_assignment a
LEFT JOIN game_actions b on a.user_id = b.user_id
 and b.action = 'onboarding complete'
WHERE a.exp_name = 'Onboarding'
GROUP BY 1
;


variant    total_cohorted completions pct_completed
---------  -------------- ----------- -------------
variant 1 50275           38280       0.7614
control   49897           36268       0.7269
```

실험군의 온보딩 완료율이 76.14%로, 대조군의 온보딩 완료율인 72.69%보다 높습니다. 하지만 이 차이가 두 집단 사이에 아무런 차이가 없다는 가설을 기각할 만큼 통계적으로 유의미한지는 아직 모릅니다. 이를 확인하기 위해 [그림 7-6]과 같이 온라인 통계 서비스로[7] 위 결과에 대한 통계 검정을 수행해보면 95% 신뢰 구간에서 실험군의 온보딩 완료율이 대조군의 온보딩 완료율보다 유의미하게 높습니다. 이 실험 결과에 따르면 새로운 버전의 온보딩에서 완료율이 더 높습니다.

---

[7] *https://www.evanmiller.org/ab-testing/chi-squared.html*

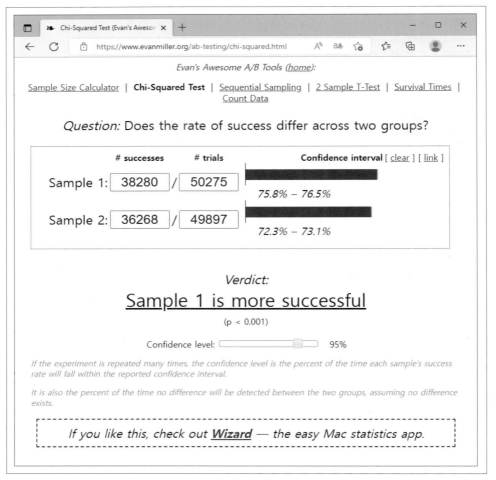

그림 7-6 온라인 통계 서비스로 통계 검정을 수행한 결과

TIP 여러 신뢰 구간 중에서 95% 신뢰 구간이 가장 널리 사용됩니다. 온라인에는 통계 검정에서 신뢰 구간이란 무엇인지, 여러 사용자군과 실험 환경을 고려하면 어떤 신뢰 구간을 사용해야 좋은지 등에 관한 수많은 기사와 의견이 있으니 참고하기 바랍니다.

결과가 이진형인 실험 및 검정은 주로 위 패턴을 따릅니다. 먼저 사용자군별로 특정 액션의 성공(완료) 수를 계산합니다. 이를 계산하는 SQL 코드는 테이블 형태와 액션이 데이터베이스에 저장된 구조에 따라 더 복잡하기도 하지만, 출력 결과는 항상 위 형태와 동일합니다. 다음 절에서는 결과가 연속형인 실험 방법을 알아봅니다.

7.3.2 t-검정

일반적으로 이진형 지표를 개선하기 위한 실험보다 연속형 지표를 개선하고자 하는 실험이 많습니다. 연속형 지표는 고객이 사용한 비용, 특정 페이지에 머무른 시간, 앱을 사용한 날을 비롯해 어떠한 값이든 될 수 있습니다. 전자 상거래 사이트에서는 상품 페이지나 결제 과정에 관한 실험을 통해 판매량을 늘릴 방법을 모색하기도 합니다. 콘텐츠 사이트에서는 사용자가 더 많은 콘텐츠를 소비하도록 레이아웃, 내비게이션, 헤드라인 등을 테스트하기도 하며, 앱을 운영하는 회사는 이탈했던 사용자가 다시 앱을 사용하도록 리마케팅remarketing 캠페인을 수행하기도 합니다.

분석하고자 하는 대상이 연속형 성공 지표인 실험을 수행할 때는 특정 액션에 대한 사용자군별 평균값에 통계적으로 유의미한 차이가 있는지 확인합니다. 이에 적절한 통계 검정 방법으로 **2 표본 t-검정**two-sample t-test이 있습니다. 2표본 t-검정을 사용해 특정 신뢰 구간에서(주로 95% 신뢰 구간) 두 사용자군의 특정 액션에 대한 평균에 유의미한 차이가 없다는 귀무가설을 기각할 수 있는지 확인합니다. 이 통계 검정에는 평균, 표준편차, 사용자군 수 등 세 가지 정보가 필요하며, 이는 SQL로 간단히 계산할 수 있습니다.

이제 모바일 게임 데이터셋으로 직접 코드를 작성하며 2표본 t-검정을 자세히 알아봅시다. 앞 절에서는 새로운 온보딩이 기존 온보딩보다 완료율이 높은지 살펴봤습니다. 이 절에서는 새로운 온보딩을 경험한 사용자가 기존 온보딩을 경험한 사용자보다 게임 내에서 더 많은 금액을 소비하는지 알아봅니다. 성공 지표는 총 지불액이므로 통계 검정을 위해서는 사용자군별 총 지불액의 평균과 표준편차를 먼저 계산해야 합니다. 결제를 여러 번 한 사용자가 있을 수 있으므로, 우선 사용자별 총 지불액을 계산합니다. 서브쿼리에서 exp_assignment 테이블로 각 사용자가 속한 사용자군을 확인한 다음, 사용자군별 사용자 수를 계산하고, game_purchases 테이블과 LEFT JOIN을 수행해 사용자별 총 지불액을 계산합니다. LEFT JOIN을 수행하는 이유는 평균과 표준편차를 계산할 때, 결제를 한 번도 하지 않아 game_purchases 테이블에 아무런 정보가 저장돼 있지 않은 사용자까지 모두 모수에 포함하기 위함입니다. coalesce 함수를 사용해 결제 이력이 없는 사용자의 총 지불액이 0이 되도록 설정합니다. avg 함수와 stddev 함수는 null 값을 무시하고 각각 평균과 표준편차를 계산하므로, 기본값으로 0을 설정해야 결제 이력이 없는 사용자까지 고려한 총 지불액의 평균과 표준편차를 계산할 수 있기 때문입니다. 서브쿼리의 결과를 받아 외부쿼리에서 사용자군별 사용자 수, 평균 구매액, 표준편차를 계산하면 다음과 같습니다.

```
SELECT variant
,count(user_id) as total_cohorted
,avg(amount) as mean_amount
,stddev(amount) as stddev_amount
FROM
(
    SELECT a.variant
    ,a.user_id
    ,sum(coalesce(b.amount,0)) as amount
    FROM exp_assignment a
    LEFT JOIN game_purchases b on a.user_id = b.user_id
    WHERE a.exp_name = 'Onboarding'
    GROUP BY 1,2
) a
GROUP BY 1
;

variant    total_cohorted mean_amount stddev_amount
---------  -------------- ----------- -------------
variant 1  50275          3.688       19.220
control    49897          3.781       18.940
```

이 결과로 온라인 통계 서비스에서 통계 검정을 수행해보면 95% 신뢰 구간에서 두 사용자군의 평균 구매액에 유의미한 차이가 없습니다. 실험군(variant 1)에서 새로운 온보딩 과정 완료율은 높았지만 대조군보다 더 많은 금액을 소비하지는 않았습니다.

이번에는 새로운 가설로, 새로운 온보딩 과정을 완료한 실험군이 기존 온보딩 과정을 완료한 대조군보다 더 많은 금액을 소비했는지 확인해봅시다. 온보딩 과정을 완료하지 않은 사람은 게임을 시작할 수 없으므로 게임 내에서 결제할 기회조차 없습니다. 이 가설을 확인할 때는 앞서 사용한 쿼리를 최대한 유지하되 필요한 부분만 추가합니다. 여기서는 game_actions 테이블과 INNER JOIN을 수행해 'onboarding complete' 이벤트가 발생한 사용자의 정보만 가져옵니다.[8]

---

8 옮긴이_ JOIN은 INNER JOIN과 동일하게 동작하므로 실습 코드에서는 JOIN을 사용했습니다.

```
SELECT variant
,count(user_id) as total_cohorted
,avg(amount) as mean_amount
,stddev(amount) as stddev_amount
FROM
(
    SELECT a.variant
    ,a.user_id
    ,sum(coalesce(b.amount,0)) as amount
    FROM exp_assignment a
    LEFT JOIN game_purchases b on a.user_id = b.user_id
    JOIN game_actions c on a.user_id = c.user_id
     and c.action = 'onboarding complete'
    WHERE a.exp_name = 'Onboarding'
    GROUP BY 1,2
) a
GROUP BY 1
;
```

variant	total_cohorted	mean_amount	stddev_amount
variant 1	38280	4.843	21.899
control	36268	5.202	22.049

온라인 통계 서비스로 통계 검정을 수행해보면 95% 신뢰 구간에서 대조군의 평균 구매액이 실험군의 평균 구매액보다 유의미하게 높습니다. 당황스럽게도 기대와 달리 새로운 온보딩을 완료한 사용자의 평균 결제액이 더 낮습니다. 이 결과는 사전에 실험의 성공 지표를 제대로 수립하는 일이 매우 중요함을 보여줍니다. 앞에서는 새로운 온보딩을 적용한 실험군에서 더 높은 온보딩 완료율이 나왔으므로 새 온보딩 출시가 성공적이라고 판단했습니다. 하지만 높은 온보딩 완료율이 결제액 상승에 긍정적인 영향을 끼치지 못했다는 사실이 드러났습니다. 아마도 혼합 이동의 영향을 받아 실험군으로 분류돼 새로운 온보딩 과정을 경험한 신규 사용자들이 더 적은 금액을 지불하는 경향이 나타났을 수 있습니다. 만약 온보딩 완료율을 높이면 수익이 증가한다는 가설을 세웠다면 이 실험으로 가설이 틀렸다는 사실이 밝혀질 것입니다. 프로덕트 매니저는 적절한 가설을 세우고 테스트할 새로운 아이디어를 생각해내야 합니다.

7.4 실험의 어려움과 문제 해결 방법

실험은 인과관계를 이해하는 데 좋은 방법이지만 제대로 진행되지 않는 경우도 많습니다. 예를 들어, 실험 전제 자체가 잘못된 경우에는 SQL로 해결할 수 있는 것이 거의 없습니다. 한편 실험 진행 과정에서 기술적인 문제가 발생했다면 문제 있는 데이터를 제외하거나 조정한 후 쿼리를 수행하면 됩니다. 실험 진행을 위해서는 엔지니어, 디자이너, 실험을 설계하는 마케터가 많은 시간을 투자해야 합니다. 그에 따른 기회비용도 고려해야 합니다. 실험에 투자할 시간을 최적의 경로를 설계하거나 보다 나은 제품 경험을 제공하는 데 투자해 고객의 전환율을 높이는 편이 더 나은 선택일 수 있습니다. 기업에 도움이 될 만한 뭔가를 찾고자 SQL을 사용해 실험 분석을 수행하는 데는 생각보다 많은 시간이 소요됩니다.

7.4.1 사용자군 할당

실험 단위(사용자, 세션 등 개체)를 무작위로 대조군 또는 실험군으로 할당하는 일은 실험 분석에서 중요한 요소입니다. 간혹 실험 설정의 결함이나 기술적 문제, 코호팅 시스템의 문제 등으로 인해 대조군과 실험군 할당 과정에서 문제가 발생하기도 합니다. 이에 따라 대조군과 실험군의 크기가 달라지기도 하고, 예상보다 적은 사용자로 구성되기도 하며, 집단 구성이 무작위로 이뤄지지 않는 경우도 있습니다.

이때, SQL를 활용하면 한 코호트에 너무 많은 사용자가 할당되는 문제를 해결할 수 있습니다. 예를 들어, 신규 사용자를 실험군으로 할당해야 하는데 모든 사용자를 실험군으로 할당해버리는 문제가 생겼다고 가정해봅시다. 이 문제를 해결하려면 SQL에 JOIN을 추가해 해당 실험군에 속해야 하는 사용자만 걸러내면 됩니다. 사용자의 회원 가입 날짜를 포함하는 테이블 또는 서브쿼리에 INNER JOIN을 수행하고, WHERE 조건으로 가입 날짜가 너무 오래된 사용자를 제외하면 됩니다. 비슷한 문제로, 특정 기능을 테스트하는 실험인데 해당 기능을 볼 수 없는 사용자까지 모두 실험군으로 할당되는 경우가 생기기도 합니다. 이때도 해결 방법은 위와 비슷합니다. JOIN과 WHERE 조건을 사용해 해당 기능을 볼 수 없는 사용자를 제외하면 됩니다. 이렇게 SQL을 활용해 문제를 해결하고 나면, 실험군 및 대조군의 사용자 수가 통계적으로 유의미한 결과를 이끌어내기에 충분한지 확인해야 합니다.

사용자군이 너무 적은 사용자로 구성돼 있는 것 같다면, 사용자 수가 적어도 통계적으로 유의미한 결과를 검증할 수 있을 만큼은 확보됐는지 확인해야 합니다. 사용자 수가 충분치 않다면 실험을 다시 설계하고 수행해야 하며, 충분하다면 사용자군이 편향 없이 적절히 구성됐는지 확인할 차례입니다. 예를 들어, 기술적 문제로 인해 특정 브라우저나 오래된 버전의 앱을 사용하는 사람은 사용자군으로 할당되지 않고 실험에서 제외되는 경우도 발생합니다. 만약 사용자가 무작위로 할당되지 않아 사용자군 간에 위치, 기술 숙련도, 사회경제적 지위 등에 차이가 발생한다면, 그 차이가 얼마나 크며 편향 문제를 해결하려면 어떤 조정이 필요한지를 파악하고 적절한 조치를 취한 후 분석을 수행해야 합니다.

사용자군 할당 시스템의 결함으로 인해 사용자가 무작위로 대조군 및 실험군에 골고루 할당되지 않는 문제가 발생하기도 합니다. 최근 실험 시스템에서 흔히 발생하지는 않지만 혹여 이런 일이 발생한다면 실험 결과는 무용지물이 됩니다. '사실로 받아들이기에는 너무 좋은' 실험 결과가 나온다면 사용자군 할당에 문제가 생겼을 가능성이 있습니다. 예를 들어, 서비스 참여도가 높은 사용자들이 실험 설정의 실수로 인해 실험군과 대조군 모두에 할당돼버리는 경우가 있습니다. 데이터 프로파일링을 통해 한 사용자가 여러 사용자군에 할당되지는 않았는지 확인하고, 실험 전에 서비스 참여도가 너무 높거나 낮은 사용자가 특정 사용자군에 몰리지는 않았는지 주의 깊게 확인해야 합니다.

> **TIP** A/A 테스트는 사용자군 할당 소프트웨어의 결함을 찾는 데 도움이 됩니다. A/A 테스트도 다른 실험과 마찬가지로 사용자를 사용자군으로 할당한 다음 사용자군별 성공 지표를 비교하지만, 차이점은 사용자군 모두가 동일한 경험을 한다는 점입니다. 모든 사용자군이 동일한 경험을 하므로 두 사용자군의 성공 지표에 유의미한 차이가 없어야 정상입니다. 만약 유의미한 차이가 있다면 뭔가 문제가 발생했다는 신호이므로 실험 과정에 문제가 없었는지 면밀히 살펴야 합니다.

7.4.2 아웃라이어

연속형 성공 지표 분석을 위한 통계 검정은 평균에 기반하므로 매우 높거나 낮은 아웃라이어 값에 민감합니다. 예를 들어, 고객 한두 명의 총 지불액이 극단적으로 높아 실험군의 평균 구매액이 높아지는 바람에 통계적으로 아주 유의미한 차이가 발생하기도 합니다. 아웃라이어 고객이 포함되지 않았더라면 결과에는 유의미한 차이가 없거나 오히려 대조군의 평균 구매액이 유의미하게 높다고 나왔을 수도 있습니다. 일반적으로 실험의 목적은 특정 실험 조건이 일반 사용자에게 유의미한 영향을 끼치는지 확인하는 일입니다. 따라서 의미 있는 실험 결과를 얻으려면 아웃라이어를 제거해야 합니다.

실험 분석에서도 6장에서 살펴본 이상 탐지 기법을 활용합니다. 실험 결과를 분석해 미리 일반적인 값의 범위를 설정한 뒤 원저화(임계값을 넘는 값을 삭제) 등을 활용해 아웃라이어를 처리합니다. 아웃라이어는 본격적인 실험 분석 단계로 넘어가기 전에 미리 제거하는 편이 좋습니다.

결과가 연속형인 실험에서는 아웃라이어를 처리할 때 연속형 성공 지표를 이진형 결과로 변환하기도 합니다. 예를 들어, 실험 결과가 총 지불액이 매우 큰 고객으로 인해 왜곡되지 않도록, 대조군과 실험군의 구매액 평균을 비교하는 대신 구매 비율을 비교합니다. 그리고 결과가 이진형인 실험에서 결과를 분석하는 방식대로 통계 검정을 수행하면 됩니다. 예제에서는 'Onboarding' 실험에서 온보딩 과정을 완료한 대조군과 실험군의 구매 전환율을 비교해봅니다.

```sql
SELECT a.variant
,count(distinct a.user_id) as total_cohorted
,count(distinct b.user_id) as purchasers
,count(distinct b.user_id) * 1.0 / count(distinct a.user_id)
 as pct_purchased
FROM exp_assignment a
LEFT JOIN game_purchases b on a.user_id = b.user_id
JOIN game_actions c on a.user_id = c.user_id
 and c.action = 'onboarding complete'
WHERE a.exp_name = 'Onboarding'
GROUP BY 1
;
```

variant	total_cohorted	purchasers	pct_purchased
control	36268	4988	0.1375
variant 1	38280	4981	0.1301

실험군(variant 1)의 사용자가 대조군의 사용자보다 조금 더 많지만 결과만 놓고 본다면 실험군의 구매 전환율이 대조군보다 조금 낮습니다. 실험군의 구매 전환율은 13.01%이고 대조군의 구매 전환율은 13.75%입니다. 이 차이가 유의미한지 확인하기 위해 온라인 통계 서비스로 통계 검정을 해보면, 통계적으로도 구매 전환율이 대조군에서 유의미하게 높다는 사실이 확인됩니다. 이 실험에서는 실험군의 구매 전환율이 더 낮게 나오긴 했지만 그 차이가 크지는 않으므로, 새로운 온보딩을 완료함으로써 얻는 장점이 더 크다면 이 정도의 차이는 충분히 감수

할 만합니다. 예를 들어, 새로운 온보딩 과정을 완료한 플레이어가 더 높은 랭킹에 오를 수도 있고, 이 플레이어가 친구들을 불러 함께 게임을 함으로써 신규 플레이어가 유입되는 효과가 생길 수도 있습니다. 이는 곧 신규 사용자의 구매로 이어지기도 하므로 장기적 관점에서는 회사에 더 큰 이익이 될 수 있습니다.

성공 지표를 특정 수준의 임계값으로 설정하기도 합니다. 이 경우에는 사용자군별로 임계값을 넘긴 사용자 비율을 비교해봅니다. 예를 들어, 성공 지표를 '사용자가 읽은 기사 수가 3개 이상', '사용자가 앱을 사용한 횟수가 일주일에 2회 이상' 등으로 설정합니다. 물론 특정 임계값 대신 사용자가 읽은 기사 수나 앱을 사용한 횟수와 같이 무한한 수를 성공 지표로 설정할 수도 있습니다. 성공 지표를 어떤 방법으로 설정하면 좋을지 잘 고려해 적절한 방법을 선택합시다.

7.4.3 타임박싱

실험을 여러 주에 걸쳐 진행하는 경우도 있습니다. 이는 실험에 일찍 참여한 사용자는 실험 도중에 참여한 사용자보다 성공 지표와 관련된 액션을 완료할 시간적 여유가 더 많음을 의미합니다. 이를 통제하기 위해 타임박싱time boxing 개념을 적용합니다. 사용자마다 실험 시작 날짜가 다르더라도 시작 날짜로부터 일정한 범위의 시간 윈도우 안에 액션을 완료했는지 확인합니다.

실험에서 타임박싱 개념을 도입하려면 측정하고자 하는 액션을 고려해 타임박스를 적절한 크기로 설정해야 합니다. 광고 클릭 여부와 같이 결과가 즉시 확인되는 액션을 측정할 때는 윈도우 크기를 1시간 정도로 짧게 설정해도 됩니다. 구매 전환율을 측정할 때는 보통 1~7일 정도로 설정합니다. 윈도우 크기를 짧게 설정할수록 사용자가 액션을 완료할 때까지 기다려야 하는 시간이 줄어들어 실험 결과도 더 빨리 분석할 수 있습니다. 최적의 윈도우 크기는 '충분한 시간을 확보해 정확한 결과 얻기'와 '조직의 필요에 맞게 빠르게 결과를 분석해내기' 사이에서 적절히 균형을 이루는 크기입니다. 사용자가 대략 3일 안에 구매를 하는 하는 경우에는 윈도우 크기를 7일로 고려하고, 20일 이상 지난 후에 구매를 하는 경우에는 30일로 고려하면 좋습니다.

앞서 사용한 결과가 연속형인 실험 예제를 수정해 타임박싱을 적용한 실험 결과를 확인해봅시다. 실험 시작 7일 이내에 구매가 발생한 비율을 구하는 코드를 추가합니다. 이때 중요한 점은 각 사용자의 타임박싱 시작 날짜를 실험 시작일(exp_date)을 기준으로 설정한다는 점입니다. ON 절에서 조건을 추가해 실험 시작 '7 days' 이내에 구매를 발생한 사용자만 가져옵니다.

```
SELECT variant
,count(user_id) as total_cohorted
,avg(amount) as mean_amount
,stddev(amount) as stddev_amount
FROM
(
    SELECT a.variant
    ,a.user_id
    ,sum(coalesce(b.amount,0)) as amount
    FROM exp_assignment a
    LEFT JOIN game_purchases b on a.user_id = b.user_id
     and b.purch_date <= a.exp_date + interval '7 days'
    WHERE a.exp_name = 'Onboarding'
    GROUP BY 1,2
) a
GROUP BY 1
;

variant    total_cohorted mean_amount stddev_amount
---------  -------------- ----------- -------------
variant 1  50275          1.352       5.613
control    49897          1.369       5.766
```

결과를 보면 평균값은 서로 비슷하며 통계 검정을 해보면 두 사용자군 간에 유의미한 차이가 없습니다. 결론적으로 타임박싱 개념을 도입한 실험 결과도 도입하지 않았을 때와 동일합니다.

이 데이터셋에서 구매 이벤트는 그리 많이 발생하지 않은 것으로 보입니다. 페이지 뷰, 클릭, 좋아요, 조회 수 등 구매보다 더 자주 발생하는 일반적인 지표를 측정할 때는, 실험에 먼저 참가한 사용자가 늦게 참여한 사용자보다 더 '많은' 액션을 취했다는 당연한 결과를 확인하기보다는 타임박싱을 고려하면 보다 의미 있는 결과를 도출할 수 있습니다.

7.4.4 반복 노출 실험

대부분의 온라인 실험은 이른바 **원앤던**one-and-done[9] 실험으로 볼 수 있습니다. 사용자는 특정 조건에 대한 실험에 참가한 뒤 다시는 동일한 실험에 참여하지 않습니다. 회원 가입을 예로 들면 사용자는 특정 서비스에 단 한 번만 가입합니다. 따라서 그 이후에 가입 절차가 변경되더라도 이미 가입한 사용자에게는 아무런 영향이 없고 신규 사용자만 변경된 가입 절차를 경험합니다. 이런 실험은 간단하므로 분석하기가 어렵지 않습니다.

또 다른 실험 유형으로, 필자가 **반복 노출**repeated exposure이라고 부르는 것이 있습니다. 예를 들어, 사용자가 이용 중인 서비스의 이용 약관이 계속해서 변경되기도 합니다. 이러한 변경은 사용자가 서비스를 이용하는 동안 계속해서 영향을 끼칩니다. 이런 실험에서는 사용자가 특정 실험 조건의 변경을 두 번 이상 반복 경험할 수도 있습니다. 사용자는 앱을 사용하는 동안 사용자 인터페이스(색상, 텍스트, 중요한 정보나 링크 위치 등)의 변경을 계속해서 경험합니다. 사용자에게 정기적으로 공지나 프로모션 정보를 보내는 이메일 마케팅도 마찬가지입니다. 사용자는 이메일을 받을 때마다 제목을 계속 보게 되고, 열어본다면 그 내용까지 읽게 됩니다.

이러한 반복 노출 실험은 **신기성 효과**novelty effect와 **평균으로의 회귀**regression to the mean 때문에 원앤던 실험보다 분석하기가 더 까다롭습니다. 신기성 효과란 새로운 기능이 더 좋아서가 아니라 단순히 새롭다는 이유만으로 사용자의 행동이 변화함을 의미하며, 평균으로의 회귀는 시간이 지날수록 평균으로 돌아가는 현상을 말합니다. 예를 들어, 새로운 버튼이나 로고의 색상, 특정 기능의 위치 등 사용자 인터페이스가 변경되면 새 인터페이스를 사용해보는 사용자 수가 일시적으로 증가하는 경향이 있습니다. 처음에는 신기성 효과로 인해 클릭률이나 고객 참여도가 상승하기도 합니다. 하지만 시간이 지날수록 사용자는 이 변화에 익숙해지고 클릭률이나 기능 사용률은 점점 일정 수준으로 돌아가게 됩니다. 이것이 바로 평균으로의 회귀입니다. 반복 노출 시험에서 중요한 것은 사용자 패턴이 평균으로의 회귀로 인해 일정 수준으로 돌아갔을 때, 이 수준이 이전보다 높은지(혹은 낮은지) 확인하는 일입니다. 이때 사람들이 새로운 기능에 적응하게끔 충분한 실험 기간을 확보하는 편이 좋습니다. 실험은 변인이 무엇인지에 따라 며칠 만에 끝나기도 하고 몇 주 혹은 몇 달이 걸리기도 합니다.

---

9 옮긴이_ 미국 프로농구 NBA에는 드래프트에 참여하려면 고등학교 졸업 후 최소 1년이 지나야 한다는 규정이 있습니다. 이 규정 때문에 대학 리그에서 1년간 선수 활동을 하고 바로 프로 리그에 데뷔하는 것을 'One-and-done'이라고 합니다.

특정 실험 변인이 여러 번 변경되거나 반복적인 광고와 같이 실험이 여러 번 반복되는 경우에는 성공 지표를 판단하기가 쉽지 않습니다. 마케팅 이메일을 받은 고객이 제품을 구매했다면 이를 성공적인 프로모션이라고 판단할 수도 있습니다. 그런데 이메일을 보내지 않았더라도 고객이 제품을 구매했을 수도 있지 않을까요? 이를 확인하기 위한 방법이 바로 **롱텀 홀드아웃**long term holdout입니다. 예를 들어, '아무런 마케팅 이메일을 받지 않는 그룹' 또는 '아무런 서비스 변화를 경험할 수 없는 그룹'을 롱텀 홀드아웃 그룹으로 설정합니다. 롱텀 홀드아웃 그룹은 마케팅 이메일을 수신 거부한 사용자 그룹과는 분명한 차이가 있습니다. 마케팅 이메일을 수신 거부한 사용자는 스스로 그 결정을 내린 것이므로 마케팅 이메일의 효과 검증을 위한 비교 대상으로 적절하지 않습니다. 롱텀 홀드아웃 그룹은 설정하기가 쉽지는 않지만 마케팅이나 서비스 변화의 효과를 측정하기에 좋은 옵션입니다.

롱텀 홀드아웃 외에 반복 노출 시험의 효과를 측정하는 방법으로 4장에서 다룬 코호트 분석을 수행하기도 합니다. 각 사용자군이 하나의 코호트가 됩니다. 실험 기간은 몇 주 혹은 몇 달로 길게 설정하고 측정하고자 하는 지표에 차이가 발생하는지 지속적으로 테스트합니다(시간에 따른 사용자군별 재방문율 등).

실험을 진행하면서 다양한 문제를 직면하게 되지만, 그럼에도 실험은 마케팅 메시지 및 제품 내 경험 등의 여러 가지 변경과 결과에 대한 인과관계를 테스트하고 검증하는 데 최고의 방법입니다. 실제로 실험을 수행하다 보면 깔끔하게 결과를 분석할 수 있는 이상적인 상황보다는 그렇지 않은 경우가 더 많습니다. 다음 절에서는 A/B 테스트가 불가능한 상황에서 사용하는 분석 방법을 알아봅니다.

7.5 대체 분석 방법

무작위 실험randomized experiment은 상관관계를 넘어 인과관계까지 알아보기 위해 널리 사용하지만 수행하기 어려운 경우가 많습니다. 첫 번째로, 의학이나 교육 관련 실험에서는 그룹별로 다른 실험 변인을 제공함으로써 윤리적인 문제가 발생하기도 하며, 재정 서비스에서는 규제가 심해 실험이 불가능한 경우도 있습니다. 특정 사용자군의 접근만 제한하기가 어려운 경우도 있습니다. 따라서 여러 변인(문구, 배치, 기타 설계 요소 등)에 대해 실험을 수행하고자 할 때는 윤리적인 문제는 없는지, 규정 내에서 실질적으로 수행 가능한지 미리 잘 살펴봐야 합니다.

두 번째로, 이미 실험 변인이 적용되고 그에 대한 데이터까지 수집돼버린 경우에는 대조 실험이 불가능합니다. 실험 변인을 원래대로 되돌리고 처음부터 실험을 진행하기에는 늦었습니다. 때때로 실험에 대해 조언해줄 데이터 분석가나 데이터 과학자가 없는 경우도 있습니다. 필자가 여러 조직에서 일해오면서, 롱텀 홀드아웃 그룹이 있었다면 정확한 결과를 분석할 수 있었을 실험인데 그렇지 않고 임의로 진행한 후에 실험 결과를 분석해달라는 요청을 받은 적이 한두 번이 아닙니다. 의도치 않은 변경이 적용된 경우도 마찬가지로 실험이 불가능합니다. 예를 들어, 갑작스러운 정전, 오류 발생, 화재, 태풍, 지진 등의 자연재해 등으로 인해 일부 또는 전체 고객이 영향을 받았을 수 있지만 이로 인한 차이를 분석하기는 쉽지 않습니다.

대조 실험이 없는 상황에서 데이터 분석을 통해 내리는 결론이 설득력을 갖기는 어렵습니다. 하지만 이러한 상황에서도 데이터에서 최대한의 인사이트를 이끌어내는 준실험quasi-experiment[10] 분석 방법이 있습니다. 이는 데이터를 기반으로 나름의 대조군과 실험군 그룹을 구성해 분석하는 방법입니다.

7.5.1 사전/사후 분석

사전/사후 분석은 같은 집단 또는 유사한 집단을 사전/사후로 나눠 비교하는 방법입니다. 특정 변화가 발생하기 전을 대조군으로, 발생한 후를 실험군으로 두고 분석을 수행합니다.

사전/사후 분석은 특정 변화가 발생한 날짜를 정확하게 아는 경우에 사용하기 좋습니다. 해당 날짜를 기준으로 그룹을 사전과 사후로 정확하게 나눕니다. 이 분석을 수행하려면 먼저 사전과 사후 기간을 어느 정도로 설정할지 결정합니다. 이때 두 기간을 동일하거나 비슷한 길이로 맞춰야 합니다. 예를 들어, 특정 변화가 발생한 지 2주가 지났다면 변화 발생 이전 2주와 이후 2주를 비교하면 좋습니다. 기간을 여러 개로 설정해 분석을 여러 번 수행하기도 합니다. 사전/사후 기간을 각각 1주, 2주, 3주, 4주로 설정해 분석했을 때 모두 동일한 결과가 나온다면 해당 결과가 정확하다고 확신할 수 있습니다.

예제를 통해 자세히 알아봅시다. 온보딩 과정에서 사용자가 모바일 게임의 뉴스 이메일 수신 여부를 선택하는 체크 박스가 있다고 가정합니다. 기존에는 체크된 상태가 기본값이었지만 체

---

10 옮긴이_ 특정 실험 변인의 효과를 검증하기 위해 연구자가 실험 변인을 직접 통제하는 무작위 실험이 아니라, 특정 지역 내 지진 발생과 같이 자연적인 상황에서 이뤄지는 실험을 의미합니다.

크되지 않은 상태를 기본값으로 변경하기로 결정했습니다. 2020년 1월 27일에 변경을 적용했으며, 이 변화가 이메일 수신 동의율에 부정적인 영향을 끼치는지 확인하고자 합니다. 여기서는 체크 박스 기본값이 변경된 날을 기준으로 2주 전과 2주 후를 비교해 이메일 수신 동의율에 유의미한 차이가 있는지 알아봅니다. 1주나 3주로 설정해도 되지만, 2주 정도면 평일과 주말을 적절히 포함하면서도 너무 길지 않아 사용자의 이메일 수신 동의를 방해할 만한 요인이 발생하지 않을 정도입니다.

CASE 문을 활용해 사용자군을 나눕니다. 체크 박스 기본값 변경 전 사용자를 'pre', 변경 후 사용자를 'post'로 이름 붙입니다. 먼저 game_users 테이블에서 각 그룹에 속한 사용자 수를 확인합니다. 그리고 game_actions 테이블과 LEFT JOIN을 수행해 이메일 수신 동의를 의미하는 'email_optin' 액션이 저장된 레코드를 가져와 그 수를 확인합니다. 이제 그룹별로 이메일 수신 동의 사용자 수를 전체 사용자 수로 나눠 이메일 수신 동의율을 계산합니다. 마지막으로, 사용자들이 온보딩에 들어온 날짜를 확인해 사용자군별로 총 며칠간의 사용자가 선정됐는지 계산합니다. 이렇게 기간을 출력하는 작업은 반드시 필요하지는 않지만 다시 한번 확인함으로써 혹시 모를 실수를 방지할 수 있습니다.

```sql
SELECT
case when a.created between '2020-01-13' and '2020-01-26' then 'pre'
     when a.created between '2020-01-27' and '2020-02-09' then 'post'
     end as variant
,count(distinct a.user_id) as cohorted
,count(distinct b.user_id) as opted_in
,count(distinct b.user_id) * 1.0 / count(distinct a.user_id) as pct_optin
,count(distinct a.created) as days
FROM game_users a
LEFT JOIN game_actions b on a.user_id = b.user_id
 and b.action = 'email_optin'
WHERE a.created between '2020-01-13' and '2020-02-09'
GROUP BY 1
ORDER BY 1 desc
;

variant cohorted opted_in pct_optin days
------- -------- -------- --------- ----
pre     24662    14489    0.5875    14
post    27617    11220    0.4063    14
```

TIP 대부분의 데이터베이스에서는 날짜와 관련된 연산에서 '2020-01-13'과 같이 날짜 형식으로 구성된 문자열을 사용하더라도 이를 날짜 타입의 값으로 인식하고 연산을 수행합니다. 만약 여러분이 사용하는 데이터베이스에서 날짜 형식의 문자열을 날짜 타입의 값으로 인식하지 못하고 오류가 발생한다면 다음 중 한 가지 방법을 사용해 날짜 연산을 수행하기 바랍니다.

```
cast('2020-01-13' as date)
```

```
date('2020-01-13')
```

```
'2020-01-13'::date
```

체크 박스 기본값 변경 전 사용자의 이메일 수신 동의율은 58.75%로, 변경 후 사용자의 동의율 40.64%보다 훨씬 높습니다. 이 결과를 온라인 통계 서비스를 통해 통계 검정을 해보면, 'pre' 그룹의 이메일 수신 동의율이 'post' 그룹의 동의율보다 통계적으로 유의미하게 높습니다. 만약 이메일 수신 동의 여부를 묻는 체크 박스의 기본값을 해제 상태로 변경한 이유가 별도의 규정이나 정책 때문이라면, 이러한 결과에도 불구하고 게임 회사 입장에서는 달리 취할 방안이 없을 수도 있습니다. 다른 방법을 동원해서라도 이메일 수신 동의율을 높이는 일이 중요하다면, 샘플 콘텐츠나 이메일 프로그램에 대한 정보 등을 제공하고 실험을 통해 그 효과를 확인해보는 방법도 있습니다.

사전/사후 분석으로 특정 변경의 효과를 확인할 때 외부 요소의 영향으로 지표가 증가하거나 감소하기도 합니다. 예를 들어, 계절 변화나 마케팅 프로모션 같은 외부 요소는 단 몇 주 내에 실험 환경뿐 아니라 고객의 마인드셋에까지 크게 영향을 끼치기도 합니다. 따라서 사전/사후 분석은 순수 무작위 실험true randomized experiment을 대체할 만큼 인과관계를 밝히는 데 효과적인 실험 방법은 아닙니다. 다만 무작위 실험이 불가능한 경우에 대안이 되며, 추후에 수행할 대조 실험controlled experiment에서 테스트해볼 만한 작업가설working hypothesis[11]을 세우는 데도 도움이 됩니다.

---

11 옮긴이_ 연구 가설이라고도 하며, 추후 이론적으로 검증하기 전까지 잠정적으로 세운 가설을 의미합니다.

7.5.2 자연 실험 분석

자연 실험natural experiment은 무작위로 발생하는 이벤트로 인해 개체마다 서로 다른 경험을 하게 된 경우에 이벤트의 효과를 검증하기 위한 방법입니다. 이 실험에서는 통제된 일반적인 경험을 한 그룹(대조군)과 긍정적인 영향 혹은 부정적인 영향을 끼칠 수 있는 변화를 경험한 그룹(실험군)이 존재합니다. 소프트웨어 사용 중 버그가 발생한다거나 특정 이벤트가 어느 한 지역에서만 발생하는 등 다양한 이벤트가 의도와 다르게 발생합니다. 자연 실험 분석 결과가 설득력을 갖추려면 어떤 개체가 해당 이벤트를 경험했는지 명확히 판단하고 분석을 수행해야 합니다. 이때, 해당 이벤트를 경험한 그룹과 가장 유사한 특징을 지니는 대조군을 선정하는 일이 중요합니다.

SQL을 사용해 실험 변인별 코호트 크기와 이벤트 성공 여부(결과가 연속형인 실험이라면 이벤트의 평균, 표준편차, 이벤트 경험 사용자 수 등)를 계산합니다. 그리고 다른 실험 결과와 마찬가지로 온라인 통계 서비스에서 쿼리 결과의 통계 검정을 수행합니다.

모바일 게임 데이터셋을 활용한 예제를 살펴보기에 앞서 새로운 상황을 가정해봅시다. 데이터 수집 기간 동안 캐나다 사용자들이 게임 내에서 사용 가능한 가상 코인을 구매하는데, 알 수 없는 버그로 인해 가상 통화의 10배에 해당하는 코인이 지급됐습니다. 10코인을 받아야 할 사용자는 100코인을 받고, 100코인을 받아야 할 사용자는 1000코인을 받았습니다. 이제 데이터 분석을 통해 캐나다 사용자들이 다른 사용자들보다 앱 내 구매를 더 많이 했는지 확인해봅시다. 여기서는 캐나다 사용자의 구매율을 다른 모든 사용자의 구매율과 비교하기보다는 미국 사용자의 구매율과 비교하는 편이 적절해 보입니다. 캐나다와 미국은 지리적으로 가까이 위치하며 같은 언어를 사용하는 등 유사한 특징이 있습니다. 이미 분석을 통해 캐나다 사용자와 미국 사용자의 행동 패턴이 비슷하고, 다른 나라 사용자들은 행동 패턴이 조금 다르다는 사실을 확인했다고 가정합니다. 그러면 다른 나라 사용자를 실험 분석에서 제외하는 것이 좀 더 타당해집니다.

먼저 그룹별 특성을 기준으로 사용자군을 구분합니다. 여기서는 game_users 테이블의 country 필드를 기준으로 간단히 캐나다 사용자와 미국 사용자를 구분하지만, 실제로 분석을 수행하다 보면 데이터셋 구조에 따라 보다 복잡한 SQL 쿼리를 작성해야 하는 경우도 있습니다. 사용자군 코호트별 사용자 수, 가상 코인 구매자 수, 구매율을 계산하는 방법은 앞서 살펴본 이메일 수신 동의 체크 박스 예제와 동일합니다.

```
SELECT a.country
,count(distinct a.user_id) as total_cohorted
,count(distinct b.user_id) as purchasers
,count(distinct b.user_id) * 1.0 / count(distinct a.user_id)
 as pct_purchased
FROM game_users a
LEFT JOIN game_purchases b on a.user_id = b.user_id
WHERE a.country in ('United States','Canada')
GROUP BY 1
;

country        total_cohorted purchasers pct_purchased
-------------  -------------- ---------- -------------
Canada         20179          5011       0.2483
United States  45012          4958       0.1101
```

캐나다 사용자의 구매율은 24.85%로, 미국 사용자의 구매율 11.01%보다 높습니다. 온라인 통계 서비스로 통계 검정을 수행해보면, 95% 신뢰 구간에서 캐나다 사용자의 구매율이 미국 사용자의 구매율보다 통계적으로 유의미하게 높습니다.

자연 실험을 분석할 때 가장 어려운 점은 적절한 비교 집단을 선정하는 일입니다. 통계 검정으로 결과가 유의미함을 이야기하기 전에, 먼저 대조군으로 삼을 비교 집단이 실험군과 유사한 특성을 지닌다는 점을 확인할 필요가 있습니다. 교란 요인confounding factor[12]이 없음을 증명하기는 사실상 불가능하지만 최대한 유사한 인구통계학적 특성이나 행동 패턴을 보이는 사용자군과 비교해야 결과의 신뢰성이 높아집니다. 자연 실험은 순수 무작위 실험이 아니므로 인과관계를 설명하기에는 설득력이 다소 떨어집니다. 이러한 단점은 분석 결과 보고서에 함께 명시해야 보고받는 사람이 결과를 정확하게 이해할 수 있습니다.

7.5.3 임계값 기준 집단 분석

특정 임계값을 기준으로 사람 또는 특정 대상을 다르게 대우해야 하는 상황이 있습니다. 예를 들어, 평균 학점이 특정 점수를 넘는 학생에게만 장학금을 지급하는 경우, 소득 수준에 따라 의료비를 지원하는 경우, 이탈 위험 점수가 일정 수준을 넘는 고객에게 영업 사원이 후속 조치를

---

12 옮긴이_ 실험 변인과 결과에 영향을 끼칠 수 있는 제3의 요인을 의미합니다.

취하는 경우 등이 이에 해당합니다. 이때 임계값을 약간 넘는 집단과 임계값에서 약간 모자란 집단에는 서로 비슷한 특성이 있을 것이라는 아이디어를 활용해봅시다. 실험군과 대조군을 전체 집단에서 선발해 비교하는 대신 임계값을 기준으로 바로 위아래 집단에서만 선발해 비교합니다. 이 방법의 정식 이름은 **회귀 불연속 설계**regression discontinuity design (RDD)입니다.

회귀 불연속 설계 분석을 위해서는 사전/사후 분석에서와 비슷하게, 임계값 위아래로 일정 범위 내에 속하는 사용자를 선별해 사용자군으로 나눕니다. 값이 임계값 기준 어느 정도여야 사용자군에 포함할지는 정확히 정해지지는 않았습니다. 단, 각 사용자군의 크기가 비슷해야 하며, 사용자 수는 분석 결과가 통계적으로 유의미할 만큼 충분히 많아야 합니다. 한 가지 방법은 임계값으로부터 여러 범위를 설정하고 하나씩 분석해보는 방법입니다. 예를 들어, 임계값으로부터 임계값의 5%, 7.5%, 10% 범위 내의 사용자를 선별해 실험군과 대조군으로 나누고 각각 실험을 진행해봅니다. 모든 실험 결과가 동일하다면 이를 통해 설득력 있는 결론을 내릴 수 있지만, 반대로 서로 다른 결과가 나온다면 해당 데이터로 명확한 결론을 내리기는 어렵습니다.

다른 비실험적nonexperimental 분석과 마찬가지로 RDD 실험 결과로 인과관계를 밝히기는 어렵습니다. 잠재적인 교란 요인의 개입도 무시할 수 없습니다. 예를 들어, 이탈 위험 점수가 높은 고객군의 이탈 방지를 위해 영업 사원의 특별 관리가 들어가는 상황을 가정해봅시다. 이때, 마케팅 부서에서 특별 할인을 제공하는 등 영업 사원의 특별 관리 이외에 다른 부서의 개입이 발생했다면, 이탈 위험 고객군에 대한 영업 사원의 관리 효과를 검증하기 어렵습니다. 이미 데이터가 다른 요인들로 인해 오염됐을 가능성이 크기 때문입니다.

7.6 결론

실험 분석은 이 책의 다른 장에서 학습한 이상 탐지, 코호트 분석 등 다양한 유형의 분석을 아우르는 포괄적인 분석입니다. 실험 분석 중에 문제가 발생하면 데이터 프로파일링을 통해 원인을 찾아보고, 무작위 실험 분석이 어려운 경우에는 다양한 대체 방법을 고려해봅시다. 이 과정에서 SQL을 활용해 대조군과 실험군을 선별하고 분석을 수행합니다.

다음 장에서는 지금까지 책에서 다룬 다양한 내용을 활용해볼 데이터셋을 생성하는 방법을 알아봅니다.

CHAPTER 8

복잡한 데이터셋 생성

3장부터 7장까지는 SQL을 활용한 데이터 분석 방법을 알아봤습니다. 이외에 다양한 추가 분석을 위한 범용 데이터셋을 생성하는 데도 SQL을 활용합니다. 예를 들어, SQL을 활용해 데이터베이스의 테이블, 텍스트 파일 또는 BI 도구에서 사용할 수 있는 파일을 생성합니다. 간단한 SQL 코드로 단순히 몇 개의 필터링 또는 집계만을 수행하는 경우도 있지만, 원하는 데이터셋을 생성하려면 매우 복잡한 코드와 로직이 필요한 경우도 있습니다. 게다가 이해관계자가 추가로 데이터 확인이나 계산을 요청하기 마련이므로, 이 복잡한 코드를 계속해서 유지보수해야 합니다. 따라서 일회성이 아니라 지속적인 관리가 필요한 SQL 코드를 작성할 때는 코드의 구성, 성능, 유지보수를 매우 중요하게 고려해야 합니다.

먼저, 코드를 다른 사람과 공유하고 지속적으로 업데이트하기 쉽게끔 작성하는 원칙을 알아봅니다. 그리고 언제 SQL의 쿼리 로직을 유지해야 하며, 언제 ETL^extract-transform-load을 통해 테이블로 옮겨야 하는지 알아봅니다. 다음으로, 서브쿼리, 임시 테이블^temp table, 공통 테이블 표현식 등 쿼리의 중간 결과를 저장하는 방법과 이를 사용할 때 고려할 사항을 알아봅니다. 마지막으로, 데이터셋 크기를 줄이는 방법과 데이터 프라이버시 및 개인 식별 정보^personally identifiable information (PII)를 다루는 방법을 살펴봅니다.

8.1 SQL로 복잡한 데이터셋 생성하기

분석을 수행하면서 작성한 SQL 쿼리에는 몇 가지 로직이 포함돼 있습니다. 예를 들어, JOIN으로 여러 테이블을 하나로 통합하거나 WHERE 절로 원하는 데이터를 필터링하는 등의 간단한 로직뿐 아니라, 카테고리 구분, 텍스트 파싱, 파티션별 윈도우 함수 사용 등의 복잡한 계산 로직 등이 포함되기도 합니다. 이렇게 작성된 SQL 쿼리를 기반으로 추가 분석을 수행할 때는 SQL 쿼리에 포함된 로직을 그대로 사용할지, 혹은 ETL 작업을 수행해 해당 쿼리로 생성된 결과 데이터셋을 적절한 형태로 변환해 저장할지, 혹은 SQL 대신 별도의 소프트웨어를 사용할지 결정해야 합니다. 이때, 분석 편의성, 성능, 엔지니어의 지원 여부 등 다양한 요소를 고려합니다. 정해진 답은 없지만 경험이 쌓일수록 상황에 따라 적절한 결정을 내릴 수 있는 직관과 자신감을 얻게 될 것입니다.

8.1.1 SQL 활용의 장점

SQL은 매우 유연한 언어이며, 이는 복잡한 데이터셋을 생성하는 데 큰 장점입니다. 데이터셋을 처음 분석하는 단계에서는 여러 가지 쿼리를 수행해봅니다. 우선 데이터를 보다 자세히 이해하기 위해 데이터 프로파일링 쿼리를 수행합니다. 그리고 적절한 데이터 변환 및 집계 쿼리를 하나씩 차례로 수행해보면서 각 쿼리가 정확한 결과를 반환하는지 확인합니다. 이 과정에서 예상과 다른 결과가 나온다면 다시 데이터 프로파일링을 통해 무엇이 잘못됐는지 확인합니다. JOIN이나 UNION을 활용해 작성했던 여러 서브쿼리를 조합해 새로운 데이터셋을 생성할 수도 있습니다. 쿼리를 하나씩 수행해보고 결과 검토를 반복하는 과정은 중간에 발생 가능한 오류를 방지하면서 최종적으로 원하는 데이터셋을 생성하는 빠르고 정확한 방법입니다.

SQL은 테이블에 저장된 데이터의 품질과 적시성timeliness[1]을 제외하면 사용에 거의 제약이 없는 언어입니다. 쿼리는 필요할 때 실행해 원하는 결과를 얻으며, 데이터 엔지니어나 쿼리 프로세스가 달라지더라도 동일한 쿼리는 동일한 결과를 반환합니다. 데이터 분석가나 데이터 과학자는 BI 도구, R 또는 파이썬 코드에서도 별도의 지원 없이 손쉽게 SQL을 사용할 수 있습니다. 이해관계자의 요청에 따라 쿼리에 새로운 속성이나 집계를 추가하기도 어렵지 않습니다.

----

1 옮긴이_ 데이터가 유효한 기간 내에 활용되어야 함을 의미합니다. 어떤 데이터는 시간이 지나면서 최신 정보가 제대로 반영되지 않거나 너무 노후해 가치가 사라지기도 합니다.

기존 결과에서 새로운 분석을 더 수행한다거나 이미 작성된 쿼리의 로직 및 출력 형식을 자주 변경해야 할 것 같다면 SQL 코드를 처음부터 새로 작성하기보다 필요한 부분만 추가로 작성하면 좋습니다. 쿼리가 빠르게 실행되고 결과 데이터가 이해관계자에게 바로 넘어가는 경우에는 SQL 쿼리에 로직을 그대로 남겨두어 필요시 바로 코드를 수정하게끔 하는 편이 좋습니다.

8.1.2 ETL로 데이터셋 활용하기

로직을 SQL 쿼리에 남겨두기보다 ETL 프로세스로 데이터 저장소에 저장하면 더 나은 경우도 있습니다. 특히, 데이터 분석을 수행하는 조직에 데이터 웨어하우스나 데이터 레이크가 있는 경우에는 ETL로 로직을 옮기는 편이 좋습니다. ETL을 사용해야 하는 두 가지 이유는 바로 성능과 가시성입니다.

SQL의 성능은 로직 복잡도, 쿼리를 수행할 테이블 크기, 데이터베이스 연산 속도 등에 따라 달라집니다. 최신 데이터베이스와 하드웨어에서 쿼리가 빠르게 실행되더라도, 분석을 수행하다 보면 대용량 테이블에서의 JOIN이나 카티션 JOIN 등 복잡한 계산 때문에 실행이 오래 걸리는 쿼리를 작성하게 됩니다. 데이터 분석가와 데이터 과학자는 본인이 실행한 쿼리 결과를 기다리는 데 익숙하지만, 웹사이트의 빠른 반응 속도에 익숙한 다른 데이터 업무 담당자에게는 쿼리 결과를 얻기 위해 단 몇 초라도 더 기다리는 일이 쉽지 않습니다.

ETL은 예약된 시간에 백그라운드에서 실행돼 쿼리 실행 결과를 테이블에 저장합니다. 백그라운드에서 동작하므로 30초가 걸리든, 5분이 걸리든, 1시간이 걸리든 데이터 업무 담당자는 신경 쓰지 않아도 됩니다. 스케줄러는 하루 단위로 예약된 작업을 실행하는 경우가 많지만, 필요시 더 짧은 단위로도 가능합니다. 데이터 업무 담당자는 별도의 JOIN이나 다른 로직 없이, ETL로 생성된 쿼리 실행 결과 테이블에서 원하는 쿼리를 바로 실행하고 결과를 빠르게 확인할 수 있습니다.

쿼리에 로직을 그대로 유지하기보다 ETL을 사용하면 더 나은 예로 데일리 스냅샷 테이블daily snapshot table이 있습니다. 데일리 스냅샷 테이블은 고객 정보나 주문 정보 같은 개체 정보 등을 저장하며 다양한 분석에 유용합니다. 예를 들어, 고객 정보 관련 속성을 계산하는 경우가 있습니다(각 고객의 전체 주문 건, 날짜별 방문 횟수, 주문 진행 상태, 그 외에 변경되거나 누적되는 여러 속성). 앞서 3장과 4장에서는 날짜 차원 테이블로 사용자의 액션이 발생하지 않은 날짜까지 포함한 날짜 시리즈를 생성하는 방법을 배웠습니다. 코호트가 아닌 개별 사용자 단위로 긴 시간에 걸친 시계열 분석을 수행하면 쿼리가 실행되는 데 오랜 시간이 걸립니다. 또한 주문 진행 상태 등은 계속해서 업데이트되므로 과거 정보를 정확히 기록하는 유일한 방법이 바로 데일리 스냅샷입니다. 이렇듯 ETL과 데일리 스냅샷은 데이터 분석에 유용합니다.

로직을 ETL로 데이터 저장소로 옮기는 두 번째 이유는 가시성입니다. SQL 쿼리는 개인 컴퓨터나 보고서의 코드에 저장된 경우가 많아, 다른 사람이 쿼리에서 로직을 이해하고 문제가 있는지 확인하기가 어렵습니다. 로직을 ETL로 데이터 저장소로 옮기고 ETL 코드를 깃허브 등의 저장소에 저장해놓으면 조직 내의 다른 사람이 쿼리를 찾아 로직을 확인하고 적절히 활용하기가 용이합니다. 개발 팀에서 사용하는 대부분의 저장소는 코드의 변경 내역을 기록하고 있으므로, 쿼리의 어느 부분이 새로 추가되거나 변경됐는지 쉽게 확인할 수 있습니다.

로직을 ETL로 데이터 저장소로 옮기면 좋은 이유도 많지만 단점도 있습니다. 첫 번째는 새로운 데이터가 원본 테이블에 들어오더라도 ETL이 실행돼 데이터가 최신으로 업데이트될 때까지는 최신 데이터를 활용할 수 없다는 점입니다. 물론 원본 테이블에 바로 SQL을 수행해 최신 레코드만 가져올 수는 있지만, 오래전에 추가된 레코드까지 가져오려면 쿼리 실행 시간이 늘어나게 됩니다. 이때, 필요시 서브쿼리나 UNION을 사용해 원본 테이블과 ETL 테이블을 조합해 필요한 레코드를 가져와 분석에 활용하기도 합니다. 두 번째 단점은 로직을 ETL로 옮기면 다시 데이터를 변경하기가 힘들다는 점입니다. 일반적으로, ETL로 옮긴 데이터를 업데이트하거나 버그를 수정하려면 데이터 엔지니어가 와서 코드를 테스트하고, 저장소에 올린 다음, 운영 데이터 웨어하우스로 배포해야 합니다. 따라서 필자는 로직을 ETL로 옮기기 전에 데이터 업데이트가 거의 발생하지 않을 때까지 기다렸다가 아무도 데이터셋을 사용하지 않을 때 데이터를 변경하는 편입니다. 물론, 코드를 함부로 변경할 수 없도록 설정하거나 코드 리뷰를 강제하는 방법이 데이터 품질과 일관성을 보장하는 좋은 방법입니다.

ETL의 대안으로의 뷰

실제 쿼리 수행 결과를 저장하지 않으면서도 ETL의 재사용성과 코드 가시성을 확보하고 싶다면 데이터베이스의 '뷰'를 사용하면 좋습니다. 뷰는 데이터베이스의 테이블처럼 계속해서 사용할 수 있게끔 저장된 쿼리입니다. 쿼리는 간단할 수도, 복잡할 수도 있으며, 여러 테이블이 JOIN으로 합쳐진 상태일 수도 있고, WHERE 절로 특정 조건으로 필터링된 결과일 수도 있습니다.

뷰를 사용하면 데이터에 쿼리를 수행하는 사람 모두가 동일한 데이터를 확인할 수 있습니다. 예를 들어, 테스트용 트랜잭션이 필터링된 데이터 테이블을 뷰로 만들면 접근하는 사람 모두가 테스트용 트랜잭션이 필터링된 결과를 확인합니다. 이렇게 분석하기 좋은 형태로 뷰를 만들어놓으면 이용하는 사람이 원래 로직의 복잡성을 이해할 필요도 없고, 데이터 분석 초보자나 데이터에 가끔씩만 접근하는 사용자에게도 편리합니다. 또한, 보안을 추가해 원본 데이터의 특정 행이나 열에 접근하지 못하도록 하기도 합니다. 예를 들어, 뷰를 생성할 때 이메일 주소 등 개인 식별 정보를 제외하면 뷰에 접근하는 사람들은 개인 식별 정보를 제외한 고객 정보만 보게 됩니다.

다만 몇 가지 단점도 있습니다. 뷰는 데이터베이스에 오브젝트^{object}로 존재하므로 뷰를 생성하거나 뷰 정의를 업데이트하려면 별도의 권한이 필요합니다. 또한 뷰는 실제 데이터를 저장하고 있지 않아, 뷰에서 쿼리를 실행할 때마다 데이터베이스가 원본 테이블에 접근해 데이터를 가져와야 합니다. 따라서 데이터 테이블을 직접 생성하는 ETL을 완전히 대체하지는 못합니다.

대부분의 데이터베이스에서 지원하는 **구체화 뷰**^{materialized view}는 뷰와 비슷하지만 쿼리 결과를 실제 테이블로 저장합니다. 구체화 뷰 생성 및 업데이트 계획을 세울 때는 여러 유의 사항이 있으므로 숙련된 데이터베이스 관리자와 협의해 진행하는 편이 좋습니다.

8.1.3 다른 도구로 데이터셋 활용하기

편집기에서 작성한 SQL 코드와 출력된 쿼리 결과를 확인하는 일은 데이터 분석 과정의 일부일 뿐입니다. 쿼리 결과는 표나 그래프로 정리하고, 스프레드시트나 BI 도구, 심지어는 통계와 머신러닝 활용해 보고서로 작성합니다. 이를 위해 로직을 ETL로 데이터 저장소에 저장하는 것이 아닌 다른 도구로 내보내기도 합니다. 어디로 내보낼지는 성능과 사용 목적을 고려해 결정합니다.

도구에 따라 성능상의 강점과 한계가 있습니다. 예를 들어, 스프레드시트는 매우 유연하지만 대용량 데이터를 다루거나 수많은 행에 대한 복잡한 계산을 수행하기는 어렵습니다. 데이터베이스는 빠른 연산 성능이 장점이므로, 스프레드시트로 데이터를 가져와 분석을 수행하겠다면 먼저 데이터베이스에서 가능한 모든 계산을 미리 수행해 데이터셋 크기를 줄이는 편이 좋습니다.

BI 도구에는 다양한 기능이 있으므로, 사용하려는 소프트웨어가 어떻게 계산을 수행하며 데이터는 어떻게 사용되는지 이해하는 일이 중요합니다. 몇몇 BI 도구는 데이터를 최적화된 형태로 캐시^{cache}(로컬에 복사본을 저장)해 계산 수행 속도를 향상합니다. 반면 어떤 BI 도구는 보고서에 특정 필드에 대한 내용을 추가하거나 기존 필드 내용을 삭제해야 할 때마다 데이터베이스의 연산 처리 성능을 활용해 매번 쿼리를 실행하기도 합니다. `count distinct`, `median` 등의 계산을 할 때는 개체 단위로 자세한 정보가 저장된 데이터가 필요합니다. 어떤 분석을 수행할지 예측할 수 없다면 생각보다 많고 더 자세한 정보가 저장된 데이터셋이 필요할 수도 있습니다. BI 도구를 사용하는 목적이 다양한 방법으로 데이터를 확인하는 일이라면, 최대한 자세한 정보가 저장된 데이터셋을 넘길수록 좋습니다. 이렇듯 SQL, ETL, BI 도구 등을 활용해 분석하기 위한 최적의 조합을 찾기까지는 여러 번의 시행착오를 거치게 됩니다.

R이나 파이썬을 활용한 통계 및 머신러닝 분석에도 자세한 정보가 저장된 데이터셋이 필요합니다. 예전에는 데이터베이스의 연산 처리 능력을 활용할 수 있는 SQL에서 최대한 많은 계산을 수행하면 좋았지만 이제는 R이나 파이썬으로도 SQL의 집계, 텍스트 처리 등을 수행할 수 있습니다. 분석에 SQL을 사용할지 혹은 다른 언어를 사용할지는 각 언어를 얼마나 능숙하게 다루는지에 달려 있습니다. SQL이 편하다면 데이터베이스에서 SQL을 활용하고, R이나 파이썬이 편하다면 그 언어를 사용하면 됩니다.

> **TIP** 데이터셋을 어느 도구로 내보내야 좋을지 정해진 답은 없지만 한 가지만은 기억해두기 바랍니다. "수작업은 피하라!" 스프레드시트나 텍스트 편집기에서 데이터셋을 열어 원하는 작업을 수행하고 저장하기는 아주 쉽습니다. 하지만 이 작업을 반복하거나 새로운 데이터를 처리해야 하는 경우에는 수작업으로 해야 하는 일을 깜빡하거나 평소와 다르게 처리해버리는 일이 발생하기도 합니다. 경험상 진정한 의미의 일회성 수작업 처리는 없습니다. 반드시 추가 작업이 생기게 마련이니 데이터 처리 로직은 수작업을 피하고 코드로 작성해두기 바랍니다.

SQL은 매우 유연하고 훌륭한 도구이며 분석 워크플로에서 제 역할을 분명히 하고 있습니다. SQL, ETL 등 도구별로 어떤 작업이 가능한지 확인하고 분석에 무엇을 사용할지 결정하면 됩니다. 이 과정에는 약간의 시행착오가 따를 수 있습니다. 도구에 익숙하고 경험이 많을수록 각 도구의 성능 및 유연성의 이점을 활용하기도 좋습니다.

8.2 코드 구성

SQL은 코드 작성 형식에 규정이 거의 없어 쿼리 작성이 자유롭습니다. 단, 쿼리 절을 정확한 순서로 나열해야 합니다. SELECT 뒤에 FROM이 와야 하며 GROUP BY 절은 WHERE 뒤에 와야 합니다. SELECT, FROM 등의 키워드는 예약어로 지정돼 있습니다(필드 이름이나 테이블 이름, 별칭 등으로 사용할 수 없습니다). 일부 언어와 달리 SQL 쿼리에서 개행 문자newlines, 공백whitespace(여기서는 단어 사이를 구분하는 필수 공백 이외의 여백을 의미), 대소문자는 데이터베이스에서 쿼리를 실행할 때 아무런 영향을 끼치지 않습니다. 예제에서 다루는 쿼리는 길게 한 줄로 작성해도 되고, 대문자만으로 작성하든 소문자만으로 작성하든 전혀 상관없습니다(단, 쿼리 내에서 따옴표를 활용해 문자열을 표시할 때는 대소문자를 명확히 구분해야 합니다). 따라서 코드 구성은 온전히 쿼리를 작성하는 사람이 책임져야 할 몫입니다. 하지만 너무 부담 가질 필요는 없습니다. 코드 작성에 유용한 꾸미기용 포맷(주석, 들여쓰기 등)뿐 아니라 SQL 코드의 파일 저장 옵션 등 공식적 및 비공식적 도구가 제공되니 적절히 활용합시다.

8.2.1 주석 처리

대부분의 코딩 언어에서 제공하는 주석 처리 기능은 실행 시 코드에 별도로 표시된 부분을 무시합니다. SQL에서 주석을 표시하는 방법은 두 가지입니다. 첫 번째로는, 줄표 두 개(--)를 사용합니다. 해당 줄에서 기호 뒤에 오는 텍스트는 모두 주석으로 처리합니다.

```
-- This is a comment
```

두 번째 방법은 슬래시(/)와 별표(*)로 주석의 시작과 끝 지점을 지정합니다. 이 방법은 여러 줄에 걸친 텍스트를 한 번에 주석으로 처리하는 데도 사용합니다.

```
/*
This is a comment block
with multiple lines
*/
```

대부분의 SQL 편집기에서는 주석 처리된 텍스트를 한눈에 알아보기 쉽도록 회색 등의 색상으로 표시해줍니다.

많은 사람들이 적절한 주석 처리가 좋다는 사실은 알면서도 제대로 사용하는 데 어려움을 겪습니다. 주로 데이터를 탐색하고 프로파일링하는 과정에서, 오래 관리할 코드보다는 당장 데이터를 확인하기 위해 주석 없이 필요한 기능만 빠르게 작성하는 경우가 많습니다. 반대로, 주석이

지나치게 많은 코드는 주석이 없는 코드만큼이나 이해하기 어렵습니다. 또, 누구나 한 번쯤은 자신이 코드를 왜 그렇게 작성했는지 쉽게 기억할 것이라는 자신감에 주석을 제대로 달지 않았다가 봉변을 당한 경험이 있을 겁니다. 동료가 작성한 긴 쿼리를 이어받아 작업하거나 자신이 작성한 코드를 몇 달 만에 다시 손보는 경우에, 주석이 제대로 달려 있지 않으면 쿼리를 이해하느라 고통스러운 시간을 보내게 됩니다.

필자는 주석 처리에 대한 부담감과 유용함 사이에서 균형을 맞추고자 몇 가지 규칙을 따릅니다. 첫 번째로, 의미가 분명하지 않은 값이 있는 곳에는 주석을 추가합니다. 예를 들어, 수많은 시스템에서 값을 정수로 인코딩하지만 그 숫자가 무엇을 의미하는지 기억하기란 쉽지 않습니다. 이때 주석을 추가하면 의미가 명확해지고 필요시 코드를 수정하기도 쉽습니다.

```
WHERE status in (1,2) -- 1 is Active, 2 is Pending
```

두 번째로, 불분명한 계산이나 데이터 변환을 수행할 때 주석을 추가합니다. 데이터 프로파일링을 해보지 않으면 알 수 없는 사실, 이를테면 데이터 입력 오류나 아웃라이어의 존재 등이 이에 해당합니다.

```
case when status = 'Live' then 'Active'
    else status end
    /* 예전에는 활동 고객의 상태 값을 Live라고 저장했지만
    2020년부터는 Active라고 저장함 */
```

마지막으로, 쿼리가 서브쿼리를 여러 개 포함하는 경우에도 주석을 사용합니다. 각 서브쿼리에서 어떤 역할을 수행하는지 한 줄로 간단히 남겨놓으면 추후에 쿼리를 검토하고 수정할 때 필요한 부분만 빠르게 찾기 쉽습니다.

```
SELECT...
FROM
( -- 각 고객의 첫 번째 날짜를 반환
    SELECT ...
    FROM ...
) a
JOIN
( -- 각 고객의 모든 제품을 반환
    SELECT ...
```

```
    FROM ...
) b on a.field = b.field
...
;
```

주석을 잘 사용하려면 어느 정도 경험과 훈련이 필요하며, 주석은 몇 줄짜리 짧은 쿼리보다는 주로 긴 쿼리에서 더욱 가치가 빛납니다. 주석은 전체 쿼리에 대한 유용한 정보(쿼리 목적, 작성자, 작성일 등)를 남기는 데도 사용합니다. 동료들과 미래의 자신을 위해 유용한 주석을 남겨놓기 바랍니다.

8.2.2 포매팅 요령

적절하고 일관적인 포매팅은 SQL 코드를 읽기 쉽게 유지하는 데 좋은 방법입니다. 데이터베이스는 SQL에 포함된 대소문자와 공백(여백, 탭, 개행 문자)을 무시하므로, 이 점을 이용해 서식을 조정하면 SQL 코드가 더 읽기 쉬워집니다. 뒤에서 더 자세히 다루지만, 괄호를 사용하면 SQL의 다양한 조건에 대한 실행 순서를 명시적으로 지정할 뿐 아니라 시각적으로 파악하기도 쉽습니다.

이메일 제목이 대문자이면 더 잘 읽히듯이 SQL에서도 대문자로 된 단어가 다른 단어들보다 눈에 더 잘 들어옵니다. 필자는 SELECT, FROM, JOIN, WHERE 등 주요 문법은 대문자로 표기하는 편입니다. 특히 길고 복잡한 쿼리에서 이렇게 대문자를 사용하면 SELECT 절이 어디서 끝나고 FROM 절이 어디서 시작하는지 눈에 잘 들어와 코드를 이해하는 데 드는 시간이 절약됩니다.

공백도 쿼리를 구성하는 중요한 요소입니다. 공백을 잘 이용하면 쿼리 구조를 파악하고 각 파트가 어떻게 함께 수행되는지 이해하기 쉽습니다. SQL 쿼리는 한 줄로 작성해도 되지만 코드를 확인하려면 좌우로 스크롤해야 한다는 불편함이 있습니다. 필자는 SELECT, FROM 등의 구문은 새로운 줄에서 작성하는 편입니다. 그러면 쿼리에서 각 절의 시작과 끝을 바로 이해하기 쉽습니다. 집계 함수처럼 어느 정도 공간을 차지하는 함수는 해당 줄에서 한 번에 작성하면 좋습니다. WHEN 조건을 두 개 이상 사용하는 CASE 문을 작성할 때는 조건마다 줄을 구분하면 이해하기 쉽습니다. 다음 코드를 예로 들어봅시다. earthquakes 테이블에서 WHERE 절을 사용해 2019년부터 발생한 지진의 유형, 규모, 장소별 레코드 수를 알아보는 쿼리를 읽기 쉽게 작성하면 다음과 같습니다.

```
SELECT type, mag
,case when place like '%CA%' then 'California'
      when place like '%AK%' then 'Alaska'
      else trim(split_part(place,',',2))
      end as place
,count(*)
FROM earthquakes
WHERE date_part('year',time) >= 2019
and mag between 0 and 1
GROUP BY 1,2,3
;

type                mag place      count
------------------- --- ---------- -----
chemical explosion 0   California 1
earthquake          0   Alaska     160
earthquake          0   Argentina  1
...                 ... ...        ...
```

들여쓰기를 사용하면 코드의 구성을 확인하기가 용이합니다. 위 코드에서는 CASE 문에서 WHEN 조건을 작성할 때 공백이나 탭을 사용해 각 조건을 알아보기 좋습니다. 이 책의 모든 예제에서는 들여쓰기로 서브쿼리를 구분합니다. 들여쓰기로 서브쿼리를 구분하면 쿼리가 여러 단계로 중첩돼 있어도 단계별 쿼리와 그 실행 순서를 시각적으로 구분하기가 용이합니다.

```
SELECT...
FROM
(
    SELECT...
    FROM
    (
        SELECT...
        FROM...
    ) a
    JOIN
    (
        SELECT...
        FROM
    ) b on...
) a
...
;
```

코드를 어떻게 포매팅하든 쿼리는 동일한 결과를 반환합니다. SQL을 작성한 경험이 많은 사람은 자신이 선호하는 방식을 고수하려는 경향이 있습니다. 하지만 코드를 분명하고 일관적인 포맷으로 작성하면 유지하고 공유하기도 쉽습니다.

많은 SQL 쿼리 편집기에서 쿼리 포매팅 및 하이라이트 기능을 제공합니다. 일반적으로 쿼리에서 키워드는 쉽게 눈에 띄도록 특정 색상으로 하이트라이트되며, 이는 코드 작성 및 검토를 편리하게 해줍니다. 혹시 여러분이 SQL 코드를 쿼리 편집기에서만 작성해왔다면 '.sql' 파일을 메모장과 같은 일반 텍스트 편집기에서 열어보기 바랍니다. 쿼리 편집기에서 열 때와 달리 하이라이트가 없는 순수 텍스트가 나옵니다. [그림 8-1]은 하이라이트를 지원하는 편집기에서 코드를 열었을 때, [그림 8-2]는 하이라이트를 지원하지 않는 편집기에서 열었을 때입니다.

```
1 SELECT field1, field2, sum(field3) as sum_field3
2 FROM some_table
3 WHERE field1 is not null
4 GROUP BY 1,2
5 HAVING sum_field3 > 100
6 ;
```

그림 8-1 SQL 코드 하이라이트를 지원하는 편집기에서 열었을 때

```
1 SELECT field1, field2, sum(field3) as sum_field3
2 FROM some_table
3 WHERE field1 is not null
4 GROUP BY 1,2
5 HAVING sum_field3 > 100
6 ;
```

그림 8-2 SQL 코드 하이라이트를 지원하지 않는 편집기에서 열었을 때

어떻게 포매팅하든 데이터베이스가 SQL 코드를 실행하는 데는 전혀 상관없지만 포매팅의 다양한 이점을 활용하면 좋습니다. 일관된 여백과 대소문자를 비롯한 여러 포매팅 옵션을 사용하면 가독성이 좋아지고 코드를 다른 사람과 공유하거나 유지보수할 때도 큰 도움이 됩니다.

8.2.3 코드 저장

주석 처리와 포매팅을 완료했다면 코드를 나중에 다시 사용하거나 참고할 경우를 대비해 다른 곳에 보관하는 편이 좋습니다.

데이터 분석가와 데이터 과학자는 데스크톱에 설치된 SQL 편집기로 작업하는 경우가 많습니다. SQL 편집기는 데이터베이스 스키마와 코드 편집기를 함께 보면서 작업할 수 있도록 다양한 도구를 제공하므로 SQL 작업에 매우 유용합니다. 또한 작성한 쿼리를 '.sql' 확장자를 갖는 텍스트 파일로 저장합니다. 이 파일은 일반 텍스트 편집기에서도 열 수 있으며, 로컬 폴더 혹은 클라우드 기반 파일 저장 서비스에 저장할 수도 있습니다.

'.sql' 파일은 텍스트 파일이므로 깃허브 같은 버전 관리 저장소에 저장하기 좋습니다. 저장소에 파일을 저장하면 파일을 백업할 수 있을 뿐 아니라 다른 사람과 공유하기도 편리합니다. 특히, 버전 관리 저장소에 저장한 파일은 변경 내역까지 추적할 수 있어, 규정상의 이유 등으로 변경 내역을 확인하기가 용이합니다. 하지만 분석 워크플로에서 깃허브 등 저장소에 파일을 저장하는 과정을 필수로 수행하지 않은 경우 문제가 발생하기도 합니다. 코드가 깃허브에 자동으로 업데이트되도록 구현하지 않고 수동으로 업데이트해야 한다면 작업을 깜빡하기 쉽기 때문입니다.

8.3 쿼리 실행 순서 구성

복잡한 데이터셋을 생성할 때는 정확한 로직을 구성하고 쿼리 성능을 최적화하는 일이 중요합니다. 로직을 정확하게 구성하지 않으면 쿼리 실행 결과는 아무런 의미가 없습니다. 트랜잭션 시스템에서는 쿼리 실행 속도가 매우 중요하지만, 분석이 목적인 쿼리는 적당히 좋은 수준이면 충분합니다. 쿼리가 결과를 반환하기까지 끝없이 기다려야 한다면 문제가 될 테지만, 분석을 할 때는 30초를 기다리든 1분을 기다리든 별 차이가 없습니다. SQL에는 쿼리가 원하는 결과를 반환하도록 작성하는 방법이 한 가지 이상인 경우가 많으므로, 정확한 로직을 구현하면서도 성능을 보장하는 쿼리를 작성할 수 있습니다. SQL에서 쿼리의 중간 결과를 생성하는 세 가지 방법은 각각 서브쿼리, 임시 테이블, 공통 테이블 표현식을 사용하는 방법입니다. 이 장에서는 먼저 SQL의 실행 순서를 알아본 뒤 각 방법을 살펴봅니다. 그리고 마지막으로는 특정 상황에서 UNION 쿼리를 대체할 수 있는 그룹 함수를 알아봅니다.

8.3.1 SQL 절의 실행 순서

SQL이 실행되면 데이터베이스는 SQL 코드를 요청된 데이터를 반환하는 연산의 집합으로 변환합니다. 단순히 분석이 목적인 코드를 작성한다면 이 변환 과정을 자세히 이해할 필요는 없습니다. 하지만 데이터베이스가 연산을 실행하는 순서를 잘 안다면 SQL을 활용한 업무를 수행할 때 매우 도움이 되며, 예상과 다른 결과가 나왔을 때 이를 디버깅하는 데도 유용합니다.

> **NOTE_** 최신 데이터베이스에는 쿼리를 가장 효율적인 방법으로 실행하기 위한 정교한 쿼리 최적화 기능이 있습니다. 쿼리 최적화 기능으로 각 구문을 다양한 순서로 조합하며 확인해보기 때문에 사람이 직접 쿼리를 최적화할 필요는 없습니다. 다만, 복잡한 쿼리에 사용되는 서브쿼리 등의 중간 결과까지 다양한 순서로 확인해보지는 않습니다.

일반적인 쿼리 실행 순서는 [표 8-1]과 같습니다. 사용한 절의 우선순위에 따라 실행됩니다.

표 8-1 SQL 쿼리 실행 순서

순서	SQL 절
1	FROM (JOIN 및 ON 절 포함)
2	WHERE
3	GROUP BY (집계 포함)
4	HAVING
5	윈도우 함수
6	SELECT
7	DISTINCT
8	UNION
9	ORDER BY
10	LIMIT과 OFFSET

데이터베이스는 우선 FROM 절의 테이블을 실행합니다. 이때, 이 테이블과 연관된 JOIN 연산이 있다면 함께 검사됩니다. 만약 FROM 절이 특정 테이블이 아닌 서브쿼리를 포함한다면 해당 서브쿼리가 먼저 실행됩니다. ON 절은 JOIN을 수행할 때 테이블을 합칠 조건을 명시해 결과 데이터셋을 필터링합니다.

TIP FROM 절은 쿼리에 포함되지 않은 경우를 제외하고는 항상 가장 먼저 실행됩니다. 이 책의 몇몇 예제에서 봤듯이, 대부분의 데이터베이스에서는 FROM 절 없이 SELECT 절만 사용해 쿼리를 실행할 수 있습니다. 예를 들어, 오늘 날짜나 데이터베이스 버전 같은 시스템 정보를 확인할 때 SELECT 절만 포함된 쿼리를 사용합니다. 그뿐 아니라, 수학 계산, 날짜, 텍스트, 그 외 상수를 반환하는 함수를 사용할 때도 FROM 절 없이 SELECT 절만 사용할 수 있습니다. 실제 분석 단계에서는 이런 쿼리를 거의 사용하지 않지만, 특정 함수가 반환하는 값을 테스트하거나 까다로운 계산을 반복 수행할 때는 SELECT 절만 포함된 쿼리가 유용합니다.

FROM 절 다음으로는 WHERE 절이 실행돼 어떤 레코드가 다음 계산에 포함될지 결정합니다. WHERE 절은 우선순위가 매우 높으므로 WHERE 절 이후에 계산되는 결과를 WHERE 절의 조건으로 사용할 수는 없습니다.

다음으로는 GROUP BY 절과 count, sum, avg 등의 집계 함수가 실행됩니다. 당연하지만 GROUP BY 절은 FROM 절의 테이블에 JOIN을 수행한 결과 데이터셋 또는 FROM 절의 테이블에서 WHERE 절로 필터링하고 남아 있는 데이터셋의 필드만 포함할 수 있습니다.

다음으로는 HAVING 절이 실행됩니다. HAVING 절은 GROUP BY 절 뒤에 위치하면서 GROUP BY 절에서 집계된 값을 필터링합니다. HAVING 절을 사용하지 않고 GROUP BY 절에서 집계된 값을 필터링하고 싶다면 서브쿼리에서 집계 값을 먼저 계산한 뒤 메인 쿼리에서 해당 집계 값을 기준으로 필터링합니다. HAVING 절을 사용한 예를 봅시다. 다음 쿼리는 legislators_terms 테이블에서 임기가 1,000회 이상 발생한 주만 필터링해 임기 횟수를 기준으로 내림차순으로 정렬합니다.

```
SELECT state
,count(*) as terms
FROM legislators_terms
GROUP BY 1
HAVING count(*) >= 1000
ORDER BY 2 desc
;

state terms
----- -----
NY    4159
PA    3252
OH    2239
...   ...
```

다음으로는 윈도우 함수가 (사용됐다면) 실행됩니다. 앞서 GROUP BY 절을 통한 집계가 이미 계산됐으므로 윈도우 함수에서 해당 집계를 사용할 수 있습니다. 4장에서 사용한 legislators 데이터셋을 예로 들어봅시다. 다음 코드는 하나의 쿼리에서 GROUP BY 절을 사용해, 주별 총 임기 횟수를 구하는 집계 연산과 이를 이용한 주별 평균 임기 횟수 계산까지 한 번에 수행합니다.

```
SELECT state
,count(*) as terms
,avg(count(*)) over () as avg_terms
FROM legislators_terms
GROUP BY 1
;

state terms avg_terms
----- ----- ---------
DK    16    746.830
ND    170   746.830
NV    177   746.830
OH    2239  746.830
...   ...   ...
```

OVER 절에서 집계 결과를 사용할 수도 있습니다. 다음 쿼리는 각 주의 임기 횟수를 기준으로 내림차순 정렬하고 순위(rank)를 계산합니다.

```
SELECT state
,count(*) as terms
,rank() over (order by count(*) desc)
FROM legislators_terms
GROUP BY 1
;

state terms rank
----- ----- ----
NY    4159  1
PA    3252  2
OH    2239  3
...   ...   ...
```

여기서는 SELECT 절이 가장 마지막으로 실행됩니다. SELECT 문에 집계 함수와 윈도우 함수가 함께 존재하는 것이 다소 직관적이지 않아 보이기도 하지만, 데이터베이스는 각 절의 실행 순서에 따라 모든 계산을 정상적으로 완료했습니다. 이 쿼리 결과는 다른 쿼리에서 활용하거나 그대로 출력할 수도 있습니다. 예를 들어, CASE 문에서 조건별로 집계를 수행한 다음 집계 결과에서 별도의 산술 계산을 하거나 날짜, 텍스트 함수를 사용할 수도 있습니다.

> **TIP** sum, count, avg 등 집계 함수는 숫자 값을 반환합니다. 반면에 min, max 함수는 입력값의 타입에 맞는 정렬 기준에 따라 최솟값과 최댓값을 찾아 반환하므로, 반환값의 타입이 입력값의 타입과 동일합니다. 예를 들어, 최소 및 최대 날짜는 가장 빠른 날짜와 가장 늦은 날짜를 반환하며, 최소 및 최대 텍스트는 알파벳순을 기준으로 가장 빠른 텍스트와 가장 늦은 텍스트를 반환합니다.

쿼리에 DISTINCT가 있다면 SELECT 절 다음으로 실행됩니다. 이는 SELECT 절로 모든 행을 가져온 뒤 DISTINCT가 실행되면서 중복 행이 제거된다는 의미입니다.

그리고 UNION(또는 UNION ALL)이 실행됩니다. UNION을 수행하기 전에, UNION으로 합칠 쿼리들은 서로 독립적으로 실행을 마친 상태입니다. 이 단계에는 각 쿼리의 최종 결과 데이터셋이 UNION을 통해 하나로 합쳐집니다. 이는 각 쿼리가 서로 다른 데이터셋에서 서로 다른 방법으로 계산을 수행함을 의미합니다. 이때, UNION을 수행할 각 쿼리의 결과는 열 개수가 동일해야 하며, 상응하는 열끼리는 호환 가능한 타입이어야 합니다.

ORDER BY 절은 거의 마지막에 실행되므로 이전에 수행된 모든 결과 데이터셋을 특정 필드를 기준으로 정렬할 수 있습니다. 단, 쿼리에 DISTINCT가 포함된 경우에는 SELECT 절에서 반환하지 않는 필드를 기준으로 정렬할 수 없습니다. 반대로, 쿼리에 DISTINCT가 포함되지 않은 경우에는 쿼리에서 반환하지 않는 필드라도 테이블에 존재한다면 해당 필드를 기준으로 정렬할 수 있습니다.

LIMIT과 OFFSET은 쿼리에서 가장 마지막으로 실행됩니다. 이미 여러 절에 의해 결과 데이터셋이 생성된 상태이며 LIMIT과 OFFSET을 사용해 이 전체 결과 데이터셋의 일부만을 반환할 수 있습니다. 따라서 LIMIT을 사용하더라도 앞서 결과 데이터셋이 생성되기까지의 데이터베이스 연산을 최적화하는 데 아무런 영향이 없습니다. 이는 OFFSET이 큰 수일 때 더 분명해집니다. OFFSET 값을 3백만으로 설정하면 데이터베이스는 당연히 전체 결과 데이터셋에 대한 계산을 모두 수행하고 나서야 3백만 번째 다음 레코드부터 LIMIT에 명시된 수만큼 레코드를 반환합니다. 그렇다고 해서 LIMIT이 유용하지 않다는 의미는 아닙니다. LIMIT으로 한정된 수의 레코드만 확인하면 네트워크나 로컬 컴퓨터의 부하가 줄어들고, LIMIT을 서브쿼리와 같은 앞 단계의 쿼리에서 미리 사용하면 메인 쿼리의 계산량이 크게 줄어듭니다.

지금까지 데이터베이스가 쿼리를 실행하는 순서를 알아봤습니다. 이어서 더 크고 복잡한 쿼리에서 연산을 보다 효율적으로 제어하기 위한 서브쿼리, 임시 테이블, 공통 테이블 표현식을 알아봅니다.

8.3.2 서브쿼리

서브쿼리는 SQL 쿼리의 실행 순서를 제어하거나 하나의 메인 쿼리로 원하는 계산을 수행할 수 없을 때 가장 먼저 사용하는 방법입니다. 필요에 따라 긴 쿼리를 작은 단위로 구성하기 위해 사용하기도 합니다.

산술식에서 괄호로 계산의 우선순위를 표시하듯 쿼리에서는 괄호로 서브쿼리를 구분합니다. 괄호로 감싼 서브쿼리는 외부쿼리가 실행되기 전에 독립된 하나의 쿼리로서 실행됩니다. 서브쿼리가 FROM 절 뒤에 붙으면, 서브쿼리가 반환하는 결과 데이터셋이 마치 하나의 테이블처럼 사용됩니다. 앞서 이미 수많은 예제를 통해 서브쿼리를 활용한 코드를 살펴봤습니다.

LATERAL 서브쿼리[2]는 일반 서브쿼리와는 다른 특이한 유형으로, JOIN을 수행하지 않고도 앞에 위치한 FROM 절의 테이블의 값을 가져올 수 있습니다. JOIN과 ON 대신 콤마(,)와 LATERAL 키워드를 사용합니다. 그러면 LATERAL 뒤의 서브쿼리에서도 LATERAL 앞에 위치한 테이블 또는 서브쿼리의 데이터를 가져올 수 있습니다.

다음 예제에서 LATERAL을 사용해 현재 재임 중인 입법가의 과거 소속 정당을 분석해봅시다. 현재 재임 중인 입법가가 과거에는 다른 정당에 소속돼 있었다면 바로 이전 정당에서 첫 임기를 시작한 연도를 찾습니다. 그리고 현재 정당별로 그 연도 수를 세어보면 과거에 다른 정당에 있었던 의원의 수를 확인할 수 있습니다. 먼저, 첫 번째 서브쿼리에서 현재 재임 중인 입법가를 찾습니다. 그리고 두 번째 쿼리에서 LATERAL 서브쿼리를 활용해, 첫 번째 서브쿼리의 데이터로 현재 정당과 과거 정당이 다른 입법가를 찾아내고 이전 정당에서 첫 임기를 시작한 날짜(term_start)를 계산합니다.

---

2 옮긴이_ LATERAL JOIN이라고도 합니다.

```
SELECT date_part('year',c.first_term) as first_year
,a.party
,count(a.id_bioguide) as legislators
FROM
(
    SELECT distinct id_bioguide, party
    FROM legislators_terms
    WHERE term_end > '2020-06-01'
) a,
LATERAL
(
    SELECT b.id_bioguide
    ,min(term_start) as first_term
    FROM legislators_terms b
    WHERE b.id_bioguide = a.id_bioguide
    and b.party <> a.party
    GROUP BY 1
) c
GROUP BY 1,2
;

first_year party      legislators
---------- ---------- -----------
1979       Republican 1
2011       Libertarian 1
2015       Democrat   1
```

쿼리 결과를 보면, 현재와 다른 정당에서 활동한 적이 있는 입법가는 많지 않습니다. 현재 재임 중인 입법가 중 세 명만이 정당을 옮긴 경험이 있으며, 정당별로 단 한 명씩입니다. **LATERAL** 서브쿼리 대신 다른 방법으로 동일한 결과를 반환하려면, 다음 코드처럼 두 번째 쿼리의 **WHERE** 조건을 **ON** 절의 조건으로 사용해 **JOIN**을 수행합니다.

```
SELECT date_part('year',c.first_term) as first_year
,a.party
,count(a.id_bioguide) as legislators
FROM
(
    SELECT distinct id_bioguide, party
    FROM legislators_terms
    WHERE term_end > '2020-06-01'
) a
```

```
JOIN
(
    SELECT id_bioguide, party
    ,min(term_start) as first_term
    FROM legislators_terms
    GROUP BY 1,2
) c on c.id_bioguide = a.id_bioguide and c.party <> a.party
GROUP BY 1,2
;

first_year party       legislators
---------- ----------  -----------
1979       Republican  1
2011       Libertarian 1
2015       Democrat    1
```

만약 두 번째 서브쿼리가 너무 커서 JOIN을 수행하는 데 오래 걸린다면, 첫 번째 서브쿼리에서 반환하는 값으로 두 번째 서브쿼리를 미리 필터링해 실행 속도를 향상하는 방법이 있습니다. 경험상 LATERAL은 잘 사용되지 않아 다른 문법에 비해 사람들의 이해도가 낮습니다. 그러므로, 다른 방법으로는 효율적으로 원하는 결과를 얻지 못할 때만 사용하는 편이 좋습니다.

이렇듯 서브쿼리는 계산 순서를 직접 제어하는 등 목적에 따라 유연하게 사용됩니다. 하지만 긴 쿼리에 복잡하게 얽힌 서브쿼리는 이해하기 어렵고 유지보수하기도 힘듭니다. 때로는 서브쿼리의 연산 속도가 매우 느리며, 심지어 쿼리 결과를 확인하지 못하는 경우도 있습니다. 다행히도 SQL은 이런 경우에 몇 가지 대안을 제공합니다. 바로 임시 테이블과 공통 테이블 표현식입니다.

8.3.3 임시 테이블

임시 테이블temporary table을 생성하는 방법은 데이터베이스에서 일반 테이블을 생성하는 방법과 비슷합니다. 단, 임시 테이블은 현재 세션 동안에만 유지되고 세션이 끝나면 사라진다는 차이가 있습니다. 임시 테이블은 대용량 테이블의 일부만 가져와 분석할 때 유용합니다. 작은 테이블로 분석할수록 쿼리 실행이 빨라지기 때문입니다. 여러 쿼리를 실행하다가 중간에 생성된 결과 데이터를 임시 테이블로 만들어놓고 필요할 때마다 사용할 수도 있습니다. 임시 테이블은 별도의 독립된 테이블과 같으므로, 동일 세션에서는 임시 테이블에 여러 번 쿼리를 실행할 수 있습니다. 특히, 레드시프트, 버티카와 같이 여러 노드에 파티션 데이터[3]가 분산 저장된 데이터베이스에서 작업할 때 임시 테이블을 활용하기 좋습니다. INSERT 명령어로 임시 테이블에 데이터를 추가한 후, 나중에 JOIN을 수행할 다른 테이블로 데이터를 분산 저장할 수 있기 때문입니다. 다만 임시 테이블은 두 가지 단점이 있습니다. 첫 번째는 데이터베이스에 데이터 쓰기 권한이 필요하다는 점입니다. 보안상의 이유로 데이터 쓰기 권한을 얻기 어려운 경우에는 임시 테이블을 사용하기 어렵습니다. 두 번째 단점으로, 임시 테이블을 사용하려면 테이블 생성을 위한 CREATE 문과 데이터 삽입을 위한 INSERT 문이 필요합니다. 태블로Tableau나 메타베이스Metabase 같은 BI 도구에서는 데이터셋 생성에 하나의 SQL 문만 사용할 수 있어, 임시 테이블을 사용할 때는 BI 도구 활용에 제약이 있습니다.[4]

원하는 이름으로 임시 테이블을 생성하려면 CREATE 명령어와 TEMPORARY 키워드를 사용하고 테이블임을 명시한 뒤에 테이블 이름을 지정합니다. SQL 문을 추가로 사용해 해당 테이블에 데이터를 채워 넣을 수도 있습니다. 임시 테이블 생성과 데이터 삽입을 한 번에 해결하려면 CREATE as SELECT 문을 사용합니다. 예를 들어, 다음 코드는 입법가가 활동한 주 목록을 저장하기 위한 임시 테이블을 생성합니다.

```
CREATE temporary table temp_states
(
state varchar primary key
)
;

INSERT into temp_states
SELECT distinct state
FROM legislators_terms
;
```

첫 번째 SQL 문에서 임시 테이블을 생성하고, 두 번째 SQL 문에서 임시 테이블에 데이터를 채워 넣었습니다. 테이블을 처음 정의할 때는 모든 열의 데이터 타입을 지정해야 하며(여기서는 state 열의 데이터 타입으로 varchar 지정), 필요에 따라 기본키 등의 테이블 정의를 추가하기도 합니다. 필자는 임시 테이블의 이름을 지을 때 임시 테이블임을 명시하기 위해 'temp_',

---

3 옮긴이_ 더 작은 단위로 잘게 쪼갠 데이터를 의미합니다.

4 단, 태블로에서는 Initial SQL 옵션으로 이 문제를 해결할 수 있습니다.

'tmp_' 등 접두사를 붙이는 편이지만 꼭 그럴 필요는 없습니다.

다음처럼 CREATE as SELECT를 사용하면 임시 테이블을 더 쉽고 빠르게 생성할 수 있습니다.

```
CREATE temporary table temp_states
as
SELECT distinct state
FROM legislators_terms
;
```

여기서는 SELECT 문에서 반환하는 데이터의 타입에 따라 임시 테이블에 정의되는 열의 데이터 타입이 자동으로 지정되고 기본키는 따로 설정되지 않았습니다. 성능 개선을 위해 별도의 상세 설정이 필요한 경우가 아니라면 CREATE as SELECT를 사용하기를 추천합니다.

임시 테이블은 디스크에 생성되므로 동일 세션에서 임시 테이블을 비우고 다른 데이터를 채워 넣으려면 DROP 명령어로 테이블을 완전히 삭제한 뒤 다시 생성하거나, TRUNCATE 명령어로 테이블 내의 데이터를 모두 삭제한 다음에 데이터를 채워야 합니다. 혹은 데이터베이스와 연결을 끊었다가 다시 연결해 강제로 임시 테이블을 삭제한 후 처음부터 다시 생성하는 방법도 있습니다.

8.3.4 공통 테이블 표현식

공통 테이블 표현식common table expression (CTE)은 비교적 최근에 SQL 언어에 추가된 기능으로, 2000년대 초반부터 여러 주요 데이터베이스에서 지원하기 시작했습니다. 필자는 오랫동안 서브쿼리나 임시 테이블을 활용해 쿼리를 작성해오다가 몇 년 전 CTE의 장점을 깨달은 뒤로는 꾸준히 CTE를 사용하고 있습니다.

CTE는 마치 전체 쿼리에서 서브쿼리를 처음 쿼리 실행의 시작 부분으로 옮겨온 것처럼 생겼습니다. CTE로 임시 결과 데이터셋을 생성한 뒤 모든 쿼리에서 해당 결과 데이터셋을 사용할 수 있습니다. 쿼리에서는 여러 개의 CTE를 사용할 수 있으며, CTE는 먼저 생성한 CTE의 결과 데이터셋을 사용해 연산을 수행할 수도 있습니다.

CTE는 특히 쿼리에서 여러 번 반복 사용할 결과 데이터셋을 생성할 때 유용합니다. CTE를 사용하지 않고 동일한 서브쿼리를 여러 번 사용하면 (데이터베이스가 동일한 쿼리를 여러 번 실행해야 하므로) 쿼리 실행 속도가 느려지고 오류가 발생할 확률도 높아집니다. 또한 서브쿼리의 로직을 수정하는 경우 모든 서브쿼리를 하나씩 동일하게 수정해야 합니다. 이 과정에서 단하나의 서브쿼리라도 동일하게 수정하지 않고 넘어가는 실수를 저지른다면 최종 쿼리 실행 결과가 달라지는 문제가 발생합니다. CTE는 반복 사용할 수 있는 하나의 일반 쿼리와 같으므로 사용하는 데 특별한 데이터베이스 권한이 필요하지 않습니다. 또한 CTE는 중첩된 서브쿼리들이 복잡하게 얽히는 문제가 생기지 않도록 코드를 깔끔하게 구성할 수 있다는 장점이 있습니다.

반대로 CTE의 단점도 있습니다. 첫 번째는 CTE가 실제 사용되는 위치가 아닌 쿼리 시작 부분에 정의된다는 점입니다. 쿼리가 매우 긴 경우에는 쿼리를 이해하기 위해 CTE가 정의된 맨 윗부분까지 스크롤해서 확인해야 하므로 다른 사람이 쉽게 읽고 이해하기 어렵습니다. 이때 이해를 돕기 위해 주석을 적절히 사용하면 좋습니다. 두 번째 단점은 긴 쿼리에 포함된 특정 서브쿼리만 실행해 중간 결과를 확인하기 어렵다는 점입니다. 일반적으로는 이렇게 중간 결과를 확인하기 위해 쿼리 개발 도구로 간단히 해당 서브쿼리 부분만 선택해 실행해봅니다. 하지만 CTE 또는 CTE에서 생성한 결과 데이터셋을 이용하는 쿼리에서 반환하는 중간 결과를 확인하기 위해서는 주위 쿼리를 모두 주석으로 처리하고 쿼리를 실행해야 한다는 불편함이 있습니다.

CTE를 사용하려면 전체 쿼리의 최상단에서 **WITH** 키워드, 테이블 이름, **AS**를 선언한 뒤 괄호 안에 결과 데이터셋을 생성하는 쿼리를 작성합니다. CTE를 활용해 4장에서 알아본 코호트 분석 예제를 수행해봅시다. 다음 쿼리는 CTE로 각 입법가의 첫 임기를 구한 뒤 결과 데이터셋을 이용해 추가 분석을 수행합니다.

```
WITH first_term as
(
    SELECT id_bioguide
    ,min(term_start) as first_term
    FROM legislators_terms
    GROUP BY 1
)
SELECT date_part('year',age(b.term_start,a.first_term)) as periods
,count(distinct a.id_bioguide) as cohort_retained
FROM first_term a
JOIN legislators_terms b on a.id_bioguide = b.id_bioguide
GROUP BY 1
;

periods cohort_retained
------- ---------------
```

```
0       12518
1       3600
2       3619
...     ...
```

CTE를 활용한 쿼리 결과는 4장에서 서브쿼리를 활용한 쿼리 결과와 정확히 일치합니다. 한 쿼리에서 여러 개의 CTE를 사용하고 싶다면 다음 코드와 같이 콤마(,)를 사용해 다수의 CTE를 생성합니다.

```
WITH first_cte as
(
SELECT...
),
second_cte as
(
SELECT...
)
SELECT...
;
```

CTE는 쿼리의 실행 순서를 조정해 성능이 더 나은 코드를 구성하는 데 유용합니다. 처음에는 어렵더라도 문법에 익숙해지면 쉽게 사용할 수 있으며, 대부분의 데이터베이스에서 CTE를 지원하므로 활용도가 높습니다. 당장 필요하지 않더라도 평소에 사용법을 잘 익혀놓으면 분석 수행 시 상황에 맞는 쿼리를 작성하는 데 큰 도움이 됩니다.

8.3.5 그룹 함수

이 절에서 다루는 쿼리 실행 순서와 관련된 주제는 아니지만, UNION을 사용하지 않고도 쿼리 하나로 비슷한 처리를 하는 간단한 방법을 알아봅니다. 대부분의 데이터베이스에서 지원하는 GROUP BY 절의 특수한 문법으로 grouping sets, cube, rollup이 있습니다(단, 레드시프트는 지원하지 않으며, MySQL은 rollup만 지원합니다). 이 문법들은 다양한 속성을 조합해 집계를 수행할 때 유용합니다.

캐글Kaggle의 비디오 게임 판매 데이터셋[5]을 사용한 다양한 예제를 살펴봅시다. 이 데이터셋에는 [그림 8-3]과 같이 각 비디오 게임의 이름, 플랫폼, 출시 연도, 장르, 배급사(publisher) 등의 정보뿐 아니라 지역별 매출(북미, 유럽, 일본, 기타)과 이를 종합한 글로벌 매출(global_sales) 정보가 들어 있습니다. 이 책의 깃허브에서 실습을 위한 videogame_sales 테이블을 생성하고 데이터를 로드하는 코드를 제공합니다.

*	rank	name	platform	year	genre	publisher	na_sales	eu_sales	jp_sales	other_sales	global_sales
1	1	Wii Sports	Wii	2006	Sports	Nintendo	41.49	29.02	3.77	8.46	82.74
2	2	Super Mario Bros.	NES	1985	Platform	Nintendo	29.08	3.58	6.81	0.77	40.24
3	3	Mario Kart Wii	Wii	2008	Racing	Nintendo	15.85	12.88	3.79	3.31	35.82
4	4	Wii Sports Resort	Wii	2009	Sports	Nintendo	15.75	11.01	3.28	2.96	33
5	5	Pokemon Red/Pokemon Blue	GB	1996	Role-Playing	Nintendo	11.27	8.89	10.22	1	31.37
6	6	Tetris	GB	1989	Puzzle	Nintendo	23.2	2.26	4.22	0.58	30.26
7	7	New Super Mario Bros.	DS	2006	Platform	Nintendo	11.38	9.23	6.5	2.9	30.01
8	8	Wii Play	Wii	2006	Misc	Nintendo	14.03	9.2	2.93	2.85	29.02
9	9	New Super Mario Bros. Wii	Wii	2009	Platform	Nintendo	14.59	7.06	4.7	2.26	28.62
10	10	Duck Hunt	NES	1984	Shooter	Nintendo	26.93	0.63	0.28	0.47	28.31
11	11	Nintendogs	DS	2005	Simulation	Nintendo	9.07	11	1.93	2.75	24.76
12	12	Mario Kart DS	DS	2005	Racing	Nintendo	9.81	7.57	4.13	1.92	23.42
13	13	Pokemon Gold/Pokemon Silver	GB	1999	Role-Playing	Nintendo	9	6.18	7.2	0.71	23.1
14	14	Wii Fit	Wii	2007	Sports	Nintendo	8.94	8.03	3.6	2.15	22.72
15	15	Wii Fit Plus	Wii	2009	Sports	Nintendo	9.09	8.59	2.53	1.79	22
16	16	Kinect Adventures!	X360	2010	Misc	Microsoft Game Studios	14.97	4.94	0.24	1.67	21.82
17	17	Grand Theft Auto V	PS3	2013	Action	Take-Two Interactive	7.01	9.27	0.97	4.14	21.4
18	18	Grand Theft Auto: San Andreas	PS2	2004	Action	Take-Two Interactive	9.43	0.4	0.41	10.57	20.81
19	19	Super Mario World	SNES	1990	Platform	Nintendo	12.78	3.75	3.54	0.55	20.61
20	20	Brain Age: Train Your Brain in Minutes a Day	DS	2005	Misc	Nintendo	4.75	9.26	4.16	2.05	20.22

그림 8-3 videogame_sales 테이블 샘플 데이터

이 비디오 게임 데이터셋에서 플랫폼, 장르, 배급사별 global_sales 합계를 (세 가지 필드로 조합된 그룹이 아니라) 필드마다 따로 계산하되, 단 한 번의 쿼리로 모든 결과를 확인해봅시다. 각 필드의 global_sales 합계를 구하는 쿼리를 하나씩 만들고 세 쿼리를 UNION으로 합칩니다. 단, 반환 결과를 UNION으로 합치려면 각 쿼리는 해당 쿼리에서 global_sales 합계를 구하려는 필드의 이름뿐 아니라 null 값을 갖는 나머지 필드의 이름까지 함께 반환해야 합니다.

```
(
SELECT platform
,null as genre
,null as publisher
,sum(global_sales) as global_sales
FROM videogame_sales
GROUP BY 1,2,3
    UNION
SELECT null as platform
,genre
```

5 https://oreil.ly/qIxRX

```
,null as publisher
,sum(global_sales) as global_sales
FROM videogame_sales
GROUP BY 1,2,3
    UNION
SELECT null as platform
,null as genre
,publisher
,sum(global_sales) as global_sales
FROM videogame_sales
GROUP BY 1,2,3
)
ORDER BY 1,2,3
;

platform genre      publisher  global_sales
-------- ------     ---------  ------------
2600     (null)     (null)     97.08
3DO      (null)     (null)     0.10
...      ...        ...        ...
(null)   Action     (null)     1751.18
(null)   Adventure  (null)     239.04
...      ...        ...        ...
(null)   (null)     10TACLE    Studios 0.11
(null)   (null)     1C Company 0.10
...      ...        ...        ...
```

위 쿼리를 더 간결하게 작성하려면 grouping sets를 사용합니다. GROUP BY 절 뒤에 grouping sets를 사용하고, 집계를 수행할 필드를 괄호로 묶으면 다음처럼 쿼리가 훨씬 간결해집니다.

```
SELECT platform, genre, publisher
,sum(global_sales) as global_sales
FROM videogame_sales
GROUP BY grouping sets (platform, genre, publisher)
ORDER BY 1,2,3
;

platform genre      publisher  global_sales
-------- ------     ---------  ------------
2600     (null)     (null)     97.08
3DO      (null)     (null)     0.10
```

```
...         ...         ...         ...
(null)      Action      (null)      1751.18
(null)      Adventure   (null)      239.04
...         ...         ...         ...
(null)      (null)      10TACLE     Studios 0.11
(null)      (null)      1C Company  0.10
...         ...         ...         ...
```

grouping sets 뒤의 괄호 안에서는 집계를 수행할 필드 이름을 콤마로 구분하며, 필드와 상관없이 전체 레코드의 집계 값을 추가로 계산하려면 빈 괄호를 추가합니다. 예를 들어, 괄호 안에 platform, genre, publisher를 표기하면 필드별 global_sales 합계가 계산되고, 다음 쿼리처럼 빈 괄호를 추가하면 전체 레코드의 global_sales 합계까지 계산됩니다.[6] 또한, coalesce를 사용하면 null을 'All'로 변환해 출력합니다.

```sql
SELECT coalesce(platform,'All') as platform
,coalesce(genre,'All') as genre
,coalesce(publisher,'All') as publisher
,sum(global_sales) as na_sales
FROM videogame_sales
GROUP BY grouping sets ((), platform, genre, publisher)
ORDER BY 1,2,3
;

platform genre       publisher   global_sales
-------- ------      ---------   ------------
2600     All         All         97.08
3DO      All         All         0.10
...      ...         ...         ...
All      Action      All         1751.18
All      Adventure   All         239.04
...      ...         ...         ...
All      All         10TACLE     Studios 0.11
All      All         1C Company  0.10
...      ...         ...         ...
All      All         All         8920.44
All      All         All         14.88
...      ...         ...         ...
```

----

6 옮긴이_ 빈 괄호는 어느 위치든 넣어도 됩니다. 예제에서는 맨 앞에 추가했지만 맨 뒤에 추가해도 반환 결과는 같습니다.

platform, genre, publisher 세 필드 각각의 global_sales 합계뿐 아니라 세 필드의 모든 조합에 대한 global_sales 합계를 확인하고 싶다면 grouping sets의 괄호에 (platform, genre), (platform, publisher) 등 원하는 조합을 모두 표기합니다. 혹은 다음과 같이 간단하게 cube 문법을 사용하는 방법도 있습니다.

```
SELECT coalesce(platform,'All') as platform
,coalesce(genre,'All') as genre
,coalesce(publisher,'All') as publisher
,sum(global_sales) as global_sales
FROM videogame_sales
GROUP BY cube (platform, genre, publisher)
ORDER BY 1,2,3
;
```

platform	genre	publisher	global_sales
...	...	...	...
All	Action	All	0.85
All	Action	All	1751.18
...	...	...	...
All	Action	Atari	26.65
...	...	...	...
All	All	All	14.88
All	All	All	8920.44
...	...	...	...
All	All	Atari	157.22
...	...	...	...
PS3	Action	All	307.88
...	...	...	...
PS3	Action	Atari	0.2
...	...	...	...
PS3	All	All	0.55
PS3	All	All	957.84
...	...	...	...

cube 대신 rollup을 사용하면 괄호 안에 표기된 필드의 모든 조합이 아니라 명시된 필드 순서에 기반한 조합으로 그룹화해 집계합니다. rollup은 다음과 같이 사용합니다.

```
GROUP BY rollup (platform, genre, publisher)
```

이때, 쿼리가 집계를 수행하는 필드 조합은 필드가 명시된 순서에 따라 다음과 같이 구성됩니다.

- platform, genre, publisher
- platform, genre
- platform

다음과 같이 순서가 뒤바뀐 필드 조합에 대해서는 집계를 수행하지 않습니다.

- platform, publisher
- genre, publisher
- genre
- publisher

UNION을 사용해도 위와 결과는 동일하지만 grouping sets, cube, rollup 문법을 사용하면 중첩된 쿼리에서 집계를 수행할 때 코드 작성 공간과 실행 시간이 절약됩니다. 코드가 더 짧아지고 데이터베이스 테이블을 더 적게 읽어들이기 때문입니다. 필자는 미리 준비된 색상 필터로 모든 조합을 만들어 동적 웹사이트 그래픽을 생성하기 위해 UNION을 사용해 수백 줄짜리 코드를 작성한 적이 있습니다. 쿼리를 제대로 작성했는지 확인하는 데 시간이 많이 소요될뿐더러 나중에 코드를 업데이트하기도 힘들었습니다. 그때 grouping sets와 CTE를 적절히 사용했다면 더 간결하고 유지보수하기 좋은 코드가 됐을 겁니다.

8.4 데이터셋 크기 및 프라이버시 관리

SQL이 제대로 동작하도록 로직을 구성하고, 그에 맞춰 코드를 작성하고, 최적화 작업을 끝냈더라도 아직 문제가 남았습니다. 바로 결과 데이터셋의 크기입니다. 최근에는 저렴하게 이용 가능한 데이터 스토리지에 대용량 데이터셋을 저장할 수도 있으며, 연산 성능의 발전으로 정교하고 세밀한 데이터 분석도 가능해졌습니다. 하지만 BI 도구 등에서 대용량 데이터를 사용하거나 시스템 간에 대용량 데이터셋을 전달할 때는 데이터셋 크기로 인해 병목 현상이 발생하기도 합니다. 뿐만 아니라, 민감한 데이터를 다룰 때는 데이터 프라이버시 문제도 주의해야 합니다. 이 절에서는 대용량 데이터셋의 크기를 줄이는 방법과 데이터 프라이버시 문제를 다루는 방법을 알아봅니다.

8.4.1 샘플링

결과 데이터셋 크기를 줄이기 위해 원본 데이터를 샘플링하는 방법을 알아봅시다. **샘플링** sampling이란 원본 데이터의 일부를 특정 기준에 따라 추출하는 방법으로, 데이터셋이 매우 커서 일부만 추출해 분석해도 대표성이 보장된다고 판단될 때 사용하기 좋습니다. 예를 들어, 사람들이 많이 사용하는 웹사이트의 트래픽을 분석할 때는 전체 데이터에서 일부만 샘플링해 분석하더라도 충분히 유용한 인사이트를 얻을 수 있습니다. 샘플링을 수행하려면 두 가지를 결정해야 합니다. 첫 번째는 샘플 데이터의 크기입니다. 데이터 크기를 최대한 줄이면서도 중요한 정보를 많이 잃지 않게끔 적절한 수준으로 샘플 크기를 결정합니다. 원본 데이터 크기를 고려해 10%, 1%, 0.1% 등으로 결정합니다. 두 번째는 샘플링 기준이 되는 개체입니다. 웹사이트 '방문'을 기준으로 1%의 샘플 데이터를 선정하기도 하지만, 분석 목적이 웹사이트 내 사용자 이동 경로를 이해하는 일이라면 웹사이트 '방문자' 중 1%를 선정하고 그들의 방문 데이터를 샘플링하는 편이 적절합니다.

가장 일반적인 샘플링으로는 WHERE 절에서 함수를 사용해 특정 개체를 기준으로 쿼리 결과를 필터링합니다. 테이블에 데이터를 저장할 때 정수 타입 ID 필드를 함께 저장하는 경우가 많은데, ID 필드에 나머지 연산을 이용하면 간단히 쿼리 결과를 필터링할 수 있습니다. 여기서 나머지란 정수를 다른 정수로 나눴을 때 남는 수를 의미합니다. 예를 들어, 10을 3으로 나누면 몫이 3이고 나머지가 1입니다. SQL에서는 다음과 같이 % 기호나 mod 함수를 사용해 나머지를 구합니다.

```
SELECT 123456 % 100 as mod_100;

mod_100
-------
56
```

```
SELECT mod(123456,100) as mod_100;

mod_100
-------
56
```

% 기호를 사용한 방법과 **mod** 함수를 사용한 방법 모두 입력값인 **123456**의 마지막 두 자리 숫자인 **56**을 반환합니다. 이 원리를 활용해 전체 데이터 중 1%의 샘플 데이터를 얻어봅시다. **WHERE** 절에서 두 방법 중 하나를 사용해 나머지를 계산하고, 나머지가 0~99 사이 정수 중 하나와 같다는 조건을 설정해 1%의 샘플 데이터를 추출합니다. 다음 코드에서는 100으로 나눈 나머지가 7과 같다는 조건을 설정합니다.

```
SELECT user_id, ...
FROM table
WHERE user_id % 100 = 7
;
```

100으로 나눈 나머지를 활용하면 1%의 샘플 데이터를 얻고, 1,000으로 나눈 나머지를 활용하면 0.1%의 샘플 데이터를 얻으며, 10으로 나눈 나머지를 활용하면 10%의 샘플 데이터를 얻습니다. 이와 같이 일반적으로 10의 배수로 나눠서 샘플링하지만 꼭 그럴 필요는 없습니다. 샘플 데이터 크기가 적절하다면 어떤 정수로 나누든 상관없습니다.

이와 같이 ID 필드처럼 숫자로만 구성된 필드로 샘플링하기는 간단하지만, 알파벳과 숫자로 구성된 필드를 기준으로 샘플링하기는 조금 더 복잡합니다. 문자열 파싱 함수를 사용해 처음 또는 마지막 문자를 파싱한 뒤 파싱된 값을 기준으로 필터링합니다. 예를 들어, `right` 함수를 사용해 마지막 문자가 `'b'`인 레코드만 샘플링해봅시다.

```
SELECT user_id, ...
FROM table
WHERE right(user_id,1) = 'b'
;
```

마지막 문자가 대문자일 수도 있고 소문자일 수도 있으며, 숫자일 수도 있습니다. 따라서 샘플
링 비율은 약 1.6%(1/62)입니다.[7] 더 많은 비율을 샘플링하려면 다음과 같이 마지막 문자가
'b'뿐 아니라 다른 문자일 때도 조건을 만족하도록 쿼리를 수정합니다.

```
SELECT user_id, ...
FROM table
WHERE right(user_id,1) in ('b','f','m')
;
```

반대로, 더 적은 비율로 샘플링하려면 마지막 한 글자뿐 아니라 그 앞의 여러 문자를 추가로 파
싱해 조건을 만족할 확률이 줄어들도록 쿼리를 수정합니다.

```
SELECT user_id, ...
FROM table
WHERE right(user_id,2) = 'c3'
;
```

TIP 샘플링을 할 때는 여러분이 사용하는 함수로 랜덤 샘플링 또는 랜덤에 가까운 샘플링을 할 수 있는지 확인하
는 편이 좋습니다. 필자는 사용자 ID 값에서 마지막 두 문자를 이용해 샘플링하려던 중에 사용자 ID가 임의로
생성된 값이 아니라 특정 조합으로 이뤄진 두 자리 숫자라는 사실을 뒤늦게 발견한 경험이 있습니다. 이를 모
른 채로 단순히 사용자 ID에 mod 함수를 활용해 1%의 샘플 데이터를 얻었다면, 원본 데이터에서 골고루 샘플
링한 데이터가 아닌 특정 문자열 조합 패턴에 의해 상당히 편향된 데이터를 얻었을 겁니다. 값이 알파벳과 숫
자로 구성된 필드에서는 값의 앞 문자열 또는 뒤 문자열이 특정 패턴에 맞춰 구성돼 있을 수 있으므로, 데이터
프로파일링을 통해 랜덤 샘플링이 가능한지 미리 확인합시다.

샘플링은 데이터셋 크기를 줄이는 간단한 방법입니다. 데이터셋 크기가 작으면 SQL 문에서 연
산 속도가 향상되고 최종 결과 데이터셋도 작아지므로 더 쉽고 빠르게 다른 도구나 시스템으로

....
7   옮긴이_ 대문자 26개, 소문자 26개, 숫자 10개이므로 1/62의 샘플링이 가능합니다.

전송할 수 있습니다. 샘플링으로 인해 너무 많은 정보가 손실되면 원본 데이터를 대표하지 않는다는 문제가 생기기도 하므로 여러 방법을 활용해 적절한 수준으로 샘플링하기 바랍니다.

8.4.2 차원 축소

조합된 속성의 수, 즉 차원수^{dimensionality}에 따라 결과 데이터셋의 레코드 수가 결정됩니다. 이해를 돕기 위해 간단한 예를 들어봅시다. GROUP BY 절로 서로 다른 고윳값 10개가 저장된 필드를 그룹화해 필드의 고윳값별 레코드 수를 계산하면 쿼리는 총 10개의 레코드를 반환하게 됩니다. 이번에는 쿼리에 기존 필드와 다른 고윳값 10개를 갖는 필드를 하나 더 추가해봅니다. GROUP BY 절로 두 필드를 그룹화하면 총 100개(10×10)의 레코드가 반환됩니다. 또다시 앞의 두 필드와 다른 고윳값 10개를 갖는 필드를 하나 더 추가하고, 이 세 개의 필드를 기준으로 그룹화하면 총 1,000개(10×10×10)의 레코드가 반환됩니다. 물론 세 필드의 조합 중 값이 테이블에 존재하지 않는 조합이 있다면 결과 레코드의 수가 1,000개보다 적을 수 있습니다. 하지만 이를 감안하더라도 새로운 필드를 GROUP BY 절에 추가해 집계를 수행하면 결과 데이터셋 크기가 기하급수적으로 늘어난다는 점은 명백합니다.

분석을 수행할 때, 쿼리에서 분석에 필요한 필드만 가져와 원하는 조건에 맞게 필터링하면 적절한 크기로 출력 데이터셋을 생성할 수 있습니다. 하지만 다른 도구에서 추가 분석을 수행하기 위한 데이터셋을 생성할 때는, 당장 분석에 필요한 필드뿐 아니라 추가 분석 시 필요할 수도 있는 필드도 포함하는 유연함이 필요합니다. 이 절에서는 최대한 데이터 정보를 잃지 않으면서도 데이터를 요약해 결과 데이터셋 크기를 줄이는 다양한 차원 축소 방법을 알아봅니다.

먼저, 데이터셋 크기를 줄이기 위해 날짜 및 시간의 세밀도를 조정하는 방법이 있습니다. 예를 들어, 일간 집계 데이터가 필요한 상황인지 확인해본 뒤 그렇게 세밀한 데이터가 필요하지 않다면 주간 또는 월간 집계 데이터를 분석하면 됩니다. 큰 단위로 집계할수록 레코드 수가 줄어들어 데이터 크기가 작아집니다. 데이터에서 평일과 주말의 패턴을 비교해보려면 요일별로 집계를 수행합니다. 특정 기간의 데이터만 필터링해 분석하면 데이터셋 크기는 줄어들지만 장기간 패턴 변화를 분석할 수 없는 단점이 있습니다. 필자는 데이터 팀에서 월간 집계를 수행해 수년간의 데이터를 한눈에 이해하게끔 요약한 결과를 본 적이 있습니다. 원본 데이터는 훨씬 짧은 시간 윈도우 단위인 일간, 심지어는 시간별로 집계돼 레코드 수가 매우 많은 대용량 데이터였지만 월간 집계를 통해 데이터의 크기를 상당히 줄였습니다.

텍스트 필드에 적용 가능한 차원 축소 방법도 있습니다. 때때로, 텍스트 데이터끼리 의미는 같지만 철자나 대소문자 차이 때문에 다른 값으로 처리돼 집계 수행 시 데이터 공간이 낭비되는 경우가 있습니다. 5장에서 다룬 lower, trim, initcap 등 텍스트 함수를 사용하면 이러한 값을 표준화해 데이터 크기도 줄이면서 보다 의미 있는 분석 결과를 이끌어낼 수 있습니다. CASE 문과 replace 함수를 사용해 철자 변환이나 값 변경 등 세부적인 조정이 가능합니다.

필드에 저장된 여러 값 중 일부에 대한 집계가 필요한 경우도 있습니다. 집계를 수행할 값 이외의 값들을 하나의 그룹으로 묶어버리면 분석에 필요한 상세 내용은 보존되면서 데이터셋 크기가 효과적으로 줄어듭니다. 이 방법은 지리적 특성에 따른 데이터 분석에 특히 유용합니다. 예를 들어, 전 세계 200여 국가 중 일부 국가에서만 분석에 충분한 양의 고객 데이터가 쌓이고 있다면, 데이터가 충분히 모이지 않은 국가의 데이터는 하나의 그룹으로 묶어버리고 분석을 수행하는 방법도 있습니다. 4장에서 사용한 legislators 데이터셋의 state 필드에는 주 이름 50개와 별도의 하원의원이 존재하는 미국 지역 이름 9개까지, 총 59개의 고윳값이 저장돼 있습니다. 다음 코드는 CASE 문을 사용해 인구가 가장 많은 5개 주(2021년 기준 캘리포니아주, 텍사스주, 플로리다주, 뉴욕주, 펜실베이니아주)는 주 이름을 그대로 카테고리 이름으로 사용하고, 그 외의 주는 모두 'Other' 카테고리로 통합한 다음 카테고리별 입법가 임기 수를 계산합니다.

```
SELECT case when state in ('CA','TX','FL','NY','PA') then state
            else 'Other' end as state_group
,count(*) as terms
FROM legislators_terms
GROUP BY 1
ORDER BY 2 desc
;

state_group count
----------- -----
Other       31980
NY          4159
PA          3252
CA          2121
TX          1692
FL          859
```

state 필드에는 총 59개 값이 있지만 위 쿼리에서는 이를 간소화해 단 6개의 주 카테고리에 대한 결과만 반환합니다. 분석을 수행할 카테고리 5개를 직접 지정하는 대신 주별 입법가 수를 기준으로 동적으로 지정할 수도 있습니다. 주별 고유 입법가 수를 계산하려면 다음과 같이 서 브쿼리에서 주별 고유 id_bioguide(입법가 ID) 수를 기준으로 순위를 매긴 뒤 상위 5개 주 는 state 값을 그대로 두고, 해당하지 않는 주는 모두 'Other'로 통합합니다.

```
SELECT case when b.rank <= 5 then a.state
            else 'Other' end as state_group
,count(distinct id_bioguide) as legislators
FROM legislators_terms a
JOIN
(
    SELECT state
    ,count(distinct id_bioguide)
    ,rank() over (order by count(distinct id_bioguide) desc)
    FROM legislators_terms
    GROUP BY 1
) b on a.state = b.state
GROUP BY 1
ORDER BY 2 desc
;

state_group legislators
----------- -----------
Other       8317
NY          1494
PA          1075
OH          694
IL          509
VA          451
```

상위 5개 주를 수동으로 지정한 쿼리에서는 현재 인구수를 기준으로 캘리포니아주, 텍사스주, 플로리다주, 뉴욕주, 펜실베이니아주를 직접 지정했는데, 입법가 수를 기준으로 상위 5개 주 를 선정하니 조금 다른 결과가 나왔습니다. 여기서 분석에 사용한 데이터는 2020년에 생성된 데이터셋이기 때문입니다. 최근 데이터셋을 사용했다면 동적으로 상위 5개 주를 지정하더라도 동일한 결과가 나왔을 것입니다.

데이터를 플래그flag 값으로 변환해 차원을 줄이는 방법도 있습니다. 플래그는 주로 이진 값(두 가지 값)을 사용합니다. 플래그 값으로는 BOOLEAN 타입의 TRUE와 FALSE를 사용하기도 하고, 1과 0, 또는 'Yes'와 'No' 등 문자열 쌍을 사용하기도 합니다. 플래그를 생성하기 위해 특정 임계값을 기준으로 값을 변환하면 데이터 크기는 줄어들지만 값의 상세한 정보는 잃게 됩니다. 예를 들어, 웹사이트 방문자의 상품 구매 내역 데이터를 구매 여부에 따라 TRUE/FALSE 등의 플래그로 변환해 저장하면 구매 수량에 대한 정보는 알 수 없게 됩니다.

legislators 데이터셋에서 입법가별 재임 횟수를 분석해보면 총 28개의 고유한 정숫값이 나옵니다. 28개의 재임 횟수별 입법가 수를 모두 확인하는 대신, 플래그를 사용해 1회만 재임한 입법가와 2회 이상 재임한 입법가로 구분해 확인해봅시다. 쿼리는 다음과 같습니다.

```
SELECT case when terms >= 2 then true else false end as two_terms_flag
,count(*) as legislators
FROM
(
    SELECT id_bioguide
    ,count(term_id) as terms
    FROM legislators_terms
    GROUP BY 1
) a
GROUP BY 1
;

two_terms_flag legislators
-------------- -----------
false          4139
true           8379
```

2회 이상 재임한 입법가 수가 1회만 재임한 입법가 수의 약 두 배입니다. term_id 필드 외에 다른 필드와 조합해 입법가 수를 분석하더라도, 이렇게 플래그를 사용하면 더 적은 레코드로 구성된 간단한 결과 데이터셋이 생성됩니다.

한편 값을 간단히 이진형(TRUE/FALSE, 존재/부재 등)으로만 변환하기에 적절하지 않은 경우도 있습니다. 값이 숫자 타입이면 적절한 세밀도를 유지하기 위해 값을 세 개 이상의 범위로 구분해 분석하는 방법도 있습니다. CASE 문으로 특정 필드의 값을 범위에 따라 구분하고 숫자나 문자열로 해당 범위의 이름을 지정합니다.

이번에는 재임 횟수를 좀 더 다양하게 구분해봅시다. 1회만 재임한 입법가 수, 2~9회 재임한 입법가 수, 10회 이상 재임한 입법가 수를 계산합니다.

```
SELECT
case when terms >= 10 then '10+'
    when terms >= 2 then '2 - 9'
    else '1' end as terms_level
,count(*) as legislators
FROM
(
    SELECT id_bioguide
    ,count(term_id) as terms
    FROM legislators_terms
    GROUP BY 1
) a
GROUP BY 1
;

terms_level legislators
----------- -----------
1           4139
2 - 9       7496
10+         883
```

데이터셋에서는 총 28개의 입법가별 고유 재임 횟수가 존재하지만, 위 코드와 같이 차원을 축소해 임기를 1회만 수행한 입법가 수는 그대로 계산하고 여러 번(2~9회) 재임한 입법가 수와 10회 이상 아주 많이 재임한 입법가 수를 구분해 계산해 단 세 줄의 레코드를 갖는 결과 데이터셋을 생성했습니다. 이러한 방법은 다양한 도메인에서 활용 가능합니다. 차원 축소 방법을 사용하기 위해 의미 있는 결과를 이끌어낼 만한 임계값을 찾아내기는 쉽지 않습니다. 다양한 값을 적용해보면서 적절한 임계값을 찾아 집계를 수행하면 데이트셋 크기를 크게 줄이고, BI 도구 등 다른 분석 애플리케이션으로 데이터셋을 빠르게 전송할 수 있으며, BI 도구에서도 효율적으로 분석을 수행할 수 있습니다.

8.4.3 개인 식별 정보와 데이터 프라이버시

데이터 프라이버시는 데이터 전문가가 분석을 수행할 때 주의해야 하는 주요 문제입니다. 여러 속성이 포함된 대용량 데이터셋을 분석하면 좋은 인사이트와 개선 방향 등을 이끌어낼 수 있지만, 데이터셋에 개인 정보 관련 속성이 포함돼 있다면 데이터 수집 및 사용과 관련한 윤리적, 규제적 문제가 없는지 살펴야 합니다. 환자, 학생, 금융 데이터를 다루는 서비스에서는 오래전부터 고객 프라이버시 규제가 존재했으며, 최근 몇 년 사이에는 소비자의 데이터 프라이버시 권리를 규제하는 법률이 제정됐습니다. 유럽 연합(EU)에서 제정한 일반 개인정보 보호법General Data Protection Regulation(GDPR)이 대표적인 예입니다. 이 외에도 캘리포니아 소비자 개인정보 보호법California Consumer Privacy Act(CCPA), 호주 개인정보 보호 원칙Australian Privacy Principles, 브라질 일반 개인정보 보호법(LGPD) 등이 있습니다.

이러한 규정들은 개인 식별 정보personally identifiable information(PII)의 처리 및 저장에 관한 내용을 다루며, 몇몇 규정에서는 개인 식별 정보의 삭제에 관한 내용까지도 다룹니다. PII는 이름, 주소, 이메일 주소, 생년월일, 사회 보장 번호social security number 등 개인을 특정하는 정보를 의미합니다. 심장 박동 수, 혈압, 의료 진단서 등 건강 지표뿐 아니라 심지어는 GPS 좌표 등 위치 정보도 PII에 해당합니다. 몇 개의 GPS 좌표만으로 개인을 특정할 수도 있기 때문입니다. 예를 들어, 수집된 GPS 데이터에 필자의 거주지 GPS 좌표와 자녀들이 다니는 학교의 GPS 좌표가 저장돼 있다면, 다른 사람이 이 데이터를 보고 필자의 가족 구성원의 이동 데이터임을 알게 됩니다. 만약 사무실의 GPS 좌표까지 저장돼 있다면 그 데이터는 필자의 이동 데이터일 것입니다. 데이터 분야 실무자는 이러한 프라이버시 관련 규정에서 다루는 내용을 이해하고, 어떻게 규정을 잘 지키면서 분석 업무를 수행할지에 관해 사내 프라이버시 법률 전문가의 자문을 받아보면 좋습니다.

PII가 포함된 데이터를 분석할 때는 결과 데이터셋에 PII를 그대로 포함하지 않는 편이 좋습니다. 개별 PII를 직접 반환하는 쿼리를 작성하는 대신 특정 기준으로 집계를 수행하거나, PII를 다른 값으로 대체 또는 해싱hashing하면 결과 데이터셋에 PII가 그대로 노출되는 일이 방지됩니다.

데이터 분석 업무의 대부분은 주목적이 데이터에서 전체적인 트렌드와 패턴을 찾아내는 일입니다. 따라서 특정 고객의 상세 패턴보다는 전체 고객의 일반적인 패턴을 파악하는 분석이 훨씬 많습니다. 전체 고객의 패턴을 분석하기 위해 집계 등을 활용하는 경우에는 결과 데이터셋에 PII가 그대로 노출되지 않으므로 걱정할 필요가 없습니다. 단, 집계를 수행한 결과에서 특정 필드 조합에 속하는 사용자가 한 명뿐이라면 해당 필드 값을 역추적해 사용자를 특정할 수 있어 주의해야 합니다. 이런 경우에는 프라이버시 보호를 위해 해당 필드 조합의 결과를 아웃라이어로 판단하고 결과 데이터셋에서 삭제하는 편이 좋습니다.

다른 분석 도구에서 데이터를 로드해 사용자별 상세 패턴을 분석하기 위해 각 사용자가 구분되도록 개인 정보를 그대로 포함하는 데이터셋을 생성하는 경우도 있습니다. 이때는 문제의 소지가 될 수 있는 민감한 개인 정보 값을 임의의 값으로 변환하면 좋습니다. 다음 코드는 row_number 윈도우 함수를 사용해 개인 식별 정보를 직접 노출하지 않으면서도 행 번호를 통해 각 사용자를 구분하는 결과 데이터셋을 생성합니다.

```
SELECT email
,row_number() over (order by ...)
FROM users
;
```

위 쿼리에서는 최대한 익명성을 보장하면서 각 사용자에게 무작위로 행 번호가 배정되도록 ORDER BY 절에 적절한 필드를 사용하는 일이 중요합니다.

프라이버시 보호를 위해 해시값을 사용하기도 합니다. 해싱은 특정 알고리즘을 사용해 입력값을 다른 값으로 변환하는 작업을 의미합니다. 같은 입력값이면 항상 같은 값으로 변환하므로 PII의 고유성을 유지해 서로 다른 사용자로 식별하면서도 정확한 값을 알 수 없도록 익명화합니다. md5 함수를 사용하면 간단히 해시값을 생성할 수 있습니다.

```
SELECT md5('my info');

md5
-------------------------------
0fb1d3f29f5dd1b7cabbad56cf043d1a
```

> **WARNING_** md5 함수는 입력값을 해싱하는 함수이지 암호화하는 함수가 아닙니다. 해싱 알고리즘을 알고 있다면 해싱된 값을 원래 값으로 복원할 수도 있습니다. 매우 민감한 데이터를 다룰 때는 해싱을 사용하기보다 데이터베이스 관리자와 논의해 해당 필드의 데이터를 복원할 수 없도록 완전히 암호화하는 편이 좋습니다.

분석을 수행할 때는 사용자의 PII가 다른 곳으로 유출되지 않도록 SQL 쿼리의 결과 데이터셋에 PII를 포함하지 않는 편이 좋습니다. 반드시 필요한 경우에는 PII를 그대로 포함하는 대신 다른 값으로 변환해 사용해야 합니다. 이 외에도 민감한 데이터를 안전하게 저장하는 방법은 다양합니다. 이메일 주소가 그대로 데이터베이스에 저장되지 않도록 데이터베이스와 이메일 시스템 사이에 별도의 보안 데이터 파이프라인을 구축하는 등 여러 방법을 고려해봅시다. 지금까지 알아본 프라이버시 보호 방법을 검토할 때 사내 기술자 및 법률 전문가의 도움을 받으면 개인의 프라이버시를 보호하면서도 수준 높은 데이터 분석을 수행할 수 있습니다.

8.5 결론

SQL 쿼리를 사용하는 모든 분석에서는 코드를 구성하는 데 많은 결정이 필요하며, 복잡도 관리, 쿼리 성능 최적화, 결과 데이터셋에서의 프라이버시 보호 등을 고려해야 합니다. 이 장에서는 코드 구성에 활용할 여러 가지 방법과 전략, 특수한 SQL 문법을 알아봤습니다. 모든 기법을 다 이해하지 못했다고 해서 효율적인 분석 능력을 갖춘 데이터 분석가나 데이터 과학자가 될 수 없다고 지레 겁먹거나 부담감을 가질 필요는 없습니다. 책에서 다룬 분석 기법들을 사용할 수 없는 분석도 있고, 이 외에 다른 방법으로 분석 업무를 수행할 수도 있습니다. SQL로 데이터를 분석하는 경험을 많이 쌓다 보면 이 장에서 배운 기법을 잘 활용할 기회가 계속 생길 것입니다.

CHAPTER 9

결론

지금까지 데이터 프로파일링부터 시계열 분석, 텍스트 분석, 이상 탐지까지, 여러 가지 분석 업무를 살펴보면서 SQL이 얼마나 유연하고 강력한 언어인지 알아봤습니다. SQL 문으로 실험 분석을 수행하거나 복잡한 데이터셋을 생성할 수도 있습니다. 물론 SQL이 모든 분석에 만능은 아니지만 일반적인 분석 도구로는 손색이 없습니다.

이 장에서는 다양한 SQL 기법을 활용한 새로운 분석 몇 가지를 알아봅니다. 그리고 여러분이 데이터 분석 기술을 계속해서 발전시키고 더 깊이 이해하는 데 유용한 자료를 소개하며 책을 마무리합니다.

9.1 퍼널 분석

퍼널funnel은 특정 목적을 달성하기 위해 거쳐야 하는 여러 단계로 구성됩니다. 여기서 목적이란 서비스 회원 가입, 구매 완료, 과정 수료증 취득 등입니다. 예를 들어, 웹사이트의 상품 구매 퍼널은 '장바구니에 추가' 버튼을 클릭하고, 배송 정보를 기입하고, 신용 카드 정보를 입력하고, 마지막으로 '주문하기' 버튼을 클릭하는 단계로 구성됩니다.

퍼널 분석에는 3장에서 다룬 시계열 분석과 4장에서 다룬 코호트 분석을 함께 사용하기도 합니다. 단, 시계열 분석에서는 시간에 따라 한 가지 이벤트의 변화를 분석한 반면 퍼널 분석에서는 단계별로 다른 이벤트를 분석한다는 차이가 있습니다. 퍼널 분석에서 주목적은 단계별 재방문율을 계산하는 일이며, 재방문율보다는 전환율conversion이라는 용어를 더 많이 사용합니다. 목적을 달성하기까지 각 단계를 지날 때마다 개체 수가 줄어드는 것이 일반적이므로, 단계별 개체 수 변화를 그래프로 그려보면 마치 깔때기funnel 모양과 같습니다. 이것이 바로 퍼널 분석 이라고 부르는 이유입니다.

퍼널 분석은 사용자가 목적을 달성하는 과정에서 장애, 어려움, 혼란 등이 발생하는 단계를 찾 아내기 위해 사용합니다. 많은 사용자가 이탈하거나 다음 단계로 넘어가는 데 실패하는 단계를 파악해 보다 많은 사용자가 끝까지 목적을 달성하도록 최적화를 수행하기 위한 인사이트를 도 출합니다. 예를 들어, 상품 구매 시 배송비 포함 총 결제 금액을 확인하기도 전에 신용 카드 정 보부터 입력해야 한다면 결제를 포기하는 사용자가 생기기도 합니다. 이때, 총 결제 금액을 미 리 보여준다면 구매율이 더 높아질 수도 있습니다. 이와 관련한 주제가 바로 7장에서 설명한 실험 분석입니다. 퍼널 분석은 예상치 못한 외부 요인을 모니터링하는 데도 사용합니다. 예를 들어, 전환율에 변화가 생겼을 때 긍정적인 (또는 부정적인) 마케팅 효과, 가격 변경, 경쟁사 의 새로운 전략 등 외부 요인이 작용했는지 확인해봅니다.

퍼널 분석을 위해서는 우선 목적을 달성하는 과정에 진입할 수 있는 전체 사용자 수(혹은 전체 고객 및 기타 개체 수)를 파악합니다. 그리고 데이터 분석을 통해 목적을 달성하기까지의 단계 별 전환율을 취합합니다. 전체 사용자 대비 단계별 전환율을 계산하려면 LEFT JOIN과 count 함수를 사용합니다. 최종 목적 달성까지 모든 단계를 필수로 거치는 경우가 있고, 중간 단계를 생략할 수도 있는 경우도 있으므로, 이를 고려해 두 가지 타입으로 퍼널 분석 쿼리를 작성합니 다. 여기서는 단계별 사용자가 각기 다른 테이블에 저장돼 있다는 가정하에 두 경우에 대한 퍼 널 분석 예제를 살펴봅니다.

사용자가 최종 목적 달성까지 퍼널의 모든 단계를 거쳐야 하는 경우, 혹은 모든 단계를 거쳐야 하는 것은 아니지만 '모든 단계를 거친 사용자의 비율'을 파악하려는 경우에는, 다음과 같이 전 단계의 테이블과 현재 단계의 테이블에 LEFT JOIN을 수행해 단계별 전환 비율을 계산합니다.

```
SELECT count(a.user_id) as all_users
,count(b.user_id) as step_one_users
,count(b.user_id) / count(a.user_id) as pct_step_one
,count(c.user_id) as step_two_users
,count(c.user_id) / count(b.user_id) as pct_one_to_two
FROM users a
LEFT JOIN step_one b on a.user_id = b.user_id
```

```
LEFT JOIN step_two c on b.user_id = c.user_id
;
```

사용자가 중간 단계를 건너뛸 수 있다면, 혹은 그럴 가능성이 있는지 확인하고 싶다면 전체 사용자가 저장된 테이블과 각 단계의 사용자가 저장된 테이블에 LEFT JOIN을 수행해 전체 사용자 대비 단계별 사용자 비율을 계산합니다.

```
SELECT count(a.user_id) as all_users
,count(b.user_id) as step_one_users
,count(b.user_id) / count(a.user_id) as pct_step_one
,count(c.user_id) as step_two_users
,count(c.user_id) / count(b.user_id) as pct_step_two
FROM users a
LEFT JOIN step_one b on a.user_id = b.user_id
LEFT JOIN step_two c on a.user_id = c.user_id
;
```

두 쿼리에는 미묘한 차이가 있는데, 이를 잘 이해하고 상황에 맞게 적절한 쿼리를 사용하면 됩니다. 타임 박싱 개념을 적용해 정해진 시간 내에 특정 액션을 완료한 사용자가 긴 휴면 후에 다시 퍼널로 돌아오는 비율을 분석해보는 방법도 있습니다. 그룹 간 퍼널 이동 패턴 차이를 비교하거나 왜 퍼널이 잘 동작하는지(혹은 잘 동작하지 않는지) 확인하기 위한 가설을 수립하기 위해, 코호트 또는 기타 개체의 속성 등을 추가로 고려해볼 수도 있습니다.

9.2 이탈, 휴면의 정의

4장에서 다룬 이탈은 재방문에 반대되는 개념입니다. 이탈률을 측정하기에 앞서 서비스의 특성을 고려해 이탈의 개념을 명확하게 정의해야 합니다. B2B 소프트웨어의 경우 사용 계약 만료 날짜가 미리 정해진 경우도 있습니다. 이탈은 정확히 정의 내리기 어려운 모호한 개념이지만 대개 시간을 기준으로 정의하면 적절합니다. 상품의 사용 계약 만료 날짜가 아직 남았음에도 고객이 상품을 더는 사용하지 않는다면 고객의 계약 취소 통보가 임박했다는 신호로 받아들여야 할 수도 있습니다. 고객이 전체 서비스에서 완전히 이탈하지 않았더라도 특정 상품이나 기능에 한해 이탈 개념을 적용해 분석하는 방법도 있습니다.

시간 기반의 이탈 지표는 특정 기간 동안 상품을 구매하지 않거나 인터랙션이 없는 고객의 수를 의미합니다. 주로 30일에서 1년 정도를 기준으로 분석하는 경우가 많지만, 서비스 업종 및 사용 패턴을 고려해 적절한 기간을 설정하면 됩니다. 정확한 이탈 기준을 정의하는 데는 사용자가 상품을 재구매하거나 기능을 재사용하기까지의 기간을 계산하는 갭gap 분석을 활용합니다. 갭 분석에는 특정 액션이나 이벤트를 기준으로 한 시계열 데이터가 필요하며 lag 윈도우 함수와 날짜 함수로 간단히 분석할 수 있습니다.

예를 들어, 4장에서 소개한 입법가 데이터셋을 활용해 하원의원의 임기 시작 날짜 사이에 어느 정도의 갭이 존재하는지 계산해봅시다. 여기서 데이터는 갭 분석에 적합한 구조로 저장돼 있습니다. 물론, 스스로 의원직을 내려놓지 않고 재선에 도전했다가 실패한 의원도 많지만, 이러한 경우는 무시하고 재선에 성공한 의원만을 대상으로 임기 시작 날짜 사이의 갭을 계산합니다.

```
SELECT avg(gap_interval) as avg_gap
FROM
(
    SELECT id_bioguide, term_start
    ,lag(term_start) over (partition by id_bioguide
                             order by term_start)
                             as prev
    ,age(term_start,
        lag(term_start) over (partition by id_bioguide
                               order by term_start)
        ) as gap_interval
    FROM legislators_terms
    WHERE term_type = 'rep'
) a
WHERE gap_interval is not null
;

avg_gap
-------------------------------------
2 years 2 mons 17 days 15:41:54.83805
```

2회 이상 재임한 하원의원의 임기 시작 날짜 기준으로 평균 갭을 계산해보니 예상대로 하원의원의 임기인 2년에 가까운 값이 나왔습니다. 이번에는 이탈 기준으로 설정할 만한 임계값을 찾기 위해 하원의원의 임기 갭 분포를 확인해봅시다.

```
SELECT gap_months, count(*) as instances
FROM
(
    SELECT id_bioguide, term_start
    ,lag(term_start) over (partition by id_bioguide
                            order by term_start)
                            as prev
    ,age(term_start,
        lag(term_start) over (partition by id_bioguide
                            order by term_start)
        ) as gap_interval
    ,date_part('year',
            age(term_start,
                lag(term_start) over (partition by id_bioguide
                                    order by term_start)
                )
        ) * 12
    +
    date_part('month',
            age(term_start,
                lag(term_start) over (partition by id_bioguide
                                    order by term_start)
                )
        ) as gap_months
    FROM legislators_terms
    WHERE term_type = 'rep'
) a
GROUP BY 1
ORDER BY 1
;

gap_months instances
---------- ---------
1          25
2          4
3          2
...        ...
```

date_part 함수를 지원하지 않는 데이터베이스에서 위 쿼리를 사용하려면 extract 함수를 사용하면 됩니다(3장의 extract 함수 설명과 예제 참고). 결과 데이터셋을 그래프로 나타내면 그림 [9-1]과 같습니다. 갭이 커질수록 그에 해당하는 수는 매우 적어지므로 갭의 수가 커졌다가 급락하는 부분만 확대했습니다. 하원의원의 임기 사이에 가장 많이 발생한 갭은 24개월이며, 최대 32개월까지 차이 나는 경우도 수백 개입니다. 그 이상의 갭은 거의 없으며 47개월 및 48개월의 갭이 백 개 이상입니다. 이렇게 확인한 평균 갭 및 전체 갭 분포를 기반으로, 36개월 또는 48개월 정도의 기준값을 설정하면 이 기간 안에 재선에 성공하지 못한 하원의원은 이탈했다고 판단하게 됩니다.

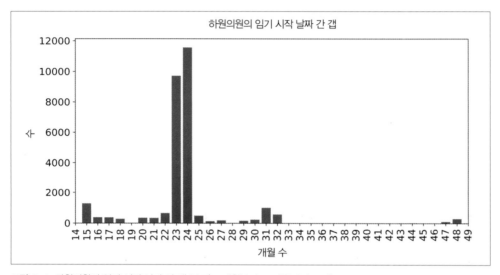

그림 9-1 하원의원의 임기 시작 날짜 간 갭 분포(14개월부터 49개월까지 표기)

이탈을 판단할 기준을 정하고 나면 **마지막 시간 이후**time since last 분석으로 고객을 모니터링합니다. 마지막 구매, 마지막 결제, 마지막 앱 실행 시간 등 시간 기반 지표를 설정하고 그 뒤의 변화를 분석하는 일이 중요하다는 의미입니다. 이 분석을 수행하려면 특정 액션에 대한 고객의 마지막 날짜(또는 타임스탬프)를 확인할 수 있는 데이터셋이 필요합니다. 시계열 분석을 위해 서브쿼리에서 고객별로 해당 액션을 취한 가장 마지막 날짜를 계산하고, 날짜 함수를 사용해 고객별 마지막 액션 날짜와 현재 날짜 간의 차이를 계산합니다. 분석에 사용하는 데이터셋이 현재 날짜까지 업데이트되지 않았다면, 현재 날짜와의 차이 대신 최근 액션 날짜와 마지막 날짜 간의 차이를 계산해도 됩니다.

예를 들어, `legislators_terms` 테이블을 활용해 각 하원의원의 마지막 임기 시작 날짜와 가장 최근 선거일 간의 차이를 계산하고 그 분포를 확인해봅시다. 우선 서브쿼리에서 `max` 함수를 사용해 각 하원의원의 마지막 임기 시작 날짜를 구한 다음 age 함수를 사용해 최근 선거일과의 차이를 계산합니다. 여기서는 데이터셋에서 마지막 임기 시작 날짜인 2020년 5월 19일을 최근 선거일로 가정하고 분석을 수행합니다(계속 업데이트되는 데이터셋으로 분석한다면 current_date 함수 등을 사용해 각 의원의 마지막 임기 시작 날짜와 현재 날짜 간의 차이를 계산합니다). 외부쿼리에서 date_part 함수를 사용해 서브쿼리에서 계산된 마지막 임기 시작 날짜와 2020년 5월 19일 사이의 날짜 차이에서 연도 값만 추출한 다음, 연도별 의원 수 분포를 계산하면 다음과 같습니다.

```
SELECT date_part('year',interval_since_last) as years_since_last
,count(*) as reps
FROM
(
    SELECT id_bioguide
    ,max(term_start) as max_date
    ,age('2020-05-19',max(term_start)) as interval_since_last
    FROM legislators_terms
    WHERE term_type = 'rep'
    GROUP BY 1
) a
GROUP BY 1
ORDER BY 1
;

years_since_last reps
---------------- -----
0                6
1                440
2                1
...              ...
```

이탈과 비슷한 개념으로 **휴면**lapsed (or dormant) 고객이 있습니다. 휴면 고객은 아주 활동적인 고객과 이탈해버린 고객의 중간 단계로, 이탈해버린 고객보다도 중요하게 챙겨야 합니다. 오랫동안 접속이 없지만 고객의 과거 이력으로 보아 돌아올 가능성이 있기 때문입니다. 경험상 고객 서비스에서는 서비스를 7일 이상 사용하지 않은 고객을 휴면 고객으로 판단하며, 30일 이상 사용하지 않은 고객은 이탈했다고 판단합니다. 기업은 휴면 고객이 돌아오도록 마케팅 이메일을 보내거나 지원 팀에서 별도의 홍보 활동을 진행하는 등 다양한 전략을 활용합니다. 앞서 설명한 마지막 시간 이후 분석 개념을 활용해 각 고객의 최근 방문 이후 경과한 시간을 파악하고,

그에 따라 CASE 문으로 활동 고객인지, 휴면 고객인지, 이탈 고객인지 분류해봅시다. 다음 코드는 입법가 데이터셋을 활용해 각 하원의원이 마지막 임기부터 마지막 선거일까지 경과한 시간에 따라 활동 중인 의원, 휴면 중인 의원, 이탈한 의원으로 구분하고 그 분포를 확인합니다.

```sql
SELECT
case when months_since_last <= 23 then 'Current'
    when months_since_last <= 48 then 'Lapsed'
    else 'Churned'
    end as status
,sum(reps) as total_reps
FROM
(
    SELECT
    date_part('year',interval_since_last) * 12
      + date_part('month',interval_since_last)
      as months_since_last
    ,count(*) as reps
    FROM
    (
        SELECT id_bioguide
        ,max(term_start) as max_date
        ,age('2020-05-19',max(term_start)) as interval_since_last
        FROM legislators_terms
        WHERE term_type = 'rep'
        GROUP BY 1
    ) a
    GROUP BY 1
) a
GROUP BY 1
;

status   total_reps
-------  ----------
Churned  10685
Current  446
Lapsed   105
```

입법가 데이터셋에는 최근 200여 년의 데이터가 저장돼 있으므로 이미 사망한 의원의 데이터와 정계를 완전히 은퇴한 의원의 데이터도 상당수 포함됩니다. 여기서는 이미 사망하거나 은퇴한 입법가를 다시 정계로 데려오는 일이 불가능합니다. 반면 기업의 비즈니스 관련 데이터셋을 분석한다면 이탈한 고객보다 활동 중 혹은 휴면 중인 고객이 훨씬 많기를 바랄 것이며, 휴면 고객을 면밀히 분석해 다시 활동 고객으로 데려올 방안을 탐색할 것입니다.

현재 고객을 유지하는 비용보다 새로운 고객을 데려오는 비용이 더 크므로 대부분의 기업에서는 고객 이탈을 주시합니다. 고객의 상태나 마지막 방문 이후 분석을 더 자세히 살펴보고 싶다면 고객을 속성에 따라 세분화해 분석해봐도 좋습니다.

9.3 장바구니 분석

필자는 세 아이를 키우고 있습니다. 함께 마트에 갈 때면 일주일 동안 아이들에게 먹일 음식을 빠르게 골라 장바구니(또는 쇼핑 카트)에 넣습니다. 주로 우유, 계란, 빵을 넣고, 아이들이 학기 중인지 방학인지에 따라 다른 음식도 적절히 추가합니다. 가끔은 특별한 요리를 만들 재료를 고르기도 합니다. 장바구니 분석이란 이렇게 고객이 함께 구매하는 상품 목록에서 구매 패턴을 찾아내는 분석을 말합니다. 장바구니 분석 결과는 마케팅이나 상품 진열 등 다양한 전략에 활용됩니다. 주목적은 함께 구매하는 상품 종류를 찾는 일이지만, 이 개념을 확장해 언제 어떤 부류의 사람이 아이스크림을 구매하며, 아이스크림과 함께 구매하는 제품은 무엇인지 등 특정 상품을 기반으로 한 구매 패턴을 알아보기도 합니다.

예를 들어, 소매점이나 전자 상거래 업체에서는 한 고객이 한 번에 구매하는 상품뿐 아니라 생애 주기 동안 구매하는 전체 상품에도 관심이 많습니다. 여행사에서 비행기표, 호텔, 렌터카를 함께 예약하면 할인을 해주듯, 고객의 상품 구매 패턴을 분석해 새로운 패키지를 구성하는 데 활용하기도 합니다. 함께 구매하는 상품뿐 아니라 서비스나 제품에서 함께 사용하는 기능의 패턴도 분석합니다. 예를 들어, 사용자가 함께 사용하는 제품 기능을 파악해 애플리케이션의 다음 버전에서 같은 내비게이션 윈도우에 함께 배치합니다. 장바구니 분석을 사용해 구매 패턴에 기반한 이해관계자 페르소나, 세그먼트를 분류한 뒤 다른 분석에 활용하기도 합니다.

가장 일반적인 장바구니 분석으로, 고객의 구매 이력 데이터에서 함께 구매한 제품을 파악하기 위해 `string_agg` 함수를 사용합니다(함수 이름은 데이터베이스에 따라 다를 수 있습니다 – 5장 참고). 예를 들어, `purchases` 테이블에서 각 행이 고객(`customer_id`)이 구매한 상품(`product`) 하나로 구성돼 있다고 가정해봅시다. 우선 서브쿼리에서 `string_agg` 함수를 사용해 고객별 구매 상품을 하나의 문자열로 합칩니다. 그리고 외부쿼리에서 GROUP BY 절을 사용해 상품 목록별로 구매 횟수를 파악합니다.

```
SELECT products
,count(customer_id) as customers
FROM
(
    SELECT customer_id
    ,string_agg(product,', ') as products
    FROM purchases
    GROUP BY 1
) a
GROUP BY 1
ORDER BY 2 desc
;
```

이 방법은 모든 상품 조합에 대해 구매가 발생한 횟수를 확인하므로 테이블에 저장된 제품의 종류가 상대적으로 적을 때 사용하기 적합합니다. 다른 방법으로는 다음 쿼리와 같이 함께 구매하는 제품 쌍을 확인하는 방법이 있습니다. 우선 customer_id를 기준으로 purchases 테이블에 self-JOIN을 수행합니다. 이때 쿼리가 순서만 다르고 실제로는 동일한 제품 쌍을 반환하지 않도록 b.product > a.product 조건을 추가합니다. 예를 들어, 고객이 사과(apple)와 바나나(banana)를 구매했다고 가정합시다. 이 조건을 추가하지 않으면 쿼리가 'apple, banana'와 'banana, apple'을 둘 다 반환하지만, 조건을 추가하면 둘 중 알파벳순으로 큰 제품 한 쌍만 반환합니다. 그리고 이 조건으로 인해 동일한 제품 쌍(예: 'apple, apple' 또는 'banana, banana')도 반환되지 않습니다.

```
SELECT product1, product2
,count(customer_id) as customers
FROM
(
    SELECT a.customer_id
    ,a.product as product1
    ,b.product as product2
    FROM purchases a
    JOIN purchases b on a.customer_id = b.customer_id
    and b.product > a.product
) a
```

```
GROUP BY 1,2
ORDER BY 3 desc
;
```

위 쿼리에서는 두 제품을 한 그룹으로 구성해 함께 구매하는 제품 패턴을 파악했지만, JOIN을 더 추가하면 세 개 이상의 제품을 한 그룹으로 묶어볼 수도 있습니다.

장바구니 분석을 할 때 몇 가지 유의할 사항이 있습니다. 첫 번째는 성능입니다. 제품, 서비스, 기능 등이 매우 다양한 경우 장바구니 분석 쿼리의 성능이 문제가 될 수 있습니다. 특히 세 개 이상의 제품으로 구성된 그룹을 찾아 함께 구매하는 패턴을 분석하려면 세 개 이상의 self-JOIN이 필요하므로 데이터베이스에서 쿼리 실행 속도가 느려집니다. 이 문제를 해결하려면 WHERE 절을 사용해 자주 구매하지 않는 제품을 테이블에서 미리 제외하고 JOIN을 수행하는 편이 좋습니다. 두 번째 유의 사항으로, 몇몇 제품만 구매가 자주 일어나 제품 조합을 망치는 경우가 있습니다. 예를 들어, 우유를 너무 자주 구매하면 함께 구매하는 제품 그룹 목록을 분석했을 때 우유가 항상 최상위권에 나오게 됩니다. 쿼리가 정확한 결과를 반환하기는 했지만 그 결과를 의미 있게 활용하기는 어렵습니다. 이럴 때는 WHERE 절을 사용해 너무 자주 구매하는 제품은 제외하고 JOIN을 수행하는 편이 좋습니다. 이렇게 덜 중요한 제품을 미리 제외해 데이터셋 크기를 줄인 뒤 분석을 수행하면 쿼리 연산 성능도 조금이나마 개선됩니다.

마지막으로, 장바구니 분석은 일종의 자기실현적 예언self-fulfilling prophecy[1]이 될 수 있다는 점을 유의해야 합니다. 장바구니 분석을 통해 함께 자주 구매하는 제품을 파악하고 나면 이를 활용해 해당 제품을 더 자주 함께 구매하도록 새로운 마케팅을 시도할 수 있습니다. 그리고 다시 장바구니 분석을 해보면 해당 제품을 함께 구매하는 비율은 더 늘어나게 되고, 그러면 또다시 더 자주 구매하도록 새로운 마케팅을 펼치게 될 수도 있습니다. 이렇게 되면 항상 동일한 제품 조합이 최상위에 나오게 되고, 함께 조합했을 때 더 잘 판매될 만한 잠재적인 제품 그룹을 발견할 기회를 놓치게 되기도 합니다. 이미 많은 사람이 알고 있는 맥주와 기저귀의 상관관계[2] 이야기가 이 문제의 좋은 예입니다. 이 문제를 해결하기 위해 대형 온라인 기업에서 다양한 방법을 개발하고 있으며, 이와 관련된 머신러닝 기법도 계속해서 발전하고 있습니다.

....
1 옮긴이_ 미래에 예측한 일이 우연히 발생하는 것이 아니라, 자신이 그렇게 이뤄질 것이라고 믿고서 무의식적으로 그에 맞게 행동한 결과로 발생하는 현상을 말합니다.
2 https://oreil.ly/4d5PF

9.4 참고 자료

직업으로서(또는 취미로) 데이터 분석을 하려면 기술 숙련도, 도메인 지식, 호기심, 커뮤니케이션 스킬 등을 적절히 갖춰야 합니다. 여러분이 계속해서 데이터 분석을 공부하고 실제 데이터셋을 활용해 새로운 데이터 분석 기술을 익힐 수 있도록 필자가 좋아하는 자료를 공유합니다.

9.4.1 책과 블로그

다음은 SQL의 기본을 다시 한번 확인하기에 좋은 두 가지 자료입니다.

- 『손에 잡히는 10분 SQL』(인사이트, 2020)
- 소프트웨어 기업 Mode에서 제공하는 SQL 튜토리얼(*https://mode.com/sql-tutorial*)

다음은 좋은 SQL 코드를 작성하는 데 참고할 만한 스타일 가이드입니다. 이 책에서 필자가 작성한 SQL 스타일과 정확히 일치하지는 않지만, 어떤 가이드를 따르든 SQL 스타일을 잘 활용해 일관되고 읽기 좋은 SQL을 작성하는 데 초점을 맞추기 바랍니다.

- SQL 스타일 가이드(*https://www.sqlstyle.guide*)
- 모던 SQL 스타일 가이드(*https://oreil.ly/rsxBh*)

다음은 데이터 분석에 접근하는 방식과 분석 결과를 이야기하는 데 유용한 책입니다. 데이터 분석을 수행할 때 다른 사람과 커뮤니케이션하는 방식은 SQL 코드만큼이나 중요합니다. 다음 두 책이 여러분의 시야를 넓혀줄 겁니다.

- 『How to Measure Anything』(Wiley, 2010)
- 『생각에 관한 생각』(김영사, 2018)

다음 블로그에는 분석과 관련된 좋은 기사가 많습니다. 주로 파이썬 관련 기사이지만, 여기서 다루는 분석 접근 방식과 기법 들은 SQL을 활용한 분석에도 충분히 활용 가능합니다.

- The Towards Data Science 블로그(*https://towardsdatascience.com*)

재미있는 예제를 통해 상관관계와 인과관계의 차이를 이해하고 싶다면 다음 웹사이트를 참고합시다.

- Tyler Vigen's Spurious Correlations(*http://tylervigen.com/spurious-correlations*)

다음은 정규 표현식을 이해하는 데 도움이 되는 책입니다. 정규 표현식은 사용하기가 다소 까다로운데, 이 책에서 다루는 범위 이상으로 공부하고 복잡한 문제를 해결해보고 싶다면 다음 책을 참고합시다.

- 『손에 잡히는 10분 정규 표현식』(인사이트, 2019)

온라인 실험에 관해 자세히 알고 싶다면 다음 두 자료가 도움이 됩니다. 무작위 실험은 오랫동안 자연과학부터 사회과학까지 다양한 필드에서 활용되고 있습니다. 통계의 역사에 비하면 온라인 실험은 비교적 최근에 생겨났습니다. 고전 통계 자료들은 좋은 내용을 담고 있지만 주로 표본이 매우 작은 문제를 다루기 때문에, 표본이 상대적으로 매우 큰 온라인 테스트 고유의 특성과 어려움을 해결하기 위해 참고하기에는 한계가 있습니다.

- 『Statistical Methods in Online A/B Testing』(자가 출판, 2019)
- 『A/B 테스트』(에이콘출판, 2022)

다음 웹사이트는 결과가 이진형 혹은 연속형인 실험 결과에 대한 통계 서비스뿐 아니라 이 책에서 다루지 않는 다양한 실험 설계와 관련된 유용한 통계 서비스도 제공합니다.

- 에반 밀러Evan Miller의 Awesome A/B Tools(*https://www.evanmiller.org/ab-testing*)

9.4.2 데이터셋

SQL을 배우고 분석 능력을 향상하는 데 가장 좋은 방법은 실제 데이터를 사용한 실습입니다. 여러분이 사내 데이터베이스에 접근 권한이 있는 직원이라면 데이터가 어떻게 생성되고 있으며 무엇을 의미하는지 이미 잘 알고 있을 테니, 해당 데이터로 분석을 시작하기에 아주 좋은 상황입니다. 이외에도 데이터 분석을 연습하기에 좋은 공공 데이터셋도 많지만, 데이터셋마다 다루는 주제가 다양하므로 분석해보려는 데이터셋과 관련된 배경지식을 쌓느라 따로 시간을 들여야 할 수도 있습니다. 다음은 데이터 분석 학습에 활용할 만한 흥미로운 데이터셋을 제공하는 웹사이트 목록입니다.

- Data Is Plural(*https://www.data-is-plural.com*)은 최근 새로 나온 흥미로운 데이터셋에 대한 뉴스레터 서비스를 제공합니다. 아카이브(*https://dataset-finder.netlify.app*)에서 보물 같은 데이터셋을 찾아보기 바랍니다.

- FiveThirtyEight(*https://fivethirtyeight.com*)은 데이터를 통해 정책, 스포츠, 과학 분야를 다루는 저널리즘 사이트입니다. 기사에서 다루는 데이터셋은 FiveThirtyEight의 깃허브(*https://github.com/fivethirtyeight/data*)에서 다운로드할 수 있습니다.

- Gapminder(*https://www.gapminder.org/data*)는 스웨덴의 재단으로, 수많은 인적, 경제적 발전 지표뿐 아니라 세계은행World Bank에서 제공하는 다양한 지표와 관련된 연간 데이터를 발표합니다.

- 국제 연합The United Nations(UN)에서는 다양한 통계를 제공합니다. UN의 경제사회부에서는 인구 역학 관련 데이터(*https://population.un.org/wpp/Download/Standard/Population*)를 상대적으로 분석하기 쉬운 형식으로 제공합니다.

- 데이터 분석 대회를 여는 캐글은 누구나 쉽게 다운로드해 활용 가능한 데이터셋(*https://www.kaggle.com/datasets*)을 수집 및 제공합니다.

- 지역 기관부터 국가 기관까지, 수많은 정부 기관에서 공공 데이터 및 다양한 통계 자료를 공개하고 있습니다. Data.gov(*https://www.data.gov/open-gov*)에서 미국을 비롯한 여러 국가의 공공 데이터 제공 웹사이트를 확인하고, 적절한 데이터를 선택해 데이터 분석 실습에 활용하기 바랍니다.

9.5 마치며

이 책에서 소개한 여러 가지 기법과 SQL 코드가 여러분에게 유용했기를 바랍니다. 데이터 분석을 시작하기에 앞서 분석 도구에 대한 기초를 잘 다지는 일이 매우 중요합니다. 기초를 잘 다지고 나서 SQL 함수와 표현식을 적절히 활용하면 분석 업무가 더 수월해질 겁니다. 분석 기술을 향상한다는 것은 단순히 최신 기법이나 언어를 배운다는 의미가 아닙니다. 훌륭한 분석이란 좋은 질문을 던지고, 시간을 들여 데이터와 도메인을 이해하고, 적절한 분석 기법을 활용해 유용하고 신뢰할 만한 결과를 이끌어내는 것입니다. 더불어 고객이 적절한 결정을 내릴 수 있도록 결과를 설명할 수 있어야 합니다. 필자는 20여 년간 업무에 SQL을 활용해왔음에도 여전히 새로운 분석 기법을 공부할 때, 새로 익힌 기법을 적용할 만한 데이터셋을 찾았을 때, 분석을 통해 인사이트를 찾아냈을 때 큰 기쁨과 설렘을 느낍니다.

INDEX

INDEX

INDEX

INDEX